中国低收入住房:现状及政策设计

满燕云　隆国强　景　娟　等编

商　务　印　书　馆

2011年·北京

图书在版编目(CIP)数据

中国低收入住房:现状及政策设计/满燕云等编 .—北京:商务印书馆,2011

ISBN 978-7-100-07606--7

Ⅰ.①中… Ⅱ.①满… Ⅲ.①住宅—社会保障—研究—中国Ⅳ.①D632.1②F299.233

中国版本图书馆CIP数据核字(2010)第260216号

中国低收入住房:现状及政策设计

满燕云 隆国强 景 娟 等编

商 务 印 书 馆 出 版
(北京王府井大街36号 邮政编码100710)
商 务 印 书 馆 发 行
北京市白帆印务有限公司印刷
ISBN 978-7-100-07606-7

2011年12月第1版　　开本787×1092 1/16
2011年12月北京第1次印刷　　印张17½
定价:45.00元

北大—林肯中心丛书序

中国大陆的经济改革和对外开放在过去的 30 年取得了令人瞩目的成就。进入 21 世纪以来，随着中国经济增长速度的进一步加快，中国的城市化进程也开始加速推进。农村人口大规模向城市迁移不仅为工业化和经济的快速发展提供了保证，而且带来了城市规模和空间范围的迅速扩展，在基础设施、城市住房、土地利用、环境保护及可持续发展等方面带来严重挑战。土地作为政策工具在中国经济增长模式和城市发展过程中发挥着重要作用，与未来中国的可持续发展息息相关。为了应对中国快速城市化进程中的问题与挑战、推动政策研究和人才培养，北京大学与林肯土地政策研究院于 2007 年 10 月在北京联合成立了北京大学—林肯研究院城市发展与土地政策研究中心（简称“北大—林肯中心”）。

北大—林肯中心致力于为国内外专家学者、政府官员及公众提供交流和讨论平台，针对中国城市快速发展、土地政策和财政改革所面临的问题与挑战提供专业知识、教育培训与政策研究。北大—林肯中心成立以来，已与国内外专家学者在财政税收、城市发展、土地利用与管理、住房及环境政策等领域进行了多方面的合作，并取得了一系列研究成果。为进一步推动学术思想及专业信息的交流与传播，中心决定出版“北大—林肯丛书”，把我们的研究成果呈现给读者。该丛书包括专著、编著、译著、论文集等多种形式，横跨经济学、地理学、政治学、法学、社会学、人口学及其他交叉学科。丛书既介绍了我们所关注领域内的最新理论、实践以及国际经验，也介绍了国内外专家学者针对中国在这些领域的政策、现状及未来发展所进行的最新研究。我们希望，丛书结合国内外学者的智慧，能有助于学生、学者、政府人士及社会公众更深入地了解中国城市化过程中所面临的问题及挑战，探索科学合理且行之有效的对策。我们也希望，丛书能起到抛砖引玉的作用，激发更多的学生、学者和其他人士投入对中国城市发展与土地政策方面的学习与研究之中，为中国的可持续发展和国民的富强献智出力。

北京大学—林肯研究院城市发展与土地政策研究中心主任

满燕云

2010 年 11 月 11 日于北京

前　言

满燕云　景　娟

中国的住房制度在过去30年经历了巨大的变化。在改革开放以前，是“国家统建统包”和“低租金福利分房”为特点的政府主导的住房制度。主要由工作单位提供住房实物分配，配备少量公房廉价出租，这种制度主要依靠政府投资管理及分配，是具有中国特色的住房保障体系。然而这一制度造成全社会住房水平和质量低下，城市住房长期短缺，房屋所有权和私有产权几乎消失，居民居住条件极为困难。到了1977年，人均住房面积只有3.6平方米（陈杰，2011）。20世纪80年代，作为经济改革的主要组成部分，逐步以城市公共租房的私有化及住房分配的市场化和货币化为特征的住房改革带动了房地产业及住房交易市场的迅猛发展。尤其从1998年完全取消了住房实物分配，住房商品化对改善城市居民的居住条件起到巨大的作用。到2010年，人均住房面积达到31.7平方米，城市居民的自用型住房自有率达到了84.3%（Man，Zheng and Ren，2011）。甚至收入最低的10%的群体的住房自有率也达到了79.3%。每个家庭单元的建筑面积达到67.8%。这充分表明中国的住房改革卓有成效，极大提高了城市居民的生活和居住条件，推动房地产业及经济的高速发展。

然而，随着城市化的快速推进，贫富收入差距的不断扩大，近年来房价的快速上涨，使得城市住房可支付性成为主要关注的问题。大量中低收入的人群买不起房，甚至租不起房，截至2008年年底全国还有747万户城市低收入住房困难家庭，亟需解决基本住房问题。虽然我国建立了以廉租房、公租房、经济适用房和两限房为主的住房保障体系，但是由于供不应求，分配不公，准入标准太高，腐败盛行等问题，尤其进城的广大农民工被排除在社会保障体系之外，我国社会保障政策亟需完善和调整。

为了加强对低收入住房的政策研究和探讨，北京大学—林肯研究院城市发展与土地政策研究中心组织、资助国内外学者对中国低收入住房的发展现状和政策等问题进行研究，并于2009年7月10～11日在北京召开“中国低收入住房的现状与政策设计”研讨会。该会议由北京大学—林肯中心和国务院发展研究中心联合主办，参会者包括来自北京大学、清华大学、中国人民大学、复旦大学、中国社会科学院、南京大学、香港大学、香港理工大学和国外多所大学的数十位专家学者,以及国务院发展研究中心、住房和城乡建设部研究中心、财政部财政科学研究所、北京住房资金管理委员中心、香港差饷物业估价署等机构的专业人士。此次研讨会以中国低收入住房现状、低收入住房政策制定的国际经验、政府保障性住房现状以及政府保障性住房的供给分析、融资与管理为主要议题,在为期两天的会议里,来自全国各高校、政府研究机构和该领域的专家学者对低收入住房问题展开了激烈、充分和坦率的学术讨论。

本书是此次研讨会的论文合集,分为四个部分,分别从理论探讨、中国低收入住房的现状、国际经验借鉴和中国低收入住房的政策设计等四个方面展开讨论。

第一部分包含了两位国际著名学者的论文,从理论角度探讨对低收入住房及其政策的演变。Alain Bertaud 是世界银行顾问,土地使用及空间开发利用方面的规划专家,在土地市场、土地使用一体化及城市形态的联系方面有非常深入的研究。他的文章探讨如何重新定义低收入住房的可支付性问题。文章首先对中国近年来城市住房改革的成果给予了概要的评述,并指出住房可支付性和城市土地利用是当前中国主要的城市问题。随后,该文转向深入探讨住房研究的一个重要问题——“可支付性(Affordability)”(这也是中国当前住房政策面临的主要问题之一),分别以静态和动态的方法来衡量城市住房的可支付性。文章认为,只有在特定的城市设定特定的标准,才能衡量住房的可支付性,同时也不能忽略住房可支付性的空间特征。最低住房标准的设定必须与政府的财政补贴能力相匹配,同时需求方补贴比供给方补贴更有效。缺乏政府财政补贴能力的最低住房标准只会增加违章建筑和非正式住房。文章提出,住房市场的分析应当考虑新建住房和存量住房的互动,这是有别于传统住房可支付性分析的新视角;同时,也应当考虑住房可支付性的空间特征。这样深入的基于基本概念探讨的文章,在当前有关中国住房研究领域极为罕见。

Bertrand Renaud 是 BRI 协会国际顾问兼主席,主要研究财政发展、房地产融资和城市发展等问题。他的文章则以更开阔的视野,综合利用诸多理论,审视中国新时代城市住房问题的关键制度问题。文章使用现代住房经济学提到的住房政策的七个支柱(Seven Pillars of Housing Policy)来分析中国住房体系面临的重要制度风险,认为中国住房市场和住房体系的发展主要取决于三个重要方面的改革,即城乡土地的产权整合,中央和地方财政受益的调整以及通过财政体制改革向中小企业和家庭提供更多的金融支持。这从理论上阐明了中国当前住房研究的重点所在。文章同时认为,衡量中国城市化成功与否的最重要(如果不是唯一最优的)指标,就是关于“城中村”发展的政策选择。“城中村”在基于市场经济的低收入住房供给和促进农村流动人口融入城市经济中,扮演着重要的角色。他们同样也是中国住房体系中三个最弱支柱的一部分,包括产权二元性、地方金融服务的缺乏、地方财政投资短期房地产项目的强大动机。有可能中国会采取相应的政策,促进“城中村”逐渐甚至完全融入城市之中。

第二部分包括六篇文章，利用翔实的数据和严谨的分析，总结和梳理了中国当前低收入住房发展的现状和存在的问题。满燕云和任荣荣的文章首先讨论了低收入住房的定义，一些国家对公共住房的申请人的准入标准，并比较研究了北京市保障性住房的准入标准及获得保障性住房居民的家庭收入及住宅面积状况。该文章总括性地介绍了20世纪90年代以来中国主要大中城市住房发展的状况，一系列翔实的数据直观地体现了城市中低收入人群正在面对越来越严重的住房"可支付性"问题，以及近年来的一系列住房政策未能对这一问题予以有效遏制的事实。在以房价收入比和住房可支付性指数(HAI)为基础进行的国际比较中发现，1998年住房改革带来了土地供给、住房供应以及住房消费的同步大幅增长，加剧了不同收入组和不同地区之间的住房不平等现状，尤其是低收入群体面临着严重"不可支付"的城市住房价格。

郑思齐、满燕云和任荣荣深入研究了中国城市住房状况及住房不平等。文章基于国家统计局"2007年城镇住户大样本调查"的数据信息，从住房存量的数量、结构与价值等方面对我国城市住房存量的特征进行描述和评价，在此基础上对我国目前城市中的住房自有化率、住房产权结构、住房结构特征、住房市场价值等要素的区域分布以及在各个收入组中的分布进行了分析和定量判断。在住房不平等方面，我们从获得非市场住房资源的机会、不同收入群体间的差异性以及正式住房和非正式住房差异这几个角度展开分析。住房领域的制度转型使得不同社会群体获得非市场化住房资源(房改房)的机会不同，体制内、拥有本地城市户口和年龄较大的群体有更多的机会获得非市场化住房资源，这形成了群体间明显的住房消费的差异性。正式住房和非正式住房在住房质量和居住环境上存在巨大差异，农村移民(农民工)大部分只能选择在"城中村"等非正式住房中居住，这在住房消费和居住空间上都表现为很强的不平等性，并产生了居住隔离现象。上述对于住房存量特征和住房不平等性的定量分析为制定合理的住房政策提供了数据支持。

复旦大学陈杰教授等的文章定量分析了上海市过去若干年间城市住房可支付性状况的演变。本文采用了能够鉴别不同住房时期模式的动态分析方法，有别于之前被广泛应用的静态切入点或者时点指标方法，填补了中国住房研究在这方面的空白。文章首先探讨了住房可支付性的概念和研究方法，然后分别采用静态房价收入比、动态房价收入比、剩余收入法等不同的方法测算上海城市住房的可支付性。结果表明，上海的城市家庭面临很大的住房可支付性问题，如果住房支出占家庭收入的比重过高，将会导致大多数家庭陷入住房诱导的贫困(基于剩余收入法)。

吴璟等的文章分析了中国城市居民住房支付能力问题，并对住房公积金制度作用做出定量评价。文章认为，中国住房制度改革已经经历了十余年的发展，目前传统的福利式住房制度已经基本终止,新的住房货币化分配制度则仍在建立和完善的过程中。这种新旧体制转换过程中容易出现城市居民住房支付能力不足问题,居民住房消费迫切需要得到政府各种公共住房政策工具的支持,而住房公积金制度正是当前最重要的一种公共住房政策工具。基于上述背景,文章利用全国 35 个大中城市 1999～2008 年宏观统计数据和天津、大连、南宁三个城市 2007 年抽样数据,对中国城市居民住房支付能力水平现状和现行住房公积金制度在提升居民住房支付能力方面的效果进行了实证分析。研究结果表明,城市居民住房支付能力偏弱已经成为当前中国一个普遍存在,且较为突出的社会性问题,部分城市甚至出现了严重的居民住房支付能力不足问题。住房公积金制度在整体提升居民(住房公积金缴存人)住房支付能力方面发挥了显著作用,在一定程度上缓解了缴存人住房支付能力不足问题。但是这种提升效果主要集中在中、高收入群体,对中低收入群体的支持作用则十分有限。

郑思齐和任荣荣的文章对北京"城中村"中的住户进行了第一手调查,探讨"城中村"住房现状、问题并为"城中村"未来的改造提出了较为具体的政策建议。文章认为,"城中村"容纳了大量廉价的低技能劳动力,为城市工业化进程提供了大规模的低成本劳动力供给,其在城市经济增长过程中发挥的作用不容忽视。城市政府应致力于"城中村"居住环境的改良(upgrading),如对现有"城中村"的市政基础设施进行更新改造,并提供治安等公共服务,推进其逐步向普通住房过渡;或者由政府兴建符合农民工需求的具有基础配套设施和公共服务的廉租房等政策性住房等。这样的公共政策不仅有利于可持续的经济增长,而且有助于实现社会和谐。

美国北卡罗来纳大学城市规划系的宋彦副教授主要讨论中国城市发展中的特殊住区形态——"城中村",以深圳为例,采用了 Hedonic 住房价格模型,评估城中村对周边住房价格的影响,分析城市居民对城中村的评价。文章认为城中村的形成是中国快速城市化、二元土地制度和政策,以及城乡管理体制差距等综合作用的产物。文章分析指出,尽管在短期内城中村是为农村移民提供可支付住房的现实且有效的途径,但是从长期来看,城中村农村移民的集聚,特别是低收入的农村移民聚集,很可能会成为中国城市地区居住隔离的新形式。因此政府必须促进贫困人群的分散居住,而不是鼓励这些群体在小范围里聚集。一个有效的改善现有居住环境的再开发策略应当将社区发展和经济发展战略全面地结合在一起考虑。

第三部分包括三篇文章,系统分析和总结了低收入住房的国际经验,希望能对中国低收入住房的政策设计提供借鉴意义。香港大学的赵丽霞教授详细地介绍了香港公屋体系的政策环境、内容及其发展,并从可获得性、可及性、可负担性、质素等方面对其政策的效果进行分析及评估。文章认为,整体来说,香港的公屋不单是提供栖身之所予低收入家庭,而是旨在建立"以人为本"的居住环境。但是,香港公营房屋政策的可转移性决定于政策环境的可复制性，同时也涉及资助模式所带来的社会利益与弊端的衡量。

刘志林的文章回顾了主要发达国家和地区在低收入住房方面的供给方补贴政策，包括对住房的直接补贴、间接补贴和社会住房模式，对其基本特点、资金保障、管理模式以及发展趋势等进行了比较和探讨。在此基础上，文章针对我国国情判断供给方补贴的重要性，提出我国的住房供给方补贴政策可从住房供应和管理主体多元化、补贴手段多样化及注重组织保障等三方面进行改进。

景娟等的文章总结和分析了对住房政策中的需求方补贴政策。文章首先探讨了需求方补贴的理论基础，随后综述了美国、英国和荷兰等国的主要需求方补贴政策，总结出其优劣、适用的政策环境及发展趋势，在此基础上对我国现阶段住房政策提供了多项具体的政策建议。文章认为需求方补贴较大限度地发挥了市场机制在住房资源配置方面的作用，减少政府对住房市场的扭曲，同时给予低收入住户更多的住房选择自由，且成本效率高于供给方补贴。文章建议，中国应该增加并完善各种形式的需求方补贴项目，供给方补贴与需求方补贴互为补充是目前各国住房补贴的基本模式。

第四部分主要围绕政府保障性住房的供给、融资与管理展开了讨论，重点探讨中国低收入住房的政策设计，包括六篇文章。文林峰的文章全面概括了中国改革开放以来住房政策方面的一系列举措，并详细介绍了 2007 年以来更大力度的住房保障政策的具体内容，这其中既包括中央层面的统一政策，也包括各地进行的积极实践（如上海、昆明、北京、深圳、厦门等）。文章同时指出了目前政策实践中存在的一些问题，并对其未来发展提出了相应的建议。

林家彬的文章首先从保障主体、实施方式、覆盖范围等方面，对世界各国的住房保障体系进行了对比；在此基础上，文章提出了对中国住房保障体系设计的构想。该体系的设计不仅包括设计的依据和基本原则，同时详细说明了关键性的实践问题，如保障覆盖范围、政策执行途径等。

倪红日的文章关注保障性住房的供给。文章认为，保障性住房的供给涉及两个层面的问题：一是在保障性住房的提供上，政府与市场的关系；二是政府在提供保障性住房的前提下，各级政府的职责划分问题。文章首先对保障性住房的供给进行理论性分析，然后在假定保障性住房主要由政府负责供给的前提下，具体分析各级政府在提供保障性住房的职责划分、保障性住房的土地供给、补贴方式等，并对我国未来的保障性住房建设提出意见和建议。

陈晓云的文章关注保障性住房的融资问题。文章首先总结和分析中国保障性住房的类型和存在的问题，然后分析了如何通过财政政策和金融政策来支持我国保障性住房的发展。文章最后提出，应该以住房公积金制度为基础，建立我国的政策性住房金融体系，并就此提出相应的意见和建议。

国务院发展研究中心对外经济研究部部长隆国强的文章强调廉租房是保障性住房的重要内容。文章首先介绍了廉租房提供方式——实物配租和租金补贴的国际经验,然后以厦门为案例,从经济、社会、管理等层面,比较两种配租方式的优缺点。在此基础上,文章分析了我国廉租房制度面临的问题,并提出完善廉租住房制度的政策建议。文章认为,我国的廉租房建设起步较晚,应借鉴国外已经取得的成功经验,从我国的国情出发,设计具有中国特色的廉租住房制度。以尽可能低的成本,顺利推进城市化,建设和谐社会,实现"住有所居"的目标。

王晓明的文章关注保障性住房的管理机制问题。文章认为,我国保障性住房建设进入加速发展的阶段,与之相配套的政策和管理办法也逐步完善,但在实际执行过程中依然存在不少管理方面的问题,需要通过完善体制机制,并进一步加强管理加以解决。文章详细介绍了我国保障性住房的申请资格标准、资格认证管理、退出及流通管理,并对完善保障性住房管理制度提出对策建议。

这本书从不同的角度,运用不同的研究方法及数据来源分析了中国低收入住房的理论依据、国际经验、中国住房市场现状及低收入人群的住房状况,对建立和完善中国保障性住房体系提出了一些建议和政策设计框架。这些建议和想法仅代表学者个人的意见,并受到环境、信息及认知的局限,有许多不当之处。作者希望这本书能起到抛砖引玉的作用,激发起更多的学生、专家学者及政策制定者对中国低收入住房研究的兴趣和热情,为建立和完善中国保障性住房体系尽一份心,出一份力。

目　录

第四部分　中国低收入住房的政策设计

第一部分
理 论 探 讨

重新定义低收入住房的可支付性问题

Alain Bertaud

中国住房制度的改革已经取得了很大的成功，但是仍然有两个问题需要解决：第一，为低收入家庭提供可支付住房；第二，提高城郊土地的利用效率。这两个问题是相互关联的，因为城郊地区能够提供足够的居住用地，从而对整个住房市场产生影响。因此政府需要考虑新的方案来解决住房的可支付性问题。

首先，可支付性的定义不能与社会可接受的最低居住标准相脱离，低于这个标准的住房就需要补贴。只有透彻了解目前不同收入群体所居住的不同住房类型的存量，才能制定合适的最低居住标准。

同时，最低居住标准的建立需要与政府在市场条件下对无法负担这一居住标准的家庭给予财政补贴的能力相联系。因此最低的门槛不应是通过科学测量得到的“最低居住标准”，而是测量政府对这些家庭的财政补贴能力。

每年的新建住房是对已有住房存量的有效补充。已有的旧单元或者被过滤到低收入群体，或者通过绅士化过程(Gentrification)重新被高收入群体所拥有，或者因拆迁和城市更新而被从住房存量中剔除。因此需要有一个按价格或租金分类的住房存量“资产负债表”，并每年修正，用以评估低收入住房的供给，这也是评估不同收入群体的住房供给和需求的“存量和流量”工具。

对住房存量的实时监控是必需的。为提高低收入群体的住房质量，政府可采取的一项极其重要的行动是保证每年新建住房数量的稳定增长，无论这些新增住房是为哪个收入群体而建的。任何对新建住房的限制都会最终影响到低收入群体，降低其住房标准，增加其住房支出。然而，供给方补贴，尤其是给开发商的利率补贴，将减缓新建住房向低收入群体过滤的过程。在促进低收入家庭获得住房方面，需求方补贴远比供给方补贴更有效率。

1 中国的住房制度改革非常成功

在讨论该如何促进中国住房的可支付性问题之前，我们首先要认识到，在史无前例的高速城市化时期,中国政府的住房制度改革和城市土地供给是很成功的。

20 世纪 90 年代初期是住房改革的起始阶段,大多数住房由企业或政府提供,是对员工的补偿和福利系统的一部分,而由私人提供的住房很少。家庭对距离、面积、设计质量和价格等方面的住房消费选择是不存在的。

在中国政府持续的政策改革之后,城市住房的主体转变为由私人部门提供,企业员工的工资已经调整到可以反映员工生产力的水平。住房制度的成功改革不仅仅是人均住房面积的提高以及住房设计与舒适度的提高,而且这使企业可以专注于生产,不再需要花很大的精力为其员工建设和管理住房。

上述改革与中国的快速城市化是同步进行的。政府不得不从头开始创建一个新的房地产行业,根据消费者的偏好建造住房,同时在城市边缘地区开发新的土地。土地需求的增加源于安置农村移民的需要,以及工资快速上涨带来的对新住房的期望。

对于中国城市土地开发的方式以及数量,一直存在很多的负面评价。在许多中国城市,新开发的土地往往超过当前的土地需求。但是,与世界上其他尚未完成城市化的国家相比,从长期来看,土地超量供给的成本远低于供给不足。中国城市土地供给限制很少,这在发展中国家是很少见的。因此,中国的例子应该被其他国家效仿,而不是被批判。当然,新开发土地的利用效率仍然是当前需要解决的问题之一。

2 住房可支付性和城市土地利用是中国主要的城市问题

尽管中国的住房条件已经得到了显著的改善,但是随着经济条件的转变,一些问题尚有待解决。一个成功的住房政策不可能是静止的,必须随着外界条件的改变而不断演变。就中国而言,除了外部的经济发展,促成这一改变的外界条件还包括农村劳动力大量涌入城市和多数城市家庭收入的迅速增加。

住房的可支付性和城市土地向农村地区的过度扩张,是当前政府需要关注的两个主要问题。政府已经采取了一些政策措施来解决这些问题,例如对城市新建住房单元的最大面积进行限制,要求开发商配套建设一定数量的小户型。为解决所谓的城市土地蔓延的问题,中央政府给每个城市分配了农用地保护指标。

但是,这些管制措施有可能并没有发挥其正面作用,反而会产生有违政府初衷的一些副作用。譬如给新建大户型住房进行配额,可能会使高收入群体转向对旧存量住房的需求,而这些旧住房原本可以流向低收入群体。又如农用地保护指标有可能成为新开发土地的约束,造成住房通胀。当新开发土地缺乏时,开发商则会转向拆除目前低收入群体本可以支付得起的旧房子,代之以面向高收入群体的新建住房。

配额其实是一个解决供给与需求问题的拙劣手段。政府的当务之急是重新界定住房的可支付性问题，并将住房市场看作一个连续的统一体，住房存量和新建住房都是同一个住房市场的组成部分。企图通过配额，限制市场高端新住房单元的供给，是不可能达到增加市场低端供给的目的。

本文专注于讨论住房的可支付性问题，尝试重新定义可支付性，并提出一种方法论，用于澄清关于住房问题的一些争论，使其回归到适应供给和需求变化的框架中。

3 重新定义可支付性(Affordability)

“住房可支付性”这一词条需要被重新定义。许多用于评价住房可支付性的指标都是基于住房中位数价格与家庭中位数工资的比率，将各个城市的住房状况分级为“可支付的”(affordable)、“不可支付的”(unaffordable)，乃至“极度不可支付的”(highly unaffordable)。通常而言，可支付住房被简单的定义为租金不超过家庭月收入的 30%，或住房购买价格不超过家庭总收入的三倍。

“可支付性”这一术语本身具有误导性，因为按照定义，城市里的每个家庭都住在他们能够负担得起的住房里，除了那些因付不起贷款而即将被驱逐出去的人。而这些指标的意义与可支付性基本没有关系，只是表达了平均每个家庭将收入的多少分配给了住房消费。举例来说，大多数住房可支付性指标表明，首尔的住房是“极其不可支付的”。那么我们会料想首尔的大多数家庭无法负担住房，会住在桥洞下或贫民区的塑料棚下。当然实际情况并不是这样的。这些可支付性指标的真正含义是，首尔家庭的住房支出占其家庭收入的比重远高于美国同等收入的家庭。住房的高价格可能是韩国政府需要关注的问题，但这并不意味着一定要在韩国住房市场上推出一个叫做“可支付住房”(Affordable Housing)的新产品。就像印度 Tata 公司推出的一款家庭真正可以负担的 Nano 车，此款车推出之前，这些家庭无法负担任何一种汽车。

此外，一些所谓的“可支付性指标”往往基于新建住房的中位数价格，没有考虑现有的存量住房，这些住房通常较便宜，但很难获得详细的价格数据。在美国，每年存量住房的交易量是新房交易量的三至四倍，这也体现了存量住房交易在可支付性指标计算中的重要性。据笔者所知，中国没有存量住房交易总量的汇总数据，但是每个城市房地产中介的窗口展示了丰富的二手房交易数据，包括设计和区位特征等。

住房支出占家庭收入的比重高，并不一定意味着住房“太贵了”。这可能只是单纯反映了消费者对于高标准住房的选择偏好，反映了一种文化，而不是住房分配系统的运转失灵。当然这也可能意味着存在一些供给约束，从而人为地抬升了住房价格，其中包括住房市场泡沫的存在。

因此,大多数“可支付性”指标的用处是有限的。它们可被用作城市间的比较,表明家庭住房支出占家庭收入的平均比例;也可用于建立时间序列,监测给定城市中家庭收入用于住房消费的比重随时间增加或减少的发展趋势。一般而言,如果较高比重的家庭收入若用于住房消费,则意味着供给约束。

虽然按照定义,所有的家庭都住在他们能负担的房子里,但市场最低端的那些低质量或者不安全的住宅,可能无法为社会所接受。因此住房的可支付性问题不是现在的住房是否可支付,而是什么样的居住水平低于社会可接受的最低标准,以及在目前的市场价格下,有多少家庭无法负担大于或等于社会可接受的最低标准的住宅。

因此,住房的可支付性问题与当地社会可接受的最低标准的定义紧密相关。在城市住房的讨论中,不考虑区位的可支付性是没有意义的。说“X 城市的住房是不可支付的”是没有意义的,有意义的说法是“在 X 城市,最低 20%收入的家庭无法负担距市中心 5 公里之内的 20 平方米的正式住房”。

这不是关于词汇定义的语义讨论。基于传统可支付概念的住房政策经常导致资源的错误分配,太多的补贴被中等收入家庭接受,最初设定的低收入家庭并没有受益。其他的案例还包括政府给穷人在远郊建设“可支付的”住房,但这些房子经常远离就业地点,从而成为其受益人的贫困陷阱。

在大多数国家,涉及城市土地和住房的不成功政策往往导致非正式住房的大规模发展。在中国,一些可支付住房政策主要导致了存量住房的过度拥挤,同时贫困的农村移民只能完全依赖“城中村”的非正式出租房屋。

在许多案例中,政府在设计住房政策时,制定的最低可接受标准往往过高,没有充分讨论区位、面积和价格的取舍。本文给出了一个新的方法,着重考虑以下三点:每个城市的市场特质;家庭的收入分布;住房的地理位置,而不仅仅是价格。

4 基于当前住房消费的可支付性

假设 X 城市的家庭收入分布如图 1 所示;在没有住房补贴的情况下,住房建筑面积(以平方米为单位)的消费与收入的关系如图 1 上半部分所示。这条住房消费曲线应当建立在分层抽样调查的基础上,反映 X 城家庭真正的住房消费,而非建立在诸如收入的 30%用于住房消费的论断之上。

作为家庭收入函数的住房消费由图 1 中两条曲线包围的区域所定义。上面的曲线表示对城郊地区住房面积的消费,下面的曲线表示对内城住房面积的消费。相同收入的家庭在郊区购买的住房面积较大，而在内城购买的面积较小，这主要是因为城郊土地便宜而内城的土地价格较贵。

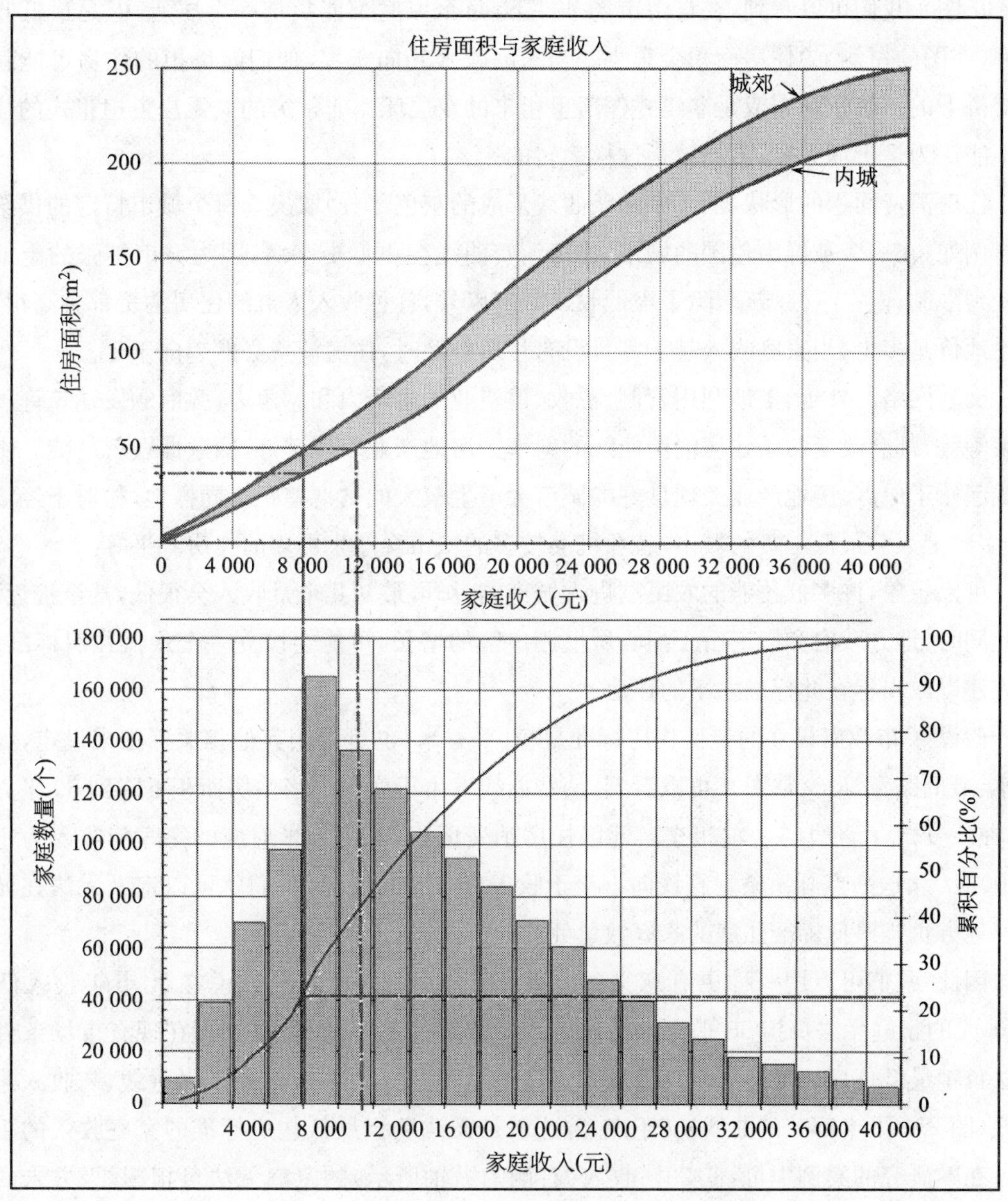

图 1　家庭收入与住房消费

图 1 表现了 X 城市的收入分布和住房消费，可以看到，年收入为 8 000 元的家庭可以在内城购买 36 平方米的住房，而在城郊购买的住房面积可以达到 50 平方米。相应地，如果在内城购买面积为 50 平方米的住宅，年收入需要高于 11 500 元。

图 1 表现了住房面积的消费,我们也可以将纵轴替换为代表住房质量的指标,同时反映住房面积和基础设施的质量。

从图 1 我们可以看到,在自由市场条件下,每个家庭都能负担一个居所,但是最低收入家庭(在图的左侧)的住房面积会很小。当家庭收入趋向于零,他们能负担的住房可能就是立交桥下的一块塑料布或是非正式住房里租来的双层床。非常穷的人无法负担正式的住房并不能认为是市场失灵,市场就是这样运转的。

住房消费面积的形状(图 1 中两条曲线形成的灰色部分)取决于每个城市特定的供给要素。例如,在一个被群山包围的城市,住房消费曲线会更低更平缓,因为城市扩张的土地供给受到限制;而在平原城市,除了极低收入家庭以外,各种收入人群的住房消费都会高很多;无论地价是多少,当家庭收入趋于零且没有住房补贴时,住房消费必然趋向于零。

交通网络的外延、土地利用管制、税收、建筑业的生产力和竞争力、政府颁发建筑许可的速度等等,都会改变两条住房消费曲线的斜率。房地产业表现越好,两条曲线就越陡。由于曲线起始于原点,房地产业表现良好的城市会产生较大的贫富差距。同样地,相对于经济停滞、多数工人拿最低工资的城市,就业机会较多的城市会产生更多的住房不平等。

可以想象,许多低技能的农民刚进入城市的时候,最初几个月收入会很低,甚至接近零。与此同时,地方政府和舆论由于担心城里棚户区的增长,可能会设立一个最低住房标准,不允许建设或出租在此标准之下的住房。

假设 X 市政府设立的最低住房标准是 50 平方米(也可以用其他相关标准来设定,如给排水、最低路宽等)。从图 2 可以看到,消费曲线发生了变化。当住房面积下降到 50 平方米时,曲线变成了直线与 y 轴相交。郊区住房消费面积 50 平方米对应的家庭年收入为每年 8 000 元。从这一点画一条垂直线向下交于收入直方图的底部,我们就可以定义无法在城市任何地方负担最低标准住房的家庭数量(图 2 底部的深色条柱)。

因此,我们可以用一种更有意义的方式来定义可支付性,可以说在 X 市年收入低于 8 000元的家庭无法负担 50 平方米的住房。更重要的是,我们可以计算在现有市场条件下无法负担最低住房标准的人数。由城郊住房的消费曲线上的 A 点向下做垂线,与收入累积曲线(图 2 中下半部分的曲线)交于点 C,这就是无法负担最低住房标准的家庭收入的百分位。在本研究的案例中,最低 22%收入(右侧的纵轴所示)的家庭无法负担 50 平方米的最低住房标准。

如果不仅要在郊区满足最低标准,在内城也要满足这个标准,那么无法支付最低住房标准的家庭数量就会从 22%增加到 41%(图 2 的 BD 线)。

如果 X 市政府坚持满足最低标准的住房政策,政府应该留出一大笔资金来补贴那些无法在自由市场上获得最低居住标准的家庭。补贴的数量(无论是租房券还是资金补贴)可由

图 2 得出。所需的补贴是家庭目前支付的住房消费与达到最低标准所需的住房消费之间的差额。

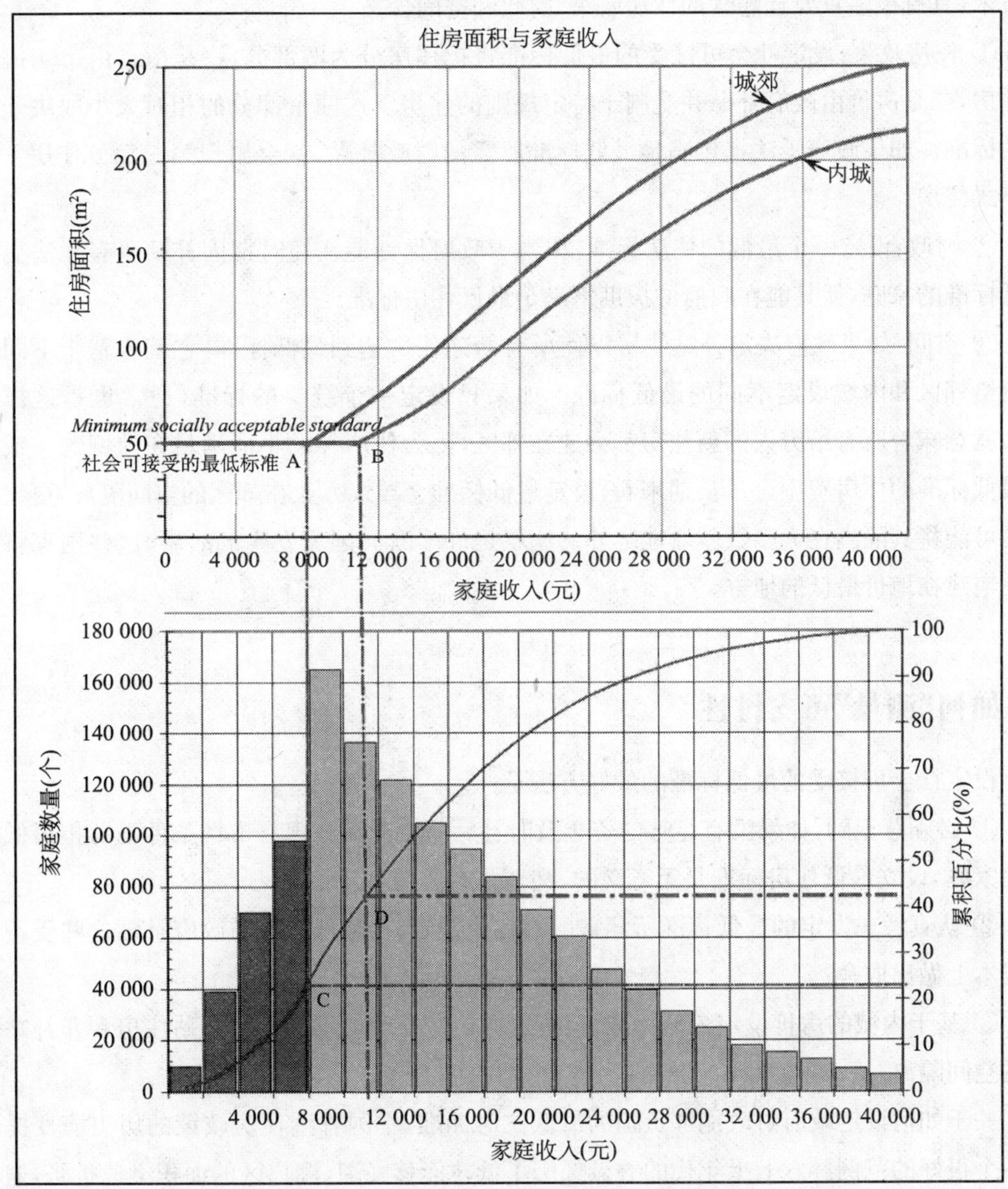

图 2 将可支付性定义为目前市场条件下的最低消费

在这一阶段，X 市政府应该重新审视其设定的 50 平方米的最低住房标准，并评价不同的最低标准对所需的政府补贴资金的影响。从图 2 可以看出，如果将最低标准降至 40 平方米甚至 30 平方米，将会极大减少政府的财政负担；相反，如果将最低标准升至 60 平方米，意味着需要为超过一半的城市人口提供住房补贴。

上述方法证明了设定全国最低住房标准的谬误之处。选定一个最低住房标准，比如 50 平方米，具有很多重要且隐含的住房政策、财政和空间含义。

① 住房政策：设定社会可接受的最低标准将把住房分为两部分，一是由自由市场提供的住房，二是房价由政府补贴并受制于特定规则的住房。这两个部分的相对大小取决于选定的标准。如果政府无法提供满足最低标准所需的财政补贴，就会出现第三部分住房——非正式住房。

② 财政：设定一个最低的住房标准，相当于政府保证能在短时期内补贴所有无法支付最低标准的家庭，使其能在政府的援助下满足最低住房标准。

③ 空间：如果政府决定补贴住房以使所有新建住房达到最低标准，它就要基于不同的地价给郊区和内城设定不同的最低标准。如果只设定一个统一的标准(通常也是这样做的)，就意味着所有给穷人的新住房都会建在郊区，因为住房补贴不能满足在内城购买或租赁最低标准的住房费用。从长期来看，设定最低标准会导致穷人在郊区的空间隔离，更糟糕的是可能将其隔离在大多数就业地之外。这就是许多欧洲国家发生的故事，这些国家将公共住宅建在地价最低的地方。

5 如何"测量"可支付性

设定社会可接受的最低标准的最好方法是：

① 必须意识到，如果没有足够的资金及时补贴所有无法在现有市场条件下负担最低标准的家庭，设立最低住房标准是无意义的，甚至是有害的；

② 认真考虑设定的最低标准所涵盖的潜在受益者，在最低标准与政府补贴这些受益者的成本上做出取舍；

③ 基于内城的房价设定最低标准，只有这样住房补贴才不会导致补贴住房和非补贴住房的空间隔离。

关于如何设定政府财政能够负担的最低住房标准，中国香港住房政策的历史演变提供了一个很好的范例。六七十年代的香港经历了低技能移民潮，棚户区的面积迅速扩张，遍布城市。因此，香港政府设定了最低住房标准，即每个家庭在高层建筑中拥有一间卧室，共用厨房和卫生间。这当然是非常低的标准，但这些高层建筑通过与公共交通系统和城市其他地方相连，社区中也有较好的学校。

当时选取的低标准使得香港政府能够在几年内将住在棚户区的家庭以及新移民家庭安置在简朴的公共住房中。在一代人之后，这些曾经的贫穷家庭可以很好地融入到香港经济中，能够负担条件更好的公共住宅，甚至一些私人住宅。当不再需要那些低标准的高层建筑时，政府可以拆除这些建筑，重新回收利用土地。

香港的案例只是为了说明香港政府如何设法为低收入移民提供社会可接受的住房，并不意味着笔者对香港住房政策的支持。香港的住房政策导致超过 48％的家庭居住在公共租赁住房里①。

6 动态的可支付性观点：存量与流量方法

上文讨论了定义可支付性的静态方法。现实中住房存量由于建设、拆除、旧住房的老化和恶化、社区的绅士化和贫困化等原因，经常发生变化。同时，前面图中显示的家庭收入分布也不断变动：每年新移民的数量和技术水平都不同，贫困家庭增多；城市人口（尤其是高技能人口）收入的不断上涨，增加了更多具有较高住房期望的高收入家庭。如果住房政策旨在提供城市家庭和政府都可以负担的住房，则政策制定过程中需考虑这些可能的变化。

考察城市住房动态变化的第一步就是将住房存量分成不同的住房类型②。在 X 市的案例中，本文将住房简单的分为七种类型：

① 农民出租住房；

② 农民自有住房；

③ 1947 年之前的传统住房；

④ 1985 年之前私有化的单位住房；

⑤ 1985 年之后私有化的单位住房；

⑥ 商品住房；

⑦ 别墅。

每一个住房类型对应一种住房质量以及在内城或郊区的位置。采用先前图 1 的收入直方图，我们可以表现不同收入群体的住房类型。

X 市不同收入组的住房类型分布如图 3 所示，这是 T_0 时期的住房存量分布。五年之后，T_5 时期的住房存量分布会发生很大的改变。第③、④、⑤种类型住房的总面积随着房屋衰败和拆除而减少，也不会再新建这些类型的住房。但是，在一些情况下，比如现有住房单

---

① Peter Fong (2008)“中国香港和新加坡的住房政策及其比较优势”，CPN 住房会议，北京，2008 年 7 月。

② 中国城市住房分类的建议方法由王亚平教授在他的论文“中国的住房改革及其社会与空间意义”(China's Housing Policy Reform and Social and Spatial Implications)中提出，该论文 2009 年 5 月在美国林肯土地研究院宣读。

元的重新分割，居住在这几个类型的家庭数量可能会增加。大多数新增住房存量属于第⑥和第⑦种类型。类型①和②的住房发展受限于农村集体土地的特殊地位，其数量有可能因为住房密度增加而增加，也可能因为拆除和土地重新开发而减少。

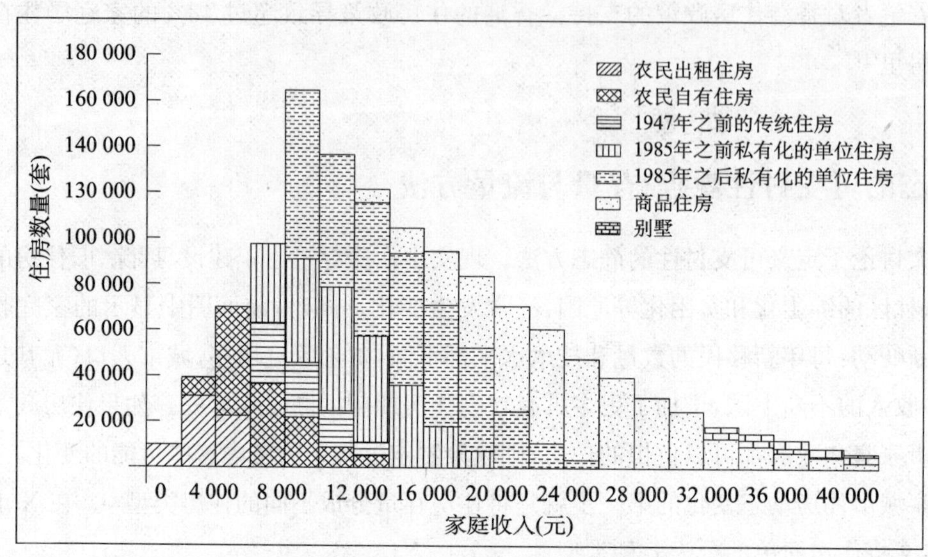

图 3　不同收入群体的住房类型分布

图 3 中的家庭收入分布也会随着时间而改变。五年的时间里由于家庭的自然发展，会有新的家庭形成；新移民流入城市，收入在 5 000 元以下的家庭数量可能会增加；T_0 时原有的城市家庭的收入也会增加（2000～2005 年，X 市家庭年收入的中位数从 8 100 元增加到 12 600 元，五年内上涨增加了 55%（名义利率））。

图 4 显示了 T_0～T_5 期间的家庭数量与住房存量的变动（不考虑家庭收入的变动）。在这个例子中，历史住房类型（类型③～⑤）和农民住房（类型①～②）因拆除而减少，商品住房大规模增加。

从图 4 可以看出，上半部分的家庭收入组与下半部分的住房存量并不匹配。商品住房的数量太多，而有支付能力的家庭数量过少。假设市场上住房的总量（包括新建住房和存量住房）与家庭总数是匹配的，但住房价格分布与家庭收入分布并不匹配，这是现实生活中经常发生的。因此，存量住房和新建住房必须通过住房市场，在不同收入群体之间重新分配（图 5）。

图 5 的上部分将每个收入群体的家庭数量（以深色实线显示）与各种新旧类型的住宅数量相叠加。保持家庭收入与 T_0 年相同，可以看到，对于年收入低于 16 000 元的家庭，住房供给不足，而对于年收入高于 16 000 元的家庭，新建的商品房和别墅供给过多。

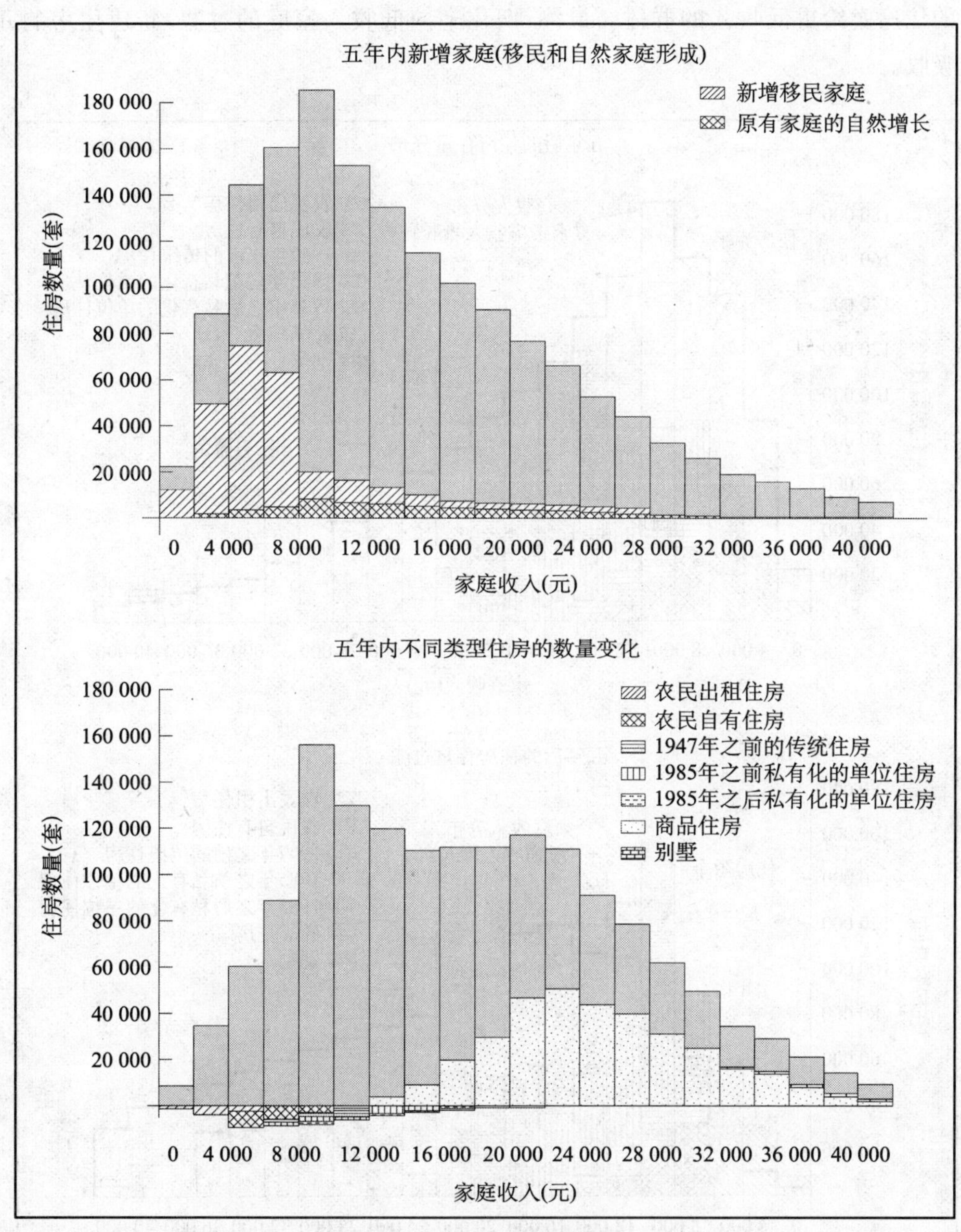

图 4　T_0～T_5 时期家庭数量与住房存量的变化

原来住房比较旧、住房条件比较差的家庭，在经济能力可以负担新建住房的时候，将会搬进新建住宅。比如说，住在私有化单位住房里的年收入在 18 000～26 000 元的家庭就很愿意搬进新住宅，并将把现在的住房卖给收入比他们稍低的家庭，那些家庭又将其原有的住房卖给更低收入的群体。最终,旧住宅向低收入家庭的过滤,新建住房的冗余将被吸收。

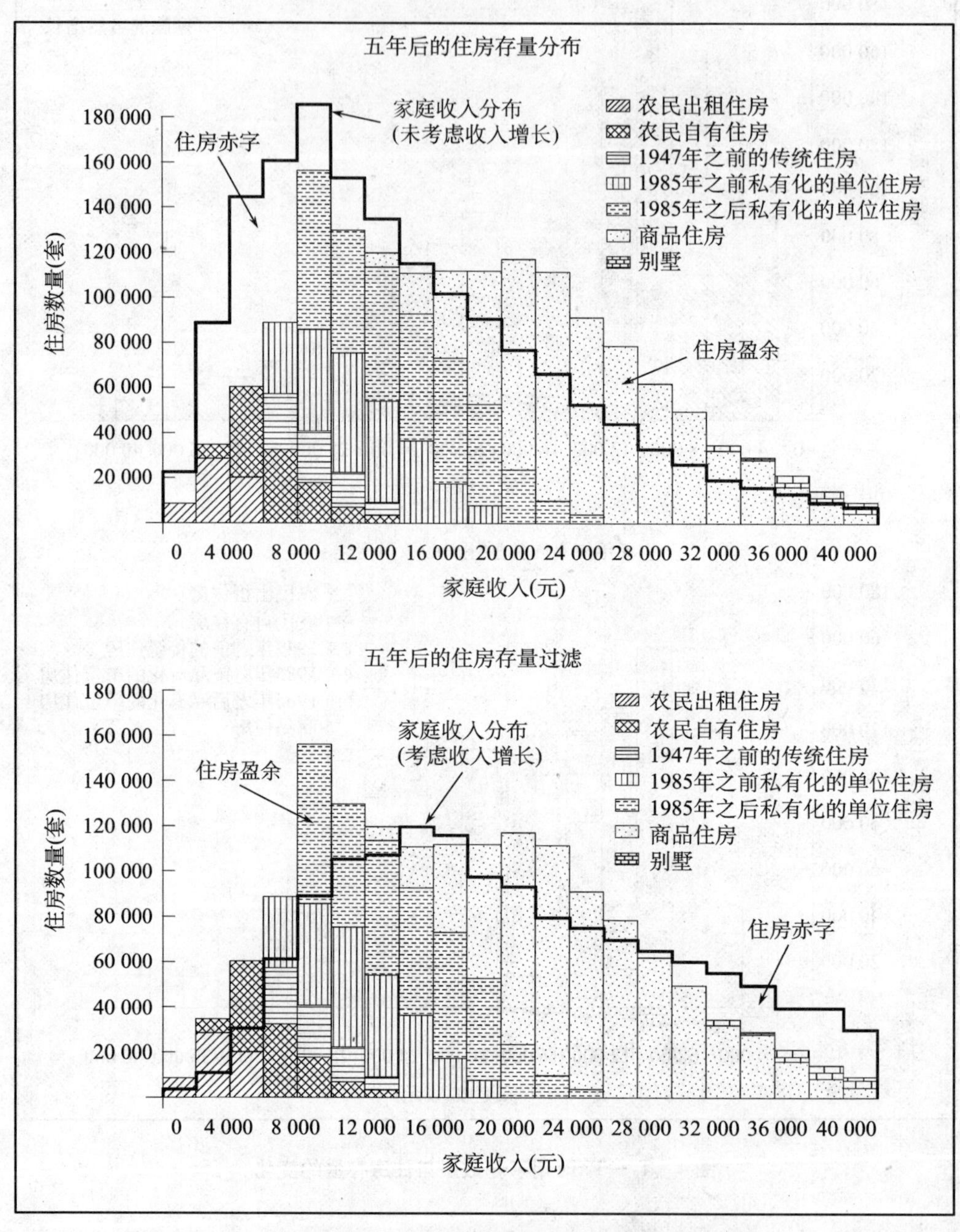

图5　五年后新住房存量的分布与过滤

但是我们并不能确定,这种向下的过滤是否能在短时间内到达低收入家庭。如果不能,低收入家庭就不得不分割当前的低收入住房单元,以获得他们能支付的住房单元。同时,如果很多新住宅单元卖不出去，或新建住房的数量在 X 市新增家庭的数量之下，这种过滤也不会到达穷人家庭。比如说，如果有能力支付的家庭觉得新建住房并不比他们现在的住房拥有更多的吸引力（区位因素等等），那么这些住房就卖不出去。

如果新建住房单元卖不出去，则有两种可能的解决方案：

① 开发商愿意持有这些空置的单元，直到几年后再出现可能的买家（这种解决方案通常基于开发商能获得极低的建设贷款利率）；或者

② 开发商打折出售。

在第一种情况下，低收入群体的住房短缺情况将持续，因为住房供给少于总的需求；由于低收入家庭将继续分割已有的低收入存量住房，他们的居住条件将会进一步恶化。

在第二种情况下，目前被高收入群体占据的住房单元将最终过滤到低收入群体，他们的居住条件将不断得到改善。

图 5 的下部分考虑了五年间城市家庭收入的增加，显示了不同收入组的家庭数量。假设 T_0 时期已有的城市家庭，其收入到 T_5 时全部上升一定的量（假设 2000～2005 年，X 市家庭年收入的中位数从 8 100 元增加到 12 600 元）。但是，T_0 之后进入城市的新移民，其收入分布仍保持不变。

由于考虑了五年间城市家庭收入的变化，图 5 的下半部分与上半部分截然不同。低收入住房出现剩余，中等收入住房也稍有剩余（家庭年收入介于 18 000～26 000 元），但高收入家庭出现住房短缺（年收入高于 30 000 元）。

但是这种情况并不一定对低收入群体有利。因为高收入群体的住房需求无法得到满足，旧社区会开始绅士化过程，如将两个单元合并装修为一个大单元。绅士化也会最终向低收入者过滤，将他们赶出原本可以负担的住房类型。

7 结论

只有在特定的城市设定特定的住房标准，才能衡量住房的可支付性，同时也不能忽略住房可支付性的空间特征。最低住房标准的设定必须与政府的财政补贴能力相匹配，同时需求方补贴比供给方补贴更有效。缺乏政府财政补贴能力的最低住房标准只会增加违章建筑和非正式住房。

如果政府没有足够的资源来补贴穷人的住房，则政府应避免确定最低住房标准，转向提升贫穷社区的基础设施，为其提供更好的健康、教育等社会服务。从长期来看，良好的健康和教育环境将会提升低收入家庭的收入，从而使其能够负担更好的住房。

住房市场的分析应当考虑新建住房和存量住房的互动，这是有别于传统住房可支付性

分析的新视角。武断的用配额来限制住房供给——如限制某种类型住房的建设而支持另一种,很可能会适得其反,最终仍会损害低收入人群的利益。

城市更新与城市再开发通常会减少低收入家庭可支付的旧住房的数量,而他们也难以在市场上以相同的价格获得新建住房。因此,城市更新项目的成本收益分析应该考虑到城市更新对住房可支付性的影响。

关注低收入家庭住房可支付性问题的住房政策,应当全面充分地了解整个住房市场,深入理解其特点和价格变化。我们不能孤立地解决低收入家庭的住房问题,因为各种收入群体同住在一片土地上,相互竞争。住房单元的确会逐渐向下过滤,类似于二手车向最贫穷的家庭过滤。因此限制市场高端的住房供给对穷人的住房有负面影响,因为这将会促进绅士化过程的发展,即低收入住房向高收入群体过滤。旧的住房单元通常区位很好,同时也是低收入家庭唯一可以负担的住房。

制定良好的住房政策首先需要创建一个住房分类体系,反映特定城市住房单元的全貌,且分类体系应当与家庭收入分布及空间特征相匹配。

同时,我们也应当考虑住房可支付性的空间特征。如果低收入家庭能够负担的住房都远离工作集聚地,则往往会产生贫穷陷阱。这是在很多国家都发生过的,如南非等。

中国新城市时代住房政策的制度性观点

Bertrand Renaud

1 引言:处在经济和城市发展新阶段的中国

随着计划经济向市场经济的转变,中国城市经济的发展已经进入了一个新的阶段,这也要求城市和住房政策的设计应与新的环境相适应。1979～1992年,中国逐渐摆脱了政府管制体制,转向依靠实施双轨制进行改革,并使每个人都获益。

在改革的第二阶段,即从1993～2008年全球金融危机,中国再次集中管理公共机构以维持宏观经济的稳定,重组银行、国有企业等关键部门。与此同时,加大基础设施的投资,开放城市引入外商直接投资,迅速增加了中国在全球经济中的份额。在1997～1998年的亚洲金融危机中,中国的主要应对措施就是城市住房商品化,有力地刺激了城市经济的发展。改革第二阶段的高经济增长率和快速城市化过程大大减少了绝对贫困,但不同地区、城市和社会群体并没有均衡地享受高增长带来的利益,发展差距日益增大。

目前,中国正在经历城市发展过程中的一个重要拐点,已进入了城市化的高速期。"十一五"规划期间适逢全球金融危机,导致中国的经济发展重新强调扩大内需,促进城市发展的质量和公平。虽然在金融危机袭来之前,现行的发展规划已经认识到这一点,但是影响城市动态发展的重要改革仍需加快速度,并相互协调。

城市化水平与经济发展的函数关系已经被经济学家和政策制定者广泛接受①。中国在之前两个阶段的城市化过程中,主要通过重新划定行政边界来增加城市的行政规模。在当

---

① 见2008年国际增长与发展委员会(International Commision on Growth and Development)的结论。更重要的是,2008年的诺贝尔经济学奖被授予保罗·克鲁格曼,以表彰其在新经济学范式中所做的开创性理论工作。他将国际贸易与经济地理结合起来,后者研究经济活动在空间上的分布。这两个议题也是中国的政策制定者在城市化速度高峰期主要关心的问题。20年前,许多著名经济学家仍然认为城市化是一个次要的研究领域,因为他们已经知道怎样分析城市问题。克鲁格曼敏锐地观察到了经济专业中的一个弱点,即:"需要解决的尴尬问题总是在被谈论,但一直没有得到解决。"(引自《地理与贸易》(*Geography and Trade*)的序言,1991)

前的快速城市化下,农村间城市移民将占主要地位。农村移民顺利融入城市,将是中国社会朝着多元化方向发展的重点之一。

研究建立并健全低收入住房政策与宏观住房制度的总体表现是密不可分的。然而,解决贫困问题的基本方法是经济增长而不是拥有住房。从这个意义上讲,中国在过去20年中已经很成功地解决了贫困问题,中国经济的发展也已达到了一个重要的过渡阶段。在这个阶段中,必须重新调整经济结构,以扩大内需和实现内生增长。那么,什么是与这种经济结构调整相一致,且具有成本效益的住房政策?这种经济结构的调整将如何在中国非常多样化的城市体系中实施?国家层面上低收入住房项目的成功与否,需要由地方层面上每个城市住房的需求和供给决定。地方层面上的住房需求状况,由地方经济基础的动态发展决定。如果住房供给不受限制,那么地方住房市场将会是健康的,并且对低收入公共住房的需求会是最小的。国际经验表明,在城市化的起始阶段,城市经济实现现代化,并吸引新的商业活动的重要因素在于住房供给是否受限制,是否为糟糕的土地利用和分区(zoning)管制所扭曲。

2008年的全球金融危机无论是规模、强度还是复杂性,均比1997~1998年的亚洲金融危机更为严重。世界经济的萎缩给各国政府在稳定本国经济、防止本国低收入家庭居住条件恶化等方面带来了巨大的压力。由于这些压力的存在,政府的政策制定可能变得片面且不连续,虽然取得了短期的稳定,但长期而言会对住房制度乃至整个经济的稳定发展造成伤害①。那么,中国目前实施的一系列经济刺激计划,其具体的政策是什么?从长期来看,这些政策对中国的城市化过程是有利、有弊?还是没有什么影响?

本文包括两个部分的内容。第一部分分析了中国独特且庞大的城市体系的动态发展,经济增长和经济活动区位之间的关系,及其对农村移民的影响。在中国市场经济转型的过程中,城乡收入差距增大,居民收入不均衡和区域发展不均衡的问题日益显著。然而,在中国城市化高速加速阶段,这种不均衡发展会一直持续吗?或者在经济重新平衡的过程中,能够实现城市体系的重新调整,使得内陆地区大中型城市得到更好的发展吗?农村移民在城市化提速阶段必将占到主要地位,在中国各具地方特色的660个城市之中,可支付性住房(affordable housing)的发展又将面临什么样的限制和风险?

在对中国城市与地方住房市场的未来发展有了清晰的认识之后,本文的第二部分分析了住房制度的内在结构。哪些因素支配着一个健全的住房政策的构成?中国的住房仍然受

① 当然,这并不是不可避免的结果。例如,在20世纪80年代早期的金融危机中,智利将住房政策选择与总体宏观经济政策结合起来,保持一致。结果,智利不仅实现了经济的长期发展,并且消除了长期存在的、严重的住房短缺(Pardo,2009)。

到行政指令制度以及相关的意识形态和体制的深刻影响。那么,影响中国城市住房市场的最重要的制约条件是什么?住房体系中的哪些部分将对其长期表现产生风险?这一部分遵循现代住房经济学的理论,从被称作"住房制度七个支柱"(seven pillars of a housing system)的七个方面,刻画中国住房发展战略面临的制约和风险。这七个支柱的结构决定了住房制度的强度和稳定性。那么,哪一个支柱最需要被加强,又该在哪加强呢?

对于每一部分内容的分析,能够得到什么结论呢?首先,由于全球金融危机,全球经济很可能进入一段相当长时间的缓慢增长阶段。那么,中国的城市化过程会受到显著影响吗?虽然中国宏观经济的增长率低于全球经济飞速发展时期,然而城市化水平像"文革"期间那样迅速下降的可能性还是很低的。相反,中国实际的增长水平取决于经济生产力的增长率。中国城市化加速带来的城市增长,可以减少收入差距和空间发展不均衡,尤其当国家政策能够成功地朝着扩大内需的方向重新平衡经济。但是,新城市时代成功的增长不是必然的。住房体系将会迅速从国民经济中攫取比现在更大的份额,因此住房体系的发展将是影响中国经济长期发展效率的主要间接因素。

住房体系的表现取决于国家改革政策在地方层面的实施,主要包括三个方面:全面整合城乡土地市场的产权;改革政府间关系与地方财政,以改变地方政府对于短期房地产投资的强烈依赖,同时也确保城乡家庭均能够享有各种公共服务;改革金融体系,支持地方银行对中小企业和家庭的服务。上述三个方面的成功改革能够减少低收入住房项目被快速增长的中产阶级占据的可能性,并且避免住房方面的错误投资。此外,国际经验表明,城市规划和土地利用政策能够区分在城市竞争中表现各异的城市,并且新生产活动的区位将会受到地区住房供给弹性的显著影响(Gyourko, 2009)。

衡量中国长时期城市化成功与否的一个重要指标就是"城中村"的政策走向。目前在许多城市,"城中村"在基于市场的低收入住房供给中扮演了重要的角色,对农村移民融入城市经济也十分重要。"城中村"也体现了现行住房政策中最弱的三个支柱,包括产权的二元结构、难以获取地方金融服务、地方财政获得短期房地产投资收益的强大动机。其实完全有可能通过采取特定的政策,促进"城中村"的增值,与城市完全融合。本着过渡时期第一阶段的精神,中国的政策制定者会采取避免失败,并使所有人受益的渐进式改革吗?还是他们会采用激进的方式,使高收入群体获益,将"城中村"现代化或者消灭"城中村"?但是这将产生许多失败者,并提高低收入住房政策的总体成本。这是城市化高速发展所面临的政策抉择。在中国的政府结构中,国家层面上的住房政策不能再采用简单的配额和行政命令规则。这些都是计划经济遗留的产物,对经济通常具有意外的负面冲击。中央财政资源应该用于鼓励地方政府实施健全的低收入住房项目,这是过程,而不仅仅是数量化的结果,因为没有一个中央政府有可能完全理解这些结果对 660 个城市的含义。

在向市场经济转型的前两个阶段,中国城市的发展在数量上是十分成功的。城市化高速时期,城市发展的质量及其对住房政策的影响将成为主要内容。住房在国民经济中的分量将迅速提升;同时,发达国家的经验显示,住房领域的表现将对更广泛的经济领域的表现产生影响。

2 处在城市化速度峰值的中国

2.1 什么是“中国城市化速度的峰值”?

一个国家城市人口比重的上升伴随着该国工业化水平和人均收入水平的提高,可以用逻辑曲线来表示。这个现象由来已久,并且在1970年由乔根森(Jorgenson)等人模型化。城市体系的增长率将在逻辑曲线的拐点附近、城市化水平50%左右时达到峰值,因为城市人口增长的动力来源于大量原有城市人口的内生性增长,以及大量从农村流入的迁移人口的增长。截至2005年,中国城市化水平为41%,已经达到城市化速度的历史最高水平(见图1中的曲线1,该曲线将城市化与工业化联系在一起)。

同时,新建住房投资占GDP的份额也趋向于峰值,约为7%~9%。在地方经济比较好的城市,该份额更高。经济发展比较慢的时候,住房占GDP的比重也较低,因为GDP中大部分建筑投资的份额属于基础设施投资而非住房投资(见图1中的曲线2)。

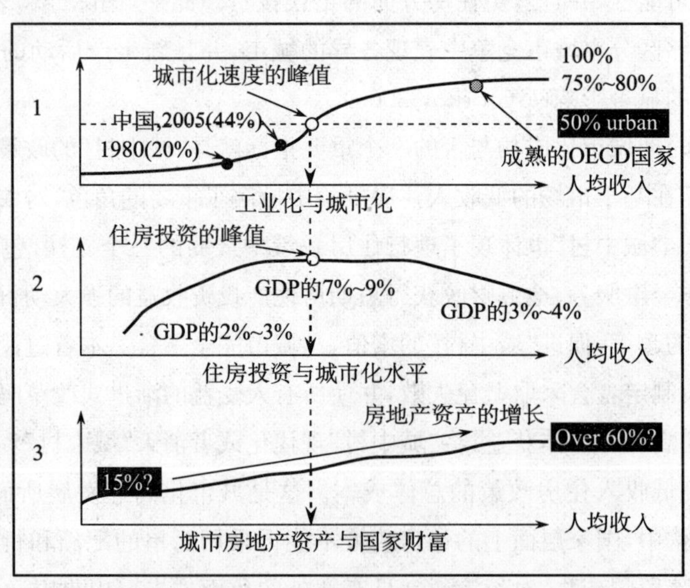

图1 城市化水平、住房投资率和房地产投资积累

衡量城市资产总体构成的全面研究目前还很少①。住房占城市资产总值的份额,估计应为60%左右。如果城市的经济基础偏向于服务业而不是重工业,城市土地利用更集约,该估计值还应上升。

作为城市化的结果,所有类型房地产的价值将稳步上升,并且在国民财富中所占的份额逐渐增加(见图1中的曲线3)。高收入水平下房地产在国民财富中的份额不断上升,可以解释为什么房地产的管理失当可能会损害国民经济,目前美国的次贷危机已经证实了这一点。扭曲而浪费的住房投资模式,将对国民经济的增长和长期效率产生巨大而持久的冲击。

1978年市场经济改革之前,中国的城市化水平保持在一个较低的水平,略低于20%。强大的反城市政策以及十年"文革"导致城市投资的停滞。相应地,城市人口的比重从1965年的18%下降到1975年的17.3%②。由于缺少新的重大投资,中国城市的空间结构依旧保持1949年之前的状态。Bertaud和Renaud(1994年和1997年)分析了社会主义城市的空间和制度转型,中国城市市场改革的前20年(1978~1998年)也没能完全避免这些问题,因此,中国决定从1998年开始住房的商品化过程。2008年,城市人口的比重已达45.7%。

目前,如果中国关于土地利用、基础设施投资以及新建住房等等的城市规划决策能够有更好的经济基础,那么中国就有很好的战略机会,在城市化速度最快的时期提高城市增长的质量以及城市的生产力③。单个城市的内在效率和生产力,乃至于中国城市体系的总体效率,对于国民经济的重要性将逐渐增加。中国城市地区GDP的份额将从现在的75%上升至2025年的95%,此时中国的城市化水平将接近高收入国家的饱和水平。

2.2 地理和贸易:中国经济活动的区位和劳动力迁移

保罗·克鲁格曼开创性地将贸易理论和经济地理结合起来,通过模拟经济活动的区位

---

① 关于城市投资结构的最全面的研究是分析20世纪70年代快速城市化时期的澳大利亚,详见Max Neutze (1977) *Urban Development in Australia: A Descriptive Analysis*. Sydney: George Allen & Unwin.

② 城市人口的比重指的是户籍城市人口,不包括城市流动人口,详见www.stats.gov.cn。联合国人口司的统计略有不同,数据有些偏高。

③ 前苏联政府在70年的计划经济体系之下,投资决策过程中不清楚"机会成本"的概念,资源分配和定价不合理,导致无效率的城市体系,这已经成为俄罗斯现在的负担。不幸的是,俄罗斯现在的城市化率已经超过76%,城市经济发展成熟,因此在现有城市体系中改善城市空间结构的范围已经很有限了。

以及劳动力在城市与区域间的迁移，为理解中国城市的动态发展提供了非常有用的框架①。他对美国工业化时期制造业产业带崛起的分析方法，同样可以用于分析中国过去30年来沿海地区产业带的发展。人口密度高的区域因为能够提供更丰富的产品选择以及更多的就业机会，对外来移民的吸引力较大。企业同样愿意选择人口密度高的地区，以降低运输成本并从规模经济中获益。较多的外来移民和更大的规模经济会产生一种自我强化的过程，进一步增加城市的吸引力。

克鲁格曼的理论可以用来解释为什么中国的沿海城市具有巨大的比较优势，以及在中国经济重新平衡的过程中，为什么类似的过程会鼓励内陆大城市的发展。"现在越来越流行的观点包括有：普适的收益递增和不完全竞争；无处不在的多重均衡；对于历史，偶然经常是决定性的作用，甚至可能是纯粹的自我实现的预言；等等。"②

中国的中央政府给予沿海地区的优惠财政待遇，尤其是在改革开放的初期阶段，以及大量的交通、通信等基础设施投资，使得沿海城市在中国城市体系中占据首位。同时，沿海和内陆地区家庭收入增长的差异迅速扩大。

随着中国进入城市化过程的高峰期以及国民经济从出口转内需的结构调整，不同城市和区域的相对增长也会改变。贸易应该是基于收益递增基础上的任意专业化，而不是努力利用资源和生产力的外源性差异，这种观点似乎同样适用于中国③。

2.3 中国未来城市化水平的估计

有许多关于中国城市化人口的预测，例如联合国人口司等。2009年3月，麦肯锡全球研究所(McKinsey Global Institute，MGI)发布了对中国城市化水平预测的研究。这份报告基于一个两年的项目，构建了大规模的计量经济模型，该模型能够利用一系列城市的实地调查数据，将分散的城市模型化。MGI的研究详细描述了中国城市化空前的高速发展时期，认为这对于全球其他经济体同样具有强大的直接或间接影响。

- 2025年中国城市人口预期将增加3.5亿，比2009年5月美国的总人口数3.06亿还要多(美国人口普查局)。

---

① 见克鲁格曼的《地理与贸易》(*Geography and Trade*)(1991)，或克鲁格曼的诺贝尔奖获奖演说"收益递增(Increasing Returns)"(http://nobelprize.org/nobel_prize/economics/laureates/2008/krugman-lecture.html)。诺贝尔奖的网站同时刊登了一篇诺贝尔奖委员会关于"贸易与地理——经济规模、产品差异与交通成本"(Trade and Geography—Economics of Scale, Differentiated Products and Transport Costs)一文的札记，解释了克鲁格曼的贡献及其相关的工作。

② 克鲁格曼，《地理与贸易》(*Geography and Trade*)，1991。

③ 关于新兴经济体中城市体系的动态发展，参见Duranton(2009)和Venables(2009)。

- MGI 预测，中国城市人口将会从 2005 年的 5.72 亿增至 2025 年的 9.26 亿，年增长率达 2.4%①。以此增长率，2030 年城市人口将达到 10 亿。

- 2025 年 64%的中国人口将居住在城市，此数字在 2005 年仅为 44%。

- 中国未来的城市规模非常庞大：2025 年人口超过 100 万的城市将达 220 个。现在欧洲的总人口多于美国，人口超过 100 万的城市也仅有 35 个。MGI 同样预测，中国将会拥有 8 个人口超过 1 000 万人的特大城市，其 GDP 将占到全国的 25%。

- 流动人口将成为未来城市化的主要驱动力。MGI 认为，中国未来的城市化过程将完全不同于以往的 15 年。超过 2.4 亿的城市新居民将是农村进入城市的流动人口，另有 1.1 亿新增城市人口为原有城市人口的内生增长和城市有限扩张的结果。1990～2005 年，MGI 估计中国有 1.03 亿人从农村迁移到城市。

MGI 研究的基本目的在于调查不同城市化模式的多元影响，以及中国在土地、财政、自然和劳动力资源等条件严格限制下可能的权衡选择。MGI 的研究调查了四个城市化方案，每一个都是未来 20 年内可能的城市化过程。MGI 认为，能够减轻环境压力并提高城市体系生产力的最优方案是"更为密集的城市化模式"(MGI，Executive Summary)。MGI 研究认为，"密集的城市化模式" 需要两种形式的土地利用变化的支持。第一个变化与城乡土地转换有关，要放开目前冻结的城乡土地转换和相关土地转换配额制度，这些制度扭曲并降低了城市土地利用的效率②。第二个变化是改善土地利用条例和城市规划，目前这些条例和规划控制了城市内部的土地分配。MGI 的研究发现，城市内部土地利用的改善具有积极的影响，并且支持更为密集的城市发展模式。

2.4 中国恶化的收入分配状况增加了低收入住房的压力

城乡居民之间、内陆和沿海地区之间的收入不均衡在过去的 30 年中不断加大(图 2)。中国(2001)和美国(1999)的基尼系数都很大，均为 0.416③。日益增大的收入差距对于低收入住房政策而言，具有严重的负面影响，因为越来越多的家庭不能负担现有的住房，需要帮助的家庭的绝对数量迅速增加。中国收入不均衡的重要原因在于城乡差别，当然也有其他

---

① 当中国越过城市发展的拐点之后，城市化速度将低于之前中国城市体系较小时：1985～1990 年从"文革"恢复后经过调整，城市人口增长率为 5.04%；1990～1995 年增长率为 3.52%；2000～2005 年增长率为 3.08%。

② Bertaud(2007)同样论述了城乡土地转化配额如何导致地方土地利用的扭曲，该配额由上一级政府分配，而上一级政府不一定了解该城市的动态增长。

③ 更多关于中国与美国收入分配对比的详细信息见本论文的早期版本，2008 年 5 月发表的"中国住房政策的限制与风险"(Housing Policy Constraints and Risks in China)。

一些因素。Luo 和 Zhu(2008)认为,日益增加的收入不均衡是中国城市化发展过程中的一部分,"顶端效应(race to the top)"形式下的收入空间分异是可以接受的,因为它释放了竞争压力并创造了在技能方面投资的动机。这是库兹涅茨(Kuznets,1955)假设的变形。库兹涅茨认为,当经济随时间发展时,城乡收入不均衡的发展呈倒 U 形曲线。然而,这是一个过于乐观的观点。中国的情况是,计划经济造成的城乡二元结构造成了城乡居民处于两种不同的经济地位,农村居民很少有机会实现他们的经济潜力,即使他们从农村迁往城市。Bourguignon(2008)提出了较为均衡的观点,探讨了中国解决收入差异问题的财政方法。

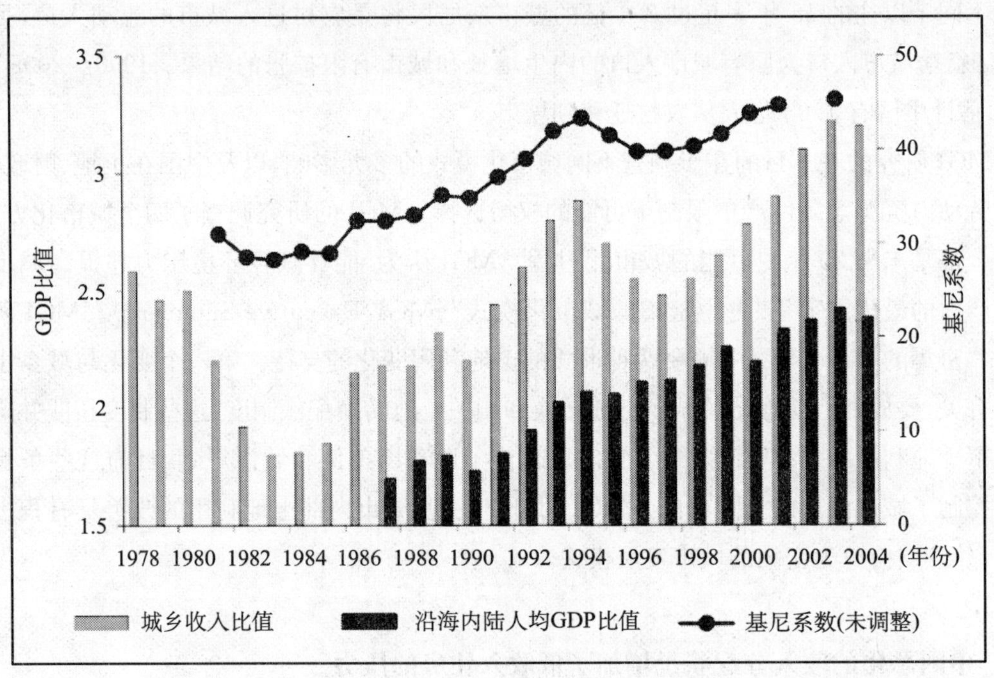

图 2 农村和城市、内陆和沿海日益增加的收入差异(1978～2004)

资料来源:Luo & Zhu (2008) *Rising Income Inequality in China: Race to the Top*. World Bank, WPS4700。

(1) 城乡划分

作为计划经济产物的城乡二元性可能是未来中国社会唯一的最大政策风险的来源。作为行政命令体系下的产物,三个方面的城乡二元性扭曲了起始阶段的城市化过程:

① 土地产权的二元性。农村地区的土地归农民集体所有,城市土地归国家所有。不连续的权利归属造成了城市内部土地利用的不连续性,如"城中村"的出现,这是中国版的"非正式住宅(informal housing)"。"非正式住宅"偶见于以市场经济为基础的新兴经济体的城市中。

② 社会保障体系的二元性。农村居民的社会保障将由农村集体提供,而城市居民的社

会保障将由城市政府提供。这种权利无法随着就业地点的变化而随意改变。

③ 社会经济状况的二元性。城市劳动力市场与户籍制度相关,制约了地方公共服务的可达性。

中国的政策制定者长期以来非常关注这些二元性所造成的社会、经济和政治稳定等方面的风险。中共中央 2008 年 12 月批准的农村改革政策,一方面使农民受益;另一方面,如果它能够促进城乡土地市场之间的充分结合,则将对中国的城市化产生积极的影响。然而,就其目前的形式而言,该政策只是提议缩小城乡之间的鸿沟,有很多限制和含糊的地方。在分析其余引起收入差距加大的因素之后,后文将详细讨论这一政策。

(2) 汇率政策对城乡贸易条件的冲击

2005 年 7 月开始的人民币升值在国内产生了不同的影响,同时对城乡贸易条件造成了负面影响。中国的农产品在国际上是价格接受者。对于以美元为计价单位的农产品,汇率的升值将会降低农产品的人民币价格,并对农村收入产生负面影响(Blanchard and Giavazzi, 2005)。

(3) 其他空间因素同样扩大了中国的收入差距

作为毛泽东时代自给自足政策的产物,地方保护主义同样也导致了地区发展的不均衡。最近的研究显示,1987～1997 年国家经济的地区综合程度较低,且逐渐下降。地方政府拥有追求地方社会经济稳定和增加财政收入的双重目标。然而,这样的地方政策产生了不良后果,如降低当地城市的发展潜力,地方工资水平低,以及鼓励流动人口去城市地区以获得更好的国民经济条件(Hering and Poncet,2009)。

(4) 地方发展中地方银行的缺位产生的负面冲击

日益增多的国际研究同样表明,中小商业银行以及地方社区银行的缺位将对中小企业和地方经济的发展产生负面冲击(Ju and Wei, 2008; Kendall, 2009; Mahagaonkar and Chaudhuri, 2009)。地方银行服务的缺位扭曲了抗衡中产阶级的收入分配的形式。近期的很多研究同样认为,门槛效应对于区分中国的贫穷和富裕省份很有用,贫穷省份受小财政系统和社区银行缺位的双重影响的可能性更大。

(5) 其他转型经济体中的市场经济改革常常恶化收入分配

Milanovic and Ersado(2008)分析了 1990～2005 年前东欧和前苏联 26 个转型经济体向市场经济转变期间,家庭收入分配的动态变化。研究发现,收入分配状况普遍恶化,但不同的国家具有不同的波动。在收入分配状况恶化的国家,最低 10%收入家庭的收入减少,而最高 20%收入家庭的收入增加。恶化收入分配的因素通常是大规模的私有化,以及基础设施私有化改革带来的费用提高。快速的发展使得高收入群体受益。改善收入分配状况的积极因素通常是小规模的私有化,以照顾低收入人群,实现低通胀。研究也发现,民主化已经有力地向穷人倾斜。有趣的是,他们发现并没有证据能够表明,那些政府直接投资(GDI)比重较高的政府更有可能改善收入分配状况。

(6) 社会安全网络的侵蚀增加了各家庭的危险

中国家庭储蓄率极高,已经超过了40%,这将导致农村地区社会安全网络的削弱,以及工作单位在健康、住房、养老金和教育各方面责任的弱化。1998年以来,高达警戒水平的储蓄率有可能受到住房商品化的冲击。

城市家庭储蓄模式与生命周期假设非常不一致。这些新的储蓄模式与以往不同,并不遵循世代间的消费与储蓄平滑(图3)。Chamon and Prasad(2008)提出了2005年城市储蓄的U形模式。储蓄率在生命周期的起始阶段较高,第二个高峰则接近退休的时候出现。先前的驼峰形收入和消费模式在1995年(如图3所示)、1990年和2000年(图中未展示)十分流行。

两个储蓄峰值反映了中国城市居民世代间非常不同的经济经验。对于受教育程度较高的年青一代,高储蓄率反映了迅速增长的收入和低水平的社会保障;对于老一代,高储蓄率是为了承受市场经济改革和原有社会保障体系分解的冲击,这些都增加了不稳定因素。总体而言,1995~2005年,每一代储蓄率的上升都十分显著。消费水平从年青一代向年长一代单调递减,势必会对住房需求产生影响。

针对城乡低收入群体的大病统筹保险计划表明,长期安全网络问题如今已经提上了公共议程。这样的政策也将对中国经济的重新平衡和改善收入分配起到积极的作用。

2.5 2008年10月发布的农村土地政策:城市化战略的重大调整?

2008年10月12日,中共中央批准一项新的政策计划,旨在实现更为均衡的城乡综合发展,并设定了2020年农村人均收入翻一番的目标。该计划推行了一项新的土地政策,希望加强保护农民个人的农地权利,缩小城乡差距。目前尚不清楚该计划能否通过提高农地价格来改善城乡土地转换的质量和经济效率。该计划的主要目标是通过土地整理来提高农村土地利用的效率,而不是强调整合城乡土地市场。事实上,这份计划承诺的严格的"基本农田保护制度"可能会冻结进一步的城乡土地转换。

该计划的重要内容是改善农民个人的产权。农村土地承包期将从现在的30年扩展到无限期。对于土地强制征用(eminent domain)的使用规则将会更加严格。允许私人之间的土地流转,但征地将只限于公共利益,并且要建立基于市场价值的补偿机制。这在市场缺失的条件下将是一个巨大的挑战,除非土地流转权能够催生一个地方市场。地块的土地登记和认证是该计划中的一部分。中国有2.5亿户农村家庭,平均每户五块地,因此在管理上这将是一个巨大的挑战。截至目前,该计划并未显示出可以将土地作为信贷抵押品的可能性。

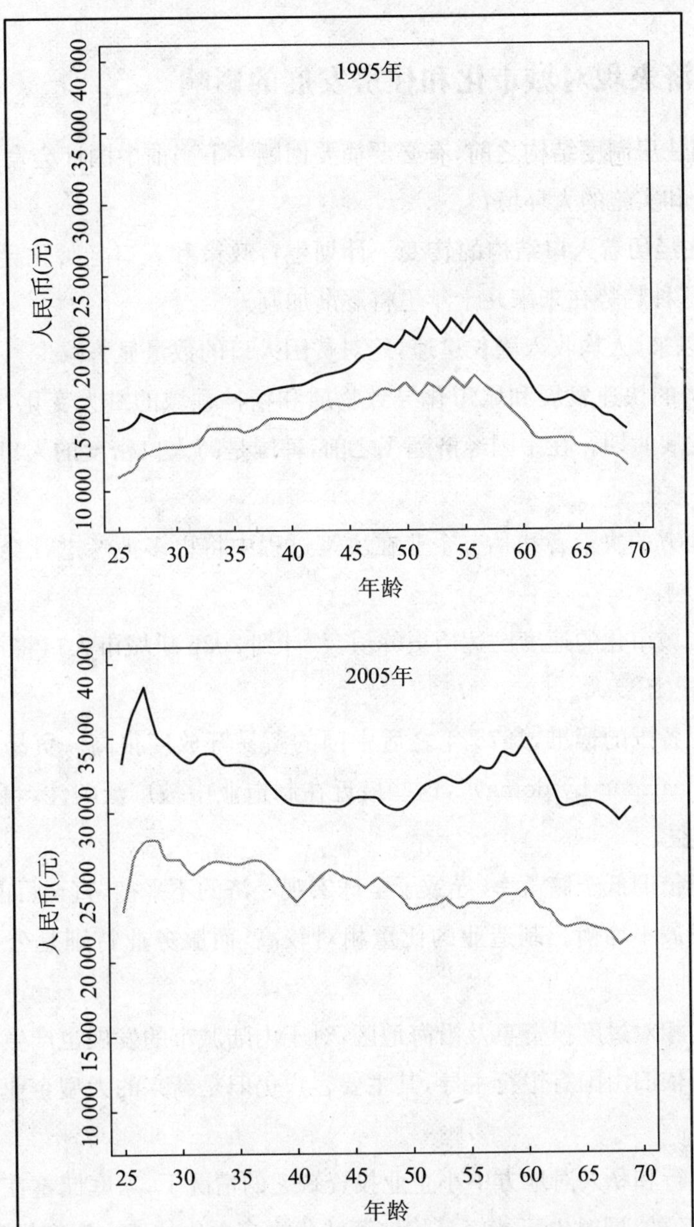

图 3 按家庭户主年龄段划分的城市平均可支配收入和消费

(1995 年:正常的双峰形;2005 年:U 形)

资料来源:Chamon and Prasad (2008) *Why are Savings Rates of Urban Households in China Rising*? Brookings GED-WP 32, Fig. 3.

3 中国的经济表现对城市化和住房发展的影响[①]

在分析中国住房制度结构之前，有必要简要回顾一下当前中国社会发展的特点，这是中国住房政策设计和实施的大环境：

① 中国正在经历着人口结构的转变。计划生育政策和人口老龄化导致老年人口的比重日益增加，且这种趋势在未来几十年里将逐渐加剧。

② 1978年以来，人均收入增长迅速，绝对贫困人口的数量显著减少。

③ 全国经济的快速发展和城市化导致物质和精神领域的重大变化，堪比韩国1965～1985年的快速发展时期。在中国经济起飞之前，韩国是高人口密度的人口大国经济快速发展的范例。

④ 国家和地方的决策者和私有企业在决策过程中将更多地考虑社会变化以及日益分化的价值观的影响。

⑤ 当前中国城市化的速度已达历史峰值，预计到2025年城市人口将再增加3.5亿，这比美国的人口总数还要大。

⑥ 参照东亚各国的标准，1978年之后中国的贸易开放度很高。贸易开放支持了技术转移和"干中学(learning by doing)"，这些最近在制造业中被广泛关注。目前，贸易开放已经使沿海城市受益。

⑦ 高投资率依旧低于储蓄率，导致了全球宏观经济的不平衡，直至目前的金融危机。

⑧ 各产业发展不均衡。制造业的比重相对较高，而服务业特别是公共服务业的比重较低。

⑨ 制造业的相对过度投资惠及沿海地区，对于内陆城市的发展也产生了重要作用[②]。

⑩ 财政体系依旧由国有银行主导，其主要客户仍旧是新兴的大型企业和比重正在下降的国有企业。

⑪ 在地方银行和私人对地方中小企业投资缺乏的情况下，家庭储蓄在大型国有银行的实际存款利率是负的，同时也不能轻易将储蓄转化为多样化的地方资产投资。

⑫ 造成中国收入不均衡最为重要的因素之一就是城乡二元划分。但是城市内部的收

---

① 本文的早期版本"中国住房政策的限制和风险"(Housing Policy Constraints and Risks in China)提供了更多的实证经验。该文2009年5月18日在美国土地政策研究院的"中国住房政策与住房市场(Conference on Housing Policy and Housing Markets in China)"会议上宣读。

② 详见Alain Bertaud关于中国城市土地利用效率的实证分析，尤其是他在2007年的文章。Bertaud and Renaud(1995)也分析了在没有土地市场的情况下，社会主义城市的空间动态发展。

入差距也在逐渐增加，对低收入住房的需求造成了很大的压力。

4 中国住房体系的结构：制约与风险

住房政策的制定应着眼于长期，因为时间的不一致性和路径依赖问题通常总会出现在住房政策中。住房政策的第一要务就是发展健全有效的住房市场，为尽可能多的人口服务。否则，结构扭曲会存在大量累积效应，造成低收入住房政策的高成本和低效率。

本文使用现代住房经济学的框架来分析中国住房体系面临的重要制度风险①。市场化的住房体系结构一般有七个维度，分别与住房需求、住房供给、中央与地方政府的责任等相关，因此该框架被称为"住房政策的七个支柱"。

4.1 住房需求

(1) 支柱1：产权结构(**Property Right and Tenure**)

① 城市国有土地与农村集体土地产权的二元性

上文已经提及了城市国有土地与农村集体土地的土地产权二元性。这种二元性造成了土地使用权在空间、城乡之间和时间上的不连续性(Lin，2007；Ding，2004，2007)。

近年来，土地产权的二元性已经被广泛地讨论和分析，但是仍未得到解决。考虑到中国城市体系预期的大规模增长，没有其他的改革将对城市体系中土地利用效率产生影响，也无法对中国城市经济的长期效率产生影响。如果不将城乡之间的产权充分整合成为一个全国范围内可以识别的产权，那么中国很难沿着适合的城市发展模式继续城市化。这种适合中国的城市发展模式是MGI在研究了四种主要方案之后提出的，称之为"更集约的城市化模式"②。

土地产权的二元性已经产生了深远的经济、社会和政治影响，削弱了中国住房体系中的几个支柱。关于产权和低收入住房，城乡之间产权的不连续性直接导致了根植于城市范围内的"城中村"现象的产生。这些"城中村"类似于其他发展中国家的非正式住房。目前国家不允许集体土地用于抵押、租借、商业或其他目的，这对地方银行和经济的发展是一个严重的障碍。城市政府充分利用城乡土地产权的二元性，为其各项活动提供经费。它们利用被

① 这种经过时间检验的经济学分析框架是全球范围内实证研究的延伸，20多年前就已经很成熟了(Pozdena，1998；McLennan，1982；Falls，1985)。该分析框架对新兴市场的研究见世界银行1993年关于住房政策的报告。关于美国案例的应用见Glaeser and Gyourko (2008)。

② 关于该方案的完整描述，见麦肯锡全球研究所(MGI)，2009，第五章。

低估的农村土地和高价值的城市土地之间的巨大价差,对土地进行重新分类,用于高价值的房地产项目。

② "城中村"在中国现阶段低收入住房供给中的重要性

计划经济时期遗留下来的关于户籍、社会福利津贴和土地所有权等方面的法律和行政体系,已经不能适应基于市场经济的、现代化的综合城市发展。原有的制度导致中国快速发展的城市及其政府的管理越来越复杂,尽管政府部门自身对于行政的定义已经一改再改[①]。

中国城市流动人口可以负担的住房主要有两个来源,一是相对靠近市中心的、比较破旧的原有单位住房,一是相对较新的"城中村"地区的廉价出租住房。"城中村"具有大面积的集体产权土地,根植于城市空间结构之中。在过去 20 年城市快速发展过程中,这些农村集体土地由于行政命令而被纳入城市范围。

一个意外的对土地产权二元性产生的冲击就是"城中村"在提供廉价住房方面所起的重要作用。这些住房常常维持在低收入流动人口能够负担得起的价格水平。当地农村居民在其能够控制的地块上建造额外的房间,为周围的外来务工人口提供廉价的出租房。出租房明显增加了农村家庭的收入,但是他们及其房客都被排除在市政当局提供的城市服务之外。

由于需求驱动、低成本的基础设施、低成本产品以及易进入等特点,"城中村"经常受到周边地区城市规划部门的压力和抱怨,如"城中村"无规划的土地利用、低质量的居住条件、公共安全问题、社会秩序的侵蚀等。地方规划部门希望将"城中村"的出租房改造成为高成本、高质量的住房,但这样的话低收入人群就负担不起了。

同时,政府针对低收入人群的可支付住房项目是中国版本的低收入住房项目,在很多新兴的市场经济的城市运行并不顺利。中国官方的可支付住房是供给驱动的,具有某些惯有的特征:标准住房设计,控制开发利润,通过各种税费减免和价格补贴使其能为一般家庭负担得起,通常位于区位相对较差的、划拨的土地,由地方政府根据申请分配给符合一定要求的、具有本地户口的家庭。可以预料的是,相当一部分住房将被高收入家庭所获得。限制地方政府供应可支付住房的一个重要障碍就是政府需要放弃土地出让金,而这是地方政府的主要收入来源。

目前,拆除和重建"城中村"的政策是错误的判断,这将导致外来人口数量迅速扩大的同时,他们能负担的廉价住房的供给却越来越少。这也是一个非常静态的政策。国际经验表明,规划和土地利用标准可由地方决定,只要这些标准能够满足地方城市规划者关注的核心

① 在中国,"市"(municipal)指的并不是特定水平和类型的政府,而是一个宽泛的行政术语,指的是分省的各级政府,包括县、乡、法定城镇。"城市"(urban municipal)包括 668 个法定城市和近 19 200 个建制镇。"农村"(rural municipal)指的是由乡组成的县,但不包括法定城镇。详见十年前由亚洲发展银行和财政部的一项共同研究"管理城市变化(Managing Urban Change)"(2000)。

问题,即"城中村"在整合进入城市网络的同时,能够为外来人口提供其能负担的低收入住房。由于收入水平持续上升,基于市场的"城中村"再发展将持续改善居住条件。

拆除、重建"城中村"的一个重要长期风险是草率地重复香港曾经的监管经验。香港发展了相当庞大的公营房屋计划,其私有化过程最终成为特别行政区的重要政治负担。香港的历史经验值得我们进一步研究①。

③ 2008 年 10 月的农村土地政策计划

目前所知,这份计划可能无法成功消除城乡之间的产权二元性。许多含糊的问题依旧存在。"家庭联产承包责任制"下的农村土地由单个家庭使用,但依旧是集体所有。2008 年 10 月的政策计划在土地使用权流转的具体过程上仍然比较模糊。目前仍然不清楚,30 年的土地使用权到期之后是否能够延长。重要的是,目前尚没有计划解除农民抵押土地和房屋的禁令,这些资产的抵押权仍旧为零。

目前也不清楚,在农村土地市场建立的过程中,地方集体所有土地使用过程中的不透明、有问题的管理将如何得到改善,并代之以透明的规则。

可以认为,2008 年 10 月的政策是中国渐进式改革的第一步,但是渐进主义现在是一个被广泛讨论的问题。快速、彻底的农村产权改革可以实现较低的国民经济成本,以及较小的社会不稳定。渐进改革并不一定优于一次性改革。更好的选择是由潜在的胜利者和失败者的期望形成的(Wei, 1997)。

④ 购房与租房之间的选择

1998 年的住房商品化给了家庭更多的消费选择,并将企业从为工人提供住房的负担中解脱出来,但也给特定的家庭在过渡时期带来了困难。这项基本的政策为住房市场的长期发展消除了一个核心的限制。在这之前,住房发展就是通过一系列措施来提高单位住房的租金。1998 年的住房改革使得住房自有率显著提高,从 1990 年的 17%上升到了 2005 年的 86%。现在的问题是,中国的住房自有率是否会随着时间变化,长期逐渐稳定在 60%左右?一般来说,当一个政府对住房产权结构的政策选择比较中性的时候,其住房自有率一般处于 55%~65%的范围内。

全球房地产泡沫使得许多国家开始重新审视,从长期来看,什么是合理的住房自有率②。发达的租赁市场在住房和劳动力的流动性、降低年轻家庭风险等方面,具有重要的社

① Yue-Chim Richard Wong 在其 1998 年关于香港公屋如何私有化的研究中,强烈反对关于香港公屋起源的反复曲解。详见第三章"公营房屋 1954~1963 年的发展:另一种观点(Growth of Public Housing from 1954 to 1963: An Alternative View)"(Wong, 1998)。

② 参见 2009 年 6 月 Jian Chen 在美国华盛顿 AREUEA 年中会议上宣读的文章"优化住房自有的决定因素"(Determinants of Optimal Homeownership)。

会经济优势。当然,目前的房地产泡沫使得许多美国人开始重新思考现有的住房政策,该政策不惜一切代价,将住房自有率推动到历史新高的64%。在西班牙和爱尔兰,房地产泡沫的社会经济学成本尤其高,住房自有率也都非常高(2007年,西班牙的住房自有率为86.3%,爱尔兰为82%)。处于经济转型中的东欧国家继承了源于社会主义时期的对出租房的厌恶,2007年的住房自有率非常高,保加利亚为96.3%,爱沙尼亚为96%,拉脱维亚为86%,立陶宛为97%,匈牙利为92%。反之,捷克共和国经济结构均衡,并未受到全球金融危机的强烈影响,其住房自有化率仅为58.7%(欧洲抵押贷款联合会:Hypostat 2008)。

高住房自有率经常导致租金管制的广泛存在。中国住房体系的长期制度风险主要是发展租金控制的政治风险。Assar Lindbeck(1972)对于该租金管制的评论最为经典:"租金管制是除炸毁外,我们所知的摧毁一个城市的最有效的方法。"① Malpezzi 等人也论证了很多发展中国家实施租金管制对住房制度的长期伤害。

中国香港拥有庞大的公营住房,租金控制对香港住房的长期发展产生了意想不到的结果。公营住房的管理和商品化成为公共政策的巨大挑战(Wong, 1998)。

现在已经有很多的策略和方针来解除限制住房体系长期高效发展的制约因素,并已通过私人租赁住房和社会租赁住房的市场检验。这些策略主要是将租金提升至市场水平(Taffin, 2007, 2009)。

(2) 支柱2:住房金融

① 抵押融资体系迅速发展,但需要完善规则

住房金融体系的长期表现对中国的住房发展十分重要。住房金融体系并不是独立存在的。国际经验表明,抵押融资体系的发展很大程度上取决于国家财政制度和财政政策体制的发展。下文列出了这个支柱相关的限制和长期风险:

- 1998年住房商品化改革之后,中国住房金融体系发展迅速,但是抵押借贷法律体系的建立仍在进行中,需要协调多个影响抵押贷款的法律(Deng and Fei,2009)。
- 相似地,抵押贷款监管体系的建立也仍在进行中,重点需要优先发展国内的人民币市场,而不是优先强化零售抵押市场的制度基础。
- 中国的金融主管部门严重依赖直接信贷和金融管制,这将迅速导致长期短缺,并对

① Kearl 等人的研究显示,98%的受访经济学家同意,这种形式的干涉(租金管制)降低了可供应的住房的数量和质量(Kearl J. R., C. L. Pope, G. C. Whinting and L. T. Wimmer (1979) A Confusion of Economists, *American Economic Review*, 69: 28-37)。Block 等人的研究也显示,95%的受访经济学家认为,租金控制显然是毫无效率且有害的。http://www.iedm.org/main/show_editorials_fr.php? editorials_id=434(Block W. and M. Walker (1998) Entropy in the Canadian Economic Profession: Sampling Consensus on the Major Issues. *Canadian Public Policy*, 14(2): 137-150)。

住房财政补贴形成压力[详见 Hardy (2007) 和 Man Cho (2009)对中国和韩国的案例研究]。

- 不同城市潜在贷款者的金融水平差别很大,但大体较低;与高收入国家的抵押市场相比,贷款者的行为差别也很大(Deng and Fei,2009)。

- 中国能从美国的次贷危机中汲取重要的政策教训,如完善抵押贷款的银行法规、证券化、消费者保护等①。

② 住房公积金网络是最直接、最紧迫的政策挑战

最直接的挑战来源于住房公积金(HPF)。这种特殊的住房金融体系最早于 1991 年在上海建立。中国住房公积金的建立受到新加坡住房公积金的启示,但是运作十分不同②。住房公积金在全国的推广缘于 1998 年住房商品化之前,住房产品快速融资的需要。

住房公积金展示了众所周知的"住房特殊回路(special circuits for housing)"的缺点,但住房公积金并不是国家层面的组织体系,由各个独立的地方机构来运行,管理较弱,各地方章程的差异较大。一定程度上,它们需要服从中央政府的价格控制,但是绝大多数时候它们遵循各地方政府的章程和监督,因此很容易导致金融监管的缺失。任由其发展的话,住房公积金将成为一系列问题的来源,成为抵押贷款金融体系发展的障碍。

③ 地方银行的发展:中国的政策缺乏与住房金融的互动

住房贷款和中小企业贷款通常是地方银行贷款的主要对象。由于逐渐认识到地方金融和地方发展之间的紧密联系,新兴经济体越来越关注地方银行的发展③。地方银行促进了中产阶级的扩大,改善了国家收入分配。对于城市和区域经济的重新平衡,地方银行的发展很重要,但相关政策领域仍相对空白。

住房公积金的建立填补了地方银行的空白,这与中国的银行系统还不够健全有关。有待中国进一步研究的战略问题是,由于享有较低的国家和地方当局的贷款补贴和优惠待遇,住房公积金是否会妨碍地方银行的市场化发展④?

(3) 支柱 3:税收和补贴

在经济危机时期,住房补贴经常被视为维持住房市场运行和恢复国民经济增长的重要

---

① W. Britt Gwinner and Anthony Sanders (2008)为世界银行撰写的工作论文总结了美国次贷危机对新兴按揭贷款市场的教训,见 http://umrefjournal. um. edu. my/publish/IJPS/。

② 国际经验的评估详见 Loic Chiquier 的"住房公积金"(Housing Provident Funds)。该文是 Chiquier and Lea(2009)书中的第十一章。

③ 见 Zoellick and Lin(2009)。该研究从政策层面分析了发展地方银行对支持中小企业发展和改善区域收入分配的作用。

④ 见 Chiquier and Lea(2009) 一书的第十章(关于国家住房银行)和第十一章(关于住房公积金)。

手段。但是,这种补贴可能也会弱化住房市场的稳定性,造成后续的危机。此外,在中国以及其他向市场经济转型的国家中,收入分配有可能急剧恶化,这会使绝大部分人面临更大的风险。随着全球经济危机对于短期经济活动压力的增加,国家需要考虑改善住房体系的长期稳定性。

对于税收和补贴,主要有两个方面的问题需要考虑。首先是补贴的选择和设计。采用什么样的补贴?解决什么样的问题?用于什么样的住房市场?①其次是补贴受益人的寻租行为。寻租行为一旦产生就很难从政策上撤销,尤其是对中产阶级的税收补贴和财政补贴,很难在国民预算中衡量。

设计不合理的税收和财政补贴会将大量珍贵资源用于住房领域,中国应当避免这种风险。相对于西方国家,中国大规模的城市化过程中伴随着更加严重的资源稀缺和环境约束。美国的经验告诉我们,应该警惕那些由于不合理的住房金融和税收补贴带来的长期影响与风险,这将导致国家在住房领域的过度投资。

① 美国存在住房过度投资吗?对中国税收和财政补贴的警示

20年前,Edwin Mills将宏观经济学和现代城市经济学联系起来,提出了一个引起广泛讨论的问题:"美国存在住房过度投资吗?"(Mills, 1987)住房社会收益描述了住房投资的社会总收益。Mills发现,平均而言,1929～1967年住房的社会收益率仅为非住房固定资产投资的20%。结论显示,美国的确存在住房过度投资,这是以损害其他部门为代价的。通过将资源转移到收益更高的非住房领域,美国可以增加其收入和福利。McMahon(1991)延续了Mills的分析,其研究发现,1967～1986年,美国住房的社会收益率持续低于教育的社会收益率。

美国1986年的税制改革法案降低了自有住房的税收优惠,同时提高了出租住房业主的有效税率。达拉斯联邦储备银行(Federal Reserve Bank of Dallas)的Lori Taylor提出了同样的问题:"美国依旧存在住房过度投资吗?"Taylor(1998)比较了1975～1995年住房投资、非住房固定资产和教育的社会收益率(图4)。在调整了不同类型投资的风险程度之后,她得出结论:"尽管持续改革,美国仍存在住房过渡投资的问题。"她发现,"如果能把更多的资源从住房投资转移到学校教育或非住房固定资产,美国经济将会获得快速的发展。""假设美国有其他机制能够重新分配收入,那么这种资源转移将是社会所希望的"(Taylor,1998)。

② 高税收和财政补贴突出了繁荣和萧条

① 关于危机时期新兴经济体的住房补贴的综述,详见2009年3月12日Marja Hoek-Smit在2009年世界银行城市论坛上发表的"Housing Subsidies: Who Gets What and Why It Matters"。也可参见Chiquier and Lea(2009)一书的第十六章,由Dauglas Diamond和Marja Hoek-Smit撰写的"住房财政补贴"(Housing Finance Subsidies)。

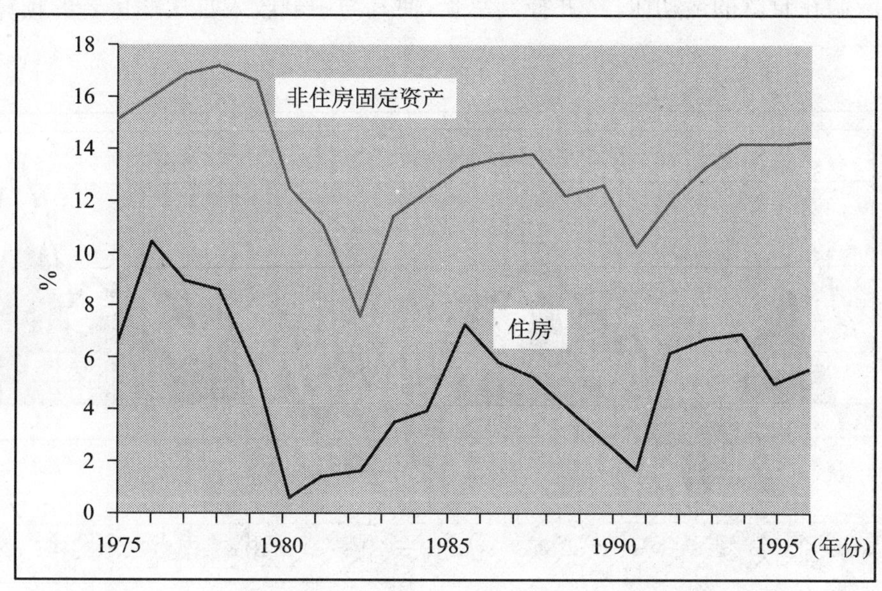

图 4 美国住房和非住房固定资产投资的社会收益率(1975～1995)

资料来源：Taylor，1998-Q2.

不幸的是，2002 年美国的收入税改革与 Taylor 的希望背道而驰，进一步鼓励了住房投资。这些改革包括：降低资本所得税率；一对夫妇拥有一所住房超过两年之后，住房资本所得税的起征点提高到了 50 万美元；不论家庭收入多少，只要贷款额不超过 100 万美元，可获贷款利息的全额减免。这些住房相关的税收变化，以及 2003 年以后的低利率政策，导致美国住房发展的大繁荣(图 5)。2008 年年底，住房泡沫又一次造成了美国历史上最多家庭的财富损失，另外 11.3 万亿的金融财富也同样遭到损失。2009 年，美国住房价格依然呈下跌趋势。

有趣的是，许多国家房价的上涨速度甚至快于美国。国际清算银行(Bank of International Settlements)的 Luci Ellis 质疑，为什么美国发生住房危机？Ellis 将美国和澳大利亚、加拿大、爱尔兰、西班牙、英国等国比较之后，总结到："美国的抵押贷款市场似乎特别脆弱，以致住房的繁荣景象惨淡收场。"与其他国家相比，美国住房供给过剩的问题尤为突出，抵押贷款的标准更加宽松，住房市场也更加脆弱，最后以住房价格的持续下降告终。这些结果是由美国特定的税收、法律和监管体系造成的，它们鼓励家庭增加借贷，并允许贷款者多放贷(Ellis，2008)。

作为设计的策略，税收和财政补贴不应该放大繁荣或萧条，将收入重新分配给高收入群体，而是应该改善资源分配。这意味着按揭利息的个人所得税减免的优先级别较低。这种减免应该限制在贷款的最初阶段,并控制总量,使其与中低收入首次购房者的预算约束相一致。

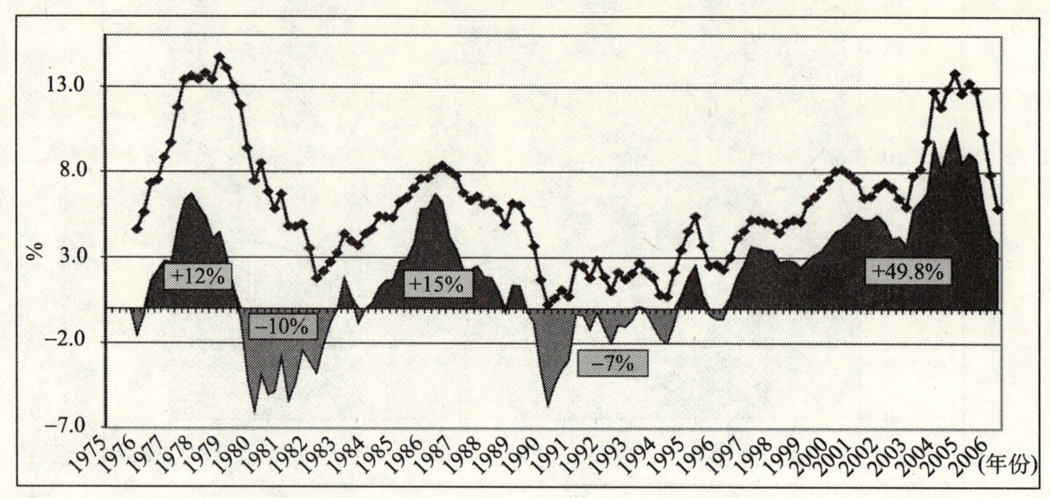

图 5 税收和财政补贴刺激形成的美国大规模的住房繁荣

资料来源:Man CHO, Seminar, Bank of Korea Representative Office, Washington D. C. ,2007.

类似地,应该避免资本所得税基本体制之外的豁免。理性的资本所得税减免是为了促进社会收益率相对较高的经济部门的投资。John Muellbauer(2006)认为,财产税(property tax)的设计应该旨在促进宏观经济的稳定,改善资源分配,减少经济发展的非均衡性,以及促进保护环境。其他类型的税收设计也应该持有相同的目标。

③ 美国住房补贴和过度投资的渠道:简要说明

2006 年开始的房地产泡沫和次贷危机之后,美国联邦政府住房项目的结构在规模和目标上都变得不稳定且不确定,原有的项目中加入了一些旨在稳定住房市场的应急项目。原有住房项目的结构为中国提供了很好的经验和教训,尤其是关于美国住房的补贴渠道。

美国的联邦住房政策之前主要是为那些符合条件的家庭直接提供住房,或发放住房津贴;而现在已经转为依靠间接和预算外的经济活动来支持住房自有、税收支出政策、联邦信贷、保险和其他保障项目(Jaffee and Quigley, 2009)。

美国联邦政府的住房补贴主要通过四个渠道实施:第一,每年财政预算中的直接财政支出,主要针对低收入租房者(第八条款,Section 8 Program);第二,联邦税收的补贴,主要是业主受益,2007 年受益的业主和租房者的比例大约为 30 : 1;第三,为国有企业(Government Sponsored Enterprises,GSE's)提供抵押贷款所需的各种优惠待遇和保障(Fannie Mae, Freddie Mac);第四,针对中低收入购房者的抵押保险项目(FHA 和 VA 项目)。

现行的美国联邦住房项目有三个显著的特征:它们鼓励住房自有;很多住房项目的收益对货币政策和财政政策很敏感,呈现出周期性,同图5所示;由于十分依赖税收和信贷渠道,从收入目标来讲,这些联邦项目是累退的。然而,美国住房市场是有效的,而且是可以负担的。预算拨款并没有纠正美国住房项目的收入累退机制,因为美国的预算从1990年到2007年每年仅有0.6%的实际增长(Jaffee and Quigley, 2009)。那段时间,美国的收入分配状况迅速恶化,同期美国人口以每年1.24%的速度增长。

美国经验提出了几个重要的问题:联邦政府应在住房政策和供给中扮演什么样的角色?住房计划实施的渠道是什么?它的社会目标是什么?尽管中美两国的人口、社会和经济背景差异很大,然而这些问题对于中国同样也很重要。中国正处于城市化速度的高峰期和经济结构调整过程中,对中国而言,什么才是合适的住房政策体系?

④ 住房政策会同样导致中国住房过度投资吗?

对于中国出现住房过度投资的担忧基于两个原因。首先,在住房分配制度下,社会主义经济中出现住房过度投资的制度倾向很强(Hegedus, Mayo, Tosics, 1996)。在社会主义经济中,鲜有领域能够像住房这样引起公众对制度的普遍不满。

其次,在不透明的国家金融体系下,税收和财政补贴特别有吸引力。预算外的大量补贴很容易发放给某些"优先部门",损害了家庭储蓄者和其他储户的利益;就贷方而言,他们也因此缺少了社会回报率较高的借款方。

由于中央和地方层面上城市管理部门、预算部门和财政部门的合作是很有限的,使用税收和财政补贴可能是有意义的。为选择与住房体系的长期发展相一致的财政补贴,目前最大的问题是如何设计一种激励相容(incentive compatible)机制。

通过金融体系发放的住房财政补贴的设计应该努力保持住房金融体系的长期效率和竞争力。这些补贴应该有一个固定的时间框架。补贴收益应该设置相应的收入上限。这些补贴应该明确地由政府预算提供财政支持,这对中国现在的直接信贷政策是一个巨大的风险和挑战。住房财政补贴应该允许公共和私人部门之间的公开竞争①。

4.2 住房供给

(1) 支柱4:城市土地和基础设施的供给

城乡土地转化是限制中国城市空间结构的重要因素。消除城乡土地产权的二元性,建立完全的农村土地市场,将对中国未来的城市化过程产生显著的影响。农村土地市场的缺

① 见Chiquier and Lea(2009)一书的第十六章,由Marja Hoek-Smit撰写的"住房金融补贴"(Housing Finance Subsidies)。

失,使得征地过程中按市场价值补偿的原则无所适从,土地分配中也无法考虑"最佳使用"的市场原则。现行的行政体制安排是劣势替代(inferior substitute),导致长期低效率的土地利用,也导致地方社会冲突频发。

中央政府自上而下的行政管理存在一定的问题。例如,旨在保护农村土地、控制城乡土地转换的土地使用"配额"引发了城郊大型居住社区的发展,导致越来越多的交通问题,对城市空间结构存在严重的负面影响。破碎的土地利用将导致基础设施建设成本和低收入家庭住房成本的提升(Bertaud, 2007)。

农地征用、城市再发展和再安置的补偿是中国值得关注的重要社会问题。地方政府向开发商征收的高额土地转让费和农村集体获得的补偿之间存在巨大的差异。地方政府具有过度开发(过度建设)的强大动力。此外,地方政府项目可能导致不公平现象的存在,低收入群体可能为公共基础设施的建设付出更多代价。

中国1986年颁布了《土地管理法》,并在1998年修订,其中有些条款比较模糊甚至缺失,容易导致地方官员的错误决策。2003年之后,中国废除了政府和开发商之间土地的协议转让,所有的土地转让必须采用招拍挂的形式。但是,中国与土地相关的法律仍然需要进一步的完善,土地分配过程某些问题的出现仍是不可避免的(Cai, Henderson and Zhang, 2009)。

(2)支柱5:土地利用和分区(Zoning)规则

在城市经济迅速增长的过程中,房地产价格不仅是城市规划者的关注点,而且也是各类公司和家庭在不同地区安置的主要因素。中国正在经历从地方政府的垄断定价到分散化竞争市场定价的转变。

中国地方政府同时肩负着管理者、合作者和市场参与者的角色,带来了若干方面的问题:

① 经济效率:缺乏透明度,在时间和空间上有过度投资的风险;

② 管理:利益冲突应当被兼容协调的激励措施取代;

③ 城市发展:地方政府关注短期财政项目的收益回报,而不是都市区域和城市的整体发展;郊区化项目的发展降低了城市的空间效率,并造成了住房和交通问题。

政府垄断了土地供给,但并没有对房地产市场发挥预期的影响效果:

① 受短期利益的驱动,地方政府有强烈的意愿采取高地价政策;

② 高地价并没有产生相应的配置和空间经济效应,从而促进房地产市场的充分发展;

③ 土地供给的"短缺"和地价的快速上升,降低了地方政府提供低收入住房用地的积极性。

(3) 支柱6:房地产业的组织

中国的房地产业发展迅速,但在经济重新调整的过程中,其发展将受到一定的影响。在传统的中央计划经济体制之下,中国重视制造业的发展,中小企业和服务业发展不足。经济结构的重新调整将促进服务业的迅速和多样化发展。

① 高质量服务业投入占制造业产出的份额将上升。目前美国服务业投入占制造业产出的77%,其他发达国家为66%。这个份额在中国还相当低。

② 消费导向的零售服务业将成为GDP中一个相对稳定的部分。

③ 国家和地方层面上的公共服务也将迅速上升。

中央政府必须提供更加坚固的法律和政策体系,用以促进房地产业的成熟发展。

(4) 支柱7:中央和地方政府的表现

在城市化速度高峰期,城市发展和城市管理将持续成为公共政策的前沿。地方公共服务的需求持续迅速增长,服务范围也将不断扩大。地方政府面临严峻的运营和维护资金缺口。和其他国家一样,地方财政改革和住房改革在中国也是各自独立的。

① 新兴经济体中四个普遍的公共财政问题

在许多国家,中央政府依旧需要参与本地服务。地方政府享有的地方收入来源很少,且大部分地方政府很难获得资本借贷。因此,在处理政府间关系时,需要注意四个问题:解决区域之间的财政均衡问题;提供合适的财政激励机制(并改善地方法规);改善服务质量;增加对市民服务的责任感。

② 中国的案例是不典型的

1978年开始的经济改革已经初步消除了计划经济体制,并导致地方政府自下而上的动态发展。1994年的财政改革有一个很重要的目标,就是要恢复中央政府充足的财政来源。然而15年之后的证据显示,地方政府的财政地位削弱了,导致了城市政府有非常强烈的动机,在城乡土地转化和土地利用过程中滥用垄断权力。地方政府强烈依赖房地产交易和工业化,以此来投资城市基础设施,这已经被证明存在一定的问题和风险。

③ 新一轮政府间财政关系的改善是必然的

新一轮政府间财政关系和地方财政制度的改善是必然的。为了降低地方政府对房地产业的依赖,有必要更好地发展地方用户收费(local user fees)。

考虑中央财政拨款,低收入住房补贴的有效发展必须依靠地区内部的竞争机制,更好地分配增量中央政府拨款。中央拨款的竞争分配机制已经被广泛用于各联邦制国家,如巴西、墨西哥等。

④ 住房改革和地方政府财政之间的互动

中国地方政府严重依赖土地利用转换带来的收益以及房地产项目。下一步的住房改革需要为更多的低收入家庭提供住房,因此与地方政府资金结构的改善紧密相关。最近的新闻报道政府出台了一揽子经济刺激计划,显示出许多地方政府非常不情愿投资低收入住房计划,因为投资低收入住房意味着必须放弃其他收益更好的项目。

⑤ 地方政府对国家经济刺激计划的早期反应

中国2008年11月提出一揽子经济刺激计划,2009年3月又略微调整了计划。经济刺激计划包含了对低收入住房项目的预算,期望产生就业乘数效应。相关信息表明,这笔资金将集中用于新建低收入住房,但地方政府的早期反应并不统一,也不太积极。许多地方政府不情愿开展低收入住房项目。他们认为,地方在低收入住房项目上需要负担的成本比例过高,这将对地方政府财政产生负面影响。

4.3 地方住房市场的表现

哪些因素塑造了中国当前的地方住房市场?符育明等人(2007)研究了1998～2004年90个中国城市房地产市场的发展,结果表明,中国城市住房的供给弹性是由以下因素形成的:

① 增加住房供给弹性的主要因素是增加城市土地供给的能力,包括城市地域的扩张,以及增加对道路及其他基础设施的固定投资。

② 在城市地域固定和投资给定的情况下,城市大小和人口密度是减少住房供给弹性的两个间接因素。所以,从这一方面讲,大城市提供可支付住房的限制似乎并不比小城市多。

③ 省会城市有更高的住房供给弹性,这或许是行政管制体制的产物。这些行政管制控制一切形式的投资,包括基础设施投资,并对地方土地利用条例和城乡土地转换产生直接的影响。

根据符育明等人的研究,下列因素能够降低中国城市的住房供给弹性:

① 经历人口高速增长和住房需求冲击的城市,住房供给弹性较低。

② 经历收入高速增长的城市具有较低的住房供给弹性。1998～2004年90个城市的平均名义收入增长为4.9倍,最低为3.3倍,最高为7.8倍。

③ 国有企业比重越大的城市,住房供给弹性越低。一个重要的因素就是城市工业用地的比重过大,高价值地区的空间分配不合理。国有企业搬迁的成本十分高。

④ 老旧住房存量的比重越大,住房供给的弹性越低。这可能是因为将其改造成为新住房的土地再开发成本过高。

⑤ 起始阶段住房价格相对较高的城市,住房供给弹性较低。

5 结论

住房政策应该立足于长期。目前的全球金融危机与中国的市场经济转型和快速城市化相互影响。刺激经济的短期措施需要考虑如何消除影响住房和城市体系健康发展的限制。同时,在设计这些短期措施时,也必须考虑与长期的经济结构变化保持一致。

由于全球金融危机,全球经济极有可能进入缓慢增长的时期。中国的城市化是否会受到严重的影响?中国宏观经济增长的曲线确实显示出了较低的增长率,但是也不会降低到"文革"期间的水平。

中国快速城市化时期的城市发展,将降低收入和空间发展的不均衡性,特别是政策制定者能够成功地朝着促进内需的方向重新调整经济结构。然而在新城市时期,城市和住房的成功发展是不可避免的。因为住房在国民经济中的比重必然会逐渐增加。美国经验警示我们,必须谨慎设计相关的住房财政和金融激励政策。

中国住房市场和住房体系的发展,取决于三个重要方面的改革方案在地方层面上的成功实施:城乡土地市场的产权完全整合;政府间关系和地方财政的改革,以纠正地方政府对短期房地产投资的强烈依赖,同时保证城乡家庭享有统一的公共服务;财政体系改革,支持地方银行为中小企业和家庭提供服务。上述三个方面的成功改革能够显著减少日益扩大的中产阶级占用低收入住房项目的可能性,同时也能减少住房投资错误的可能性。

除了上述三个方面的改革之外,国际经验表明,各个城市的城市规划和土地利用政策的质量差异较大,有的表现好,有的表现差。经济理论和国际证据显示,地方住房供给的弹性将对城市竞争力和新产品的区位产生重要的影响(Gyourko, 2009)。

衡量中国城市化成功与否的最重要的(如果不是唯一最优的)指标,就是关于"城中村"发展的政策选择。"城中村"在基于市场经济的低收入住房供给和促进农村流动人口融入城市经济中,扮演着重要的角色。它们同样也是中国住房体系中三个最弱支柱的一部分,包括产权二元性、地方金融服务的缺乏、地方财政投资短期房地产项目的强大动机。有可能中国会采取相应的政策,促进"城中村"逐渐甚至完全融入城市之中。

本着改革第一阶段的精神,中国的决策者会采用渐进的改革方式来避免失败并使所有人受益吗?或者他们会采用使高收入群体受益的强力政策?虽然这样能将"城中村""现代化"或直接消除"城中村",但这将损害更多人的利益,并提高低收入住房项目的整体成本。中国快速城市化时期的政策选择,正处在一个十字路口。

参考文献

[1] Assar Lindbeck (1972) *The Political Economy of the New Left*. New York: Harper and Row.

[2] Asian Development Bank and Ministry of Finance, China (2000) *Managing Urban Change: Strategic Options for Municipal Governance and Finance in China*. www. adb. org/Documents/Reports/Consultant/TA2924_PRC_Final_Report. pdf.

[3] Bernanke, B. S. (2008) *The Future of Mortgage Finance in the United States*. Speech given at the UC Berkeley/UCLA Symposium: The Mortgage Meltdown, the Economy and Public Policy, Berkeley, California.

[4] Bertaud, A. (2007) *Urbanization in China: Land Use Efficiency Issues*. Consulting Report to the World Bank and the Chinese Government. http://alain-bertaud. com/ (Asian Cities, study #8).

[5] Bertaud, A. and B. Renaud (1994) *Cities without Land Markets, Lessons of the Failed Socialist Experiments*. World Bank Discussion Paper #227.

[6] Bertaud, A. and B. Renaud (1997) Socialist Cities without Land Markets. *Journal of Urban Economics*, 41(1): 137-151.

[7] Blanchard, O. and F. Giavazzi (2005) *Rebalancing Growth in China: A Three-Handed Approach*. MIT Department of Economics, Working Paper 5-32, November.

[8] Bourguignon, F. (2008) Growth, Inequality and Fiscal Policy from a Historical Perspective; Are There Lessons for China? In: Lou, J. and S. Wang (eds.) *Public Finance in China. Reform and Growth for a Harmonious Society*. World Bank.

[9] Brueckner, J. (2007) *Government Land-use Interventions: An Economic Analysis*. Keynote Paper, World Bank Urban Symposium 2007.

[10] Cai, H. , J. V. Henderson and Q. Zhang (2009) *China's Land Market Auctions: Evidence of Corruption*. NBER Working Paper w15067, June.

[11] Chamon, M. and E. Prasad (2008) *Why Are Saving Rates of Urban Households in China Rising?* Brookings Global Economy & Development Working Paper 31, Washington D. C. , December.

[12] Chiquier, L. and M. Lea (eds.) (pre-publication draft, 2008) *Housing Finance in Emerging Markets*, World Bank.

[13] Chiu, R. L. H. (2001) Commodification of Housing with Chinese Characteristics. *Policy Studies Review*, 18 (1): 75-95.

[14] Chow K. K. , M. S. Yiu, C. K. Y. Leung and D. C. Tam (2008) *Does The Di Pasquale-Wheaton Model Explain The House Price Dynamics In China Cities?* Hong Kong Institute for Monetary Research HKIMR Working Paper No. 21/2008.

[15] Combes, P. -P. , T. Mayer and J. -F. Thysse (2008) Spatial Inequalities; a Brief Historical Overview. In: *Economic Geography*, Princeton, N. J. : Princeton U. Press.

[16] Commission on Growth and Development (Spence Commission) (2008) *The Growth Report. Strategies for Sustained Growth and Inclusive Development*. Washington D. C. : World Bank.

[17] Deng, Y. and P. Fei (2008) The Emerging Mortgage Markets in China. In: Shahar, D. B. , C. K. Y. Leung, and S. E. Ong (eds.) *Mortgage Markets Worldwide*, London: Blackwell Publishing.

[18] Ding, C. (2004) Urban Spatial Development in the Land Policy Reform Era: Evidence from Beijing. *Urban Studies*, 41(10): 1889-1907.

[19] Ding, C. and G. Knaap (2005) Urban Land Reform in China's Transitional Economy. In: Ding, C. and Y. Song (eds.) *Emerging Land and Housing Markets in China*, Cambridge, MA: Lincoln Institute of Land Policy.

[20] Ding, C. (2007a) Policy and Praxis of Land Acquisition in China. *Land Use Policy*, 24: 1-13.

[21] Ding, C. (2007b) Policy and Praxis of Land Acquisition in China. In: Song Y. and C. Ding (eds.) *Urbanization in China in an Era of Rapid Growth*, Cambridge, MA: Lincoln Institute of Land Policy Press.

[22] Djankov, S. , E. Glaeser, R. La Porta, F. Lopez-De-Silanes, A. Shleifer (2003) *The New Comparative Economics*. World Bank Working Paper WPS 3054.

[23] Duranton, G. (2009) Are Cities Engines of Growth and Prosperity for Developing Countries. In: Spence *et al.*, *Urbanization and Growth*, World Bank.

[24] Ellickson, R. (2008) *The Mediocrity of US Government Subsidies to Mixed-Income Housing Projects*. Conference on Land Policies and Land Rights, Lincoln Institute of Land Policy, Cambridge MA, June 2-3.

[25] Ellis L. (2008) *The Housing Meltdown: Why Did It Happen in the United States?* Monetary and Economic Department, BIS Working Paper No. 259, September.

[26] Fallis, G. (1985) *Housing Economics*. Toronto: Butterworth-Heinemann.

[27] Follain, J. R. , P. H. Hendershott and D. C. Ling (1987) Understanding the Real Estate Provisions of Tax Reform: Motivation and Impact. *National Tax Journal*, 40 (September): 363-372.

[28] Fu, Y. , S. Zheng and H. Liu (2007) *Explaining Housing Supply Elasticity Across Chinese Cities*. Working Draft, April. Later published.

[29] Fujita, M. , P. Krugman and T. Venables (1999) *The Spatial Economy: Cities, Regions, and International Trade*. Cambridge, MA: MIT Press.

[30] Glaeser, E. L. and J. Gyourko (2008) *Rethinking Federal Housing Policy. How to Make Housing Plentiful and Affordable*. Washington, D. C. : The AEI Press.

[31] Glaeser, E. L. and J. M. Quigley (eds.) (2009) *Housing Markets and the Economy: Risk, Regulation and Policy*. Cambridge Mass. : Lincoln Institute of Land Policy Press.

[32] Hatzius, J. and M. A. Marschoun (2009) *Home Price and Credit Losses: Projections and Policy Options*. Goldman Sachs Global ECS Research, Global Economics Paper 177. https://360. gs. com.

[33] He, D. , Z. Zhang and W. Zhang (2009) *How Large Will Be the Effect of China's Fiscal-Stimulus Package on Output and Employment?* HKMA WP2009-05 March.

[34] Herring, L. and S. Poncet (2010) Market Access and Individual Wages: Evidence from China. *Review of Economic and Statistics*, 92(1): 145-159.

[35] Krugman, P. (1991) *Geography and Trade*. Cambridge MA: MIT Press.

[36] Huang Y. (2008) *Capitalism with Chinese Characteristics: Entrepreneurship and the State*. Cambridge University Press.

[37] Hegedus, J. , S. K. Mayo and I. K. Tosics (1996) Transition of the Housing Sector in the East Central European Countries. *Review of Urban and Regional Development Studies*, 8: 101-136.

[38] Hendershott, P. H. (1987) Tax Changes and Capital Allocation in the 1980s. In: Feldstein M. (ed.) *The Effects of Taxation on Capital Accumulation*, Chicago: University of Chicago Press.

[39] Hendershott, P. H. (1989) Comments on "Social Returns to Housing and Other Fixed Capital", *AREUEA Journal*, 17(2): 212-217.

[40] Henderson, J. V. (2003) The Urbanization Process and Economic Growth: The So-What Question. *Journal of Economic Growth*, 8(1): 47-71.

[41] Henderson, J. V. (2005) Urbanization and Growth. In: Aghion P. and S. N. Durlauf (eds.) *Handbook of Economic growth*, Amsterdam, North-Holland.

[42] Hoek-Smit, M. (2009) Housing Finance Subsidies. In: Chiquier, L. and M. Lea (eds.) *Housing Finance Policy in Emerging Markets*, World Bank.

[43] Inman, R. (2004) *Financing Cities*, www. law. nyu. edu/colloquia/clepua/speakers/Inman_Robert. pdf.

[44] Jeske, K. and D. Krueger (2005) *Housing and the Macroeconomy: The Role of Implicit Guarantees for Government-Sponsored Enterprises*. Federal Reserve Bank of Atlanta, Working Paper 2005-15, August.

[45] Jaffee, D. M. and J. M. Quigley (2009) Housing Policy, Subprime Mortgage Policy and the Federal Housing Administration. In: Lucas D. (ed.) *Measuring and Managing Federal Financial Risk*, NBER and University of Chicago Press.

[46] Lardy, N. R. (2007) China: Rebalancing Economic Growth. In: Lardy (ed.) *The China Balance Sheet in 2007 and Beyond*. Washington D. C. : Center for Strategic and International Studies and Peterson Institute for International Economics.

[47] Lardy, N. (2008) *Financial Repression in China*. Policy Brief PB08-08. Washington D. C. : Peterson Institute for International Economics.

[48] Leaf, M. (2007) Chengzhongcun: China's Urbanizing Villages from Multiple Perspectives. In: Song Y. and C. Ding (eds.) *Urbanization in China in an Era of Rapid Growth*. Cambridge, MA: Lincoln Institute of Land Policy Press.

[49] Lin, J. (2007) *Characteristics of China's Land System and Its influence on the Housing Property Market, Paper Presented at the Seminar on Land Institutions and Housing Policy*. International Experience and China's Reform, Development Research Center of the State Council of P. R. China, Beijing, June 10.

[50] Lin, J. Y. (2008) *Impact of the Financial Crisis on Developing Countries*. KDI Public Lecture, Seoul, Korea, 31 October.

[51] Lou, J. and S. Wang (eds.) (2008) *Public Finance in China. Reform and Growth for a Harmonious Society*.

World Bank.

[52] MacLennan, D. (1992) *Housing Economics*. London: Longman Publishing.

[53] McKinsey Global Institute (2009) *Preparing for China's Urban Billion*. Washington D. C. , March 1. http://www.mckinsey.com/mgi/publications/china_urban_summary_of_findings.asp.

[54] Milanovic, B. and L. Eesado (2008) *Reform and Inequality during the Transition, 1990-2005*. World Bank Policy Research Paper 4780, November (Income Distribution in TSEs: Rapidly Rising Inequalities during the Transition. Why?).

[55] Mills, E. S. (1987) Has the United States Overinvested in Housing? *AREUEA Journal*, 15 (spring): 601-616.

[56] Mills, E. S. (1989) Social Returns to Housing and Other Fixed Capital. *AREUEA Journal*, 17 (summer): 197-211.

[57] Muellbauer, J. (2006) Property Taxation and the Economy after the Barker Review. *The Economic Journal*, 115 (502): 99-117.

[58] Naughton, B. (2007) *The Chinese Economy. Transitions and Growth*. Cambridge MA: MIT Press.

[59] Pardo, C. (2009) *Housing Finance Mechanisms in Chile*. The Human Settlements Finance Systems Series, UN Habitat, Nairobi, Kenya.

[60] Peng, W. , M. Yui and D. Tam (2005) The Property Market and the Macroeconomy of the Mainland: A Cross Region Study, *Research Memorandum*, 2005-2012.

[61] Peterson, G. E. and P. Clarke-Annez (2007) *Financing Cities*. Fiscal Responsibility and Urban Infrastructure in Brazil, China, India, Poland and South Africa, Los Angeles: Sage Publications. http://go.worldbank.org/C1MC7Z5MH0.

[62] Pozdena, R. J. (1991) *The Modern Economics of Housing*. Westport, Connecticut: Quorum books.

[63] Quercia, R. and Y. Song (2007) Housing Migrants in Rural China. In: Song, Y. and C. Ding (eds.) *Urbanization in China in an Era of Rapid Growth*. Cambridge, MA: Lincoln Institute of Land Policy Press.

[64] Ravaillon, M. , S. Chen and Y. Wand (2008) Does the *Di Bao* Program Guarantee a Minimum Income in China's Cities? In: Lou, J. and S. Wang (eds.) *Public Finance in China. Reform and Growth for a Harmonious Society*. World Bank.

[65] Renaud, B. (1991) *Housing Reforms in Socialist Economies*. World Bank Discussion Paper 125.

[66] Renaud, B. (1992) The Housing System of the Former Soviet Union: Why Do the Soviets Need Housing Markets? *Housing Policy Debate*, 3(3):877-899.

[67] Renaud, B. (1995) The Real Estate Economy and the Design of Russian Housing Reforms. *Urban Studies* (two-part article), 32(8): 1247-1264 and 32(9): 1437-1452.

[68] Renaud, B. (2004) *Permanence and Change, East Asian Housing Policies After 50 Years*. Keynote lecture, International Housing Conference Celebrating the 30th Anniversary of the Hong Kong Housing Authority, Hong Kong. http://www.housingauthority.gov.hk/hdw/ihc/pdf/new_pc50ahp.pdf.

[69] Renaud, B. (2008) Mortgage Finance in Emerging Markets: Constraints and Feasible Development Paths. In: Shahar D. B. , C. K. Y. Leung and S. E. Ong (eds.) *Mortgage Markets Worldwide*, London: Blackwell Publishing.

[70] Renaud, B. (2009) China's Urbanization: The Prism of Housing Reforms. *Journal of International Property Sciences*, March, http://umrefjournal.um.edu.my/publish/IJPS/.

[71] Rodrik, D. (2006) Goodbye Washington Consensus, Hello Washington Confusion? A Review of The World Bank's Economic Growth. In: The 1990s: Learning from a Decade of Reform. *Journal of Economic Literature*, XLIV (December): 973-987.

[72] Rodrik, D. (2007) *One Economics, Many Recipes: Globalization, Institutions, and Economic Growth*. Princeton N. J. : Princeton U. Press.

[73] Rodrik, D. (2008) Spence Christens a New Washington Consensus. *The Economists' Voice*, 5: (3): Article 4. http://www.bepress.com/ev/vol5/iss3/art4.

[74] Saich, T. (2008) The Changing Role of Urban Government. In: Yusuf S. and T. Saich (eds.) *China Urbanizes: Consequences, Strategies and Policies*. World Bank.

[75] Shah, A. (2004) *Fiscal Decentralization in Developing and Transition Economies: Progress, Problems, and the Promise*. World Bank paper WPS3282.

[76] Song, Y. , G. Knaap and C. Ding (2005) Housing in the People's Republic of China; an historical review. In:

Ding, C. and Y. Song (eds.) *Emerging Land and Housing Markets in China*, Cambridge, MA: Lincoln Institute of Land Policy.

[77] Song, Y. , Y. Zenou and C. Ding (2007) The Role of China's Urbanizing Villages in Housing Rural Migrants. In: Song, Y. and C. Ding (eds.) *Urbanization in China in an Era of Rapid Growth*. Cambridge, MA: Lincoln Institute of Land Policy Press.

[78] Spence, M. , P. Clarke Annez and R. M. Buckley (eds.) (2009) *Urbanization and Growth*. Background Papers of the Commission on Growth and Development, Washington. D. C. , World Bank.

[79] Su M. and Q. Zhao (2006) *The Fiscal Framework and Urban Infrastructure Finance in China*. World Bank Paper WPS4051.

[80] Taffin, C. (2007) *Private & Social Rented Housing: Basic Principles & Overview of Practices in Europe*. Joint State Council DRC- World Bank Workshop on Middle and Low Income Housing in China, Beijing, July 19.

[81] Taffin, C. (2009) *The Rental Sector in Housing Policy and Housing Finance*. Presentation, Shanghai Forum 2009, Fudan University.

[82] Taylor, L. L. (1998) Does the US Still Overinvest in Housing? *Economic Review*, Federal Reserve Bank of Dallas, 1998-Q2. http://www. dallasfed. org/research/er/1998/er9802b. pdf.

[83] Venables, A. J. (2008) Rethinking Economic Growth in a Globalizing World: An Economic Geography Lens. World Bank Working Paper No. 18.

[84] Wachter, S. M. (2007) Comment on Jaffee and Quigley "Housing Policy, Subprime Mortgage Policy, and the Federal Housing Administration". In: Lucas D. (ed.) *Measuring and Managing Federal Financial Risk*, NBER and University of Chicago Press.

[85] Wang, Y. P. and A. Murie (1999) *Housing Policy and Practice in China*. N. Y: St Martin Press.

[86] Wei, S. -J. (1997) Gradualism versus Big Bang: Speed and Sustainability of Reforms. *Canadian Journal of Economics*, 30(4b): 1234-1247.

[87] Wong, C. and R. Bird (2005) *China's Fiscal System, A Work in Progress*. U. of Georgia, ISP, Working Paper 5-20. http://isp-aysps. gsu. edu/papers/ispwp0520. pdf.

[88] Wong, Y. -C. R. (1998) *On Privatizing Public Housing*. The Hong Kong Economic Policy Studies Series, Hong Kong: City University of Hong Kong Press.

[89] World Bank (1993) *Housing: Enabling Markets to Work*. Policy Report. Washington D. C. .

[90] World Bank (1996) *From Plan to Market, World Development Report*. See Especially for Housing, Chapter 3 "Property Rights, Enterprise Reforms and Privatization. "

[91] World Bank (1999) *Urban Development in China: An Economic Assessment*. World Bank Policy Note to the Chinese Government.

[92] Wolf, M. (2009) Choices Made in 2009 Will Shape the Globe's Destiny. *Financial Times*, January 7.

[93] Wolf, M. (2009) What the G2 Must Discuss Now That the G20 is Over. *Financial Times*, 7 April.

[94] Yu, Z. (2006) Heterogeneity and Dynamics in China's Emerging Urban Housing Market; Two Sides of a Success Story from the Late 1990s. *Habitat International*, 30: 277-304.

[95] Zheng S. , M. E. Kahn and H. Liu (2009) *Towards a System of Open Cities in China: Home Prices, FDI Flows and Air Quality in 35 Major Cities*. NBER Working Paper 14751.

[96] Zoellick, R. B. and J. Y. Lin (6 March 2009) *Recovery Rides on the G-2*. Washington D. C. .

第二部分
中国低收入住房的现状

中国低收入住房:现状及挑战

满燕云　任荣荣

1　低收入住房的界定

可支付性住房(Affordable Housing)指总住房支出(Total housing cost)对于中等收入群体来说是"可支付的"(affordable)一类房屋。而低收入住房则是指在某地区较低收入水平的居民可以在他们的经济能力范围内购买或承租的房屋。可支付性住房既包括政府为提高中低收入家庭住房支付能力而采取的补贴、税收或金融等手段,也包括政府直接拥有和管理的公共租赁住房,还有政府通过税收、金融补贴及规划等手段鼓励下的私营和非营利机构建设管理的住房。在欧洲"社会住房"(Social Housing)与美国的支付性住房概念相当,是指对无法从市场上获得住房的低收入人群由政府、非营利机构和营利机构提供的低成本公共租赁住房和低成本自有住房,而"公共住房"(Public Housing)是指针对低收入居民由政府建造、拥有和管理并收取低额租金的住房,是可支付住房或社会住房系统的一部分。例如美国的公共租赁住房项目,英国的政府公共住房(Council Housing)以及新加坡和中国香港的租屋或公屋等都属于公共住房的范畴。

在许多国家和地区,对低收入居民的住房保障都确定了相对明确的目标和标准。一般都规定申请者符合收入水平在一定标准以下并满足一些其他条件才能有资格申请低收入住房。但不同国家和地区对于低收入住房的供给方式、入住资格和费用标准各不相同。例如,美国对低收入家庭的住房保障是其整个社会救济和福利体系的一部分。凡是符合低收入标准的公民和合法的永久性居民(Permanent Resident)有资格申请收入、住房、医疗、教育等政府补助。美国联邦政府规定低于地方收入中位数80%的住户属于低收入,可以有资格申请入住公共租赁住房或享受各种形式的租金补贴;低于地方收入中位数30%的住户属于最低收入,可享受额外的补贴;同时规定,低收入住房的租金不能超过租户月收入的30%或地方政府住房管理部门PHA(Public Housing Authority)规定的最低租金。澳大利亚规定家庭收入处于最低收入的40%有权享受公共住房。新加坡和中国香港也有与之相对应的一系列规定。一般而言,低收入住房是指有别于普通商品住房的一类特殊住房类别,专门用于帮助贫困线以上的家庭,即地区收入中值60%以下的家庭。

中国各个城市政府在近年来也出台了一系列规定,推出了几个不同层次的低收入住房供给类型,对入住和建设标准也有了具体的规定。以北京市为例,一个普通三口之家,2007年,家庭年收入20 880元及以下,人均住房使用面积在7.5平方米及以下,家庭总资产在30万元及以下可以获得申请入住廉租房的资格;年收入不高于45 300元,人均住房使用面积在10平方米及以下,家庭总资产36万元及以下即有资格申请购买经济适用房;年收入不超过88 000元、人均住房使用面积在15平方米及以下,家庭总资产不超过57万元可获得申购限价商品房的资格(表1)。同时,对于不同类型的低收入人群在人均住房面积和一些相关配套设施也有相应的规定。

表1 北京城八区城市居民申请低收入住房的准入标准(三口之家,2007年)

住房类型	家庭年收入	人均住房使用面积	家庭总资产净值
廉租住房	20 880元及以下	7.5 m^2 及以下	30万元及以下
经济适用住房	45 300元及以下	10 m^2 及以下	36万元及以下
限价商品住房	88 000元及以下	15 m^2 及以下	57万元及以下

资料来源:北京市政府网址 http://gbddq.bjchy.gov.cn。

注:2009年廉租房的准入标准改为家庭年收入为25 092元以下。

为了研究中国低收入住房的状况,我们通过分析国家统计局2007年的城市住户大样本调查数据得出,从全市范围来看,北京市所有家庭年收入中位数为6万元,所有住房存量的单价中位数为56万元,人均住房面积26 m^2。根据这些数据,我们可以算出北京廉租房准入标准位于北京市居民收入中位数的35%以下,经济适用房的标准位于北京市收入中位数的75%以下,而限价房标准却超过地区收入中位数的46%。

对比北京市的低收入住房的现行标准和实际发展现状,我们发现北京市居住在租赁公房的家庭的年收入中位数为2.5万元,为北京市家庭年收入中位数的42%,住房价值中位数约为40万元,但是人均住房面积仅为13.3 m^2,低于全市平均水平近50%。享有经济适用房的家庭的年收入尽管中位数为3.2万元,为地区收入中位数的53%,但其住房价值中位数却达到了约78万元,人均住房面积也达到了29.3 m^2,均显著高于北京市所有住房的平均水平。

通过比较北京市2007年享用保障性住房的居民的居住情况及政府规定的准入标准,我们可以基本得出如下结论:①尽管廉租房及经济适用房按设计分别针对城市最低收入及中低收入居民,2007年享有这两种保障性住房家庭都在本市家庭收入中位数的60%以下,基本上是提供给低收入和极低收入家庭。②北京享有租赁公房的家庭的人均住房使用面积低于全市中位数的50%。现有经济适用房的住房面积超过本市相应中位数的12%，而且市场价值超过地区中位数高达40%。表明北京市经适房存在住房结构及价格偏差。该现象在全国同样存在。③尽管中国保障性住房针对城市中低收入家庭的政策，然而大量的进城农民工及城市极端贫困人口一般不会住在城市正式住房，而大多居住在条件极差的“城中村”、小产权房等非正式住宅，也不包括在我们的统计数据的样本中。这类人群属于真正需要政府支助的群体。然而像这类低收入群体大都并未获得政府的住房保障。

2 为什么需要低收入住房

中国城市正在经历着快速而复杂的变革。近年来尽管城市住房的建设供给量一直居高不下，但仍有越来越多的城市居民的住房可支付能力较差。简而言之，造成这一现象的主要原因有三个：房屋价格迅速上涨，城市居民收入差距的不断加大以及农村移民数量不断膨胀。这几个因素都得到了数据的支持。

第一，中国大多数城市的商品住房价格已经自1990年代中期以来持续了多年的快速上涨。2007年，全国城市住房的平均售价已经达到1999年的1.96倍。市场化租赁住房的租金也几乎保持了同比增长。商品住宅租售价格的上涨，大大增加了尚未拥有自有住房家庭的住房支出。尤其是对于低收入群体，不断攀升的房价使其从市场上获得可支付住房的可能性越来越小。

第二，城市居民的收入差距日益加大。从2007年全国地级市城市基尼系数来看，尽管多数城市的数值目前处于0.3～0.4的收入差距相对合理的区间，以及一部分处于0.2～0.3的收入较为平均的区间，但已有相当多的城市基尼系数超过了0.4。而这些城市多数位于东部沿海地区，或为省会级城市，其人口总数已接近超过其他城市的总和。在这些大城市和特大城市中，由于其居民收入差距的显著，低收入群体的住房困难显得尤为突出。

第三，从农村到城市移民的规模持续加大。2000～2005年的人口迁移数据可以看出，有大量的人口从中西部地区向东部沿海地区迁移。这使得大多数东部沿海大城市和特大城市的住房需求大大超过了正常市场供应量，必须通过其他手段来加以解决。

以上这些中国城市近年来发展变化的特征，共同导致了城市居民住房的可支付能力较差。这一现象可以用房价收入比(PIR)和住房可支付系数(HAI)两种方法来量化衡量。

房价收入比是指市场中所有住房的中位数价值与家庭中位数收入之比。根据联合国人居署(UN-HABITAT)的标准，房价收入比在3～5属于合理的范围；而根据Demographic的标准，房价收入比在3.0(含)以下属于“可支付”，3.1～4.0属于“适度不可支付”，4.1～5.0属于“严重不可支付”，5.1以上则属于“极度不可支付”。

根据我们对“2007年城镇住户基本情况抽样调查问卷”数据分析，计算得出了2007年全国及各城市的房价收入比。结果显示，2007年全国各城市平均房价收入比为5.56，超出UN-HABITAT所认为的3～5的合理范围，而按照Demographic的标准，则属于住房极度不可支付。256个地级市中，房价收入比最低值为1.92(吉林省四平市)，而最高值达到了15.46(陕西省榆林市)，按照Demographic的标准，半数以上(51.6%)城市处于住房极度不可支付的状况。其他学者及机构的研究也得出了类似的结论(表2)。对比世界其他国家，中国的住房不可支付的严重程度超过了美国和加拿大。美国44%的城市住房是可支付的，而中国仅为10%；美国22%的城市住房属于严重不可支付和极度不可支付，而中国则高达73%(Man, Zheng and Ren, 2011)。

表2 中国房价收入比例

	全国	北京	上海	宁波	杭州	深圳	广州
高永峰(2009)	15	23	17	—	—	—	—
IUD中国领导决策数据分析处理中心(2008)	7.44	—	11.25	9.26	15.61	—	—
上海证券报(2008)	7.44	>13	>11	—	—	>13	>13
本文计算结果	5.56	9.33	9.81	8.33	8.67	9.58	5.16

我们的这一结果是根据存量房的价值计算出来的，尽管略低于其他学者(如张清勇，2007；高永锋，2009；向肃一、龙奋杰，2007；刘琳，2007)按流量或新房得出的结果，但反映出中国确实存在城市住房可支付性问题，而且这个问题在北京、上海、深圳、杭州等大城市尤其严重。

另一个衡量住房可支付性的指标是住房可支付性指数(HAI)，这一指标广泛应用于美国、加拿大、澳大利亚等国。HAI指数的基本思路是：按照中位数房价、20%首付、30年按揭期限并等额还款计算住房按揭月付，若月付不超过月收入的25%，则被认为是有支付能力的。根据中国的实际国情，在计算中国城市HAI指数时，本文的计算做了适当的参数调整，采用30%首付、30年按揭期限以及25%的月供上限，并取2007年年初的5年期以上贷款利率水平6.84%。

本研究利用“2007年城镇住户基本情况抽样调查问卷”数据，计算得出2007年全国及各城市的住房可支付性指数。结果显示，2007年全国住房可支付性指数为81.8，低于100，整体处于住房支付能力不足的状态(表3)。256个地级城市中，住房可支付性指数为29.4～236.4，仅有94个城市的住房可支付性指数超过100，我国省会城市的HAI值普遍低于全国水平。我国35个大中城市的住房支付能力不足问题突出;从地域分布来看,东部地区是住房可支付性最差的区域。

表3 全国及不同区域的住房可支付性指数

	城市数(个)	HAI均值	HAI中位数
全国			81.8
省会城市(含4个直辖市)	31	77.0	75.8
非省会城市	225	97.5	90.9
35个大中城市	35	69.9	72.8

3 中国低收入住房的现状

总体而言,中国低收入住房的现状可以概括为:保障性住房所占比例小,低收入住房价格基本稳定,经济适用房供给量不足,价值偏高,个别城市经济适用房的保障范围过大,住房面积偏大,分配不够合理等现象。

(1) 保障性住房所占比例小。在当前全部住房存量中,2007年为解决低收入家庭住房问题而建设的经济适用房和租赁公房的比例分别仅为3.9%和7.0%,而商品房和房改私房分别占到了32%和34%。2007年全国256个地级城市中,经济适用房比重的中位数是2.03%,租赁公房为3.54%。经济适用房和租赁公房的比重低于5.0%的城市占31.6%(81个城市),而比重超过30%的仅有6个城市,占总数的2.3%。而到了2010年,保障性住房占城市住房存量的比例还有所下降。公共租赁住房与经济适用房分别占全国存量房的5.8%和3.4%(Man, Zheng and Ren,2011)。

(2) 低收入住房价格基本稳定。从销售价格看,经济适用房、廉租房等保障性住房的价格指数增长较为缓慢,年均增长保持在0.5%以下。从租赁价格看,2007年经济适用房、廉租房的租赁价格涨幅分别为0.3%和0.4%,与2006年相比分别增加0.2和0.3个百分点。显然,受到国家政策的影响,作为国家保障性住房的经济适用房和廉租房的价格增长幅度始终保持较低水平,为满足中低收入群体的住房需求提供良好保障。

(3) 经济适用房投资及建设规模不足。根据国家统计局的数据,政府在经济适用房的投资额较小。从住宅投资的角度来看,1997~2007年,全国各城市住宅投资总额均持续快速上涨,但经济适用房的投资额则一直停滞不前,2007年经济适用房的投资额仅为全部住宅投资额的12%,甚至低于别墅和高档公寓的建设投资额(图1)。其次,政府在经济适用房上的建设规模不足。2007年经济适用房施工面积较1999年增加2 845.0万m^2,仅增长

34.8%,但占全部住宅施工面积的比重从19%下降到6%;同年经济适用房竣工面积较1999年减少620.5万m^2,负增长15.3%,比重也从23%大幅下降到7%。第三,体现在销售面积与套数的大幅下降。2000年经济适用房的销售面积占全部住宅销售面积的24%,销售套数占50%,而2006年仅为7%和15%。显而易见,作为中国城市中低收入住房供给最重要的组成部分,经济适用房供给的不断萎缩越来越不能满足日益增长的低收入住房需求。

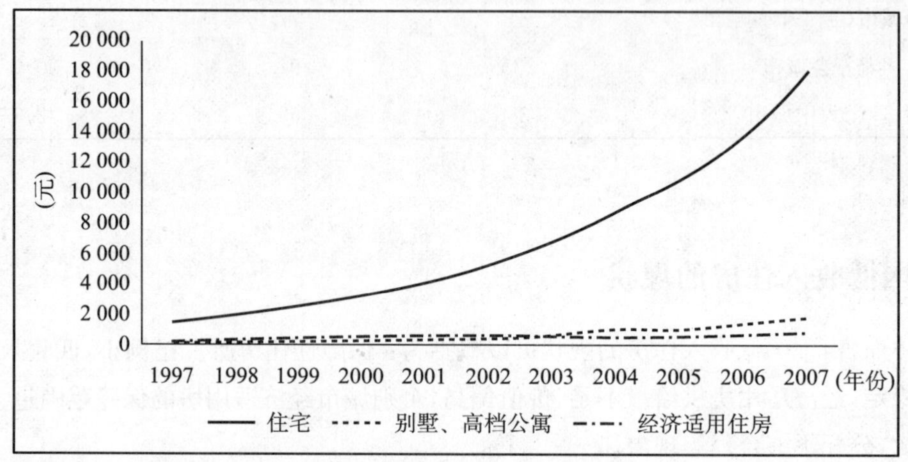

图1 1997~2007年住宅投资额变化

(4) 经济适用房面积与价值偏高。据统计,2007年中国城市各类型住房中,商品房的平均价值最高,为40万元/套;其次是经济适用房,为30.4万元/套;此后依次为原有私房(25万元/套)以及租赁私房22.4万元/套,房屋价值最低的为租赁公房,为19.3万元/套。经济适用房作为政府的保障性住房,其市场价值仅次于商品房排名第二,因此对于低收入群体的保障作用并不明显;而租赁公房虽然价值最低,但面积较小,质量较差(多为老旧房屋)。这说明中国在低收入住房的政策方面还有需要调整之处。

(5) 个别城市经济适用房的保障范围过大。调查中,经济适用房所覆盖的家庭收入在当地家庭收入分组中的分布很广,集中分布在中等偏上收入群体,对最低收入40% 的家庭保障不力,对真正最底层的家庭没有起到很大的作用(图2)。该图表明,2007年,在235个城市样本中,有68%的城市享有经适房的家庭年收入在收入组50%~70%。一些城市经济适用住房保障范围过大,甚至能覆盖最高30%的收入群体。

中国低收入住房的现状表明,中国经济适用住房的标准及目标迫切需要调整,有些城市经济适用房的保障范围大到使最高收入前20%的家庭也包括在内。租赁公房的确帮助最低收入家庭解决住房问题,但仅占全国住房存量的7%。经济适用房供给量及销售量自1999年以来持续下降,供给量不足,总共只占全部住房存量的11%。低收入住房价格基本稳定,涨幅不大。住房不可支付的程度非常的严重。房屋单位面积价格在1999～2007年翻倍。中国的很多城市住房价格处于“严重不可支付”水平。

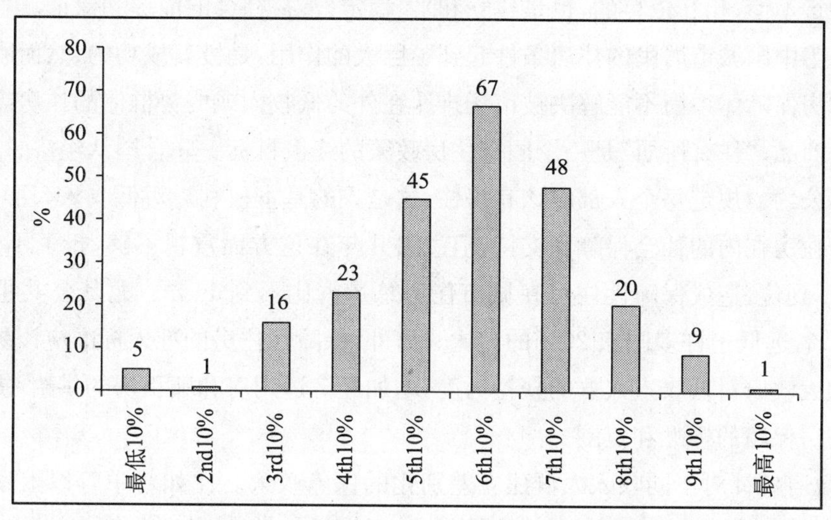

图 2 各市经济适用房家庭收入在各市家庭收入分组中的位置统计

4 结论与建议

中国城市住房改革已历经了多年的发展。在计划经济时期普遍推行的福利分房制度已经全面废止,市场化商品住宅发展已成为城市住房供给的主要来源。住房市场化极大的促进了中国城市住房的加速增长,城市居民的住房条件大为改善。然而住房市场的高速发展也促使中国城市房价大幅攀升,尤其是近十年来,越来越多的城市家庭,特别是低收入家庭已经难以从市场上获得“可支付”的住房。面对这一较为严重的社会问题,中央已提出了“住有所居”的政策目标,政府正不断建立和完善住房保障体系,把为低收入家庭提供保障性住房列为当前最重要的任务之一。本文利用翔实的数据,分析了中国的低收入住房的现状和面临的挑战,并对今后中国低收入住房的政策设计提出可行性的建议。

本文研究表明,1998年住房改革带来了土地供应、住房供应以及住房消费的大幅增长。与此同时,住房的私有化造成了不同收入组和不同地区间的不平等。在已有的住房改革中,低收入组群体被关注得不够。在中国,住房已处于“不可支付”水平,给经济和社会的可持续发展带来了风险和挑战。同时,这也与中国构建“和谐社会”的目标相违背。

通过对中国低收入住房现状的分析,本研究为中国今后低收入住房的发展提出如下的建议:

首先,要让全社会充分认识到建立起一个公正、公平,和谐可持续发展的社会体系应该是我们努力的方向和目标。推动房地产市场健康发展与建立一个行之有效的公平的住房保障体系是并行不悖,相互依存的,也是建立和平、稳定、富裕社会的前提和保证。虽然中国住房改革对改善中国城市居民的住房条件起到了巨大的作用,是极其成功的,然而刚刚建立起来的中国住房保障体系尚不能解决被市场排斥在外的低收入或弱势群体的住房需要。住房不同于一般商品,"住有所居"是一个国家住房政策的终极目标。联合国从经济、社会及文化权利(《国际公约》)规定每个人都应该有房住,这是人的基本权利。对低收入人群,政府有责任提供包括住房在内的社会保障和支持,但过去几年在这方面重视不够,投资不足,目标不明,执行也不到位,造成保障性住房在城市住房总量占比不到11%。尤其公共租赁住房仅占总量的7%,远低于许多国家20%的占比。另外,保障性住房的准入标准应该更明确和合理。尽快加大政府对低收入人群的扶持力度,增加经济适用房和廉租房的供给,提高极低收入家庭的住房保障的标准和范围。

其次,政府应针对不同收入人群建立差别化的保障政策。比如对中等以上家庭和新兴的中产阶级应提供长期的固定利息的按揭贷款,还有低首付,减免税收等支持。对于低收入人群,提供公共租赁住房、以租代购的政府补贴、房租补贴或自住房。对最低收入人群,应提供廉租房和补贴,保障他们基本的住房权利。

另外,政府应发挥社会力量一起来投资,建设并管理保障性住房。国家应发挥税收杠杆和土地政策、规划政策的作用,多渠道、多方激励等综合性政策来保证低收入住房政策目标的顺利实现。比如,发挥政府税收和土地供应优惠,城市规划的促进作用,鼓励开发商开发建设针对中低收入家庭的住宅,允许非营利机构参与管理和监督。

还有,要大力发展并完善私有住房租赁市场,促进闲置的私有住房租赁给需要住房的人群。另外还要建立财产税体系,以减少空置率,提高现有土地和房产的使用效率。

中国保障性住房一定要以促进房地产市场的健康持续发展为前提,不应回到过去政府包揽公共租赁住房的建设、管理和资金投入的老路上去。应该充分给予地方政府在住房保障上的自主决策权。应该同时提供供给方补贴和需求方补贴,并提倡混合居住,避免贫民窟的产生和社会阶层的分割。

住房保障体系的发展是个长期艰巨的任务,应该根据宏观经济形势、住房市场和居民住房状况的变化、对政策的目标和重心不断地调整,应根据不同地区不同城市的现状采取灵活和符合实际情况且有效的方法和手段。"住有所居"应是衡量保障性住房政策成功与否的标准。

参考文献

[1] 张清勇(2007)"中国城镇居民的住房支付能力:1991-2005",《财贸经济》,4。

[2] IUD中国领导决策数据分析处理中心(2008)“从房价收入比看居民购房承受能力”,《领导决策信息》,36。
[3] Chen Jie, Hao Qianjin(2009)Mark Stephens. Assessing Housing Affordability in Shanghai 1995-2007. Paper Presented at Symposium on Low-income Housing in China: Current Issues and Policy Design. Beijing, July 10-11.
[4] 宏观经济研究院投资研究所课题组(2005)“居民住房支付能力评价指标比较与分析”,《宏观经济研究》,2。
[5] 刘琳(2007)“如何度量城镇居民家庭住房支付能力”,《中国投资》,5。
[6] 向肃一,龙奋杰(2007)“中国城市居民住房支付能力研究”,《城市发展研究》,2。
[7] 联合国人类住区规划署,http://ww2. unhabitat. org/programmes/guo/guo_analysis. asp。
[8] Demographia (2009). The 5th Annual Demographia International Housing Affordability Survey: 2009. http://www. demographia. com/dhi. pdf.
[9] 高永峰(2009)“合理的‘房价收入比’到底是多少”,《中国青年报》,1. 20。
[10] Man, Joyce Yanyun, SiQi Zheng, and Rongrong Ren 2011. Housing Policy and Housing Markets: Trends, Patterns and Affordability. In Man, Joyce Yanyun ed. *China's Housing Reform and Outcomes*. Cambridge, Mass: Lincoln Institute of Land Policy. pp. 3-18.
[11] “深圳房价收入比超13 房价下调20%-30%属正常”,《上海证券报》,2008. 8. 15。
[12] NAR. Affordable Housing Real Estate Resource: Housing Affordability Index, http://www. realtor. org/wps/wcm/connect/725764004d02a073a8a7ee8d0a12d865/REL08Q4G. pdf? MOD = AJPERES&CACHEID =725764004d02a073a8a7ee8d0a12d865.
[13] HAI-Commonwealth Bank, Affordability Report: A Quarterly update on the affordability of housing. http://www. research. commbank. com. au/CBA_Research_Common_Functions/Display_Pdf/0,2226,24289,00. pdf.

中国城市的住房状况与住房不平等

郑思齐　满燕云　任荣荣

1　引言

建立和完善具有中国特色的住房保障体系，着力解决城市低收入家庭的住房支付能力问题以及非户籍人口（特别是外来务工人员）的住房困难问题，是当前我国公共住房政策的核心内容。然而，由于我国自1985年第一次城镇住房普查以来，已经有24年没有进行全国范围的城镇住房普查了。在这24年间，我国城市及其人口、家庭和住房状况，均发生了巨大的变化。这致使中央和绝大部分城市政府对城市居民现有的住房状况和弱势群体的住房困难缺乏客观、及时、完整和准确的把握。试图在此基础上制定出被政府和社会广泛认可的住房保障政策，其难度可想而知。

本研究基于国家统计局城市司“2007年城镇住户大样本抽样调查”的数据信息，全面系统地分析了目前我国200多个地级及地级以上城市住房存量的数量、结构和价值特征，并深入研究不同层面的住房不平等问题。由于该调查并未涵盖非正式住房（例如临时建筑、地下室、“城中村”和建筑工地的工棚），为了更全面地反映城市中各类住房的现状，本文还利用2008年郑思齐等开展的北京“城中村”调查作为案例，分析非正式住房的状况以及居住于其中的农民工所面临的恶劣居住环境。

这些研究成果，可为各级政府制定住房保障政策提供更为准确可靠的数据和信息支撑，同时也可为学者进行住房政策相关研究提供更多的基础资料。

2　城市居民的住房状况

根据国家2008年统计年鉴显示，截至2006年，我国城市中的存量住房约为112.9亿平方米。但该统计数字仅涵盖了正式住房。刘琳等(2008)①统计显示,在所有的住房供给中,"非正式住房"占30%,并容纳了城市约30%的常住人口,而这些人口大多为农村移民(农民工)。

本部分将利用2007年国家统计局大样本调查的数据,从住房的自有化率、产权结构、住房的基本特征以及住房价值几方面来描述我国城市的住房状况,并分析其间存在的问题。该基本调查问卷内容包括住户基本情况和住户成员基本情况两部分内容,覆盖全国600多个城市,回收有效问卷52万多份。为了增加城市之间的可比性,研究选取《城市统计年鉴》中列出的地级及以上城市,共计256个,同时,筛选问卷中的在岗职工样本,共计25万多份。

本次调查的总体是城市中在街道居委会管辖范围内的住房(即正式住房)中的居民,调查对象不限于户籍人口和常住人口,而是所有在正式住房中居住的居民(对于流动人口,只要其居住在正式住房中,就属于调查范围)。需要注意的是,各种非正式住宅——例如,临时建筑、地下室、"城中村"和建筑工地的工棚——并未被涵盖在本次调查中,这些非正式住房中容纳了许多农民工和低收入流动人口,且居住空间拥挤,市政基础设施欠缺,缺乏基本公共服务。如果将这部分住房排除在外,肯定会影响对低收入居民住房状况全貌的分析。但很遗憾,目前中国尚未有针对非正式住房的官方统计,可获得的信息非常少。为了尽可能的弥补这一缺陷,本研究在后面的部分将利用北京市"城中村"调查样本,作为一个案例分析非正式住房的状况。

2.1 住房自有化率

住房自有化率是国际上度量住房所有权状况的重要指标,是指住房所有权人居住的住宅套数占全部有人居住的住宅套数或全部家庭数的比例,即:

$$\text{住房自有化率} = \frac{\text{拥有自有产权住房的家庭数}}{\text{家庭总数}} \times 100\%$$

本研究的数据统计结果表明,2007年我国城市居民的住房自有化率为82.3%,高于发达国家的住房自有化水平。但从其自身的纵向比较来看,该比例接近于2002年82.1%的水平,表明住房自有化率近几年来比较稳定。

表1列出了住房自有化率按照行政层面和区域分布层面划分的城市间的比较情况。住房自有化率随着城市行政层次的上升而减小,但随着城市经济水平的提高而增加。可以推断,在大城市中,随着经济的发展和劳动力流动性的增强,住房消费的多样化趋势已逐渐明

① 资料来源:刘琳等(2008)"我国城镇住房保障制度研究",国家发改委宏观经济研究院。根据2005年国家统计局1%人口抽样调查估算。

显，已有较多家庭选择以租赁形式进行住房消费。

表 1　城市与区域间住房自有化率水平的比较　　单位：%

全国平均		**80.0**（2002 年） **82.3**（2007 年）	
不同城市类型	住房自有化率	不同区域	住房自有化率
四个直辖市	72.9	东部	86.5
省会城市	76.9	西部	82.3
其他地级市	85.9	中部	86.3
		东北	82.6

从图 1 中对不同收入群体的住房自有化率水平的比较来看，住房自有化率在最低收入组只有 72.9%，而在最高收入组则达到 87.4%。从总体来看，住房自有化率随着收入的增加而呈现出增长的趋势，但其增长速度逐渐衰减。

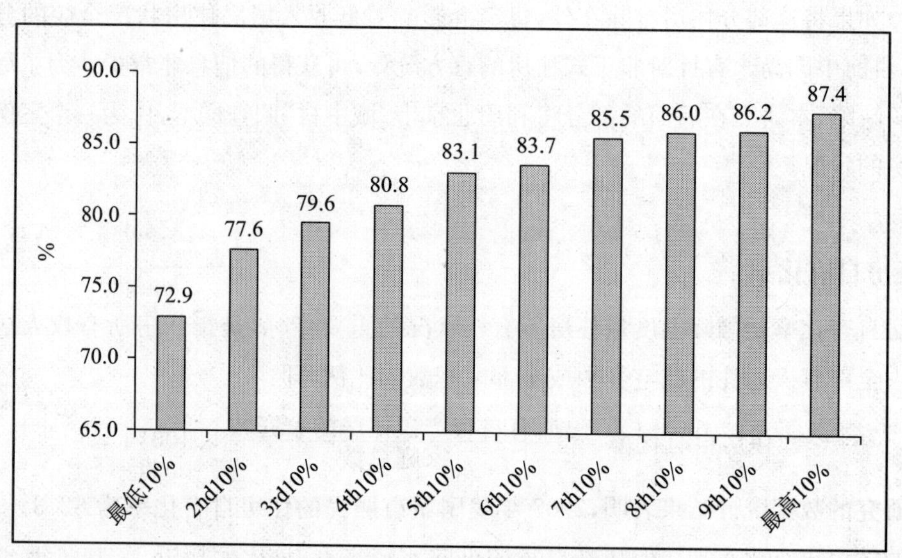

图 1　不同收入群体的住房自有化率水平

为了更好地理解我国城市家庭进行“租买选择”的行为规律，我们利用 2007 年大样本调查中取出的小样本，包括五个城市（北京、上海、深圳、武汉、重庆）的 5 300 个家庭样本，建立家庭的租买选择模型（表 2）。从模型的回归结果可以看到：家庭的持久收入、家庭规模、户主年龄、户口性质以及城市整体房价水平对家庭是否选择自有房屋有显著影响。随着家庭收入的增长，家庭选择自有的概率上升，在 1%的置信度下显著。家庭人口越多（更偏向于稳定居住),越偏向于自有住房。年龄对于住房自有的影响呈现倒U形关系。居民的户籍性质对其是否选择自有住房有显著影响,拥有本地城市户口的人(居住稳定性强)自有房屋的概率远远大于外来移民。总体而言,收入越高和居住稳定性越强的家庭,越倾向于选择购买住房。同时,城市的房价水平直接影响家庭的住房支付能力,在房价较高的城市中,住房自有化率明显偏低。

表2 租买选择模型回归结果

因变量:住房自有	系数(z统计量)
常数项	−6.063(−14.7)***
Log(持久收入)	0.956(19.0)***
家庭规模	0.081(4.0)***
年龄	0.115(7.3)***
年龄的平方	−0.001(−7.1)***
本地城市户口	0.697(16.0)***
国有企业和事业单位	−0.005(−0.1)
Log(城市房价水平)	−1.512(−12.8)***
控制变量	YES
样本量	5 393
LR统计量	1 261.788
MaFadden R平方	0.169

2.2 住房产权结构

我国住房市场经历了从计划配置向市场配置的转型,不同城市住房自有化率的水平并不完全是市场力量作用下的结果。分析租赁和自有两种住房所有权形式下住房的市场化水平,有助于我们更好地认识城市中究竟有多少群体通过市场力量解决其住房问题。表3给出了住房来源渠道与产权结构组成。原有制度延续下来的住房类型,主要包括租赁公房和房改私房,在全部住房类型中所占比重达41.2%;而以市场化为主导的商品房、经济适用房和租赁私房解决了44%家庭的住房问题(另外还有占存量约12%的原有私房,以及2.8%的其他住房)。这里以市场化和半市场化住房(商品房、经济适用房、租赁私房)占所有住房存量的比例来表示住房领域的市场化程度,则目前住房市场化程度约为44%。

值得指出的是,带有住房保障性质的经济适用房仅占住房存量的3.9%。这表明,作为我国目前住房保障体系中致力于解决中低收入家庭住房问题的经济适用房,并未形成房改政策推出时的预期规模。

表3 住房来源渠道与产权结构组成 单位:%

	市场化住房		非市场化住房		
	房改私房	租赁公房	商品房	经济适用房	租赁私房
比例	34.2	7.0	32.1	3.9	8.0

注:问卷中有2.8%的家庭选择项为"其他",统计表中未将其列出。

2.3 住房结构特征

住房面积是反映家庭住房消费特征的一个重要变量,较大的住房面积通常可以给家庭带来较高的效用水平。本研究以单套住房平均建筑面积为度量指标反映家庭的住房特征。整体来看,家庭单套住房的平均建筑面积为84.5平方米,折合使用面积约为63.4平方米。根据对调查结果的统计,2007年家庭户均人口为2.98人/户,由此可以推算,人均住房建筑面积和使用面积分别为28.3平方米和21.3平方米。根据《中国统计年鉴2007》和《中国民政统计年鉴2007》的统计,2005年和2006年,中国城市人均住宅建筑面积分别为26.1平方米和27.1平方米,与本研究的统计结果具有可比性。

为比较户均住房建筑面积的城市间差异,本研究分别从行政层面和地域分布角度对样本中的城市进行分类统计。从行政层面上来看,城市被分为直辖市、省会城市和地级市,表4显示,住房面积随着城市行政层次的提高而减小,这表明,大城市人地资源的矛盾更为突出。按照地域分布,样本中的城市被划分为东部地区城市、西部地区城市、中部地区城市和东北地区城市。从表中的统计结果可以看到,打破行政层次的约束,城市住房面积与经济发展水平之间表现出一定的正相关性。东北三省的户均和人均居住面积最小。

表4 城市与区域间住房建筑面积的比较

全国平均	84.5(平方米/每户) 28.3(平方米/人)				
城市类型	户均(平方米)	人均(平方米)	区域	户均(平方米)	人均(平方米)
四个直辖市	75.4	26.6	东部	95.2	30.4
省会城市	81.4	27.7	西部	88.8	29.2
其他地级及地级以上市	89.9	29.2	中部	90.2	29.3
			东北	68.5	24.2

家庭收入水平是决定家庭住房消费能力的重要因素,家庭的住房面积也将随着其收入水平的提高而增加。十收入组①的单套住房平均建筑面积显示(图 2),最低收入组家庭的单套住房平均建筑面积为 67.8 平方米,折合使用面积约为 50.9 平方米。而在新加坡,中低收入群体普遍选择的住房房型是二房室组屋,其使用面积在 45 平方米左右,这比我们的最低收入组家庭单套住房平均使用面积还要低 6 平方米。这说明,在正式住房中居住的居民,并不存在整体性的住房拥挤问题,对于这部分居民群体,住房问题的关键点可能是住房供应结构的不合理(例如缺乏充足的小户型的供给)。此外,国际经验表明,通过引导房型设计的创新使有限的空间发挥最大的效用,是在资源约束条件下解决住房问题的一个重要思路。

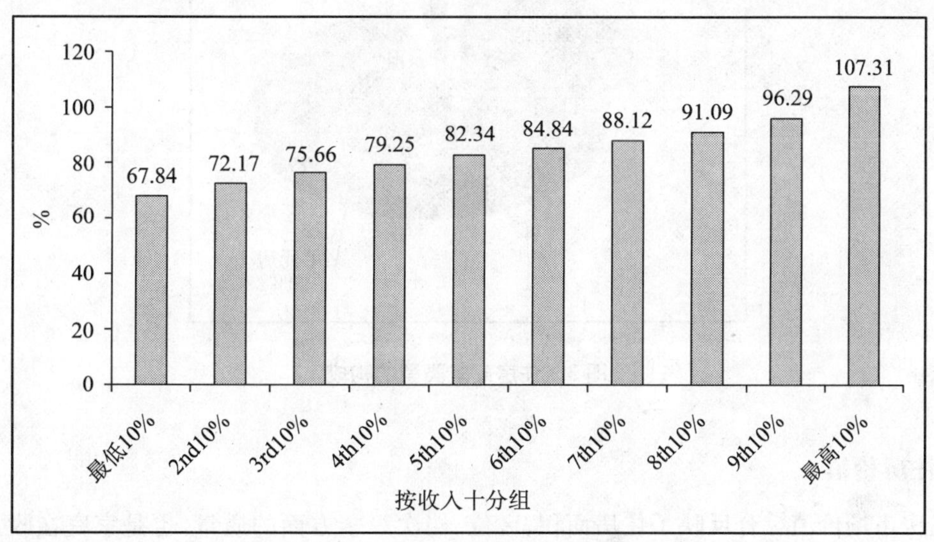

图 2 不同收入群体单套住房的平均建筑面积

值得注意的是,上述结果并不意味着我国城市中不存在住房困难问题。这次调查并未覆盖非正式住宅——例如,临时建筑、地下室、"城中村"和建筑工地的工棚,而目前这些空间里容纳了大量的农民工和低收入流动人口。他们仍在承受着恶劣的居住条件,甚至危害他们的健康,不利于其融入社会主流和人力资本积累。这应当是住房政策的关注重点(详见后面的分析)。

统计调查中,住房建筑类型包括单栋住宅、单元房、老式楼房、平房及其他四类。其中,单栋住宅是指比较高级的单栋楼房或平房;单元房是一种普通的现代住宅建筑,即公寓式住宅(人们通常说的"板楼"和"塔楼");老式楼房则是一种老式的住宅建筑,通常只有公用的厨

① 收入组的划分与《中国统计年鉴》中的十分组法一致。

房和卫生间;平房及其他是指普通平房或者设施简陋的其他住宅。从住房建筑类型来看,其居住质量按照单栋住宅、单元房、普通楼房、平房及其他的顺序依次降低。图 3 对住房建筑类型构成的统计结果表明,单元房是住房建筑类型中的主体,其总体比重达 80.2%。在调查统计的 256 个城市中,绝大多数城市的单元房在所有住房类型中所占比重在 65%～95%的范围内,住房市场中单元房所占比重在城市与区域间的差异相对较小。

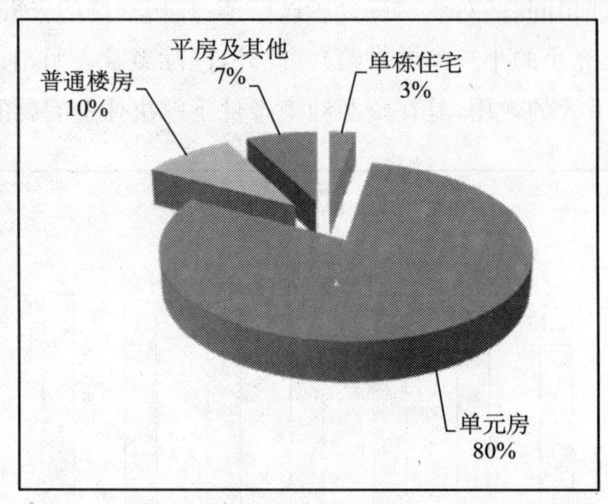

图 3 住房建筑类型的构成

2.4 住房价值

住房市场价值综合反映了住房面积、区位、档次等多方面的质量,也是家庭在收入约束下的住房消费量。住房作为一种资产,是家庭财富的象征,其财富效应可以提高家庭对未来生活的信心,有利于社会的稳定。但同时,过高的住房价值也意味着城市过高的生活成本,这会对人们的生活产生负面影响。

调查统计结果表明,全国范围内,家庭住房当前市场价值的估计值为 28.1 万元。如果除以平均住房面积,则单位价值为 3 325 元/平方米。其中,自有住房的市场价值为 58.5 万元,租赁住房的市场价值为 20.8 万元,低于自有住房的价值。这是因为,租赁住房一般都面积较小,质量较差(有许多都是老房子)。

住房市场价值随着城市行政层次的提升而增加,直辖市住房的平均市场价值达到 46.7 万元(单价 6 194 元/平方米),非直辖市和省会城市的其他地级及地级以上市的住房总价不足上述的一半;东部城市的住房平均市场价值最高,达到 30.2 万元,东北城市的住房平均市场价值最低,为 13.3 万元(表 5)。

表5 城市与区域间住房市场价值的比较

全国平均	28.1万元 3 325元/平方米				
城市类型	住房总价（万元）	住房单价（元/平方米）	区域	住房总价（万元）	住房单价（元/平方米）
四个直辖市	46.7	6 194	东部	30.2	3 174
省会城市	27.1	3 323	西部	20.2	2 271
其他地级及地级以上市	20.2	2 244	中部	15.3	1 701
			东北	13.3	1 942

不同产权住房的市场价值也有差异。从图4对不同产权住房当前市场价值的统计来看，商品房是各类住房中价值最大的，其每套的平均价值为40.0万元(4 734元/平方米)，而房改私房和租赁公房的市场价值最低(分别为2 556元/平方米和2 284元/平方米)。不同产权住房价值的大小差别，一方面，体现在住房质量的差异，说明商品住房在提高家庭居住质量方面的确发挥了显著的作用；另一方面，也说明住房的市场化改革更有利于实现市场中家庭与住房的匹配，在显示住房市场价值的同时也给家庭提供了更大的住房选择的自由。

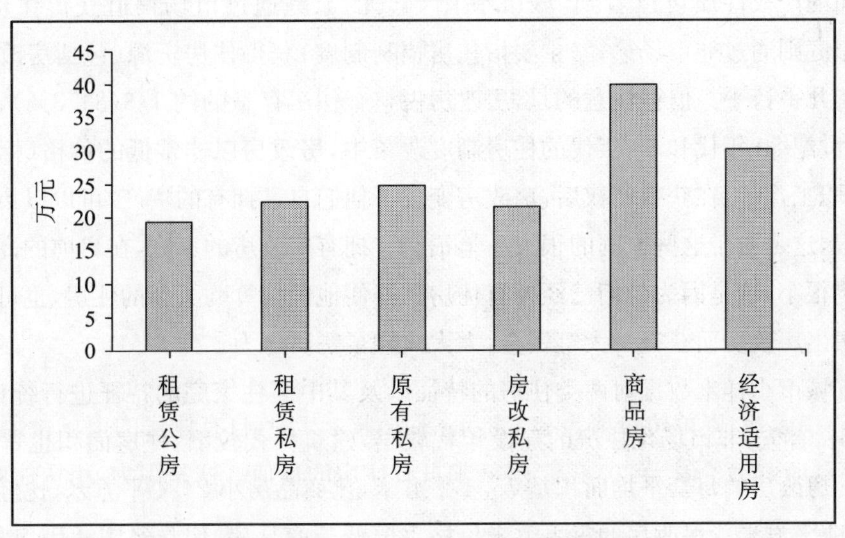

图4 不同产权住房的当前市场价值

住房价值与家庭收入之间表现为显著的正相关关系。如图5所示，随着家庭收入水平的提高，住房价值上升；对于最高20%的收入群体，住房价值上升的速度明显快于其他收入组。

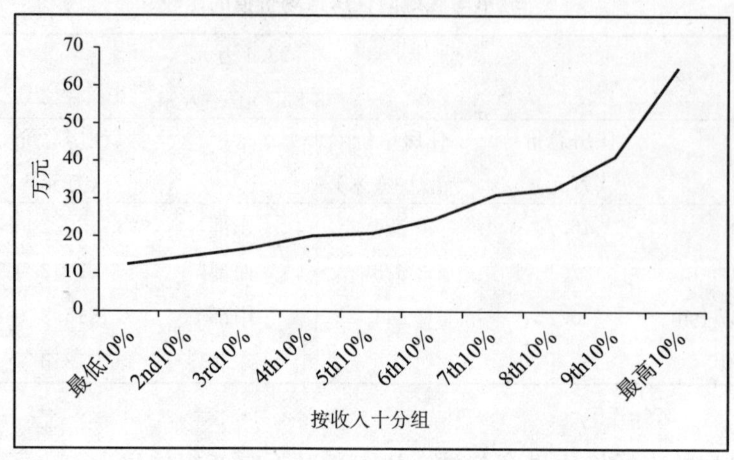

图 5 不同收入群体住房的当前市场价值

3 住房不平等性

3.1 获得非市场化住房资源的机会差异所导致的不平等

从上面的产权性质可以看到,城市中有 44%的家庭通过市场渠道获得住房资源,而 41.2%的家庭则通过非市场途径(主要指住房福利制度)获得住房资源(包括房改房和租赁公房),二者几乎持平。值得注意的是,房改房占整个住房存量的约 1/3(34.3%),比重相当大。在 20 世纪 80 年代和 90 年代的住房制度改革中,房改房以非常低的价格(标准价或成本价)卖给职工,职工在获得产权后,房改房变成了他们自己拥有的资产,可以以市场价格在市场上出售,这是对于这些家庭的很大一笔福利。拥有房改房的家庭,在目前的高房价下所受到的影响很小,这是因为他们已经拥有住房。即使他们打算购买新的住房,也可以通过以市场价格卖出房改房而获得一大笔资金,大大减轻了购房压力。

利用五城市小样本数据对两类住房的特征以及其中居住家庭的特征进行统计分析,其结果见表 6。首先,非市场化住房的建设年代较早,建筑样式较旧,住房面积也普遍小于市场化住房。房改房的每套平均面积是 75.4 平方米,比商品房小 24.4 平方米,比经济适用房也要小 11.4 平方米。房改房的每平方米价格也要低于商品房,但与经济适用房相差不多,这是由于房改房一般处于区位较好的地段,所以每平方米价格不会很低。

拥有房改房家庭的收入明显低于购买商品房的家庭,而户主年龄则明显偏高。这是因为拥有房改房的家庭往往都是单位中的老职工,在 2000 年之后参加工作的新职工,一般不再有机会获得房改房。另外很明显的差异是拥有本地城市户籍的比例和在本地居住的时间。拥有本地户籍,在本地居住时间越长的家庭,获得非市场住房资源的机会也越高。在拥有非市场化住房资源的家庭里,70%以上的家庭是本地城市户口,而在拥有商品房的家庭里这一比例仅为 49.6%(由于购买经济适用房通常有户籍限制,所以经济适用房中本地城市户口的比重也很高)。同时,在国有企业和事业单位工作的家庭更易于获得非市场化住房资源。上述特点及其差异性反映出,体制内、拥有本地城市户口和年龄较大的群体有更多的机会获得非市场化住房资源。这与单位在历史上是非市场化住房资源的供应主体密切相关。

表 6 不同来源的住房资源的家庭特征

	非市场化住房		市场化住房		
	房改私房	租赁公房	商品房	经济适用房	租赁私房
比例(%)	34.2	7.0	32.1	3.9	8.0
住房特征					
每套面积(平方米)	75.4	52.5	99.8	86.8	66.7
每平方米单价(元)	2 252	2 116	3 181	2 300	2 184
家庭特征					
家庭年收入(千元)	35.4	27.2	42.3	35.7	31.2
年龄(岁)	40.2	39.9	36.3	38.9	32.5
受教育年限	13.5	12.7	13.8	13.8	12.3
本地城市户口(%)	78.0	71.9	49.6	69.9	7.9
在本地居住时间	16.3	24.3	5.0	8.0	2.7
在国有企业和事业单位工作(%)	55.2	50.0	30.5	55.7	9.9

为了更准确地分析获得非市场住房的家庭的特征,利用五城市小样本建立了简单的回归模型,回归结果见表 7,与前面的描述性统计分析结果基本相似。考虑到对于自有住房和租赁住房的家庭而言,其选择行为可能有较大的差异,故将样本分为三部分进行回归:所有家庭、自有住房家庭以及租赁住房家庭。对于自有住房家庭,在控制其他变量的情况下,收入越高、越年轻、拥有本地户口的概率越小(外地移民)、在体制外工作的居民家庭,越可能选择商品住房。这是因为一方面这些家庭难以获得非市场化住房资源,只能到住房市场上去购买住房;另一方面高收入的家庭住房支付能力较高,也更偏好于新建的、套型和建筑质量更加现代化的商品住房。对于租赁住房家庭,收入变量不显著,而其他变量的作用效果类似。

表 7 获得非市场住房资源的家庭特征

因变量:非市场住房=1	所有	自有者	租赁者
常数项	0.575(1.4)	0.485(0.8)	−1.222(−2.1)**
Log(家庭收入)	−0.225(−5.4)***	−0.251(−3.8)***	−0.028(−0.5)
当地城市户口	0.852(15.2)***	0.518(6.2)***	1.725(18.9)***
受教育年限	−0.023(−2.5)**	0.004(0.3)	−0.033(−2.5)**
国有企业和事业单位	0.455(8.2)***	0.352(4.5)***	0.557(6.0)***
年龄	0.017(5.9)***	0.013(3.0)***	0.018(4.3)***
控制变量	YES	YES	YES
样本量	4 023	2 024	1 999
LR statistics	688.2	128.7	915.8
McFadden R-squared	0.164	0.078	0.380

能否获得非市场化住房资源对于家庭财富和住房支付能力有重要影响。这里以自有住房家庭为例予以说明。房价收入比是指市场中所有住房的中位数价值与中位数家庭收入之比,是住房可支付性的重要评价指标。家庭所拥有的资产(例如所拥有的房产)也会对住房支付能力产生重要影响,因为在购房时可以将现有的资产变现以支付部分房价。为了考虑这一点,对于拥有房改房的家庭,我们将住房市场价值中位数减去所拥有房改房的当前市场价值(即认为可以通过变现房改房来抵消部分房款),作为调整后的住房中位数价值,除以中位数家庭收入,得到经调整的房价收入比。图 6 反映了十收入组中各组家庭所面临的房价

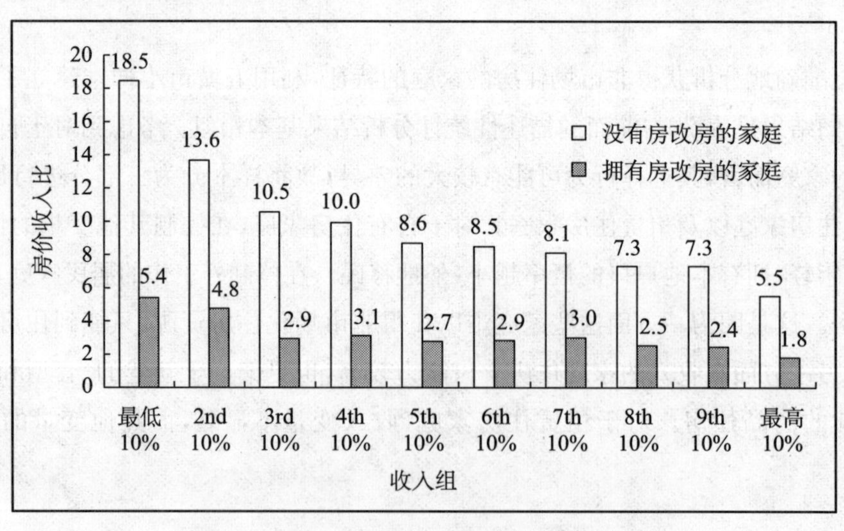

图 6 房价收入比(考虑是否拥有房改房资产)

收入比，并分为是否拥有房改房两类。可以看出，是否拥有房改房资产对于房价收入比有很大的影响。如果不拥有房改房，除最高收入组外，其他九个收入组的房价收入比都偏高，高于国际上提出的“3～6倍”的标准。特别是最低的四个收入组，房价收入比均在10以上。而如果这些家庭拥有房改房，则情况大有不同，即使是最低收入组的房价收入比也仅为5.4，按照国际标准也是具有住房支付能力的。总体来看，没有房改房的家庭的房价收入比是拥有房改房家庭收入比的3倍多。

这说明了两个问题。第一，在目前房价居高不下的情况下，住房需求仍很旺盛，这其中的原因之一就是许多拥有房改房的家庭，其住房资产大大增强了他们的支付能力。第二，那些没有机会获得非市场化住房资源，且收入较低的家庭，在高房价下承受着很大的住房压力，应当是低收入住房政策的关注重点。

3.2 不同收入群体间的住房不平等

收入是影响家庭住房消费水平的主要因素，低收入家庭的住房条件会明显偏差。这里我们从两个角度来考察。首先从住房产权结构进行分析，图7给出了十个收入组的住房产权构成状况。对于租赁住房而言，不管是租赁私房还是租赁公房，都随着家庭收入的增加而下降，这与租买选择模型所反映出的规律是一致的。对于自有住房而言，随着家庭收入的增加，拥有商品房的家庭越来越多，这是住房市场上自由选择的必然结果；而拥有房改房的家庭在前七个收入组中没有明显的变化(在原有住房福利制度下收入并非分配住房的主导因素)，但是当家庭收入在最高的三组时，则会随着家庭收入的增加而明显下降(高收入家庭不再满足于年代久远的房改房而转向商品房)。值得注意的是，在各个收入组中，拥有经济适用房家庭的比重基本没有差别，低收入家庭并没有更多的机会获得这种政策性住房。在现实中的确存在这样的问题：许多经济适用房并没有被需要得到住房保障的城镇中低收入、低收入家庭获得，而是有相当部分是被中等收入甚至是高收入人群获得，这是经济适用房在实践中广受民众诟病的重要原因之一。因此经济适用房政策在执行过程中违背了原本政策设计的初衷。

第二个观察的角度是不同收入组对居住空间的需求(住房面积)和对居住质量的需求(住房单价)的差异。这里的居住质量包括区位价值、社区环境以及建筑物自身的质量等因素。图8很形象地反映出各自的趋势。首先，家庭不管是对居住空间还是对居住质量的需求都随着家庭的收入提高而提升，需求的收入弹性均显著为正。其次，家庭对居住空间的需求随收入增加的速度较为平缓，或者说收入弹性在每个收入组里基本稳定。最后，家庭对居住质量的需求在低端收入组中随收入提高而上升的速度较为平缓，但在高端(特别是最高的三个收入组)，对居住质量的需求明显快速上升，弹性增大。这表明，对于高收入群体，对居住质量的需求明显偏高,更看重居住环境而不仅仅是面积。

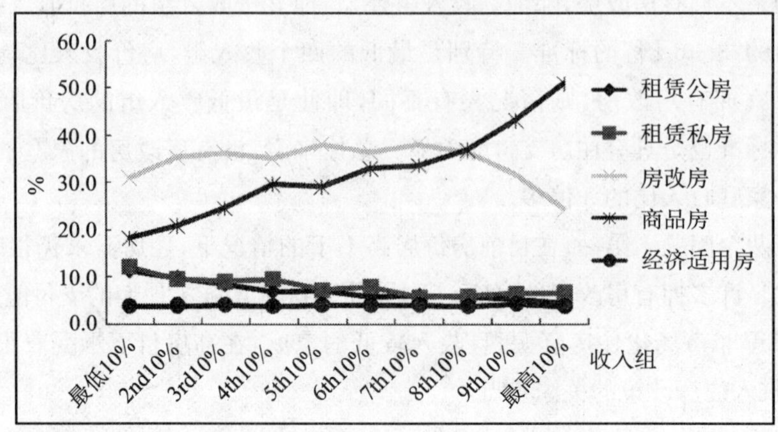

图7　住房产权的结构(按收入组分)

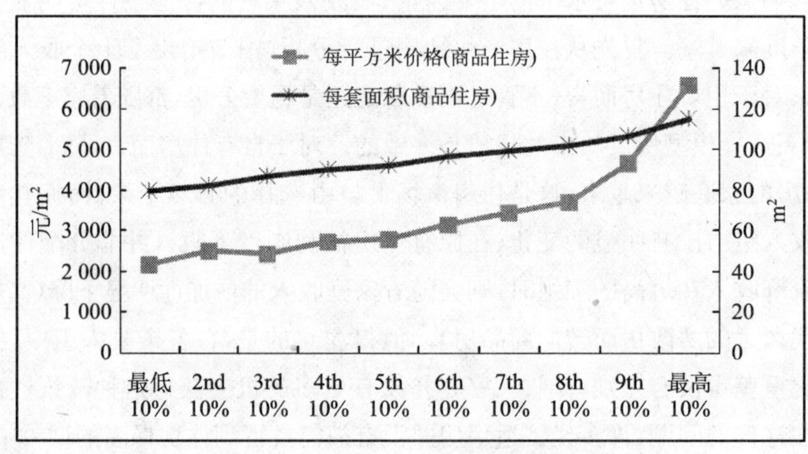

图8　不同收入组家庭的住房面积和住房价格

3.3　正式住房与非正式住房间的不平等

上面分析了正式住房中的住房状况与住房不平等性,但并未涉及占城市住房存量近30%的非正式住房。"城中村"等非正式住房在中国的许多大城市中都很常见,并由于其居住拥挤、环境恶劣、治安混乱等问题受到普遍诟病。在非正式住房中居住的大多是不具有本地城市户籍的低技能农民工,他们为城市经济增长做出了很大的贡献,却只能栖身于拥挤破败的非正式住房中,并且目前政府的住房保障政策并没有把他们包含在内。这意味着他们面临着比城市低收入居民更为严重的住房问题。

由于官方数据极度缺乏对于非正式住房及其居住者的统计，这里利用2008年郑思齐等开展的北京市“城中村”调查数据进行案例分析。2008年9月开展的北京市“城中村”调研采用了两阶段的抽样方法。首先，考虑各类“城中村”规模、数量及区位条件，采取先划圈层再随机选取的方法，选取了北京市50个“城中村”进行调研。在此基础上，为尽可能全面地反映“城中村”的实际情况，每个“城中村”选取15～20名外来务工者进行调研。为增强代表性，“城中村”内调查对象选择也考虑到其住所在村内的空间均匀分布。由于部分外来务工者的文化程度较低，为保证数据的真实可靠性，所有问卷均采用访谈形式，由调查员填写问卷。本调研共完成有效问卷756份(以下简称为“北京‘城中村’样本”)，此外还对“城中村”原村民和基础设施进行了调查。在调研中观察发现，“城中村”的居住环境普遍较差。主要体现在：建筑密度大，房屋过于拥挤；公共楼梯走廊狭窄；配套设施严重缺乏且维护较差；房屋间距过小，不符合防火标准；垃圾随处堆放；治安环境差。

为便于与城市“正式”住房的基本情况进行比较，我们选取了每个调研“城中村”周边的10个普通住宅项目，收集其面积和价格信息。与周边普通住宅项目相比(图9)，“城中村”的建筑密度明显偏大，人均居住面积小。“城中村”内住房多数为一间房，平均建筑面积仅为

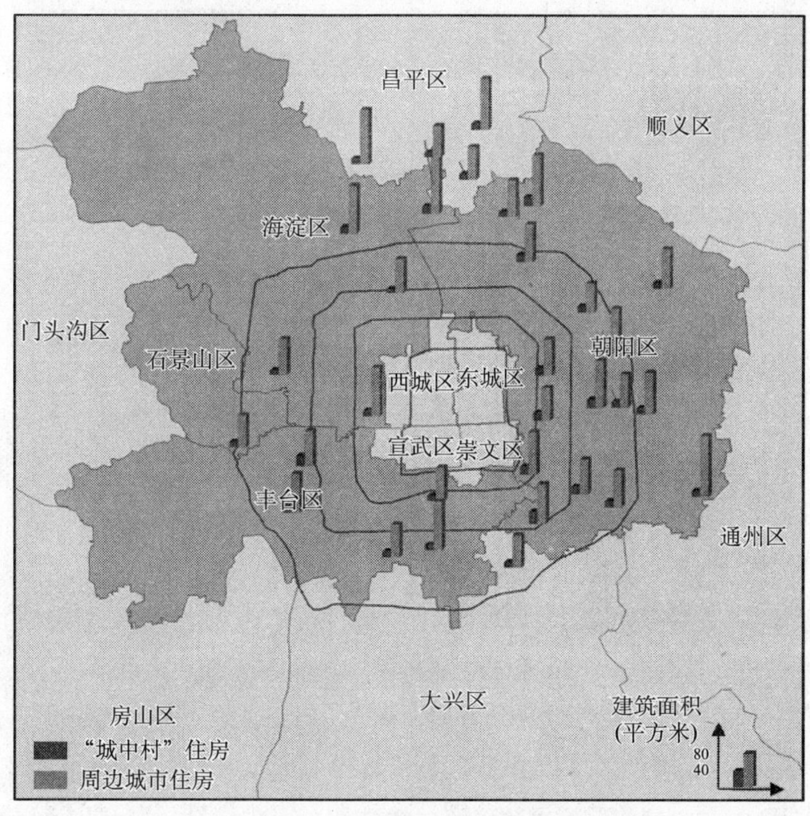

图9 “城中村”住房与周边城市住房的面积

13.2 平方米(人均住房面积 8.41 平方米),远低于周边住房的平均每套建筑面积(83.4 平方米)。

表 8 反映出“城中村”中配套设备设施的严重缺乏。在北京“城中村”样本中,超过九成的住房没有厕所和厨房,大多数居民在公共浴室洗浴、露天做饭。同时,调节室内温度的空调和暖气的拥有率也较低,室内的居住环境恶劣。仅电视的拥有量超过 50%,成为农民工主要的家用电器,收看电视也成为农民工主要的休闲娱乐方式。

表 8 北京市“城中村”设施拥有情况

设施拥有情况	厕所	厨房	空调	暖气	电视	冰箱
有	4.2%	8.1%	6.7%	14.0%	77.6%	22.6%
无	95.8%	91.9%	93.3%	86.0%	22.4%	77.4%

“城中村”中房屋的每套总租金要远低于周边普通住宅的每套总租金(图 10a),这与“城中村”中住房的特点有密切关系。房屋面积狭小,居住条件恶劣,缺乏公共配套设施,建筑密

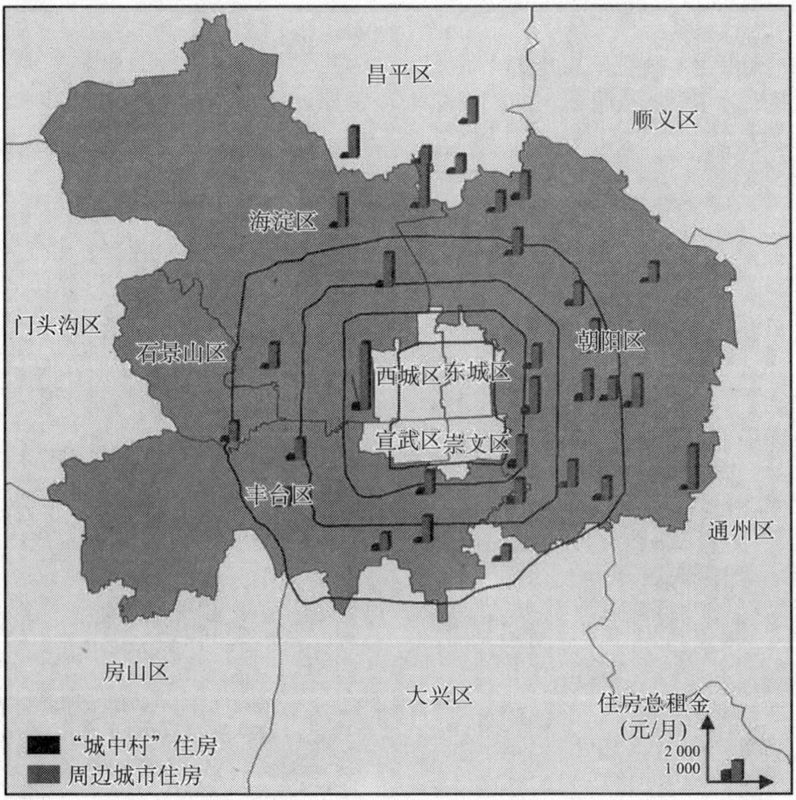

图 10a “城中村”住房与周边城市住房的租金

度过高等都决定了其偏低的总租金水平。“城中村”中容纳的多是农民工，这种低租金也为他们提供了安身之所。

但是，“城中村”房屋的单位面积租金水平和周边普通住宅相比却没有这么大的差距。经计算，周边普通住宅的单位面积租金仅是“城中村”房屋单位租金的 1.23 倍(图 10b)。这表明，造成“城中村”总租金和周边普通住宅总租金差异的原因主要是两类住房的面积不同，而不是单位租金的差异。这体现了两类人群的住房消费特征，对于居住在“城中村”的农民工而言，其居住模式更倾向于“生存型”居住，愿意为了减少住房支出而尽量压缩住房面积。但他们仍在乎区位，对每平方米面积的支付意愿并不低。地方政府在为这部分群体提供住房保障时，可以充分利用这种住房消费的特征，在就业机会较为便利的区位建造小面积、高密度的住房，同时在住房设备和公共配套设施方面都可以进行相应的简略。这样农民工的支付意愿能够得到比较充分的发挥。

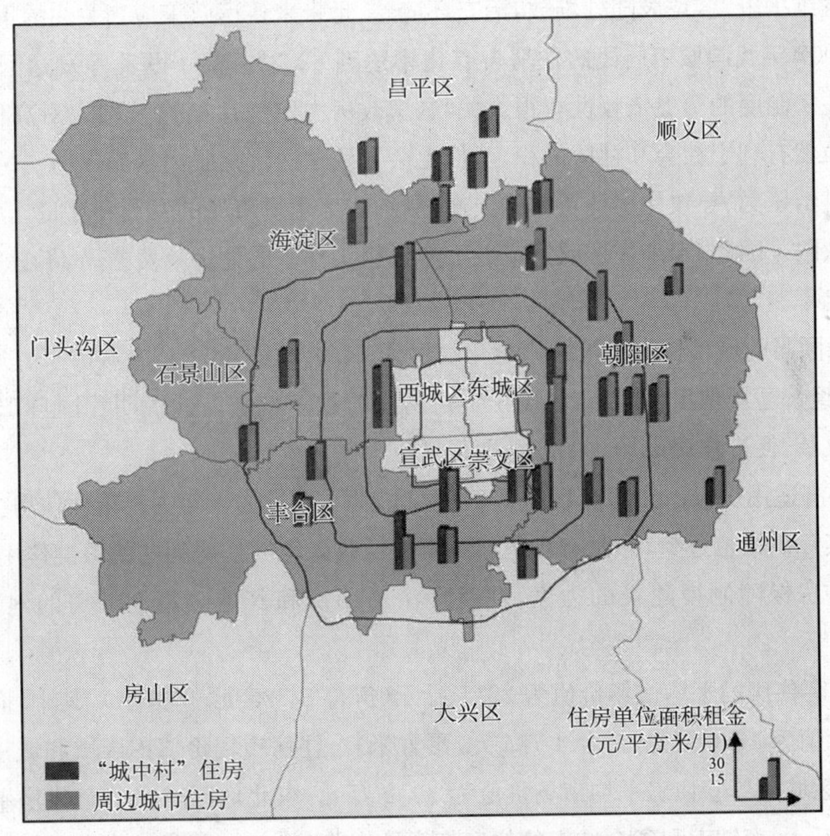

图 10b “城中村”住房与周边城市住房的租金

4 结论和政策含义

基于国家统计局2007年城市住户大样本调查以及2008年北京市"城中村"调查,本文对中国城市住房状况与住房不平等性进行了深入分析。目前住房状况和住房不平等问题的主要特征及政策含义包括:

(1) 城市中正式住房的单套建筑面积平均为84.5平方米(人均28.3平方米),折合使用面积约为63.4平方米(人均21.3平方米),而且在不同收入分组的家庭之间差异不大。表明从户型建筑面积规模看,已经达到或超过国外中等发达国家的水平,且在正式住房中居住的居民不存在明显的住房拥挤问题。但是,以北京"城中村"为例的非正式住房的人均住房面积仅为8.41平方米。非正式住房的普遍特点是建筑密度大,房屋过于拥挤,配套设施严重缺乏且维护较差,垃圾随处堆放,治安环境差,是未来住房政策应当关注的重点。

(2) 2007年我国城市居民的住房自有化率达到82.3%,高于欧美等发达国家的水平,这与我国住房制度的历史依赖性有很大关联(房改房占住房存量的1/3)。对高住房自有化率的追求虽然有利于社会和社区的稳定,但也会导致住房价格脱离家庭住房支付能力、增加公共住房供给压力、导致住房消费结构失衡、制约住房租赁市场的发展和存量住房资源的充分利用等缺陷。因此,未来住房政策应鼓励形成租买并举的住房消费格局,不必追求过高的住房自有化率。

(3) 我国当前城市住房领域的市场化程度为44.0%,即44.0%的城市家庭通过购买商品住房(含经济适用住房)和以市场价租赁住房进行住房消费。这说明我国自1998年深化住房制度改革、促进住房市场化的政策取得了巨大的成效。

(4) 经济适用房仅占住房存量的3.9%。这表明,在过去十年占政策性住房主体的经济适用房的实际供给量过少,并没有真正起到解决低收入家庭住房问题的关键作用。因此,应继续加大住房保障制度建设的力度,规范经济适用房和其他政策性住房的建设、分配和管理。

(5) 单套住房的平均市场价值为28.1万元(折合3 325元/平方米),其中,商品住房的平均市场价值为40.0万元(折合4 734元/平方米)。住房市场价值在区域和城市间差异明显,东部地区城市单套住房平均市场价值为30.2万元,东北地区城市单套住房平均市场价值为13.3万元,直辖市和省会城市的住房市场价值普遍偏高。该住房价值的空间分布符合我国城市经济和社会发展的现状特点,也符合城市经济学的相关规律,对我国城市化和劳动力合理流动的方向,能起到有效的引导作用。

(6) 在住房不平等方面,我们从获得非市场住房资源的机会,不同收入群体间的差异性，以及正式住房和非正式住房差异这几个角度展开分析。住房领域的制度转型使得不同社会群体获得非市场化住房资源（房改房）的机会不同，体制内、拥有本地城市户口和年龄较大的群体有更多的机会获得非市场化住房资源，这形成了群体间明显的住房消费的差异性。能否获得非市场化住房资源对于家庭财富和住房支付能力有重要影响，拥有房改房能在很大程度上提高家庭的住房支付能力；而那些没有机会获得非市场化住房资源，且收入较低的家庭，在高房价下承受着很大的住房压力，应当是低收入住房政策关注的重点。

(7) 正式住房和非正式住房在住房质量和居住环境上存在巨大差异，农村移民（农民工）大部分只能选择在"城中村"等非正式住房中居住。以北京市"城中村"为例，"城中村"住房的平均每套建筑面积不足周边正式住房的 1/6，九成以上的"城中村"住房没有厕所和厨房。这在住房消费和居住空间上都表现为很强的不平等性，并产生了居住隔离现象。这会导致他们与城市主流社会的分离，阻碍他们获得城市公共资源（如教育、医疗、基础设施）和进行高质量社会交往的机会，对其福利水平、生活质量、自身和子女的素质培养和道德水平都存在显著的负面影响，同时增加社会矛盾，造成社会不稳定。目前已有必要将农民工住房问题纳入城市住房保障政策体系，这不仅能改善他们的生活境遇，而且有利于改善其社会交往的环境和人力资本积累的质量，有助于城市经济转型和社会可持续发展。

本研究提供了一种分析城市住房状况和住房不平等的思路与方法，但分析的数据仍偏向宏观（或者是针对一个城市的案例分析），各城市政府住房保障与住房管理部门应建立必要的信息渠道，准确把握本地住房市场的存量结构与家庭消费特征，进而采取有针对性的市场干预政策和住房保障措施。

参考文献

[1] Fu, Y., S. Zheng and R. Ren (2009) *A Place to Live or to Work: Income Elasticity of Housing Demand Across Population Groups in Chinese Cities*. PLC Working Paper.

[2] Migrant Settlements in Beijing. *Eurasian Geography and Economics*, 50(4): 1-22.

[3] Zheng, S. and Y. Fu (2009) *Intra-urban Spatial Inequality Across Chinese Cities*, PLC Working Paper.

[4] Zheng, S., F. Long, C. C. Fan and Y. Gu (2009) Urban Villages in China: A 2008 Survey of Zheng, S., J. Y. Man, and R. Ren (2009) *The State of Housing Markets in China: Trends, Patterns and Affordability*, PLC Working Paper.

[5] 国家统计局城调队 (2002)《中国城镇住户调查方案》，北京：中国统计出版社。

[6] 刘洪玉，郑思齐 (2007)《城市与房地产经济学》，北京：中国建筑工业出版社。

[7] 郑思齐 (2007)《住房需求的微观经济分析》，北京：中国建筑工业出版社。

[8] 郑思齐，刘洪玉，任荣荣等 (2009)"中国地级及以上城市的住房消费特征：基于国家统计局 2007 年城镇住户基本情况调查的分析"，《城市与区域规划研究》。

[9] 中华人民共和国国家统计局 (2008)《中国统计年鉴 2007》，北京：中国统计出版社。

[10] 中华人民共和国民政部 (2007)《中国民政统计年鉴 2007》，北京：中国统计出版社。

上海市住房可支付性评估(1995~2007)

陈　杰　郝前进　Mark Stephens

1　引言

为每个家庭提供可支付的住房是所有国家面临的艰巨任务。这个问题在中国显得尤为突出,不仅是因为中国人口众多,也因为中国的城市住房部门在过去十多年中刚刚经历了由政府管制的福利系统,逐步转变为市场化的发展过程(Zhang, 2000; Rosen & Ross, 2000; Chiu, 2001; Zhao & Bourassa, 2003)。2001年以来中国大部分城市出现的房价快速上涨引起了人们越来越多的关注和疑问:对于转型经济中的城市住房来说,市场化是否比先前的福利分配系统更为合适呢(Shen, 2006)?

作为中国最大和最主要的工业中心,上海为研究城市住房的可支付性提供了一个很好的案例。尽管上海只有1 800万的居民,仅占中国总人口的1.5%,但是上海住房的市场价值占中国总住房价值的10%。上海的房价在中国一直是最贵的,中心地区的房价已经逼近全球几个房价最高的城市。很多外界人士认为,上海居民能够在如此高的房价下生存是一种奇迹。因此,对比分析废除福利分房体系前后上海住房的可支付性,有助于我们理解中国城市住房改革的成效。然而,至今学术界对于相关问题的系统分析仍然很少。本文力图弥补此空白,利用最全面的统计数据,对上海的住房可支付性进行系统评估。

本文旨在为中国住房的可支付性研究提供有价值的观点,并对国际上关于住房可支付性的研究作出贡献。本文采用了能够鉴别不同住房时期模式的动态分析方法,有别于之前被广泛应用的静态切入点或者时点指标方法。在中国经济快速增长的背景下,动态分析方法有助于我们分析了解快速发展的住房体系。

本文第二部分回顾了中国城市住房改革的历程和上海住房市场的发展;第三部分讨论了住房可支付性的定义以及相关的评价指标和方法;第四部分分别采用传统的静态分析模型和动态分析方法,用房价收入比(price-to-income)和月供收入比(monthly mortgage payment--to-income)两个指标来评价上海住房的可支付性;第五部分采用剩余收入法,评估住房是否诱导贫困;最后一部分是主要结论以及相关政策含义的讨论。

2 中国的住房改革和上海住房市场的发展

2.1 中国的住房改革

计划经济时期中,从某种意义上说,住房是一种福利品而不是商品。1978年以前,中国采用政府福利住房体系,政府和国企负责住房建设,并分配给城市居民和企业员工(Zhang, 2000)。但是,这种福利住房体系从经济的角度来说,难以持久。1978年以前,政府用于住房建设的经费达250亿,用于住房维修的经费达100亿,但是租金收益仅有10亿人民币(Cui, 1991)。因此,中国城市住房的投资一直很低。

20世纪80年代之后直到1998年,中国公共住房开始可以私人所有,但交易规模很小。1998年之后,中国加速进行城市住房私有化的过程。1998年3月,作为应对1997年亚洲金融危机的经济刺激方案之一,朱镕基总理提出了一系列关于住房部门的根本性改革的政策措施。他宣布福利住房体系很快就会被淘汰,城市居民可以购买他们现在所居住的公房,也可以从市场上直接购买住房。最关键的是,所有1999年1月1日之后新建的住房都必须在市场上公开售卖,同时限制国有企业建造更多的福利住房。这些政策最终为中国城市住房的市场化发展铺好了路。1997年之前中国80%的城市住房还是公有的,但到21世纪初期,中国80%左右的住房为私有住房(Wang, 2007)。

随着城市住房私有化的发展,为了提高住房可支付性,中国引进了两项基本政策工具。第一个是以新加坡模型为基础的住房公积金,最早于1991年在上海试行,1994年以后逐步推广到全国各个城市。单位和职工均需要逐月、按职工工资一定比例向住房公积金系统缴纳住房公积金,缴纳的比例在不同城市之间有所差别,多为7%左右(Duda, *et al.*, 2005)。住房公积金以多种方式帮助住房消费,如公积金贷款利率优惠等。此外,“经济适用房”作为供给方补贴的重要形式,规模也很巨大,主要面向城市中低收入家庭。

抵押贷款融资也在快速发展。商业银行在法律意义上是独立的,但仍然受国有银行的管制,银行系统成为政府实现政策性贷款融资目标的重要工具(Liang, 2008)。中国早在1986年就有了最初的抵押贷款,但在1998年住房市场化改革之后才得到了迅速发展,贷款的资金主要来源于居民存款。中国对住房抵押贷款的限制较多,主要包括:最大的按揭比率是80%(取评估价值或交易价格的较低值)(Deng, *et al.*, 2005),最大的按揭期限为30年,按揭利率由中央银行控制和设定。

2.2 上海住房市场的发展

上海住房市场的发展见证了全国政策的发展历程。表1的数据表明,2007年上海永久居民的住房自有化率为77.6%；其中，购买福利房（因此享受非常低的住房成本）和从市场中购房的家庭比基本是1∶1(37.3%∶39.4%)。这些数据并没有给出后一种购房方式中采用抵押贷款的比率，但是很明显，这些家庭的住房消费远高于从福利住房私有化中获益的家庭。从2004年到2007年短短几年中，通过福利住房私有化购房的家庭比率下降了5.6个百分点，与此同时，从市场购买住房的家庭比率大幅度上升了十多个百分点。2007年，更多的家庭是通过市场买房，而不是从私有化中获得。这表明，随着住房市场的逐渐发展，住房的可支付性问题变得越来越尖锐。

表1　2004～2007年上海城市住房的产权结构（永久居民）　　单位：%

使用类型	2004年	2005年	2006年	2007年
租赁住房	26.6	26.6	25.1	22.0
租赁公房	25.9	25.5	23.8	20.4
租赁私房	0.7	1.1	1.3	1.6
自有住房	72.9	73.3	74.1	77.6
改革前继承的私房	2.2	2.4	1.3	0.9
福利住房私有化	42.9	40.4	40.4	37.3
市场购买	27.8	30.5	32.4	39.4
其他	0.5	0.1	0.8	0.4
共计	100.0	100.0	100.0	100.0

资料来源：《2008上海统计年鉴》。

表2　2000～2007年上海住房相关支出在消费支出中的百分比

年份		平均值	最低10%	10%～20%	20%～40%	40%～60%	60%～80%	80%～90%	最高10%
2000	份额1	5.18	6.76	6.23	5.71	5.30	4.67	4.55	4.38
	份额2	8.73	11.52	10.35	9.70	7.42	8.00	7.89	8.97
2001	份额1	5.43	6.86	6.26	6.20	5.90	5.12	4.74	4.06
	份额2	7.85	8.39	8.56	8.05	7.64	6.53	7.03	9.75
2002	份额1	5.29	6.46	5.90	5.84	5.73	5.13	4.95	3.91
	份额2	11.36	8.86	11.49	12.00	10.76	8.95	9.85	16.23
2003	份额1	4.92	6.49	6.64	5.81	5.07	4.70	4.59	3.73
	份额2	11.59	10.04	10.57	9.70	8.40	13.11	13.30	10.44

续表

年份		平均值	最低 20%	20%～40%	40%～60%	60%～80%	最高 20%
2004	份额 1	5.39	6.70	6.49	5.59	5.42	4.41
	份额 2	10.51	10.76	9.21	12.06	9.18	10.92
2005	份额 1	5.31	6.46	6.39	6.10	5.19	4.17
	份额 2	10.25	11.68	10.94	8.28	10.94	10.01
2006	份额 1	5.00	6.75	5.55	5.41	5.18	3.86
	份额 2	9.73	9.00	10.47	10.13	10.00	9.24
2007	份额 1	4.67	6.17	5.36	5.20	4.44	3.74
	份额 2	8.18	7.35	9.41	8.68	8.60	7.37

资料来源:作者基于 2001～2008 年上海统计年鉴的计算。

注:份额 1 指的是“住房维护支出,水、电、燃料和其他支出”;份额 2 指的是“份额 1＋其他住房支出”。

表 1 也有助于解释为什么上海居民收入中用于住房相关消费的比例相对比较低,当然这并不意味着上海住房的质量都不错。与 2000 年对比,2007 年上海的住房相关支出,包括家具等,在消费支出中的比重小幅降低。此外,住房支出的负担变得相对扁平,2007 年最低收入 20%与最高收入 20%家庭的住房相关支付比例基本相同。

与发达国家相比,这个指标无疑是偏低的①。一般发达国家的住房相关支出占家庭总支出的 1/4 左右,例如德国 29%,瑞士 27.7%,荷兰 26.8%,法国 23.9%,英国 18.7(EU Housing Statistics, 2002)。

尽管住房消费受到家庭预算的限制,但是上海的城市住房条件逐步提高。改革开放以前,上海存在严重的住房短缺:1952～1978 年,住房投资仅占社会总投资的 5.8%,27 年间人均住房面积累计仅增加了 1.2 平方米(1952 年为 3.4 平方米,1978 年为 4.5 平方米)(上海统计年鉴,1996)。1978 年之后,这种情况得到了大大改善,90 年代中期上海人均住房面积已经上升到 9.3 平方米(上海统计年鉴,1996)。

1998 年住房制度改革为住房市场的发展清除了其最大障碍,中国城市地区的建设速度大幅度提升(Chen and Hao, 2007)。但是住房价格却没有立刻飙升,于是上海市政府于 1998 年到 2000 年对住房市场进行刺激(Chen and Hao, 2007)。2000 年以后,住房价格开始急速上升,尤其是 2001 年到 2005 年 5 月这段时间,市场明显过热(表 3)。作为对上海和其他城市房价飙升的回应,中国人民银行两次加息,各商业银行收紧房贷,提高住房首付的

① 本文的计算说明上海住房支出占总消费支出的比重与中国其他城市相仿。

比重。为打击住房投机,政府对取得房本未满两年的住房再次交易征收高于5%的交易税。这些措施有效地冷却了住房市场,2005年5月之后的房价上升陷入了停滞。2005年5月到2006年4月,住房市场不断挣扎,成交量直线下落,价格增长也有所下降(表3)。2006年春季之后,上海和其他主要城市的住房市场升温,价格迅速回升。央行迅速作出回应,于2006年4月增加按揭贷款利率。这显示了政府意图稳定市场的决心,但是2007年上海和其他主要城市的住房价格和交易量仍持续上升。

表3 1995~2007年上海的新建住房市场

年份	总销售面积(万平方米)	增长率(%)	总售价(亿元)	增长率(%)	单位价格(元/平方米)	增长率(%)
1995	536.31	—	132.83	—	2 477	—
1996	528.56	−1.4	156.90	18.1	2 968	19.8
1997	617.02	16.7	178.35	13.7	2 891	−2.6
1998	1 056.77	71.3	319.76	79.3	3 026	4.7
1999	1 243.33	17.7	385.64	20.6	3 102	2.5
2000	1 445.87	16.3	480.97	24.7	3 326	7.2
2001	1 681.48	16.3	615.17	27.9	3 659	10.0
2002	1 846.38	9.8	739.89	20.3	4 200	14.8
2003	2 224.47	20.5	1 109.86	50.0	4 989	18.8
2004	3 233.74	45.4	2 064.74	86.0	6 385	28.0
2005	2 845.69	−12.0	1 906.05	−7.7	6 698	4.9
2006	3 025.40	6.3	2 177.08	14.2	7 038	5.1
2007	3 694.96	22.1	3 089.35	41.9	8 253	17.3

资料来源:《上海统计年鉴》(1996~2008);《上海房地产统计年鉴》(1997~2007)。

注:ZF(中方)住房价格指数来自于中国房地产价格研究院,计算中国各主要城市的房价,被公认为衡量中国房地产市场最主要的指标,尽管计算时没有考虑住房的质量。

住房价格的高速膨胀很大程度上反映了上海经济的基本实力,但也有很多评论家认为住房投机起了很大的作用,这是不可持续的泡沫,不久就会破碎(Chen & Hao, 2007)。

中国现在面临的问题是,如何一方面维持城市住房的可支付性,另一方面实现城市住房市场化发展的成果。对于上海住房的普遍看法认为,社会主义福利体系的遗留使得57%的家庭能够受益于低租金的公共住房,或者以低价购买他们原先居住的福利住房。但可以预期,大部分新的城市家庭将面临住房的可支付问题,同时永久居民中面临此问题的家庭的比例将不断上升。本文接下来将集中讨论家庭从市场购买住房的可支付能力。

3 住房可支付性的概念和研究方法

本文旨在模拟上海家庭能够自主购房的能力，评估有多少居民有能力从市场上购买一套住房，且这种支付能力是否合理。在实证研究调查之前，我们需要了解“住房可支付性”的真正含义。

“住房可支付性”在公共讨论和政策制定中是一个被广泛提及的概念，但通常也是一个模糊并有争议的概念(Stone，2006a)。尽管“住房是一项权利”被普遍认可(Hartman，1998)，但是“住房问题”或“住房贫困”的定义仍然是不清楚的(Linneman and Megbolugbe，1992)。Thalmann(2003)在一篇名为“住房贫乏或仅仅是贫乏(House Poor or Simply Poor)”的文章中，质疑“住房问题”是否就等价于贫困问题。虽然现在许多研究尝试就“可支付性”的定义取得共识(Field，1997)，但仍然存在很多的争议，如究竟是基于“经济上无法支付”的原则(Hancock，1993)，还是遵循“基本需求”的原则(Whitehead，1991)。许多经济学家选择把住房的可支付性定义为：一个家庭在不影响任何基本生活条件的前提下，能够用于住房消费的支付能力。他们认为，任何住房可支付性的定义都应该反映住房和非住房消费之间的机会成本(Hancock，1993)。

尽管缺少坚实的理论基础，房价—收入比仍然是衡量住房可支付性的重要指标之一(Hulchanski，1995)。一般来说，房价—收入比指的是一个标准住房单元的中位数价格/平均价格与家庭中位数收入/平均收入(无论是税前还是可支配收入)的比值。这种评价方法可以与家庭的按揭贷款能力相关联，也就是说，一个家庭可以从银行借数倍于自己家庭收入的钱，因此该指标可以衡量家庭获得财政支持以购买住房的能力。

衡量现有住房支出(月供或租金)是房价—收入比的变形，旨在衡量住房支出对家庭收入形成的负担，如按揭贷款月供占家庭月收入的比例。房价—收入比这种方法比较直观，操作也很简单，因此广泛应用于各地区的可支付能力评价与国际比较，例如鉴定存在住房可支付问题的家庭(Thalmann，1999)，比较不同地区住房市场的可支付能力(Bogdon and Can，1997)，以及对住房可支付能力提供生命周期分析(Guest，2005)。

然而，房价—收入比的测算方式过于简单。住房的可支付性问题不能简单归结于“房价太高或者收入太低”，取决于消费者的判断和社会预期，并且存在区位差异。Hancock(1993)强调，在定义什么是可支付住房的时候，应当区分个人的观念与社会判断之间的差异，但是房价—收入比这一指标两方面都不成功(关于房价—收入比的缺陷的进一步讨论，见 Hancock，1993；Hulchanski，1995；Thalmann，2003)。

越来越多的学者支持采用“剩余收入”法作为评估住房的可支付程度(Stone，2006b)。

剩余收入法假定，当扣除住房消费之后的家庭收入低于一定的数量，不能满足社会可接受的最低非生活消费的时候，则认为该家庭存在住房问题。这种源于住房贫困(shelter poverty)概念的贫困(Nunez，1994；Bratt，1995；Armenoff，1998)，被定义为住房诱导贫困(Kutty，2005)。

与房价—收入比相比，剩余收入法从概念上来说更全面，有很多优点。首先，该方法紧密联系个人住房决策和社会最低生活水平。一些富有的家庭虽然将80%的收入用于奢华的住房，但仍然能保持较高的生活水平，这就不是一个社会问题。相反地，一些极端贫困的家庭虽然只将很少的收入用于住房消费，却仍然为维持基本的生活水平而苦苦挣扎，这是一个社会问题。还有一些家庭出自于个人偏好而不是预算约束，住房消费很少。Hancock(1993)把这些家庭称为"能够支付，但不愿支付"，必须与"不能支付"的家庭有所区别；其次，剩余收入法有助于政策制定者确定"最大可支付"的房价或房租的标准；第三，剩余收入法有助于政策制定者确定合适的标准，为贫困家庭提供住房帮助。

本研究主要使用三个指标："房价—收入比"决定了家庭获得住房抵押贷款的能力；"月供—收入比"可以评估住房支出对收入造成的负担；"剩余收入"则用来确定住房引起的贫困程度。有别于其他研究，本研究采用动态和静态模拟相结合的方法，希望能够捕捉到自有住房家庭住房可支付性的改善，因为一旦买房住房消费和成本是固定的，而家庭真实收入却有可能在不断上升。

本研究模拟基于真实收入水平和分布，并且以平均价格购买一套标准住房①。住房的标准大小设定为90平方米，是一个比较宽松的标准。标准住房(Standardized Housing)的定义是城市住房可支付性研究中的关键和难点(Field，1997)，应该考虑到社会需求和实际操作性。2006年年末，上海市的人均住房建筑面积(定义参见表4的注)为22平方米，家庭平均人口为三人。因此，从全社会的角度来说，住房的标准大小设为70平方米左右才比较合理。但问题是，上海的住房市场上小户型的供应非常少，如2003年仅有8%的新建住房的面积低于90平方米(表4)。二手房市场中小户型的比例要大一些，但这些住房往往集中分布在高价的市中心地区。因此对上海而言，本文认为住房标准大小取90平方米比较合适。

表4 2003年上海已售新建住房的面积分布(建筑面积) 单位：%

	90平方米以下	90～110平方米	110～130平方米	130～150平方米	150平方米以上
全市	7.38	20.42	22.58	24.58	23.16
内环	13.82	10.17	21.33	19.99	34.69
内外环之间	6.39	23.29	24.70	24.36	21.26
外环	4.94	22.66	20.61	27.51	24.29

资料来源：《2004上海房地产年鉴》。

注：建筑面积包括套内居住面积和公共面积。一般地，居住面积大约占总建筑面积的80%。

① 住房价格的水平差异和空间分布，参见Chen & Hao (2008)。

4 用房价—收入比评估上海的住房可支付性

4.1 静态房价—收入比(P∶I)

本文采用价格—收入比来计算有多少家庭能够通过按揭以平均价格购买一套 90 平方米的住宅，当然前提条件是他们有能力通过储蓄来支付首付。

在实际操作中，我们用标准住房的总价除以家庭每年的可支配收入，得到房价—收入比。我们分别计算了 1995～2007 年不同收入阶层的房价—收入比(表 5)。标准住房指的是以平均价格购买的 90 平方米的住房(参考前面第三部分的讨论)。

表 5　1995～2007 年上海不同收入家庭的静态房价—收入比

年份	平均值	最低 10%	10%～20%	20%～40%	40%～60%	60%～80%	80%～90%	最高 10%
1995	9.99	21.32	16.20	13.73	11.26	9.28	7.41	5.39
1996	10.73	22.36	17.40	14.71	11.90	9.68	8.04	5.73
1997	10.01	21.26	16.15	13.39	10.92	8.98	7.33	5.45
1998	10.05	21.88	16.14	13.47	11.16	9.08	7.49	5.52
1999	8.29	15.72	12.96	11.48	9.01	7.72	6.28	3.96
2000	8.40	14.84	13.76	10.88	9.29	7.64	6.29	4.33
2001	8.52	16.50	14.06	12.60	10.04	7.79	6.23	3.75
2002	9.84	20.21	16.86	14.12	11.06	9.12	7.47	4.28
2003	10.10	24.02	19.16	15.99	11.72	9.30	7.06	4.34
		最低 20%		20%～40%	40%～60%	60%～80%		最高 20%
2004	11.33	24.80		17.90	13.32	9.89		5.84
2005	10.74	24.45		16.59	12.91	9.56		5.53
2006	10.15	22.77		15.66	12.80	9.09		5.08
2007	10.45	22.90		16.53	12.15	9.04		5.45

资料来源：《上海统计年鉴》。

注：2003 年以前，上海统计年鉴中将收入分为 7 类，但 2004 年以后被分为 5 类。上表据此有所调整。

上表显示了上海不同收入家庭购买住房的困难程度，以及收入下降后购房困难上升的幅度。采用静态分析的方法，2007 年一个典型上海家庭需要把所有的可支配收入存十年半才能在住房市场上买一套住房；对于最低 20%收入的家庭而言，他们需要存款 23 年且没有任何其他消费，才能够买一套住房。

对于房价—收入比的合理范围的界定是一个非常有争议的话题(Thalmann, 1999; Kutty, 2005; Stone, 2006a)。但是我们至少可以确定,如果房价—收入比高于银行按揭贷款支持的数额标准,那么它在经济上是不可行的。例如,典型的中国家庭在现行的抵押贷款制度下无法购买价格高于其家庭年收入 8.5 倍的住房,因为此时的按揭月供—收入比将超过 50%,这是中国央行所禁止的。按照这个标准,表 5 的数据显示,1995~2007 年 60%的上海家庭都无法从市场上购买一套标准住房。事实上,除了 1999~2001 这三年,只有最高 20%收入家庭的房价—收入比才低于 8.5。

1998 年住房制度改革之前,很少有人能够从市场上购买一套自己的住房,因为此时的住房市场被认为是一种奢侈品,是为了满足"先富起来的人们"(Zhao & Bourassa, 2003)。但是,政府宣布停止福利供给住房、取而代之以市场供应住房(Quan, 2006)的十年之后,商品住房对大部分的居民来说仍然是奢侈品。回顾起来,1999~2001 年对居民而言是住房发展的黄金时期,平均的房价—收入比从 10 下降到可支付限额以内(尽管房价—收入比仍然十分高),40%左右的家庭能够负担从市场上购买一套标准住房。但是 2002 年之后这种良好的态势被逆转了,住房价格开始飙升,只有 20%的家庭能够购买一套标准住房。表 5 还显示,有近 80%的上海家庭在 1999~2007 年经历了住房购买力的退化,仅有 20%的上海富有家庭住房购买力得到提升。

上海的房价—收入比说明这个城市是世界上住房支付能力最低的城市之一。对美国、英国、爱尔兰、加拿大、新西兰近 100 个城市的调查(2005 年第三季度)表明,洛杉矶的房价—收入比最高(11.2),悉尼是 8.5,伦敦是 6.9,奥克兰是 6.6,范库弗峰是 6.6,都柏林是 6。所有被调查的城市中,只有 20 个城市的房价—收入比高于 6.4(Second Annual Demographia International Housing Affordability Survey, 2006)。这次调查将 5.1 设为住房"严重不可支付"的警戒值。需要注意的是,国际房价—收入比调查中使用的是房价的中位数,而我们的研究中使用的是房价的平均值。

4.2 月供—收入比(M:I)

一个家庭获得银行的按揭贷款之后,我们需要评估这个家庭能否负担每个月的月供(偿还给银行的本金和利息),确保月供占家庭可支付收入的比重不会太高①。

本研究基于如下的假设:贷款额度为标准住房价值(平均价格乘以 90 平方米)的 80%,贷款期限为 25 年,利率保持贷款批出年份的利率不变。表 6 给出了不同收入家庭每月月供

① 值得注意的是,中国政府没有对居民住房征收不动产税,因此业主全部的住房支出就是每个月还给银行的本金和利息。

与家庭可支配收入的比值。本研究将月供占家庭可支配收入的50%作为住房可支付的指标值,这个比率是中国商业银行允许贷款批出的最大值。

表6 1995～2007年上海不同收入家庭购买标准住房的月供—收入比

年份	平均值	最低10%	10%～20%	20%～40%	40%～60%	60%～80%	80%～90%	最高10%
1995	1.21	2.58	1.96	1.66	1.36	1.12	0.90	0.65
1996	1.33	2.77	2.16	1.82	1.47	1.20	1.00	0.71
1997	1.04	2.21	1.68	1.39	1.14	0.93	0.76	0.57
1998	0.90	1.96	1.45	1.21	1.00	0.81	0.67	0.49
1999	0.49	0.93	0.77	0.68	0.54	0.46	0.37	0.24
2000	0.50	0.88	0.82	0.65	0.55	0.45	0.37	0.26
2001	0.51	0.98	0.84	0.75	0.60	0.46	0.37	0.22
2002	0.55	1.14	0.95	0.80	0.62	0.51	0.42	0.24
2003	0.57	1.35	1.08	0.90	0.66	0.52	0.40	0.24
		最低20%	20%～40%	40%～60%	60%～80%	最高20%		
2004	0.64	1.40	1.01	0.75	0.56	0.33		
2005	0.63	1.44	0.98	0.76	0.56	0.33		
2006	0.62	1.38	0.95	0.78	0.55	0.31		
2007	0.69	1.51	1.09	0.80	0.59	0.36		

资料来源:作者基于住房价格和按揭条款的官方数据进行的计算。

注:按揭条款为贷款期限25年,20%的首付,利率根据贷款批出的年份来确定。

值得注意的是,1998年之前,中国住房抵押贷款市场的发展缓慢,长期(5年以上)名义贷款利率非常高(表7)。表6的数据表明,1999年以前几乎没人能够通过按揭贷款的方式在上海购买住房。1999年后,政府确定房地产业应该成为经济增长的支柱,住房按揭贷款市场才逐步发展起来。长期住房贷款利率从1998年的10.35%降低为1999年的5.58%,此后一直保持这个水平。因此对于平常家庭而言,通过按揭贷款支付来购买住房比单纯储蓄更实际。1999年后,上海住房按揭市场以惊人的速度膨胀:住房抵押贷款总额从1999年的72亿人民币上升到2007年的2 860亿人民币,八年间增长了40倍,住房贷款在全部贷款的比重也从1999年的1.34%上升到了2007年的13.17%(表7)。

表6的数据说明,1999～2001年,上海至少有40%的家庭能够通过抵押贷款购买一套新住房(月供—收入比低于0.5的界限),2002年由于住房价格的飙升,这个比例大大下降。但是,我们从表6中得到最重要的结论是,尽管房价—收入比没有大幅度提升,住房贷款利率的大幅度下跌使得更多家庭有能力从市场上购买住房。这意味着,住房金融工具对住房可支付至为关键。

表7 1995～2007年上海住房贷款市场的发展

年份	家庭总储蓄(亿元)	贷款总额(亿元)	贷款利率(%)	CPI增长(%)	住房贷款(亿元)	住房贷款占总贷款额的比例(%)
1995	1 396.13	3 235	14.76	8.7	—	—
1996	1 868.34	3 780	15.12	9.2	—	—
1997	2 109.18	4 325	12.42	2.8	—	—
1998	2 372.94	4 870	10.35	0.0	—	—
1999	2 597.12	5 415	5.58	1.5	72.37	1.34
2000	2 524.05	5 960	5.58	2.5	343.93	5.77
2001	3 001.89	7 188	5.58	0.0	650.00	9.04
2002	4 915.54	9 074	5.04	0.5	1 086.71	11.98
2003	6 054.60	11 182	5.04	0.1	1 709.13	15.28
2004	6 960.99	14 972.01	5.04	2.2	2 455.53	16.40
2005	8 432.49	16 789.12	5.51	1.0	2 644.94	15.75
2006	9 480.28	18 603.92	5.81	1.2	2 483.73	13.35
2007	9 326.45	21 709.95	6.65	3.2	2 859.92	13.17

资料来源:《上海统计年鉴》。

注:表中的贷款利率指的是每年年末的长期(大于5年)住房按揭贷款利率。

4.3 动态的月供—收入比

前文从静态分析的角度讨论了住房可支付性的各项指标。静态分析的方法从一定程度上揭示了不同家庭的住房购买力,但是作为一个衡量住房可支付性的指标,这种方法的逻辑性较差,特别是存在住房按揭贷款的时候。获得住房所有权的代价是"前期确定的"(Hills,1991),通常每月的按揭还款额度(月供)是固定的,不会因为房价或房租的上升而上升。另外,更重要的是,静态分析方法忽略了家庭收入的上涨。例如,1995～2007年上海人均可支配收入上升了229%(图1),当然不同收入组上升的幅度有所差异。

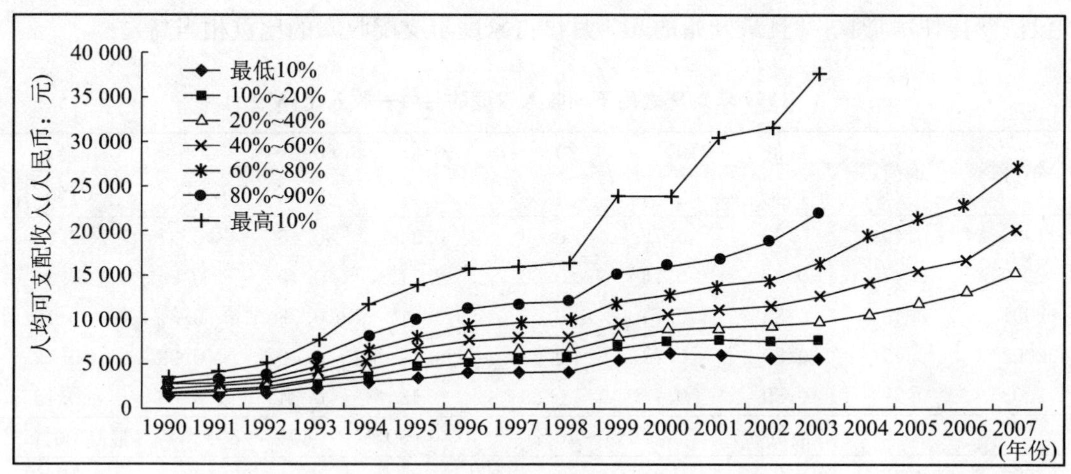

图 1 1990～2007 年上海不同收入组的收入增长

资料来源:《上海统计年鉴》。

注:上海 2004～2007 年人均可支配收入的官方数据(按收入分组)

2004 年:最低 20%: 7 065; 20%～40%: 10 664; 40%～60%: 14 149; 60%～80%: 19 371; 最高 20%: 34 404。

2005 年:最低 20%: 7 851; 20%～40%: 11 800; 40%～60%: 15 668; 60%～80%: 21 313; 最高 20%: 37 722。

2006 年:最低 20%: 8 973; 20%～40%: 13 045; 40%～60%: 16 774; 60%～80%: 22 994; 最高 20%: 42 884。

2007 年:最低 20%: 10 297; 20%～40%: 15 131; 40%～60%: 20 249; 60%～80%: 27 286; 最高 20%: 47 149。

为了克服静态分析的缺点,本研究引入了动态成本(月供)—收入比指标,揭示了购买住房之后,家庭的住房可支付能力的演变过程。

表 8 的数据显示了采用动态分析方法之后,1999～2007 年不同收入家庭的月供—收入比的变化。假定家庭在 1999 年按揭贷款购买一套标准住房,购买之后的按揭条款保持不变①,但是家庭收入保持一定程度的增长。选择 1999 年作为购买时间,使我们得以在合理的年限中追溯住房可支付能力的变化,尽管之后房价和收入的增长也会对未来的住房可支付性产生影响。

表 8 中第 6 列表明,1999 年一个中等收入(40%～60%)的家庭购买住房是不可行的,他们若在当年买一套标准住房,月供会高于家庭可支配收入的 50%。但是,如果他们设法在 1999 年获得住房贷款,且家庭收入随着相应的收入组同步增长,则 4 年后这些家庭就可以负担他们的住房(M∶I降到 0.5 以下),6 年后负担就更小了(M∶I低于 0.36)。收入更低的家庭(20%～40%的收入群体)6 年后也可以达到住房可支付的基本水平(当然,他们必

① 央行调整基准利率后,新购房者的贷款利率将随之调整。但对已有贷款者而言,新贷款利率将在下一个年份才开始生效。1999～2007 年,贷款利率的调整超过十次,但总体而言,这些调整都很小(表 7),不会从本质上影响我们的研究,因此本研究未考虑贷款利率的调整。

须设法获得住房贷款,并且最开始的几年月供占家庭可支配收入的比重相当高)。

表 8　1999 年购房之后不同收入家庭的月供—收入比(M∶I)

年份	均值	最低10%	10%～20%	20%～40%	40%～60%	60%～80%	80%～90%	最高10%
1999	0.49	0.93	0.77	0.68	0.54	0.46	0.37	0.24
2000	0.47	0.82	0.76	0.60	0.51	0.42	0.35	0.24
2001	0.43	0.83	0.71	0.63	0.51	0.39	0.31	0.19
2002	0.43	0.89	0.74	0.62	0.49	0.40	0.33	0.19
2003	0.37	0.89	0.71	0.59	0.43	0.34	0.26	0.16
		最低 20%	20%～40%	40%～60%	60%～80%	最高 20%		
2004	0.33	0.72	0.52	0.38	0.29	0.17		
2005	0.30	0.67	0.46	0.36	0.26	0.15		
2006	0.27	0.60	0.41	0.34	0.24	0.13		
2007	0.23	0.51	0.37	0.27	0.20	0.12		

资料来源:作者计算。

注:贷款额度为平均房价的 80%,贷款期限为 25 年,利率保持 1999 年的 5.58%不变。

表 8 说明,在快速发展的经济中,即使是相对收入较低的家庭也有达到住房可支付性的潜力,前提是可以解决首付和前期高额月供的问题。当然,这里我们没有考虑按揭宽松度对房价的可能内生影响。

5　用剩余收入法评估上海的住房可支付性

我们已经意识到前面所使用的房价—收入比和相关指标的局限性,因此这部分将使用剩余收入法来衡量上海住房的可支付性。我们通过一系列指标的计算来衡量,扣除标准住房支出之后的剩余收入能否满足基本生活需求。如果剩余收入低于规定的最低可接受的非住房消费预算,则可被定义为住房诱导贫困(Housing-Induced Poverty)(Kutty, 2005),或者说,居住贫困(Shelter Poverty)(Stone, 2006a)。

我们将住房诱导贫困线称为"最低非住房预算"(Minimum Non-Shelter Budget, MNSB)。每年的 MNSB 可以从当年最低 20%收入家庭的每月非住房支出推导而来(2004 年以前,采用的是最低 10%～20%收入的家庭)(表 9)。我们曾经考虑利用当地政府确定的贫困线(低保线)来确定 MNSB,但是有两个问题需要解决。首先,贫困线通常低的不合常理,例如 2007 年的低保线为每人每月 350 元,三口之家为 1 050 元,这比最低 20%收入家庭的非住房支出的一半还要低。第二,贫困线往往几年才修订一次。因此我们认为,本文定义的MNSB线可以被社会所接受,更好地反映实际情况。

为了确定标准住房支出,我们计算以平均价格购买一套90平方米的标准住房、贷款80%、分25年偿还时每月的还款额度(月供)。按照Stone (2006b)的方法,每月住房支出是月供和每月住房维修费用的总和。与住房相关的维护费用根据每年观察的平均值来计算(表9)。

表9　2000~2007年上海家庭每月的标准住房支出和MNSB(最低非住房预算)

单位:元/每月

年份	标准月供 C(2)	维护费用 C(3)	标准住房支出=C(2)+C(3)	MNSB
2000	1 482	107	1 589	1 334
2001	1 630	127	1 757	1 585
2002	1 775	139	1 914	1 653
2003	2 108	136	2 244	1 471
2004	2 698	170	2 868	1 491
2005	2 964	183	3 147	1 700
2006	3 206	185	3 391	1 821
2007	4 070	202	4 272	2 135

资料来源:作者基于《上海统计年鉴》的计算。

注:假设家庭人口为3,贷款利率固定为贷款批出当年的利率,MNSB=非住房消费×家庭人口数/12个月(最低收入家庭的生活成本)。

表10的数据比较了扣除住房消费之后的剩余收入与最低非住房预算(MNSB)的差别。括号中的数据表示负值,即剩余收入不能满足最低标准的日常生活需要,表示这些家庭陷入了住房诱导的贫困。

表10　2000~2007年上海住房诱导贫困的影响程度

单位:元/每月

年份	平均值	最低10%	10%~20%	20%~40%	40%~60%	60%~80%	80%~90%	最高10%
2000	46	(1 241)	(1 109)	(630)	(237)	344	1 044	2 841
2001	(121)	(1 679)	(1 391)	(1 164)	(609)	180	1 061	3 980
2002	(364)	(2 008)	(1 698)	(1 336)	(717)	(113)	652	3 785
2003	(10)	(2 156)	(1 762)	(1 375)	(522)	308	1 587	4 916

年份	平均值	最低20%	20%~40%	40%~60%	60%~80%	最高20%
2004	(133)	(2 428)	(1 685)	(763)	483	3 840
2005	(170)	(2 792)	(1 818)	(956)	411	4 238
2006	(11)	(2 894)	(1 842)	(1 088)	594	5 187
2007	(482)	(3 704)	(2 662)	(1 311)	438	4 949

资料来源:作者基于《上海统计年鉴》的计算。

表 10 的数据说明，从市场上购买一套标准住房所产生的住房支出会导致上海大部分家庭陷入住房诱导贫困，仅有最高 40%收入的家庭能够避免。同时，对于已经陷入住房贫困的家庭，其贫困程度日益恶化；相反地，最高 20%收入家庭的剩余收入（基于表 10 计算）持续增加。

另一个剩余收入法的实证优点在于，该方法可用来计算家庭可负担的最大住房支出，该指标指的是家庭收入扣除社会可接受的最低非住房消费之后，可用于住房消费的最大值。表 11 给出了每年不同收入家庭可负担的最大住房支出，这些信息有助于相关住房政策的制定与实施。例如，它可以为“可支付”住房成本的确定提供基础，有助于住房补贴的设计。但是，表 11 中可负担的最大住房支出和表 10 中标准市场住房支出之间的巨大差异，说明了仅靠实施住房补贴来保障合理住房需求的难度。住房问题，最终要靠房价合理回归到普通居民可以接受的水平来解决。

表 11　2000～2007 年上海家庭可负担的最大住房支出　　单位：元/每月

年份	平均值	最低 10%	10%～20%	20%～40%	40%～60%	60%～80%	80%～90%	最高 10%
2000	1 635	348	480	958	1 351	1 932	2 633	4 430
2001	1 636	78	366	593	1 148	1 937	2 818	5 737
2002	1 549	(94)	216	578	1 196	1 800	2 566	5 699
2003	2 234	88	482	869	1 722	2 552	3 830	7 159
		最低 20%	20%～40%		40%～60%	60%～80%		最高 20%
2004	2 735	440	1 184		2 105	3 352		6 708
2005	2 977	355	1 329		2 191	3 557		7 385
2006	3 380	497	1 549		2 303	3 985		8 578
2007	3 790	568	1 610		2 961	4 709		9 220

资料来源：作者基于《上海统计年鉴》的计算。

6　结论

官方数据显示，上海家庭的平均住房支出占家庭收入的比重低于 10%，这对 2007 年各收入群体都是适用的。如此低的比重部分源于上海原有公共住房和国企住房的低价出售私有化，为接近 40%的城市永久居民带来较低的住房支出。另有 20%的城市永久居民继续居住在公共住房，并支付市场价格的租金。但是，城市居民中持续增长的、相当大部分的家庭仍然需要通过住房市场来获得住房。可以预期,随着住房供给从国家向市场的转化,城市家庭的住房可支付能力会逐渐恶化。鉴于此,这篇文章重点关注购房时家庭的住房可支付能力以及随后几年住房可支付能力的演变。

本文综合采用房价—收入比和剩余收入法,对上海城市住房的可支付性进行评估。结果表明,如果最近几年上海家庭想从市场购买住房,他们将面临很大的住房可支付性问题。因为房价—收入比太高,很少有家庭能够获得住房按揭贷款。即使得到了按揭贷款,如果将每月还款额超过家庭收入的一半或更多定义为“不可支付”,那么仅仅最高20%收入的家庭才可以负担每月的还款额。毫无疑问,住房支出占家庭收入的比重过高,将会导致大多数家庭陷入住房诱导的贫困(基于剩余收入法)。在许多情况下,这些住房诱导的贫困很严重。

但是,基于动态分析的月供—收入比说明,住房可支付问题在获得住房按揭贷款的初期会很严重;其后几年内,由于住房支出固定而家庭收入不断上升,住房可支付性会逐渐得到改善。这部分解释为什么尽管包括上海在内的很多中国大城市房价收入比如此高扬,住房市场依然火爆。购房者都有着非常强烈的收入增长预期。

研究表明,较宽松的按揭贷款体系(指的是月供—收入比限制下允许的贷款—收入倍数)能够帮助更多的家庭购买住房;同时,购房早期住房可支付能力问题较严重时,限制月供的创新金融工具也可以提高住房的可支付性①。但是,这些方法很可能会带来更多的贷款违约风险,而且对房价也可能产生推高的影响。当前全世界都关注美国次级贷款危机,贷款也越来越小心了。因此,中国住房按揭贷款管制的放松基本是不可能的,至少眼下是不可能的。

一个更可行的方法是扭转新建住房相对普通家庭而言面积过大的趋势。原建设部2006年夏季规定,新建住房至少70%的单元应该小于90平方米(关于调整住房供应结构稳定住房价格的意见,2006年5月24日发表,国务院办公厅2006年第37号文件)。一些城市已经将这条政策付诸实践,但包括上海在内的许多城市都没有严格实行。

本文的分析说明,住房津贴应该针对低收入家庭,特别是在其购买住房的早期。但是,上海1999～2006年几乎没有兴建经济适用房(上海统计年鉴,2007);众多对于现行公积金制度的评价都表明,高收入家庭受益更多(Duda, *et al.*, 2005; World Bank, 2006)。幸运的是,最近已经有一些对经济适用房和住房公积金改革的征兆,同时中央政府将优先考虑并解决住房的可支付性问题(关于促进房地产市场健康发展的若干意见,2008年12月12日发表,国务院办公厅2008第131号文件)。当然,这些政策方针的效果需要在今后的研究中进行进一步的评估。

---

① 我们认为英国式的低起点按揭贷款模式要优于激烈的美国式的“气球”按揭贷款模式。

参考文献

[1] Armenoff, K. (1998) Shelter poverty: New Ideas on Housing Affordability. *Journal of Urban Affairs*, 20(3): 359-362.

[2] Bogdon, A. S. and A. Can (1997) Indicators of Local Housing Affordability: Comparative and Spatial Approaches. *Real Estate Economics*, 25(1): 43-80.

[3] Bratt, R. G. (1995) Shelter Poverty-New Ideas on Housing Affordability. *Journal of the American Planning Association*, 61(2): 285-286.

[4] Chen, J. and Q. J. Hao (2007) *Housing Market Development and Housing Affordability in Shanghai*. The International Conference on China Urban Land and Housing in the 21st Century, Hong Kong Baptist University, 13-15 December.

[5] Chen, J. and Q. J. Hao (2008) The Impacts of Distance to CBD on Housing Prices in Shanghai: A Hedonic Analysis. *Journal of Chinese Economic and Business Studies*, 6(3): 291-302.

[6] China Ministry of Construction (2006) *The Statistics Gazette of Urban Housing in China 2005*. www. cin. gov. cn/statis/dt/2006070301. htm.

[7] Chiu, R. L. H. (2001) Housing Policy and Practice in China, *Urban Studies*, 38(1): 221-223.

[8] Cui, D. R. (1991) *Research on China Urban Housing System Reform*. Beijing: Finance and Economics Press.

[9] Demographia and Pavletich Properties, Ltd. (2006) The Second Annual Demographia International Housing Affordability Survey. www. demographia. com/dhi-ix2005q3. pdf.

[10] Deng, Y., D. Zheng and C. Ling (2005) An Early Assessment of Residential Mortgage Performance in China. *Journal of Real Estate Finance and Economics*, 31(2): 117-136.

[11] Duda, M., X. Zhang and M. Dong (2005) *China's Homeowenship-Orientated Housing Policy: and Examination of Two Programs Using Survey Data from Beijing*, W05-7, Cambridge MA: Joint Center for Housing Studies, Harvard University.

[12] EU Housing Statistics Committee (2003) *Housing Statistics in the European Union 2002*. Edited by The Netherlands Statistics Office. http://www2. vrom. nl/Docs/internationaal/housingStats2002. pdf.

[13] Field, C. G. (1997) Building Consensus for Affordable Housing. *Housing Policy Debate*, 8(4): 801-832.

[14] Guest, R. S. (2005) A Life Cycle Analysis of Housing Affordability Options for First Home Owner-occupiers in Australia. *Economic Record*, 81(254): 237-248.

[15] Hancock, K. E. (1993) Can Pay-Won't Pay-or Economic-Principles of Affordability. *Urban Studies*, 30(1): 127-145.

[16] Hartman, C. (1998) The Case for a Right to Housing. *Housing Policy Debate*, 9(2): 223-246.

[17] Hills, J. (1991) *Unravelling Housing Finance: Subsidies, Benefits and Taxation*. Oxford: Oxford University Press.

[18] Hulchanski, J. D. (1995) The Concept of Housing Affordability-Six Contemporary Uses of the Housing Expenditure-to-Income Ratio. *Housing Studies*, 10(4): 471-491.

[19] Kutty, N. K. (2005) A New Measure of Housing Affordability: Estimates and Analytical Results. *Housing Policy Debate*, 16(1): 113-142.

[20] Liang, Z (2008) Financial Development, Growth and Regional Disparity in Post-reform China. in: Wan, G. (ed.) *Inequality and Growth in Modern China*, Oxford: Oxford University Press, 112-124.

[21] Linneman, P. D. and I. F. Megbolugbe (1992) Housing Affordability-Myth or Reality. *Urban Studies*, 29(3-4): 369-392.

[22] Nunez, R. D. (1994) Shelter Poverty-New Ideas on Housing Affordability. *Political Science Quarterly*, 109(2): 379-381.

[23] Quan, Z. X. (2006) Institutional Transformation and Marketisation: the Changing Patterns of Housing Investment in Urban China. *Habitat International*, 30(2): 327-341.

[24] Rosen, K. T. and M. C. Ross (2000) Increasing Home Ownership in Urban China: Notes on the Problem of Affordability. *Housing Studies*, 15(1): 77-88.

[25] 《上海统计年鉴 1996～2008》,上海:上海统计出版社。

[26] 《上海房地产年鉴 1996～2007》,上海:上海住房与土地局。

[27] Shen, X. (2006) The Black Humour of 8-year Housing Reform. *Liaowang Orirent Weekly*, October 31.

[28] Stone, M. E. (2006a) What is Housing Affordability? The Case for the Residual Income Approach. *Housing Policy Debate*, 17(1): 151-184.

[29] Stone, M. E. (2006b) A Housing Affordability Standard for the UK. *Housing Studies*, 21(4): 453-476.

[30] Thalmann, P. (1999) Identifying Households Which Need Housing Assistance. *Urban Studies*, 36(11): 1933-1947.

[31] Thalmann, P. (2003) "House Poor" or Simply "Poor"? *Journal of Housing Economics*, 12(4): 291-317.

[32] Wang, Y. P. (2007) From Socialist Welfare Support to Home-ownership: the Experience of China. in: Groves, R., A. Murie and C. Watson (eds.) *Housing and the New Welfare State: Perspectives from East Asia and Europe*. Aldershot: Ashgate, 127-154.

[33] World Bank (2006) *China Economic Outlook* 2006 *Quarter* 3. Washington: World Bank.

[34] Whitehead, C. M. E. (1991) From Need to Affordability: an Analysis of UK Housing Objectives. *Urban Studies*, 28(6): 871-887.

[35] Zhang, X. Q. (2000) The Restructuring of the Housing Finance System in Urban China. *Cities*, 17(5): 339-348.

[36] Zhao, Y. S. and S. C. Bourassa (2003) China's Urban Housing Reform: Recent Achievements and New Inequities. *Housing Studies*, 18(5): 721-744.

中国城市居民住房支付能力问题与住房公积金制度作用评价

吴　璟　郑思齐　刘洪玉　杨　赞

1　引言

作为经济体制改革的组成部分之一，中国住房制度在过去十几年时间里经历了巨大变化。20世纪90年代以前的很长一段时间内，以“国家统建统包”和“福利性低租金分配”为基本特点的住房福利制度在中国住房领域中居于支配地位。这一情况自20世纪80年代末开始发生转变①，住房制度改革在全国范围内逐步展开。特别是在1998年《国务院关于进一步深化城镇住房制度改革加快住房建设的通知》(国发【1998】23号，以下简称“23号文”)出台后，住房实物分配制度在全国范围内被全面停止，转而逐步向住房分配货币化制度转换，即单位将原有住房建设资金转化为住房补贴，以货币形式提供给职工，职工利用自身收入和住房补贴，结合商业性住房金融体系和各种公共住房政策工具的支持，自行在住房市场中购买或租赁住房。

住房制度改革明晰了国家、地方、单位和个人在住房领域的责任和权利，特别是在减轻单位经济负担的同时，充分调动了居民个人住房消费的积极性。同时，住房制度改革重新明确了住房的商品属性，并承认市场在配置住房资源上的基础性作用，从而促使住房市场在此后十余年时间里经历跨越式的发展。目前以住房产业为主的房地产业已经成为中国国民经济中的支柱产业之一，并在推动中国经济高速发展的过程中发挥了重要作用。但是，改革过程中也不可避免地存在伴生的负面作用。特别地，若干针对中国住房制度改革的评价性研究中都指出(贾康，刘军民，2007；魏杰，王韧，2007)，中国住房制度改革在“终结旧体制”，即停止住房实物分配、出售已建公房方面力度较大，在很短时间内就充分实现了既定政策目标。相比之下，“建立新体制”方面则并不尽如人意，特别是工资制度改革相对滞后，同时住

---

①　1988年1月，国务院召开“第一次全国住房制度改革工作会议”。同年2月，国务院下发《关于在全国城镇分期分批推行住房制度改革的实施方案》。

房补贴制度也没有发挥预期作用。这种“破旧”和“立新”间的脱节，使得相当部分就业者（特别是“体制外”就业者）在失去实物形式住房福利以后，并没有能够以货币形式从单位和国家获得对其住房消费的充分支持，即存在所谓的“应补未补”现象，很容易引发出现社会性的居民住房支付能力不足问题。同时，如图 1 所示，与全球各主要经济体类似，2004～2008 年，中国多数城市住房价格经历了快速上涨过程，其中若干年份住房价格涨幅已经显著超过居民收入增幅。这就进一步加剧了住房价格与居民收入间的脱节，加大了出现居民住房支付能力不足问题的可能性。

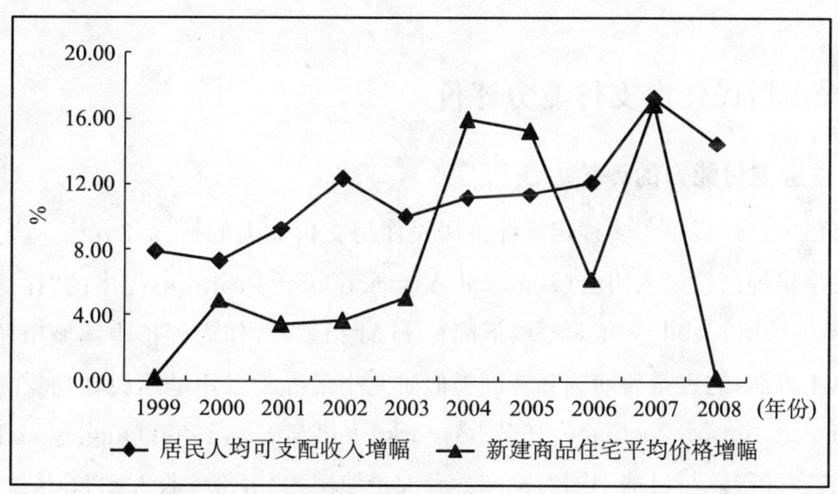

图 1　全国层面住房价格和居民收入年增长率（名义值）

资料来源：各年份《中国统计年鉴》、《中国房地产统计年鉴》。

因此，建立和完善政府住房政策（特别是公共住房政策）体系，提升居民（特别是中低收入家庭）住房支付能力，确保全体居民“住有所居”，成为中国政府面临的重要任务。“23 号文”在终止住房实物分配制度的同时，对与住房分配货币化制度相适应的公共住房政策体系的基本框架进行了设计。需求端方面，除强调居民个人收入（包括工资和单位发放的住房补贴）在住房消费中的主导作用以及商业性住房金融体系的支持外，“23 号文”明确提出以住房公积金制度作为提升居民住房支付能力的重要工具。供给端方面，“23 号文”针对不同收入水平居民家庭，提出了商品住房、经济适用住房、廉租住房的梯级供给结构，特别强调了经济适用住房、廉租住房等（准）公共住房在解决中低收入家庭住房问题中的重要性。此后的十余年时间里，尽管也出现了限价房等新的政策工具，但该框架体系始终得到延续。

基于上述背景，本研究重点关注以下两个关键问题。首先，对住房制度改革以来（1999～2008 年）中国主要城市居民住房支付能力进行定量评价，并分析其时空变化特点，进而判断前述居民住房支付能力不足问题是否确实存在以及问题的严重程度如何。其次,如果研究发现单纯市场化条件下,居民住房支付能力不足问题确实存在,那么各种现行公共住房政策工具是否能够有效地缓解这一问题?研究中将以现行体系中覆盖面最广的住房公积金制度为例,对其在提升居民(住房公积金缴存人)住房支付能力方面发挥的理论和实际作用进行评价。与国内外多数现有文献以理论分析和现象描述为主所不同的是,本研究将在相关统计资料和调研数据的支持下,重点对居民支付能力和住房公积金政策效果进行定量测算,以期获得更为准确和量化的结论。

2 中国城市居民住房支付能力评价

2.1 居民住房支付能力的评价方法

现有文献中已经提出了多种定量评价居民住房支付能力的指标和方法。经过比选,本研究采用美国房地产经纪人协会(National Association of Realtors)提出的“住房可支付性指数(Housing Affordability Index,以下简称 HAI 指数)”,作为评价中国城市居民住房支付能力的基本方法,这也是目前国际范围类似研究中最经常采用的居民住房支付能力评价指标(Linneman and Megbolugbe,1992;Gyourko and Tracy,1999;Quigley and Raphael,2005;郑思齐,2007)。与目前中国舆论和学者大量使用的“房价—收入比”等传统指标相比,HAI 指数的测算结果具有自明性,而不再需要对其“合理”区间进行讨论;同时,HAI 指数测算过程除考虑住房价格和居民收入外,还引入了住房抵押贷款利率等重要因素,更贴近居民家庭的真实购房行为,也有助于分析居民家庭获得的优惠条件贷款等金融支持的作用,便于在后续研究中继续作为评价住房公积金制度作用的工具。

HAI 指数以各城市中的中位数收入家庭作为“代表性个人(家庭)”,以其对同一时期内市场中中位数价位住房的支付能力,作为该城市居民整体住房支付能力的表征。具体而言,根据家庭中位数收入以及合理的住房消费比例(家庭住房消费支出占收入的比例)上限,可求得该家庭可承受的最高房价 P,再将其与该城市住房的实际中位数价格 P' 进行比较,如式(1)所示。

$$\text{HAI} = P/P' \times 100 \tag{1}$$

HAI 指数等于 100,说明中位数收入水平的家庭正好能够承受中位数价格的住房,居民具有充足(正常)的住房支付能力;HAI 指数大于 100,说明居民家庭能够承受更高价格的住房,居民住房支付能力很强;HAI 指数小于 100,说明居民家庭只能承受更低价格的住房,居民住房支付能力不足。在此基础上,还可以进一步细化得到表 1 所示的判别标准。

表 1 住房可支付指数的判别标准

类别	区间
住房支付能力不足	HAI<70
住房支付能力较弱	HAI≥70,且 HAI<90
住房支付能力正常	HAI≥90,且 HAI<110
住房支付能力较强	HAI≥110,且 HAI<130
住房支付能力很强	HAI≥130

具体计算过程中,考虑到大多数家庭(特别是住房支付能力研究所关注的家庭)在购买住房时借助于住房抵押贷款,住房可支付性指数也相应细化为月还款额的可支付性指数。设中位数收入家庭当前月收入为 I_0,每月可用于偿还本息的收入比例为 f,抵押贷款(月)利率为 i,还款年限为 N,则该家庭的最高贷款额如式(2)所示。

$$M = I_0 \cdot \phi \cdot \left[\frac{(1+i)^{12\cdot N}-1}{i(1+i)^{12\cdot N}}\right] \tag{2}$$

同时,当前中位数价位住房的总价为 P_0,首付款比例为 α,则家庭对月还款额的支付能力如式(3)所示。

$$\mathrm{HAI} = \frac{I_0\phi}{P_0(1-\alpha)}\frac{(1+i)^{12\cdot N}-1}{i(1+i)^{12\cdot N}}\times 100 \tag{3}$$

本研究中,基于中国市场情况,对计算过程中涉及的各相关参数设定如下。

(1) 住房消费比例:作者此前对中国城市居民家庭收入和支出结构的分析中发现(郑思齐,2005;吴璟,刘洪玉,2007),城市居民家庭必要支出(定义为消费支出和赡养支出之和)占可支配收入的比重稳定在 75%~80%。考虑到住房消费的挤出效应,可以认为将住房消费比例上限 f 设定为 25%时,购房行为不会对家庭的正常生活产生影响。

(2) 贷款利率:图 2 对考察期间中国相关类型贷款利率的变化情况进行了直观展示。2005 年 3 月 17 日前,中国人民银行对商业性个人住房抵押贷款采取区别于商业贷款基准利率的优惠利率。此后,优惠利率制度尽管取消,但是仍针对首次购房家庭设立了利率下限制度。其中,2005 年 3 月 17 日至 2006 年 8 月 18 日间,利率下限为贷款基准利率的 0.9 倍;2006 年 8 月 19 日至 2008 年 10 月 26 日间,利率下限为贷款基准利率的 0.85 倍;2008 年 10 月 27 日至今,利率下限为贷款基准利率的 0.7 倍。考虑到首次购房家庭是住房支付能力评价的重点,因此测算过程中抵押贷款利率 i 均采用上述优惠利率/下限利率值。同时,一年中如果出现利率调整,则将调整前后利率(以实施天数为权重)进行加权平均,取最终计算得到的平均利率值代入计算过程。

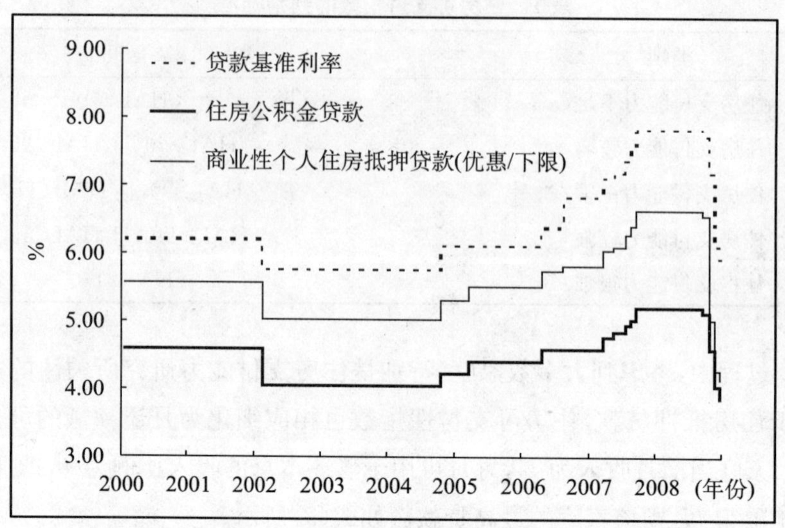

图 2　各种类型个人住房抵押贷款利率比较

资料来源:中国人民银行网站(www. pbc. gov. cn)。

(3) 首付款比例和贷款年限:参考商业性个人住房抵押贷款通行条件,首付款最低比例 α 设定为 30%,贷款年限最大值 N 设定为 30 年。

(4) 平均值和中位数值的调整:由于相关统计中仅披露居民收入和住房价格的年度平均值,因此需要在平均值和中位数值之间进行折算。根据作者此前基于国家统计局居民住户调查数据进行的统计(郑思齐,2007),居民收入平均值与中位数值间的折算系数定为 0.85(即收入中位数值为发布的平均值的 0.85 倍),住房价格平均值与中位数值间的折算系数定为 0.80。

2.2　35 个大中城市居民住房支付能力评价结果

基于上述方法,对全国 35 个大中城市停止实物分房制度以来各年度(1999～2008 年)HAI 指数进行测算。其中,住房价格数据来源于国家统计局发布的各年度城市新建商品住房平均交易价格,居民收入数据来源于国家统计局发布的各年度城市居民人均年可支配收入①。测算结果如表 2 所示,图 3 则结合该测算结果和表 1 所示判别标准,给出了各年度各城市居民住房支付能力状况的分布情况。

① 根据中国现行城市居民住户调查制度,国家和单位以货币形式提供的住房补贴已经被计入居民家庭可支配收入。因此以下给出的测算结果已经包含了住房补贴的作用。

表2 35个大中城市历年HAI指数测算结果

	1999年	2000年	2001年	2002年	2003年	2004年	2005年	2006年	2007年	2008年
北京	35.3	41.8	45.2	54.1	60.9	64.0	56.2	49.2	35.3	36.3
天津	65.3	69.4	71.7	74.6	81.9	75.5	59.9	55.8	50.4	59.3
石家庄	58.7	68.8	64.2	77.4	95.7	108.3	88.4	105.6	85.6	97.2
太原	79.5	81.0	60.6	75.3	73.3	77.9	67.3	68.2	65.9	73.2
呼和浩特	80.1	81.6	85.5	112.7	125.9	138.1	151.6	117.3	118.5	137.8
沈阳	40.5	42.2	45.6	52.5	56.5	60.8	63.0	66.5	71.0	76.3
大连	52.5	53.3	51.0	59.5	65.9	67.8	62.4	56.8	47.8	53.2
长春	51.7	59.2	53.1	65.3	78.3	81.6	84.7	85.1	70.3	76.7
哈尔滨	51.9	51.0	55.4	62.9	70.8	78.4	78.6	81.5	74.4	70.9
上海	64.9	68.3	67.1	64.4	58.2	56.3	57.5	53.3	49.1	55.7
南京	50.4	58.3	63.2	63.8	69.0	72.1	73.4	74.2	69.5	82.5
杭州	62.3	65.1	76.4	71.4	68.9	72.8	68.6	57.9	50.0	49.3
宁波	96.3	112.8	118.4	106.6	109.8	102.0	85.1	70.2	62.8	61.5
合肥	64.2	78.4	82.4	85.5	80.6	73.7	64.3	69.2	72.5	76.8
福州	77.0	79.0	79.7	90.4	90.9	90.9	88.7	64.9	58.2	60.2
厦门	61.6	75.4	81.7	87.9	82.0	74.5	78.1	50.9	41.4	41.0
南昌	83.2	81.3	76.6	83.3	73.2	70.0	78.0	66.9	63.9	74.2
济南	78.2	86.6	94.7	94.6	93.3	82.4	83.6	85.3	83.2	83.4
青岛	79.6	84.6	87.8	81.8	85.7	78.4	69.4	69.4	59.9	73.5
郑州	75.9	56.9	62.3	71.6	79.8	88.2	77.5	80.0	70.5	73.7
武汉	66.9	76.0	77.0	79.1	82.4	75.5	73.5	63.3	54.5	61.0
长沙	85.7	81.9	92.3	104.2	108.8	120.8	119.4	104.0	86.7	97.6
广州	57.5	64.6	66.8	73.3	73.6	75.3	69.3	58.6	48.2	50.9
深圳	75.6	75.7	78.6	91.7	91.6	60.2	66.0	46.4	31.9	35.6
南宁	79.7	73.9	71.5	79.1	82.6	74.6	77.1	69.7	62.2	68.8
海口	76.9	65.9	73.4	75.7	75.7	78.8	71.9	72.8	62.2	53.9
重庆	100.5	107.1	109.3	109.7	119.7	114.0	111.9	101.5	90.8	92.9
成都	80.9	87.6	90.8	97.9	98.6	90.8	91.7	67.6	60.7	59.4
贵阳	78.3	84.5	93.9	96.2	90.0	106.3	100.6	96.9	83.6	82.4
昆明	74.4	70.1	61.4	67.2	73.2	72.8	73.2	71.5	68.6	66.6
西安	97.3	80.7	66.7	72.1	78.8	69.4	53.6	64.5	67.5	64.1
兰州	61.6	69.0	72.7	85.8	82.9	71.7	73.1	68.0	60.3	65.9
西宁	69.6	75.8	88.0	100.2	96.4	93.5	90.6	87.4	78.8	76.2
银川	70.8	76.9	74.8	70.2	72.2	76.3	78.4	81.5	89.5	87.5
乌鲁木齐	76.4	82.0	82.1	91.7	96.3	93.4	95.2	95.4	76.0	68.0
东部平均	**64.9**	**69.5**	**73.4**	**76.1**	**77.6**	**74.1**	**70.2**	**62.2**	**54.7**	**58.2**
中部平均	**70.7**	**71.8**	**71.0**	**81.5**	**86.5**	**89.7**	**87.3**	**82.8**	**75.0**	**82.5**
西部平均	**78.9**	**81.5**	**82.2**	**87.9**	**89.8**	**87.6**	**85.4**	**81.6**	**75.1**	**73.7**
全国平均	**70.3**	**73.3**	**74.9**	**80.8**	**83.5**	**82.5**	**79.5**	**73.6**	**66.3**	**69.8**

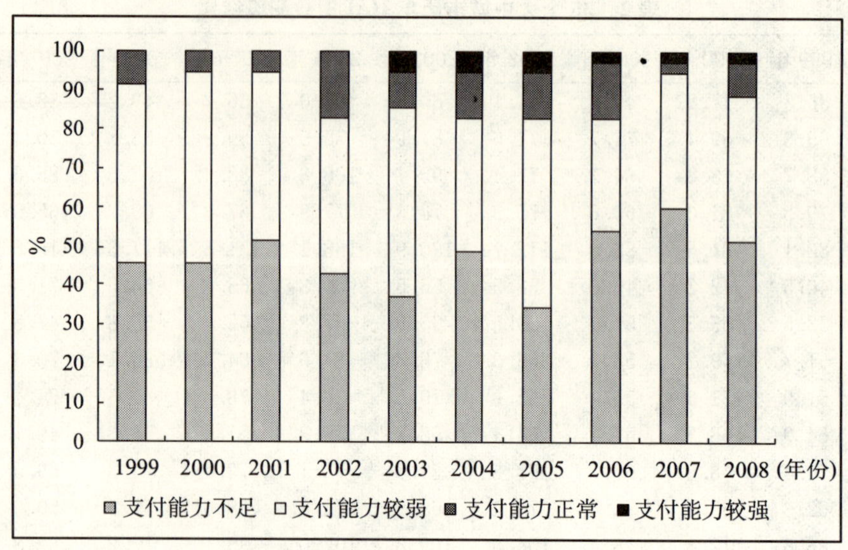

图3 35个大中城市居民住房支付能力分布情况

资料来源：各年份《中国统计年鉴》、《中国房地产统计年鉴》。

综合上述测算结果，可以对考察期间中国城市居民住房支付能力状况做出如下基本判断。

(1) 概括而言，考察期间中国城市居民住房支付能力整体偏弱。如表2所示，35个城市年度HAI指数平均值分布在66.3～83.5，均处于"支付能力较弱"或"支付能力不足"的区间内。图3也表明，多数年份、多数城市中，居民住房支付能力不足（或支付能力偏弱）问题均不同程度存在。这表明，正如引言中所提出的，居民住房支付能力不足问题确实已经成为当前中国的一个较为普遍和突出的社会性问题。整体而言，如果不考虑政府从需求、供给端采取的其他支持措施，居民家庭单纯凭借其工资（包含货币化住房补贴），在商业性住房金融体系的支持下，难以具备正常的住房支付能力。

(2) 从各时期特点看，1999～2008年的十年过程中，全国范围内居民住房支付能力经历了三个不同的变化阶段。

① 1999～2003年：如图1所示，除上海、杭州等少数长三角地区热点城市外，多数城市住房价格在这一时期保持相对稳定（或仅出现温和上涨），相反居民收入水平持续保持高速增长。同时，如图2所示，这一时期住房抵押贷款（优惠）利率也稳定在较低水平上。因此，从全国范围看，这一期间居民住房支付能力整体处于稳步提升的过程中，35个城市HAI指数平均值由1999年时的70.3上升至2003年时的83.5，已经接近"支付能力正常"区间的下限。同时，居民住房支付能力达到"正常"或以上程度的城市比例也从1999年的8.57%增加到2003年的17.14%。

② 2004～2007 年：如图 1 所示，尽管这一期间居民收入水平仍保持高速增长趋势，但全国范围内住房市场进入快速扩张期，各城市住房价格先后出现大幅上涨，其中多数城市价格涨幅显著超过居民收入增幅。与此同时，如图 2 所示，住房抵押贷款利率自 2004 年下半年起进入上升通道。经过连续八次加息后，住房抵押贷款利率优惠/下限值由 2004 年年初的 5.04%提高至 2007 年年末的 6.66%，上升幅度达到 1.62 个百分点。在上述两方面因素的共同作用下，这一期间（特别是 2006 年和 2007 年）居民住房支付能力整体水平出现急剧下降。至 2007 年，35 个城市 HAI 指数平均值降至 66.3，其中仅有两个城市居民住房支付能力达到“正常”或以上程度，意味着较为严重的居民住房支付能力不足问题已经在全国范围内出现。

③ 2008 年以来：2007 年下半年以来，全国范围内住房市场形势发生逆转，大多数城市住房价格涨幅趋缓，若干热点城市甚至出现住房价格水平的回落。同时，住房抵押贷款利率自 2008 年 9 月起开始下降，在不足四个月时间内连续经历五次减息，同时商业性个人住房抵押贷款利率下限也从基准利率的 0.85 倍下降至 0.70 倍，使得住房抵押贷款利率下限由 2008 年 9 月时的 6.66%大幅下降至年底时的 4.16%。受此影响，2008 年 35 个城市 HAI 指数平均值回升至 69.8。更重要的是，可以预期，这种居民住房支付能力好转的趋势在 2009 年乃至更长一段时间内都将得到延续。特别地，如果 4.16%的低利率水平得以延续，即使各城市住房价格涨幅与其居民收入增幅持平，2009 年 35 个城市 HAI 指数平均值也将大幅提升至 88.5。而就目前住房市场形势看，绝大多数城市 2009 年住房价格涨幅实际上将很难达到其该年度居民收入增幅，同时利率水平进一步下调的可能性也仍然存在，因此实际情况还可能更为乐观。

(3) 从城市分布看，居民住房支付能力水平存在着显著的地区间差异，东部地区城市居民住房支付能力水平整体上显著低于中、西部地区。根据测算结果，中、西部地区城市 HAI 指数平均值在考察期间始终处于“支付能力较弱”区间，其中若干年份（2003～2005 年）已经十分接近“支付能力正常”区间的下界。东部地区城市 HAI 指数平均值在 2001 年以前与中、西部地区接近，甚至在个别年份（2001 年）高于中、西部地区城市平均值。此后，在以上海为代表的长三角地区城市和北京、深圳、广州等城市的分别带动下，东部地区城市（特别是沿海城市）在 2002～2004 年和 2006～2007 年先后出现两轮住房价格快速上涨，期间若干城市甚至已经出现住房价格泡沫的迹象，从而导致 HAI 指数平均值急剧下降，大幅低于中、西部地区城市。至 2007 年，东部地区城市 HAI 指数平均值仅为 54.7，低于中、西部地区城市平均值近 30%，反映了住房市场过热（住房价格泡沫）所引发的严重居民住房支付能力不足问题。

综合上述分析，在住房制度改革过程中，由于存在着“终结旧体制”和“建立新体制”间的脱节，中国居民住房支付能力整体偏弱。而近年来住房市场的快速发展和住房价格的大幅上升,又进一步削弱了居民住房支付能力。特别是在东部地区城市,居民住房支付能力不足问题已经相当严重。这就凸显了政府各种公共住房政策工具的必要性和重要性。那么,这些政策工具是否发挥了预期作用?下面就将以住房公积金制度为例,对其在提升居民住房支付能力过程中发挥的作用进行理论分析和实证检验。

3 住房公积金制度对居民住房支付能力提升作用的理论分析

3.1 住房公积金制度包含政策工具的分解

住房公积金制度最早于1991年在上海市试行,之后逐步在全国范围内推广。1999年4月,国务院颁布施行《住房公积金管理条例》(第262号国务院令,以下简称《条例》),以法律形式在全国范围内正式确立了住房公积金制度。此后,2002年3月,国务院又对《条例》进行了修改。

图4对中国现行住房公积金制度的基本运行模式进行了概括。总体而言,中国现行住房公积金制度在很大程度上与新加坡"中央公积金(Central Provident Fund)"系统相类似,并一定程度上借鉴了德国等国家"住房储蓄银行"的特点。住房公积金被定义为一种长期性、义务性(强制性)住房储金,所有权属于职工个人,单位和职工均需要逐月、按职工工资一定比例向住房公积金系统缴纳住房公积金;缴存人在进行特定形式住房消费时,可以支取其已经缴纳的住房公积金,还可以以优惠利率获得"住房公积金贷款"支持;住房公积金系统通过决策机构(住房公积金管理委员会)和执行机构(住房公积金管理中心)对归集的缴存资金进行管理,并通过购买国债等形式实现归集资金的保值增值,同时接受来自地方政府、审计部门等的多重监督。对中国现行住房公积金制度具体运行和实施细则的更详细说明,可参见Wang(2001)、Buttimer(2004)等和Burell(2006)等学者的介绍。

对于图4所示的住房公积金制度,可以从不同角度进行分析和评价。对于本研究而言,关注重点在于其政策效果,亦即考察该制度是否充分实现了提升居民家庭(尤其是住房公积金缴存人)住房支付能力的既定目标,有效缓解了居民住房支付能力不足问题。从这个角度着眼,可以对图4所示制度进行进一步简化和抽象,按照对居民家庭(住房公积金缴存人)住房支付能力的支持渠道,将其概括为以下三种政策工具。

(1) 货币化补贴:住房公积金的单位缴存部分

住房公积金缴存额由职工个人缴存额和单位缴存额两部分组成,其月缴存额度分别等于职工本人月平均工资乘以一定的缴存比例(即"个人缴存比例"和"单位缴存比例"),两部分缴存额的所有权均属于缴存人。因此,住房公积金中的单位缴存部分本质上属于单位(在工资和已随工资发放的住房补贴以外)按月向职工支付的一种货币化补贴,定向用于支持职工住房消费。

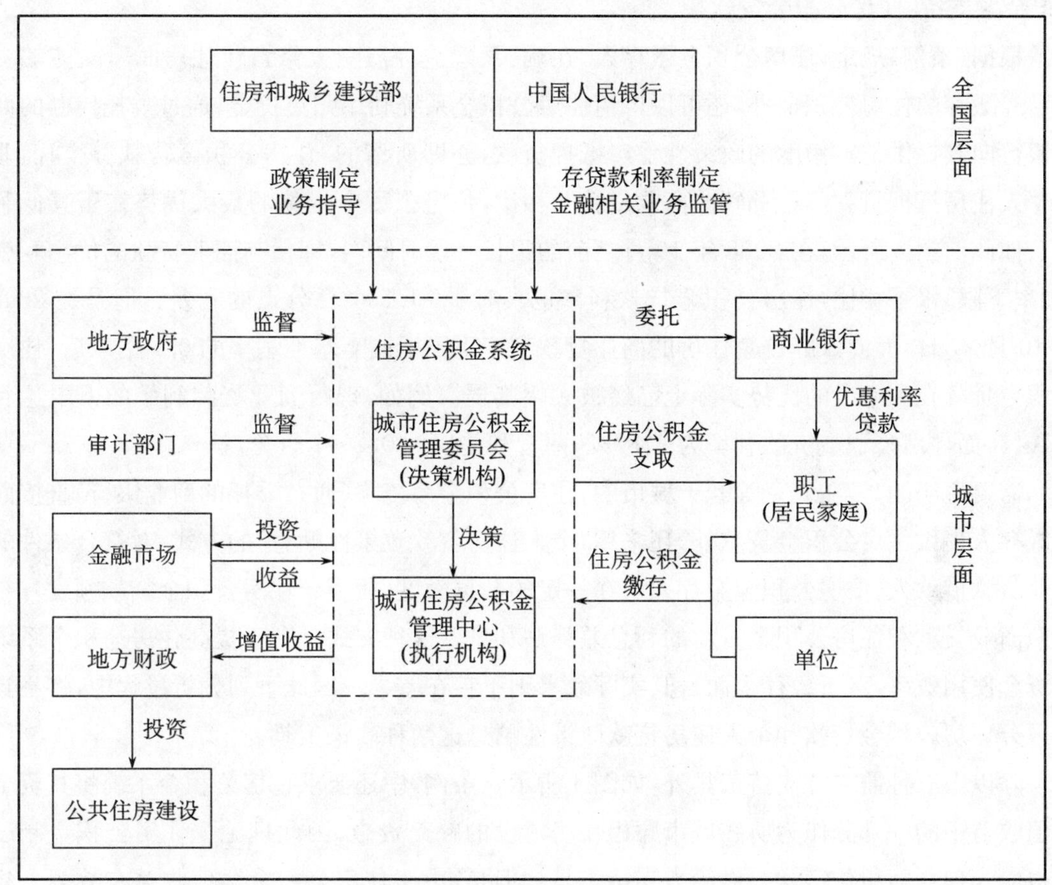

图 4 中国现行住房公积金制度基本运行模式

现行《条例》规定，单位缴存比例的下限值为 5%，同时允许各城市住房公积金管理委员会根据城市经济发展水平和住房市场发展状况自行决定本城市的单位缴存比例下限(不低于 5%)，并可根据条件变化逐年动态调整。例如，北京市 1995 年之前规定的单位缴存比例下限为 5%，此后三年中逐年上调 1 个百分点，至 1998 年达到 8%。2008 年，北京市住房公积金单位缴存比例下限值再次出现大幅度调整，上升至 12%。

(2) 税收激励:个人缴存部分的个人所得税减免

住房公积金中的个人缴存额属于职工工资的一部分，换言之，即使不存在住房公积金制度，职工也可以以工资形式直接获得这部分金额，因此住房公积金的个人缴存额部分不能完全视为一种补贴。但是，《条例》中同时规定，个人缴存比例不超过特定上限时(现行《条例》规定为 12%)，住房公积金个人缴存额部分免征个人所得税。这种税收激励同样有助于提高居民家庭的可支配收入水平，属于从税收渠道对居民住房支付能力的支持。

(3) 金融支持:住房公积金贷款

根据《条例》规定,住房公积金缴存人“在购买、建造、翻建、大修自住住房时”,除能够支取已经缴存的住房公积金外,还可以申请住房公积金系统利用归集资金,通过委托代办的商业银行向其提供一定额度的政策性住房抵押贷款,亦即所谓的“住房公积金贷款”。与商业性个人住房抵押贷款(以下简称“商业贷款”)相比,住房公积金贷款的最大优势在于其低利率。如此前图2所示,在2008年10月之前的很长一段时间内,即使与商业贷款的优惠利率(利率下限)水平相比,住房公积金贷款利率也具有1~1.5个百分点的利差。但是在2008年10月27日,面向家庭首套住房的商业贷款利率下限下调至基准利率的0.7倍以后,住房公积金贷款在利率上的优势实际上已经被大幅削弱。例如,现行商业贷款利率的下限达到4.16%,而住房公积金贷款利率为3.87%,两者利差仅为0.29个百分点。

需要说明的是,在北京等若干城市中,住房公积金系统除(通过委托的商业银行)直接面向缴存人提供住房公积金贷款外,还采用“个人住房贷款政策性贴息”的方式,对符合条件的商业贷款借款人(住房公积金缴存人),在一定的贴息额度(相当于住房公积金贷款额度)内,按照商业贷款和住房公积金贷款的利息差补贴利息。这种方式有利于提高住房公积金系统的资金使用效率,对于缴存人而言其实际效果则不存在差异。因此下列分析过程中,将不具体区分住房公积金贷款和个人住房贷款政策性贴息这两种政策工具。

除以上三种需求方支持工具外,如图4所示,《条例》中还要求住房公积金系统将其资金增值收益中的一部分作为所在城市廉租住房建设的补充资金,因此理论上住房公积金制度中也应当包含廉租住房这一供给方支持工具。但是,由于住房公积金增值收益在数额上相对有限,同时目前在使用住房公积金增值收益建设廉租住房的操作程序上缺乏明确规定,甚至在这一做法的合法性上尚存在诸多争议(曾筱清,翟彦杰,2006),因此迄今为止全国范围内实际用于廉租住房建设的住房公积金资金规模十分有限。同时,绝大多数城市的廉租住房分配过程中也不存在对住房公积金缴存人的定向倾斜(即使其建设过程中使用了住房公积金增值收益)。因此,下列分析和评价过程中将不涉及廉租住房这一供给端支持工具,而仅以前述三种需求方支持工具作为分析重点。

3.2 住房公积金对居民住房支付能力提升作用的理论分析

首先对由上述三项政策工具构成的住房公积金制度的理论作用进行测算和评价。仍以HAI指数为工具,重新测算各城市中位数收入家庭在住房公积金制度支持下对中位数价位住房的支付能力。其中,单位缴存额和个人所得税减免的理论作用表现为HAI指数计算过程中家庭收入水平 I_0 的提升,住房公积金贷款的理论作用则表现为住房抵押贷款利率 i 的下降。基于重新测算得到的HAI指数,与表2中给出的单纯市场化条件下的基准情况相结合，即可基于公共政策评价中常见的"充分性评价"和"投射—实施后对比评价"两种思路（图5），从绝对效果和相对效果两个角度对住房公积金制度的理论作用进行分析。

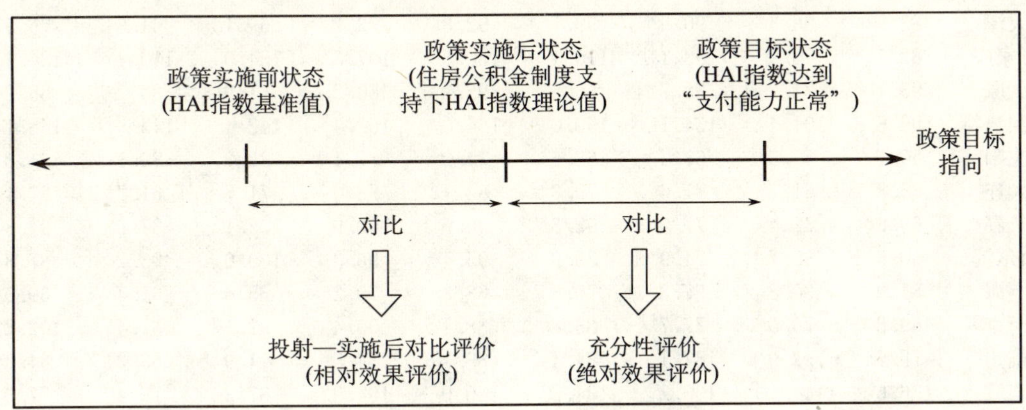

图 5　住房公积金制度理论效果的分析思路

以 2008 年北京市的情况为例进行说明，评价结果如表 3 所示。住房公积金制度中包含的三项工具对居民住房支付能力提升都具有显著作用。其中，住房公积金贷款的作用最为明显，对 HAI 指数提升幅度达到 14.55%；单位缴存额的效果次之，对 HAI 指数的提升幅度为 12.00%（亦即北京市规定的 2008 年住房公积金单位缴存比例）；个人缴存额对应的所得税减免的效果相对较弱，提升幅度仅为 1.85%。而在三种政策工具的综合作用下，2008 年北京市 HAI 指数由 36.3 提升至 47.3，提升幅度达到 30.42%。尽管从政策的绝对效果看，由于原有缺口过大，HAI 指数仍无法达到"支付能力正常"的区间，即仍存在较为严重的居民住房支付能力不足问题，但从相对效果看，居民住房支付能力仍得到了较大幅度提升，即住房公积金制度的理论作用仍然应当得到肯定。

表 3　住房公积金制度的理论效果分析（以 2008 年北京市为例）

	基准情况	仅考虑单位缴存额作用	仅考虑个人所得税减免作用	仅考虑住房公积金贷款作用	综合作用
HAI 指数	36.3	40.6	36.9	41.5	**47.3**
提升幅度	—	12.00%	1.85%	14.55%	**30.42%**

基于类似思路，表 4 对得到住房公积金支持后，35 个大中城市 HAI 指数的理论值进行了测算。在此基础上，图 6 进一步给出了住房公积金制度支持下各城市居民住房支付能力的理论分布情况。考虑到全国范围内住房公积金制度在 1999 年 4 月《条例》颁布后才得以正式建立，因此考察期仅自 2000 年起。

表 4 住房公积金制度作用下各城市 HAI 指数的理论值

	2000 年	2001 年	2002 年	2003 年	2004 年	2005 年	2006 年	2007 年	2008 年
北京	50.6	55.0	66.0	74.4	78.4	69.3	61.1	44.7	47.3
天津	83.9	86.8	90.9	99.7	92.3	73.7	69.1	64.6	75.9
石家庄	82.3	76.9	93.1	115.1	130.6	107.3	134.0	110.4	124.1
太原	95.1	71.2	88.7	86.5	92.2	80.2	81.9	80.2	88.2
呼和浩特	96.8	101.4	134.1	150.0	165.0	182.4	142.4	145.9	168.1
沈阳	50.1	55.2	63.7	68.6	74.0	77.1	82.0	89.1	94.8
大连	63.8	61.1	71.6	79.3	84.4	78.0	71.7	61.2	67.4
长春	69.5	62.4	77.0	92.3	96.5	100.9	102.1	87.3	94.3
哈尔滨	60.5	65.7	74.9	85.9	95.4	96.3	100.6	93.2	87.8
上海	81.9	80.8	77.8	70.4	68.3	70.2	65.6	61.4	69.0
南京	69.8	76.5	77.7	83.8	88.1	90.4	92.1	87.4	102.8
杭州	78.7	92.9	87.1	84.1	89.1	84.5	71.9	63.2	64.3
宁波	136.6	144.1	130.2	134.2	125.0	104.9	87.3	79.4	77.0
合肥	92.1	96.9	100.8	95.0	87.1	76.5	83.0	88.3	92.6
福州	92.8	93.8	106.9	107.3	107.7	105.9	78.0	71.0	72.6
厦门	91.2	100.4	108.3	101.1	93.0	98.1	64.5	54.2	53.2
南昌	95.5	91.7	100.1	88.9	85.1	95.6	82.5	80.1	91.9
济南	103.7	114.0	114.1	112.6	99.7	101.8	104.7	103.5	102.8
青岛	101.3	105.3	98.4	103.2	94.9	84.5	85.2	74.6	90.5
郑州	66.9	73.2	84.4	94.1	104.3	92.4	95.9	85.8	88.8
武汉	89.3	90.5	93.3	97.2	91.9	90.0	78.1	68.4	75.8
长沙	96.2	108.6	122.9	128.5	143.1	142.4	125.1	105.7	117.8
广州	76.0	78.9	86.9	87.2	89.5	82.9	70.6	59.0	61.6
深圳	89.2	93.3	109.2	109.1	71.7	79.0	56.1	39.0	43.2
南宁	88.5	85.7	95.2	99.3	90.0	93.6	91.6	82.9	104.2
海口	77.5	86.3	89.3	89.3	93.2	85.6	87.3	75.6	64.9
重庆	127.1	130.9	131.9	143.9	137.4	135.9	124.1	112.8	114.0
成都	103.9	107.8	116.7	117.5	108.7	110.3	82.0	74.7	72.4
贵阳	99.2	110.3	113.5	106.1	125.7	119.8	116.2	101.7	99.1
昆明	82.4	72.2	79.3	86.3	88.6	89.7	88.3	87.4	84.0
西安	94.8	78.4	85.0	92.9	82.0	63.8	77.3	82.1	77.2
兰州	82.6	87.1	103.0	99.6	86.3	88.7	83.1	74.6	80.7
西宁	89.0	103.3	118.1	113.6	112.6	113.0	109.7	100.3	96.9
银川	90.3	87.8	82.7	85.1	90.2	93.3	97.7	108.7	105.3
乌鲁木齐	96.4	96.5	108.2	113.6	110.4	113.4	114.4	92.3	81.8
东部平均	**83.1**	**88.3**	**91.9**	**93.6**	**90.0**	**85.7**	**76.5**	**68.5**	**72.5**
提升幅度	**19.6%**	**20.3%**	**20.7%**	**20.6%**	**21.3%**	**22.1%**	**23.0%**	**25.2%**	**24.6%**
中部平均	**84.8**	**84.0**	**96.8**	**103.0**	**107.4**	**105.2**	**101.6**	**93.5**	**101.8**
提升幅度	**18.1%**	**18.4%**	**18.8%**	**19.1%**	**19.7%**	**20.5%**	**22.7%**	**24.6%**	**23.4%**
西部平均	**96.2**	**97.2**	**104.3**	**106.5**	**104.7**	**103.1**	**99.2**	**92.8**	**90.2**
提升幅度	**18.0%**	**18.2%**	**18.6%**	**18.7%**	**19.5%**	**20.8%**	**21.6%**	**23.5%**	**22.4%**
全国平均	**87.0**	**89.2**	**96.6**	**99.9**	**99.2**	**96.3**	**90.2**	**82.6**	**86.3**
提升幅度	**18.6%**	**19.1%**	**19.5%**	**19.6%**	**20.3%**	**21.2%**	**22.5%**	**24.5%**	**23.6%**

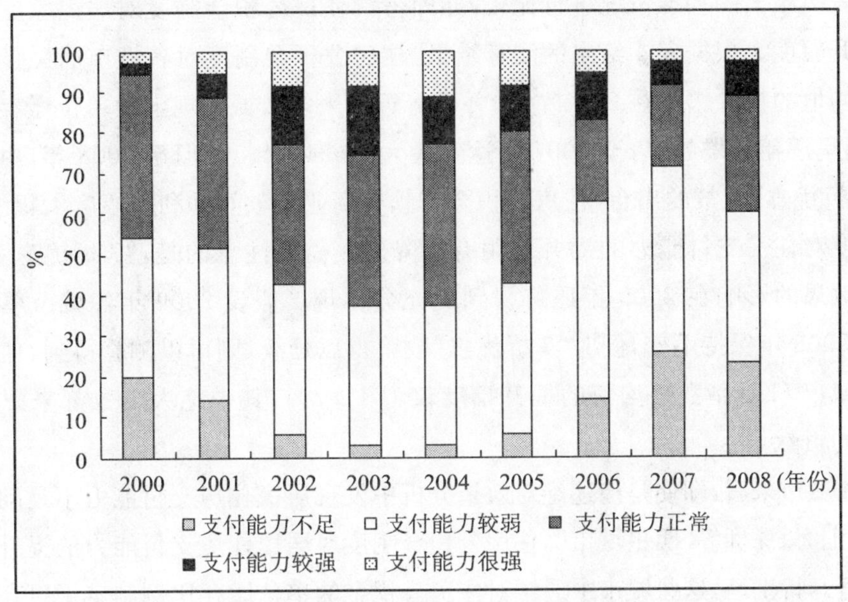

图6 住房公积金制度作用下各城市居民住房支付能力的理论分布情况

(1) 基于"充分性评价"的分析思路，将住房公积金制度政策效果与既定政策目标(定义为 HAI 指数达到"支付能力正常"区间)进行对比。在住房公积金制度的支持下，2002～2006 年，35 个城市 HAI 指数平均值已经进入"支付能力正常"区间，此前(2000～2001 年)和此后(2007～2008 年)的一段时间内，尽管从各城市整体情况看居民住房支付能力偏弱问题仍然存在，但评价结果也已经接近于"支付能力正常"区间的下界。从具体城市分布看(图 6)，2002～2005 年，考察的 35 个城市中超过半数城市居民住房支付能力整体处于"支付能力正常"及以上区间，其他年份中这一比例也多数在 40%以上(除 2007 年外)。这表明，从政策的绝对效果角度考察，如果住房公积金制度中所包含各种工具的预期作用都得到充分发挥，就全国范围看，多数城市在多数年份中其居民已经能够具备正常的住房支付能力，既定政策目标能够得到较好的实现。

但同时也需要注意到，城市间差异仍然十分明显。东部地区城市(尤其是北京、上海、深圳、广州等"明星城市"为代表的沿海地区城市)由于原有缺口过大，即使得到住房公积金制度的支持，居民住房支付能力不足问题仍然较为严重。例如，2007 年深圳和北京的 HAI 指数分别仅为 39.0 和 44.7，远低于各城市平均水平。这意味着，对于这些"明星城市"而言，即使在理想情况下，单纯的住房公积金制度也仍不足以完全解决居民住房支付能力不足问题，而必须辅以公共住房供给等其他政策工具。

(2) 基于"投射—实施后"的对比评价思路，将住房公积金支持下居民家庭的住房支付能力与表2给出的基准情况进行比较,亦即考察住房公积金制度对居民家庭住房支付能力的提升幅度。根据表4给出的测算结果,住房公积金制度对各城市居民住房可支付性指数平均值的提升幅度在20%左右,并随着近年来多数城市规定的单位缴存比例下限的提高,而呈逐年递增趋势,至2007年达到最大值(24.5%)。但至2008年,由于年末商业贷款“7折优惠”政策的出台,住房公积金贷款与商业贷款间的利差幅度大幅缩减,住房公积金制度对住房支付能力的提升作用有所降低。需要注意的是,“7折优惠”政策对住房公积金效果的影响在2009年还将得到更充分体现。假设2009年各城市单位缴存比例下限与2008年保持不变,同时“7折优惠”政策得以延续,则可以测算得到,住房公积金制度对各城市HAI指数平均值的提升幅度仅为11.7%,其中绝大多数都来源于单位缴存额部分的贡献。

就具体城市来看,即使是前述绝对效果分析中发现居民住房支付能力不足问题仍然存在的北京、上海、深圳等“明星城市”,住房公积金制度对居民住房支付能力的提升作用也仍然十分显著。特别地,这些城市中通常对住房公积金的单位缴存比例制定了更高的下限要求,因此住房公积金制度对这些城市居民住房支付能力的提升作用可能更为明显。例如,根据表3给出的测算结果,2008年住房公积金制度对北京市居民住房支付能力的理论提升幅度达到30.4%,明显高于35个城市23.5%的平均水平。基于类似原因,从表4给出的测算结果中也可以看出,各年份东部地区城市HAI指数平均值的提升幅度均略高于中、西部地区城市。

综合“充分性评价”角度的政策绝对效果评价结果和“投射—实施后”角度的政策相对效果评价结果,理论上,如果现行住房公积金制度中包含的各种政策工具的作用能够得到充分发挥,则居民家庭的住房支付能力整体水平将得到显著提升,并促使多数城市居民在整体上具备充足的住房支付能力。这表明,从政策设计的初衷看,住房公积金制度的相关政策设计和安排是合理的。

但是,住房公积金制度的实际实施效果与上述理论分析之间仍可能存在差异。一方面,上述理论测算过程中设定的若干参数在现实条件下可能无法严格成立。例如,现实操作中缴存人可以申请的住房公积金贷款额度除受到贷款价值比条件的限制外,还取决于其住房公积金已缴存额,同时各城市还对贷款额度制定了特定上限,这些都可能使得住房公积金贷款的实际作用低于理论测算结果。再如,相当部分单位实际为职工缴存住房公积金的比例可能高于该城市规定的下限(最典型的如,多数城市针对政府和事业单位制定的住房公积金缴存比例,均显著高于其规定的下限),这又可能使得住房公积金制度的实际作用高于理论测算结果。上述各种因素相互叠加,各城市住房公积金发挥的实际作用与理论测算结果间可能存在显著差异。另一方面,上述理论测算以各城市中位数收入家庭作为分析对象(代表性家庭)，而忽略了住房公积金制度对不同收入水平家庭支持作用的差异性。这些问题都需要通过对政策效果的现实评价来加以解决。

4　住房公积金制度对居民住房支付能力提升作用的实证检验

4.1　调研和数据

2007 年 12 月，在住房和城乡建设部的支持下，清华大学房地产研究所对天津、大连、南宁三个城市住房公积金制度实施情况进行实地调研。如表 5 所示，三城市既都属于在区域乃至全国范围内具有重要影响力的特大型城市，又在经济发展水平、住房公积金制度发展程度等方面存在显著差异，具有较好的代表性。同时，根据表 2 中给出的 HAI 指数测算结果，这三个城市都存在较为严重的居民住房支付能力不足问题，适合于考察住房公积金制度在提升居民支付能力方面发挥的作用。

表 5　2007 年天津、大连、南宁三城市概况

	天津	大连	南宁
常住人口(万人)	1 115.0	608.0	682.5
GDP(亿元)	5 018.3	3 131.0	1 063.0
居民人均可支配收入(元)	16 357	15 109	11 877
新建商品住房平均价格(元/平方米)	5 272	5 252	3 161
HAI 指数	50.4	47.8	62.2
住房公积金缴存人数(万人)	206.4	78.9	29.3
住房公积金累计归集金额(亿元)	555.2	252.6	48.3
住房公积金贷款余额(亿元)	254.7	88.9	14.7
住房公积金制度支持下 HAI 指数理论值	64.6 (提升 28.17%)	61.2 (提升 28.03%)	82.9 (提升 33.28%)

资料来源：各城市《2007 年国民经济和社会发展统计公报》、《2007 年住房公积金制度执行情况报告》。

为满足对住房公积金制度实际效果的实证检验需要，在当地住房公积金管理中心的配合下，调研组对三城市住房公积金缴存人信息库进行抽样。抽样过程中，以该城市截至 2007 年 12 月时仍然处于正常缴存状态的住房公积金缴存人作为样本总体，采取单层随机抽样方式，按一定比例进行随机抽取。其中，根据各城市缴存人规模和信息系统条件差异，三城市抽样比例分别设定为 2%、5%和 1%。经过抽样，并剔除少数信息严重缺失的样本后，天津、大连和南宁三个城市得到的缴存人信息分别为 28 354 条、32 165 条和 3 702 条。

每一条缴存人信息中,均包含其个人编码、单位编码、单位属性、工资、(2007 年)个人月缴存额和(2007 年)单位月缴存额等变量。同时,如果该缴存人在 2007 年 12 月之前曾经申请住房公积金贷款,则信息中还包含其贷款时间、购房总价、住房公积金贷款金额、贷款期限和还款状态。作者基于单位属性和工资两项变量,对各城市抽样结果与缴存人信息库全样本的一致性程度进行了检验。检验结果表明,各城市抽样样本均能够很好地代表该城市缴存人信息库全样本的情况。

4.2 住房公积金缴存人等效补贴额的测算方法

作为一项微观层面测算,在对三城市住房公积金制度实际效果进行实证评价时,不再沿用前述 HAI 指数指标,而采取了对缴存人从住房公积金制度中获得的支持进行货币化,测算"等效补贴额度"的方法。其中"等效补贴额度"定义为,如果缴存人 i 获得住房公积金制度支持,与每月直接给予缴存人额度为 $SUBSIDY_i$ 的现金,在提升其住房支付能力方面能够达到完全相同的效果,则可以将 $SUBSIDY_i$ 定义为缴存人 i 从住房公积金制度中获得的月等效补贴额。在此基础上,将测算得到的 $SUBSIDY_i$ 与该缴存人原工资水平相结合,即可从"投射—实施后"的对比评价思路,对住房公积金制度在提升缴存人住房支付能力方面发挥的实际效果进行定量评价。

与理论分析过程类似,对缴存人所受等效补贴额度的测算,同样针对住房公积金制度中包含的三项政策工具分别展开。

(1) 单位缴存额

根据前面的分析,住房公积金单位缴存部分可以全部视为缴存人获得的货币化补贴。换言之,缴存人 i 从这一政策工具中获得的等效补贴额 $SUBSIDY_{1,i}$,等价于其单位缴存额,即:

$$SUBSIDY_{1,i} = FUND_{DANWEI,i} \tag{4}$$

其中:$FUND_{DANWEI,i}$代表缴存人 i 所在单位为其实际缴纳住房公积金的金额。

(2) 个人所得税减免

根据前面的分析,住房公积金个人缴存部分所对应的个人所得税减免额,可以视为缴存人获得的货币化补贴。则缴存人从这一政策工具中获得的等效补贴额 $SUBSIDY_{2,i}$ 为:

$$SUBSIDY_{2,i} = WAGE_i * TRATE - (WAGE_i - FUND_{PERSONAL,i}) * TRATE' \tag{5}$$

其中:$WAGE_i$ 代表缴存人 i 的月工资收入;$FUND_{PERSONAL,i}$代表该缴存人个人实际缴纳住房公积金的金额;$TRATE$ 和 $TRATE'$分别代表两种收入水平所对应的个人所得税税率。

(3) 住房抵押贷款利率节约额

假设是否能够获得住房公积金贷款并不影响缴存人申请的住房抵押贷款额,换言之,如果无法获得住房公积金贷款，贷款人将以等额的商业贷款替代住房公积金贷款，则住房公积金贷款对应的利息节约额可以视为缴存人从住房公积金政策中获得的净补贴额。因此，缴存人从这一政策工具中获得的等效补贴额 $SUBSIDY_{3,i}$ 可以表示为：

$$SUBSIDY_{3,i} = \text{INTEREST}(RATE, M_i, PERIOD_i) - \text{INTEREST}(RATE', M_i, PERIOD_i) \tag{6}$$

其中，INTEREST($RATE, M_i, PERIOD_i$)函数表示总额为 M_i 的住房抵押贷款，在年利率为 $RATE$、贷款期限为 $PERIOD_i$ 年的条件下的月还款额；$RATE$ 和 $RATE'$ 分别代表商业贷款和住房公积金贷款利率。

基于上述三部分测算结果，可以对缴存人从住房公积金制度中实际得到的补贴额度进行汇总。其中，如果缴存人已经利用住房公积金贷款购买住房，则其接受补贴的总额度为上述三部分之和，否则只包含前两部分，即：

$$SUBSIDY_i = \begin{cases} SUBSIDY_{1,i} + SUBSIDY_{2,i} + SUBSIDY_{3,i} & \text{使用住房公积金贷款} \\ SUBSIDY_{1,i} + SUBSIDY_{2,i} & \text{未使用住房公积金贷款} \end{cases} \tag{7}$$

基于上述方法，即可利用抽样得到的三城市缴存人数据，具体测算每一位缴存人 2007 年从住房公积金制度中获得的等效补贴额，作为评价住房公积金实际效果的依据。

4.3 针对全体缴存人的整体评价结果

基于抽样数据，首先对各城市 2007 年住房公积金缴存人所获等效补贴额的整体情况进行分析，结果如表 6 所示。其中，除针对已贷款缴存人、未贷款缴存人和全部缴存人三种口径，分别计算其从三种政策工具中所获等效补贴金额和从住房公积金制度中所获补贴总额的平均值(以及各项工具对应补贴金额在总额中所占比重)外，还与缴存人平均工资相结合，计算了住房公积金制度对缴存人住房支付能力的提升幅度。

表 6 三城市住房公积金缴存人直接受益额平均值

	天津(贷款比例 15.08%)			大连(贷款比例 14.84%)			南宁(贷款比例 6.27%)		
	已贷款缴存人	未贷款缴存人	全部缴存人	已贷款缴存人	未贷款缴存人	全部缴存人	已贷款缴存人	未贷款缴存人	全部缴存人
$SUBSIDY_1$	549.52 (72.15%)	333.06 (89.16%)	356.37 (85.80%)	466.13 (78.70%)	295.21 (93.11%)	320.57 (89.57%)	440.50 (79.47%)	273.64 (92.84%)	284.10 (91.34%)
$SUBSIDY_2$	84.44 (11.09%)	40.50 (10.84%)	45.23 (10.89%)	48.85 (8.25%)	21.84 (6.89%)	25.86 (7.23%)	43.80 (7.90%)	21.11 (7.16%)	22.54 (7.25%)

续表

	天津(贷款比例15.08%)			大连(贷款比例14.84%)			南宁(贷款比例6.27%)		
	已贷款缴存人	未贷款缴存人	全部缴存人	已贷款缴存人	未贷款缴存人	全部缴存人	已贷款缴存人	未贷款缴存人	全部缴存人
$SUBSIDY_3$	127.63 (16.76%)	0.00 (0.00%)	13.74 (3.31%)	77.29 (13.05%)	0.00 (0.00%)	11.47 (3.20%)	70.03 (12.63%)	0.00 (0.00%)	4.39 (1.41%)
SUBSIDY	761.59	373.56	415.34	592.38	317.05	357.90	554.33	294.75	311.02
平均工资	4 022.57	2 600.86	2 753.95	3 149.55	2 106.64	2 261.40	2 871.21	1 959.97	2 017.08
提升幅度	**18.93%**	**14.36%**	**15.08%**	**18.81%**	**15.05%**	**15.83%**	**19.31%**	**15.04%**	**15.42%**

注:括号中为各政策工具对应等效补贴额在总额中所占比例。

基于测算结果,尽管各城市住房公积金缴存人获得的等效补贴额在绝对水平上存在显著差异,但结合缴存人工资水平进行考察后可以发现,住房公积金制度在三个城市中发挥了相近的作用。在包含住房公积金贷款的贡献后,住房公积金制度对三城市中已贷款缴存人的等效补贴额度均约相当于缴存人月工资的19%,而未贷款缴存人住房支付能力的提升幅度则在14%~15%。汇总两类缴存人后,三城市中住房公积金制度对全体缴存人住房支付能力的提升幅度集中在15%~16%。与表5中给出的理论分析结果相比,住房公积金制度对三城市缴存人支付能力的实际提升幅度显著低于理论值,但该提升作用仍然十分可观,能够有效地改善缴存人家庭的住房支付能力。

从三种政策工具的贡献程度看,与表3中以北京为例进行的理论测算结果存在显著差异的是,单位缴存额部分所发挥的实际作用居于绝对主导地位。即使对于已经使用住房公积金贷款的缴存人而言,单位缴存额部分对应的等效补贴额所占比重也稳定在70%~80%,对于未贷款缴存人其比重更是高达90%左右。相比之下,住房公积金贷款的实际作用大幅低于理论预期。一方面,三城市中,贷款比例最高的天津市也仅有15.08%的缴存人已经使用了住房公积金贷款,比例最低的南宁市则仅有6.27%。另一方面,即使对于已经使用住房公积金的缴存人,由于多数贷款实际在贷款额度、贷款期限等方面均大幅低于理论上限,因此缴存人实际受补贴额度也相对较低。在上述两方面因素共同作用下,住房公积金贷款作用十分有限,其贡献比重甚至低于个人所得税减免。这也是造成住房公积金制度对居民住房支付能力的提升作用低于理论水平的主要原因。

4.4 针对各收入组的细分评价结果

在总体评价的基础上,进一步按缴存人工资水平将抽样样本划分为十个等分,分别考察住房公积金制度对不同收入水平缴存人的支持情况。首先以天津为例进行说明,表7给出了各收入组缴存人从住房公积金制度中获得的等效补贴额情况。

表 7 住房公积金制度对不同收入水平缴存人的支持程度比较(天津市)

收入组	单位缴存额		个人所得税减免	住房公积金贷款		等效补贴额合计	平均工资	提升幅度
		缴存比例			贷款比例			
1	71.49	9.97%	0.00	1.25	2.01%	72.74	706.18	10.30%
2	111.60	10.63%	0.00	2.34	2.96%	113.93	1 049.78	10.85%
3	143.03	11.07%	0.08	4.24	5.15%	147.35	1 291.27	11.41%
4	183.30	11.42%	7.27	5.48	6.46%	196.05	1 605.29	12.21%
5	226.81	11.69%	15.75	7.12	7.58%	249.68	1 939.16	12.88%
6	286.77	12.34%	28.68	9.94	9.87%	325.39	2 319.09	14.03%
7	368.16	13.17%	36.82	16.18	12.98%	421.15	2 793.51	15.08%
8	468.60	13.62%	60.97	23.36	17.56%	552.93	3 436.54	16.09%
9	614.66	13.71%	92.20	28.05	19.79%	734.91	4 484.58	16.39%
10	1 089.07	13.79%	210.52	39.46	23.31%	1 339.05	7 912.67	16.92%

根据表 7,缴存人从三种政策工具中获得的等效补贴额水平,均与其工资水平存在密切联系。联系此前对三种政策工具的理论分析可以发现,这一现象实际上与其制度性安排是密切相关的。单位缴存额方面,高收入缴存人不仅具有更高的缴存基数,而且如表 7 所示,由于这部分缴存人所在单位通常具有更好的经济效益,其在缴存比例方面也具有显著优势(最高收入十分组缴存人的单位缴存比例平均值较最低收入十分组超出近四个百分点),因此最终的等效补贴额存在明显的梯级递增。个人所得税减免方面,与世界多数国家一样,中国现行个人所得税采用包含起征点的累进税率制。相应地,处于三个最低收入十分组的缴存人因为月收入水平未达到起征点,几乎完全无法获得这部分补贴。相反,缴存人收入水平越高,其对应的个人所得税率越高,从中得到的补贴额度就越大。特别地,最高收入十分组缴存人从税收优惠中获得的等效补贴额达到平均水平的近四倍。住房公积金贷款方面,高收入缴存人不仅购买住房的概率较大(最高收入十分组缴存人使用住房公积金贷款概率约为最低收入十分组的十倍),同时其所购住房总价也通常更高,申请贷款额度更高,相应地其受补贴额度也更大。

这也决定了缴存人从住房公积金制度中获得的等效补贴总额必然随其工资水平的增长而递增。根据表 7 给出的结果,各收入组缴存人获得等效补贴总额依次递增,最高收入十分组缴存人所获补贴总额平均值约为最低收入十分组的 18.41 倍。以补贴总额与缴存人收入比重进行衡量时,该比例依然随收入增长而呈递增趋势,但各收入组间差距有所缩小,最高收入十分组缴存人所获补贴总额占月工资比例较最低收入十分组缴存人高出约 6.5 个百分点。

同样的问题也存在于大连和南宁。如图 7 和图 8 所示,与天津市情况相似,无论是以住房公积金制度等效补贴额的绝对水平,还是以补贴额相当于缴存人月工资的比例衡量,住房公积金制度对缴存人的支持程度都呈现出随缴存人原工资水平增长而递增的趋势。在南宁市这种差异尤为显著,最高收入十分组缴存人所获等效补贴额平均值为最低收入十分组的近 52 倍,同时在补贴额占月工资比例方面的差距也达到近九个百分点。

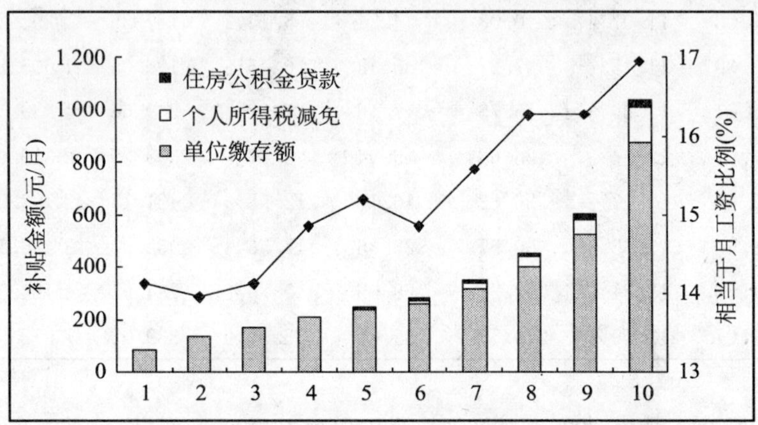

图 7 住房公积金制度对不同收入水平缴存人的支持程度比较(大连市)

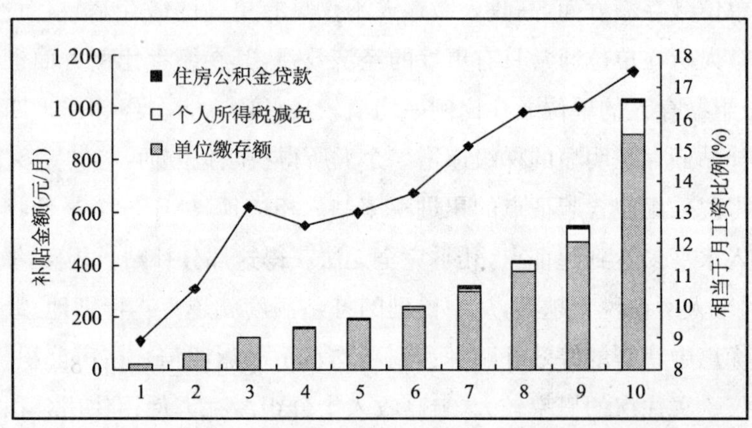

图 8 住房公积金制度对不同收入水平缴存人的支持程度比较(南宁市)

这种住房公积金支持力度随缴存人收入水平递增的现象,在很大程度上限制了住房公积金制度的实际作用。尽管前述整体分析(包括理论分析和实证检验)中发现,住房公积金制度在提升居民住房支付能力、缓解居民住房支付能力不足问题上能够发挥显著作用,但针对细分收入组的深入分析表明,这种支持作用更多的为中、高收入群体所获得。相反,作为公共住房政策支持重点的中低收入群体，其从住房公积金制度中获得的支持力度，不管是在绝对数额上还是在相对提升幅度上都十分有限，因此其住房支付能力不足问题很有可能无法得到有效缓解。这也与此前世界银行2006年11月《中国经济季报》中，对中国住房公积金制度实施效果的理论评价相一致(世界银行，2006)。

更重要的是，这导致住房公积金制度不仅没有发挥调节收入分配、缩小贫富差距的作用，反而起到了相反的效果。以国际范围内通行的基尼系数作为衡量收入分配差距程度的指标，根据三城市抽样得到的住房公积金缴存人样本计算得到的各城市基尼系数如表8所示。可以看到，各城市住房公积金缴存人范围内的基尼系数分布在0.356～0.412，已经接近甚至超过了一般认为的基尼系数"警戒线"(0.40)，反映了业已存在的较为明显的贫富差异问题。而考虑住房公积金等效补贴额作用后，各城市基尼系数不仅没有降低，反而进一步上升了0.5～1.0个百分点，即贫富差异程度被进一步加大。这种横向不公平性也成为住房公积金制度当前在国内受批评最多的问题之一。特别是其中具有"二次分配"属性的部分，包括具有政府补贴特征的个人所得税减免和具有"互助"特征的住房公积金贷款，其实际收益也明显偏向于中、高收入缴存人群体，这更容易引发中低收入缴存人的不满。

表8 2007年天津、大连、南宁住房公积金缴存人月工资分布的基尼系数

	天津市	大连市	南宁市
不包含住房公积金等效补贴额	0.384	0.356	0.412
包含住房公积金等效补贴额	0.394	0.361	0.420

5 结论

中国过去十余年时间内的住房制度改革，在极大促进住房市场发展和带动经济增长的同时，由于新体制和旧体制之间尚未能实现完全衔接，客观上也加大了发生居民住房支付能力不足问题的潜在可能性。基于HAI指数的评价结果表明，就考察的35个大中城市而言，居民住房支付能力偏弱确实是一个普遍存在的、较为突出的社会性问题，部分城市甚至已经出现了严重的居民住房支付能力不足问题。这就要求中国政府在公共住房政策方面发挥更为重要的作用。而对住房公积金制度效果的理论分析和实证检验则发现，住房公积金制度在整体提升居民(缴存人)住房支付能力方面确实发挥了显著作用，在一定程度上缓解了缴存人住房支付能力不足问题。但是，这种提升效果更多的体现在中、高收入缴存人群体中，对作为公共住房政策重点目标的中低收入群体的支持作用则十分有限。

这就需要政府管理者更加明晰各种政策工具在公共住房政策整体体系中的定位。住房公积金制度带有明显的“普惠性”特征,在当前中国居民住房支付能力总体偏弱的背景下,它能够在整体提升全体居民(缴存人)住房支付能力方面发挥显著效果,因此在当前阶段中具有重要作用。但是,住房公积金制度自身的特征决定了它难以对中低收入家庭实现重点支持,难以成为解决中低收入家庭住房问题的主要途径,因此政策体系中必须包括公共住房供给、租金补贴等定向提升中低收入家庭住房支付能力的“特惠性”工具。只有将“普惠性”的住房公积金制度与“特惠性”的公共住房等政策工具相结合,既全面提升,又重点支持(保障),才能真正服务于全体居民“住有所居”目的的实现。甚至于可以预期,随着中国经济的进一步发展和全体居民住房支付能力整体水平的进一步提升,未来住房公积金制度的作用可能会被逐步弱化(或者出现重大调整),相反公共住房、租金补贴等针对中低收入家庭的定向支持工具(住房保障工具)会逐渐在公共住房政策体系中居于主导地位。

与此同时,现阶段住房公积金制度在自身机制安排上也有必要进行调整,特别是避免具有二次分配属性的补贴部分过多的为中、高收入群体所享有,同时努力丰富对中低收入缴存人的支持渠道,从而降低住房公积金制度自身的横向不公平程度。具体措施可能包括:对个人缴存额所得税减免实施更为严格的上限要求;在发放住房公积金贷款过程中,针对不同收入水平,或购买不同总价水平住房的缴存人,采取差异化贷款条件,使利息减免额更多地向中低收入家庭倾斜;针对租住住房的中低收入家庭发放租金补贴,或在廉租住房等公共住房的分配过程中提高住房公积金缴存人的轮候位次;等等。其中的部分措施(如租金补贴)目前已经开始在个别城市中试行。

参考文献

[1] Burell, M. (2006) China's Housing Provident Fund: Its Success and Iimitations. *Housing Finance International*, 20(3): 38-49.

[2] Buttimer, J. R., A. Y. Gu and T. T. Yang (2004) The Chinese Housing Provident Fund. *International Real Estate Review*, 7(1): 1-30.

[3] Gyourko, J. and J. Tracy (1999) A Look at Real Housing Prices and Incomes: Some Implications for Housing Affordability and Quality. *Economic Policy Review*, (Sep): 63-77.

[4] Linneman, P. D. and I. F. Megbolugbe (1992) Housing Affordability: Myth or Reality? *Urban Studies*, 29(3-4): 369-392.

[5] Quigley, J. M. and S. Raphael (2005) Is Housing Unaffordable? Why isn't it More Affordable? *Journal of Economic Perspectives*, 18(1): 191-214.

[6] Wang, Y. P. (2001) Urban Housing Reform and Finance in China: A Case Study of Beijing. *Urban Affairs Review*, 36(5): 620-645.

[7] 贾康,刘军民(2007)“中国住房改革背景的住房保障:演进与发轫”,《改革》,(4):5-19。

[8] 世界银行(2006)《中国经济季报》,www. worldbank. org. cn。

[9] 魏杰,王韧(2007)“我国住房制度的改革路径:基于住房商品的特殊性质”,《经济体制改革》,(2):5-11。

[10] 吴璟,刘洪玉(2007)“住房价格的合理范围测度:36个城市数据”,《改革》,(4):56-61。

[11] 曾筱清,翟彦杰(2006)“我国住房公积金的法律属性及其管理模式研究”,《金融研究》,(8):154-164。

[12] 郑思齐(2007)《住房需求的微观经济分析:理论与实证》,北京:中国建筑工业出版社。

“城中村”住房问题:现状分析与政策建议

郑思齐　任荣荣

1　引言

纵观各个国家或地区的城市化进程,非正式住房,如西方国家的城市贫民窟和中国的“城中村”,是城市化过程中的一种普遍现象。联合国人类居住规划署的报告(UN-HABITAT,2003)表明,2001年全球有31.6%的城市人口居住在贫民区,该比例在发展中国家为43%,在发达国家为6%。在中国,随着不断加快的城市化进程,目前在城市中生活和工作的移民已约2亿人①,其中很大一部分来自于农村和城市远郊的农民工,在城市中从事低端服务业、制造业和建筑业的工作,以租房的方式在务工地及周边的“城中村”、建筑工棚和不宜住人的地下室等廉价住房中集聚居住,居住拥挤、市政基础设施匮乏、犯罪率高度集中。“城中村”与城市主流社会隔离,严重破坏城市面貌和社会和谐,被称为“城市的伤疤”②。对于“城中村”问题,目前有许多政策上和学术上的讨论,其中之一就是政府是否应该清除这些“伤疤”。这些住房对城市形象产生负面影响,但同时又为急速增长的城市经济容纳了大量的农村廉价劳动力,清除它们无疑将增加城市经济增长的成本,这往往使政府处于两难的境地。因此,有必要对“城中村”住房问题进行深入分析。

本文基于“北京‘城中村’外来务工人员生活与居住状况”调查问卷③,以“城中村”住房为主要研究对象,探讨“城中村”住房现状、问题并提出相应的政策建议。研究致力于回答以下几个问题:第一,“城中村”住房中容纳了什么样的人?第二,“城中村”住房状况如何?第三,“城中村”住房在城市经济增长中起到了怎样的作用?在此基础上,文章对“城中村”改造

---

① 根据人力资源和社会保障部发布的信息,2009年农民工数量为2.2亿(http://finance.qianlong.com/30055/2009/01/21/2530@4840468.htm)。

② 它们能否被称为中国城市的“贫民区”,尚存在政治上和学术上的争论。

③ 2008年8月至9月,清华大学房地产研究所和北京市城市规划设计研究院组织的北京“城中村”生活与居住状况调研项目。本次调研共收集到样本988个,经有效性筛选后剩余样本个数756个,样本有效率为76.5%。

问题进行了初步探讨。需要指出的是,“城中村”等廉价住房并非中国的特有现象。类似的城市问题在国外城市化过程中也有出现,如美国衰败的内城黑人聚居区、拉美及亚洲发展中国家大城市中的“贫民窟”等。根据研究,在低收入和偏低收入的发展中国家的城市里,贫民区中的住房占了很大的比重(分别为64%和27%)。因此本研究对于发展中国家的住房政策也具有更为一般的意义。

2 “城中村”住房中的人群特征

2.1 “城中村”是农村移民的聚居区,86.5%拥有农业户口

从图1中可以很清晰地看到,“城中村”中外来务工者大多是农业户口,占到86.5%,小部分非农业户口务工者大多来自较小的城镇。这体现了农村剩余劳动力向城市的转移,同时也在一定程度上说明“城中村”是农村移民的聚居区。从来源地上来看,来自河南、河北、山东三省的人口占样本总数的48.3%,可见,空间距离和交通成本是外来务工者进行迁移地选址的重要考虑因素。

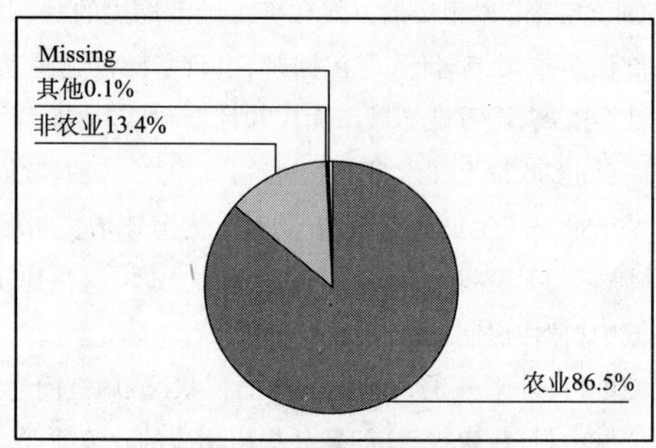

图1 “城中村”外来务工者的户籍性质

2.2 70%的“城中村”外来务工者是青壮年,为城市生产部门提供了壮劳力

“城中村”外来务工者中,男性占66.9%,高于北京市常住人口中的男性比例(51.5%,第五次全国人口普查数据)。从年龄分布来看,“城中村”的外来务工人员年龄主要集中在20～45岁。由图2可以看出,“城中村”外来务工人员和北京整体人口的年龄分布有一定差

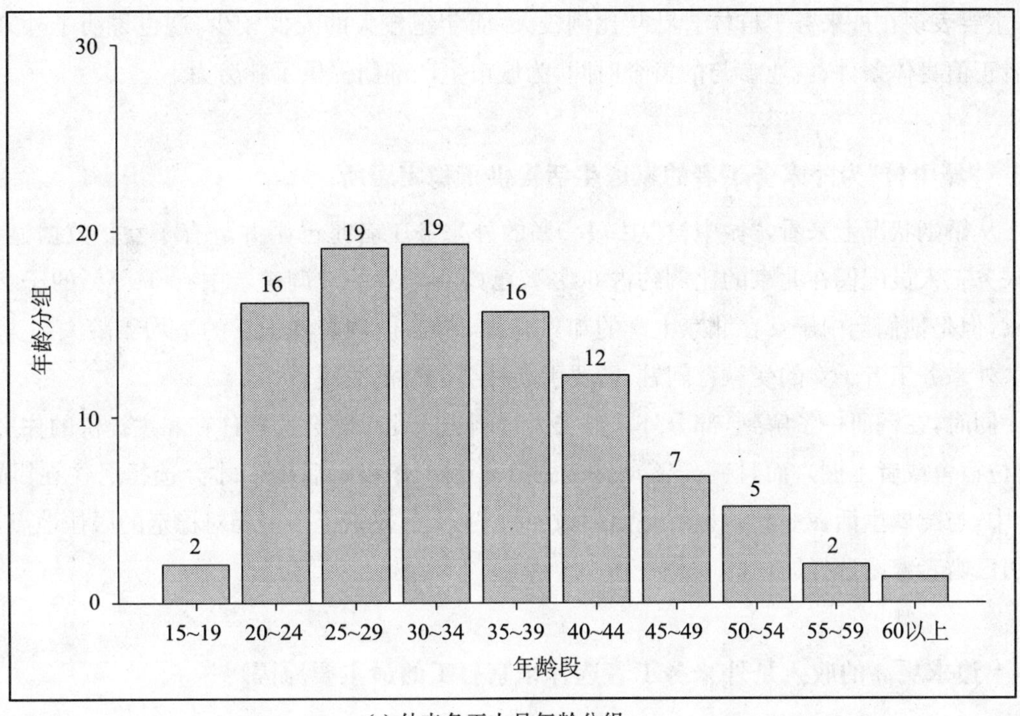

(a) 外来务工人员年龄分组

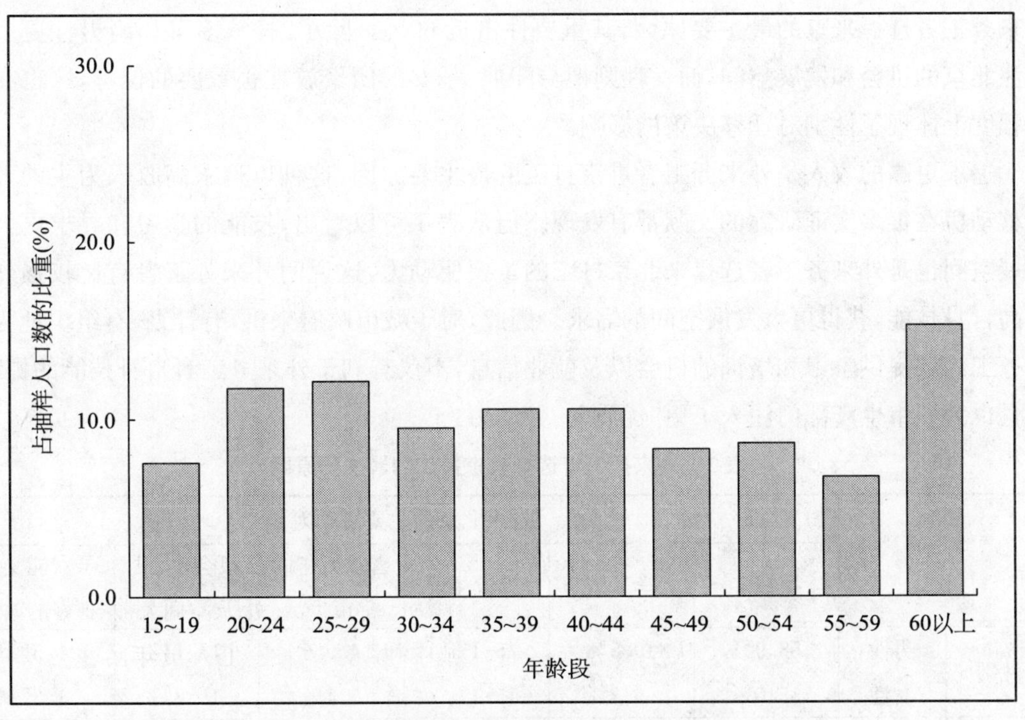

(b) 北京2007年15岁以上人口年龄分组

图 2 "城中村"外来务工者与北京市整体人口的年龄分布对比

异，主要表现在外来务工群体青壮年比例较大，而年纪较大的人群较少，这也说明了外来务工者正值身体条件、就业参与的黄金时间，为城市生产部门提供了壮劳力。

2.3 “城中村”为外来务工者的家庭生活提供了稳定居所

从婚姻状况上来看，“城中村”中71.0%的外来务工者是已婚并且有子女。数据显示，外来务工人员配偶在北京的比例约占60%。已婚有子女的被调查者中有64.5%的子女在北京，但是他们当中子女在北京上学的却只有18.6%，被调查者子女的平均年龄大约为11岁。外来务工者子女的受教育问题，需要引起社会的广泛关注。

同时，在调研中了解到，部分外来务工人口刚进入北京时会选择住在雇主提供的住房内（单位宿舍或者工棚），而且工作流动性较强。等到工作稳定后他们才会选择居住在“城中村”中，与配偶生活在一起。也就是说，“城中村”实际上提供了一个相对稳定的居住地点，更吸引已婚者家庭选择居住。

2.4 追求更高的收入是外来务工者选择来京打工的最主要原因

根据表1对调查问卷中外来务工者选择来京打工的主要激励因素的统计，“挣钱多”是外来务工者选择来京的最主要原因，其重要性占近60%。除了“挣钱多”以外，男性更多地关注北京的机会和发展空间，而女性则把与配偶、子女的团聚放在很重要的位置，这也在一定程度上体现了性别对迁移决策的影响。

追求更高的收入是外来务工者进京打工的最主要原因，这种以追求高收入为主的人口迁移动机在很多实证研究的文献都有发现。但从表1可以看出，技能的学习和寻求更大的发展空间也是外来务工者选择来北京打工的重要驱动力，这说明外来务工者有比较强烈的提高自身技能，获得更大发展空间的需求。因此，对于城市政府来讲，有计划、有组织地为外来务工人员提供学习和培训的机会以及就业信息，不仅有利于外来务工者自身技能的提高，而且也为城市生产部门注入了更“优质”的劳动力。

表1 外来务工者选择来京打工的最主要原因

		迁入北京的主要激励因素					
		挣钱多	学本事	与家人团聚	喜欢繁华的都市生活	机会多，发展空间大	子女能受到更好的教育
性别	男性	58.9%	10.5%	6.1%	4.9%	18.1%	1.5%
	女性	55.0%	9.2%	15.4%	5.4%	13.8%	1.3%
合计		57.6%	10.1%	9.2%	5.0%	16.7%	1.4%

2.5 "城中村"中的外来务工者多数从事低端服务业

从"城中村"中外来务工者参与的工作行业来看,从事批发和零售业的外来务工者所占比例超过 1/3。就业人数排在前六位的行业分别是批发零售业、居民服务和其他服务业、建筑业、住宿和餐饮业、制造业,以及交通运输、仓储和邮政业。可以看出,大多数"城中村"务工人员都在第三产业部门工作,以建筑业和制造业为代表的第二产业部门虽然也占据了较高的比例,但是这两个行业的务工人员也多数从事装修、打印、工厂帮工等服务性质很强的工作,而从事现场建筑施工的务工者大多居住在工地的建筑工棚。

表 2 将外来务工者各行业从业人数比例与北京城镇单位从业人员进行了比较,可以看出,从事批发零售业、居民服务和其他服务业、建筑业、住宿和餐饮业的"城中村"务工人员比例远大于北京城镇单位相应行业从业人员的比例,这说明"城中村"中外来务工者更多的在以服务业为主的第三产业部门务工。另外,统计结果显示,"城中村"务工人员中约 1/3 的人从事自营性质的工作。

表 2 各行业从业人数对比 单位:%

行业	"城中村"中务工人员	北京城镇单位从业人员
制造业	9.0	18.8
建筑业	14.8	6.0
交通运输、仓储和邮政业	7.5	8.4
批发和零售业	33.9	1.4
住宿和餐饮业	12.7	3.7
金融保险与房地产业	0.8	5.8
居民服务和其他服务业	15.7	1.5
文化、体育和娱乐业	2.0	3.0
其他	3.6	51.4
合计	100.0	100.0

注:上表的行业类型是根据实际调研数据处理后得到的,排列顺序按照我国《国民经济行业分类》(GB/T 4754-2002)对于行业分类的顺序,北京城镇单位从业人员比例为 2007 年数据。

2.6 外来务工者的平均收入介于北京市低收入户与中低收入户人均收入之间

"城中村"中外来务工者的平均个人月收入为 1 984 元,从图 3 的收入分布来看,约 87% 的外来务工者个人月收入集中在 500～2 500 元的区间内。而根据《北京统计年鉴 2008》,

2007 年北京低收入户和中低收入户的每人月可支配收入分别为 1 577 元和 2 365 元,如图 4 所示。显然,"城中村"中外来务工人员的收入水平相对是比较低的,大约有一半的家庭属于低收入户,约 40%的家庭属于中低收入户。

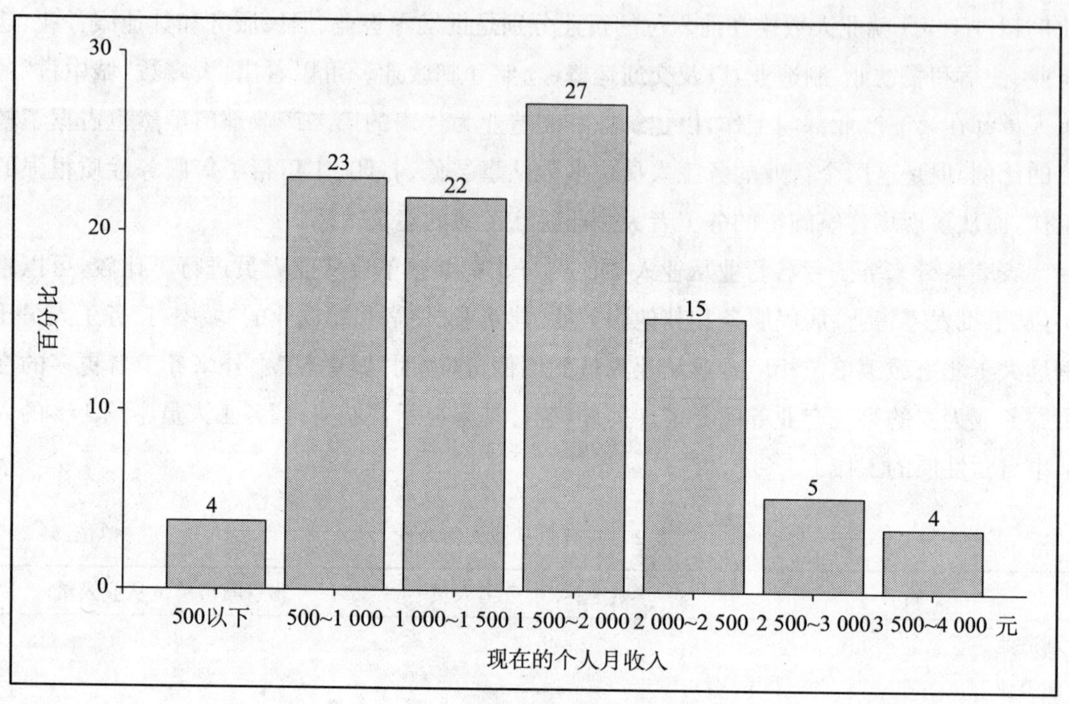

图 3　外来务工者个人月收入分布

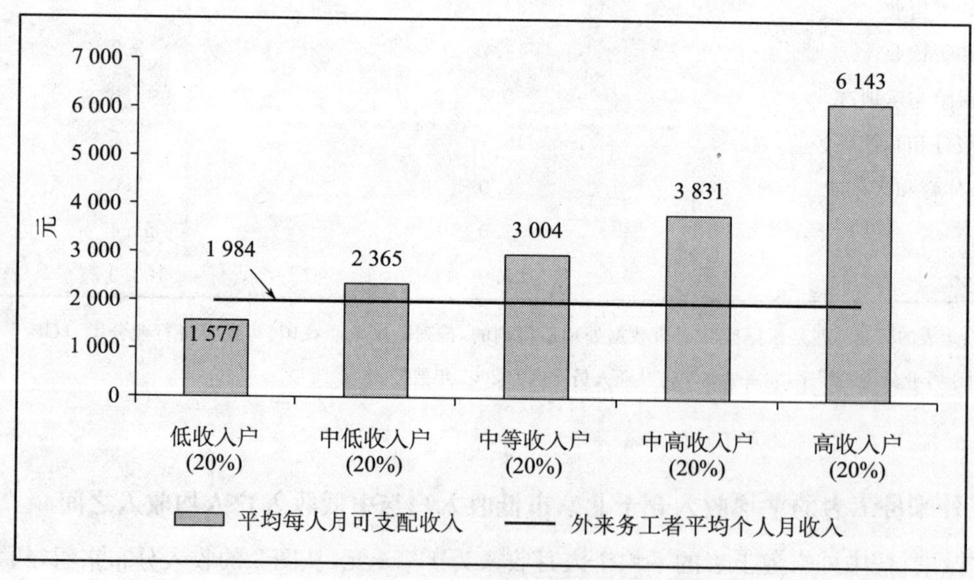

图 4　北京市外来务工者与不同收入群体收入水平对比

3 "城中村"住房状况

3.1 过度拥挤是"城中村"住房的重要特征

在调研过程中发现,"城中村"中大部分住房都是原有村民的自建房屋。由于村落中的土地归集体所有,一般缺乏相应的规划指导或规则约束,大多数住房都是村民利用自己家的宅基地甚至周边的土地,原地扩建或加盖的住房。这些房屋大多是平房或者加盖的二层房,建筑质量较低,空间利用不合理,给人一种很直观的简陋、狭窄、过密的感觉。

从面积上来看,"城中村"中外来务工人员的人均住房使用面积为7.9平方米。图5的统计结果显示,约有24%的外来务工者人均住房使用面积在4平方米以下,而人均住房使用面积低于5平方米的占到了40%。较小的住房使用面积严重制约了生活质量的提高。调研过程中发现,大多数房屋中,床位占据了大量的空间。由于很少有房屋中摆得下衣柜、桌子等常用的家具,居民的行动大多围绕着床展开,在床上吃饭、聊天、置放东西是很普遍的现象。

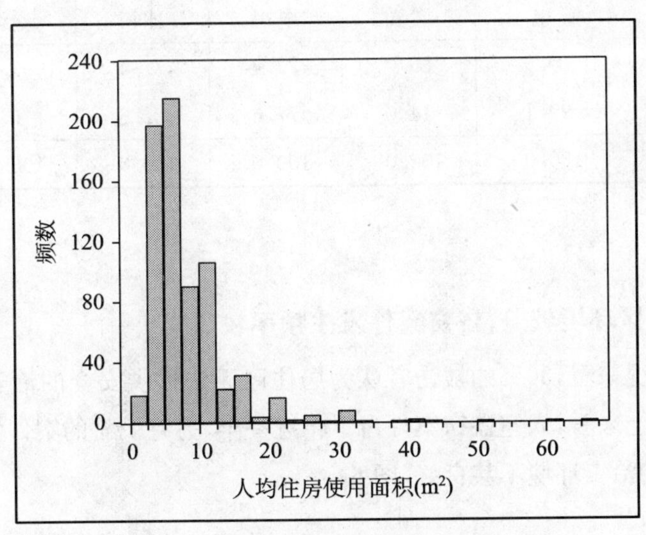

图5 "城中村"住房面积的频率分布

3.2 "城中村"住房的居住配套设施严重不足

是否具有独立的厕所和厨房是衡量居住配套设施的基本指标。表3的统计结果显示,90%以上的住房缺乏独立厕所或独立厨房,居民不得不使用村落中的公共厕所,并在公共的院子或者家门口支起灶台做饭。

表 3　独立厨卫拥有情况

		独立厕所	独立厨房
比重	无	95.8	91.9
	有	4.2	8.1
	合计	100.0	100.0

同样,在电力保障充足的条件下,与住房相关的其他配套设施仍存在着一定程度上的缺乏。从表 4 可以发现,86.0%的家庭缺乏暖气(这更多归因于现行的仅针对城市居民的供热体制),77.4%的家庭缺乏冰箱,几乎所有的家庭都没有空调和热水器。在家用电器中,电视的占有率算是比较高的,这也能从一个侧面体现了电视在外来务工人员业余生活中的重要性,但仍有将近 1/4 的家庭没有电视。

表 4　其他住房配套设施拥有情况

		电	暖气	电视	冰箱	空调	热水器
比重	无	0.9	86.0	22.4	77.4	93.3	93.1
	有	99.1	14.0	77.6	22.6	6.7	6.9
	合计	100.0	100.0	100.0	100.0	100.0	100.0

3.3　“城中村”社区环境较差,盗窃案件发生频率较高

从社区治安情况来看,30%的被访者认为居住区无法提供安全的治安保障。从半年以内具体发生的案件上来看,入室盗窃案件占了将近一半,另有 1/4 的案件涉及人身伤害甚至死亡,体现了社区的治安环境不甚良好(图 6)。

3.4　“城中村”住房租金水平较低,住房可支付性较强

相比于正式住房市场中的住房租赁价格,“城中村”中住房的租金是相对便宜的。调研统计结果显示,“城中村”住房平均每间月租金为 307 元,大多数住房租金在 150 元到 400 元之间,远低于周边普通商品住房的平均月租金水平(约为 1 000 元)。

较低的租金水平也使得“城中村”住房具有较强的可支付性。将住房租金(不经过房屋间数调整)以及其他各项住房相关消费进行加总,可以得到住房的总支出。统计结果表明,

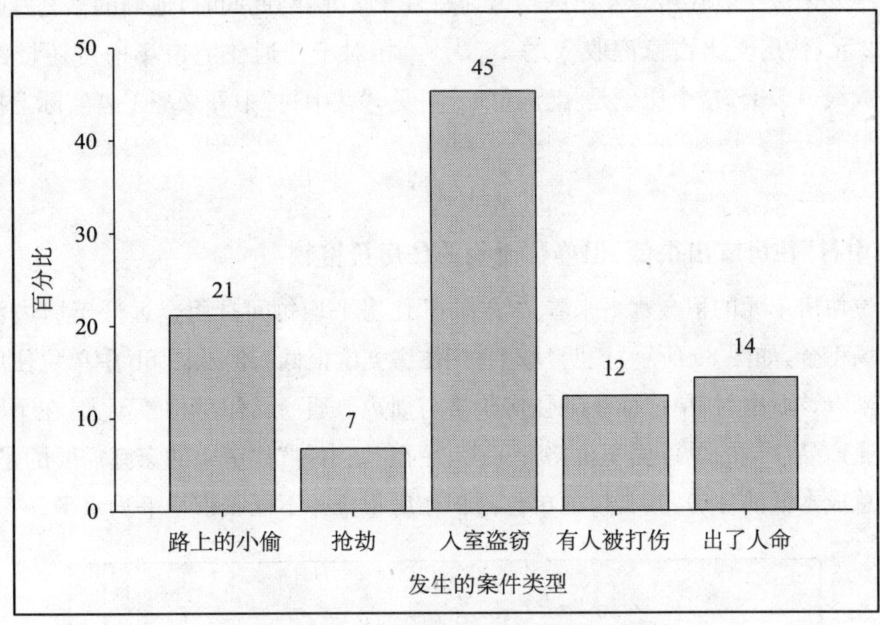

图6 案件发生类型

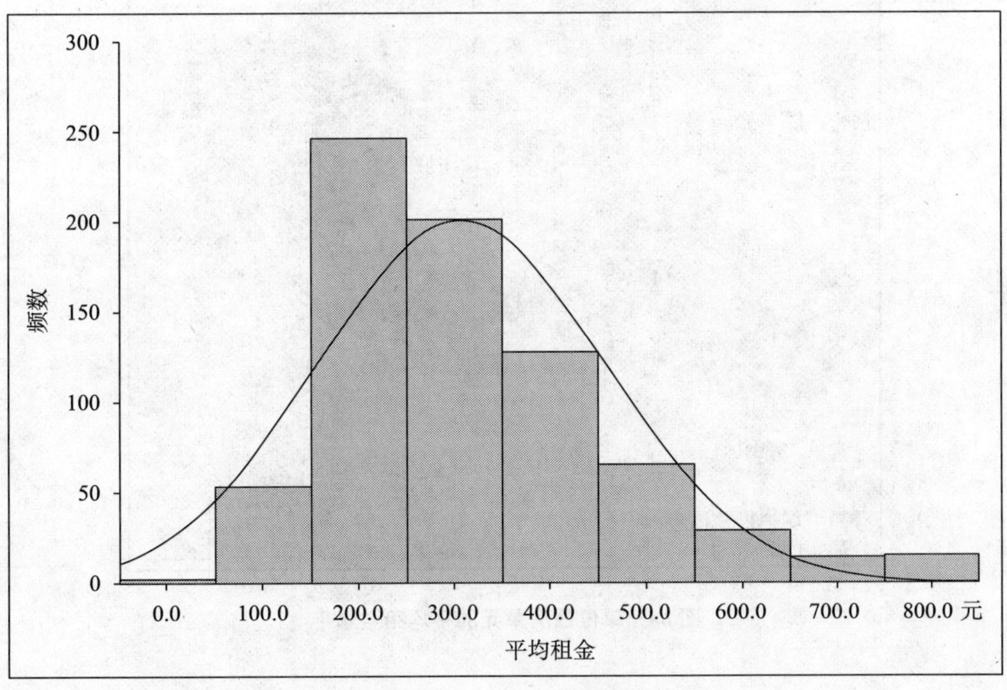

图7 "城中村"住房的平均租金水平

“城中村”中外来务工者住房总支出的均值为每月 442 元,与此同时,他们的家庭月收入均值为 2 715.2 元,住房支出占家庭收入的 16.3%。相对于普通住宅市场中月还贷额占收入 50%的警戒线,16.3%这个比例是相当低的。可见,“城中村”中外来务工者实际上拥有较高的住房支付能力。

3.5 “城中村”住房支出很低,但单位面积的住房价格较高

从单位住房单元的租金水平来看,“城中村”住房平均每间月租金远低于周边普通商品住房的市场租金,如图 8a 所示,说明“城中村”住房支出很低。但从图 8b 中单位住房面积的租金水平来看,“城中村”单位面积的住房价格与周边普通商品住房相差不大,在个别地段甚至超过普通商品住宅的单位面积价格。可见,住在“城中村”住房中的家庭需要的是面积小、住房支出总成本低的住房,其支付的单位面积住房租金并不低于市场平均水平。

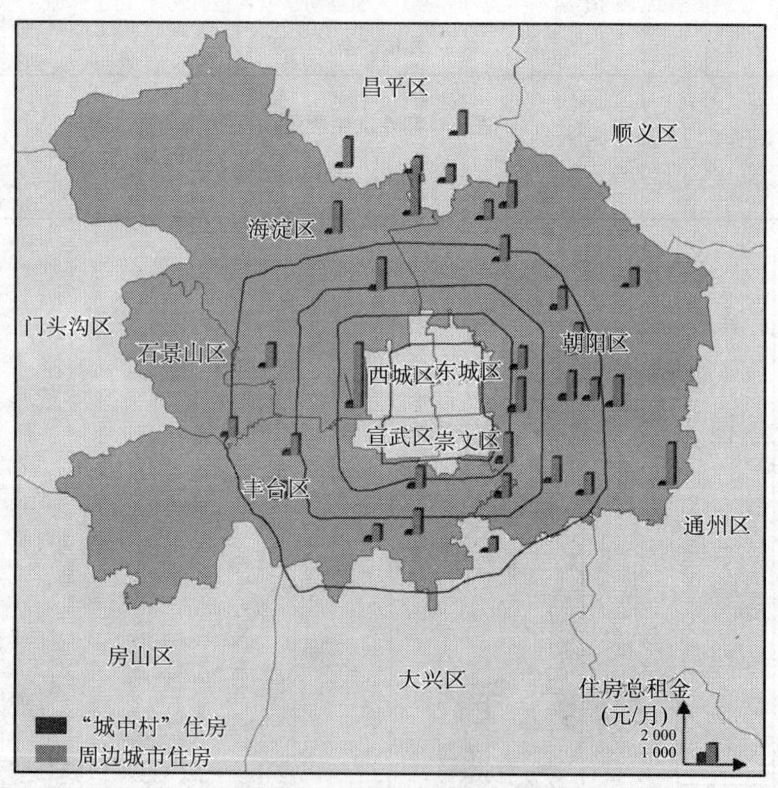

图 8a 单位住房单元的平均租金水平

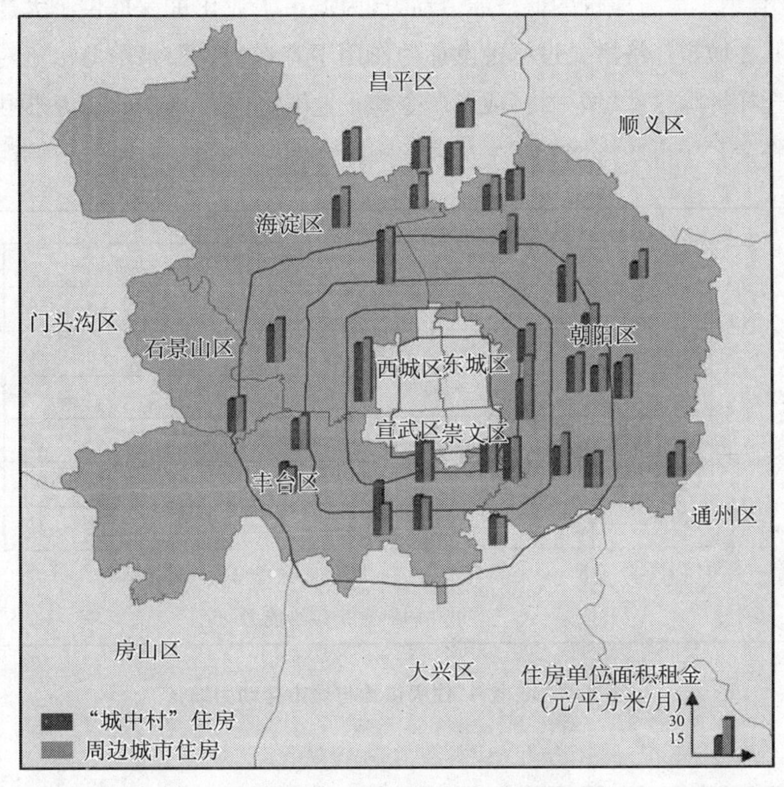

图 8b　单位住房面积的平均租金水平

4　"城中村"住房在城市增长中的作用

"城中村"住房目前在城市住房供给中占有重要角色。刘琳等(2009)利用国家统计局2005 年全国 1%人口抽样调查数据粗略估计,全国城市的城镇范围内"城中村"约容纳了1/3的城市常住家庭。那么,"城中村"住房在城市经济增长中发挥着怎样的作用呢?下面,本文通过一个简单的实证分析进行说明。

实证研究以我国 239 个地级市为样本,考察"城中村"住房供给能力对城市增长的影响。其中,"城中村"住房供给能力的度量采用城市建成区范围内每平方公里的村委会个数,城市增长分别用劳动力数量的增长和 GDP 的增长来表征。从图 9 中可以看出,城市的"城中村"住房供给能力对城市劳动力的增长与 GDP 的增长都具有正向作用。这说明,"城中村"的存在对城市经济增长发挥着积极推动作用,较高的"城中村"住房供给弹性,将增加城市劳动力总量,从而促进城市经济的增长。

"城中村"容纳了大量廉价的低技能劳动力,为城市工业化进程提供了大规模的低成本劳动力供给,其在城市经济增长过程中发挥的作用不容忽视。如果单单出于对城市环境和管理的考虑,选择拆除这些"城中村"或者严令禁止地下室住人,但同时无法提供充足的替代性住房供给,将会对城市经济增长产生负面影响。

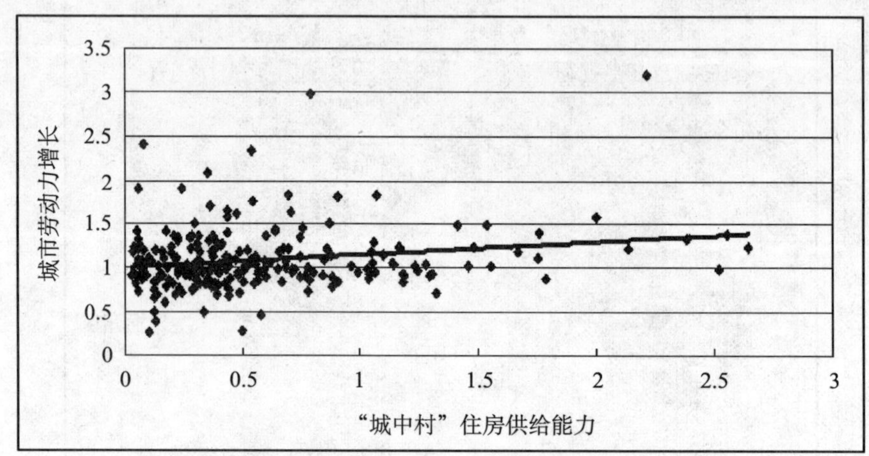

图 9a "城中村"住房供给与城市劳动力增长

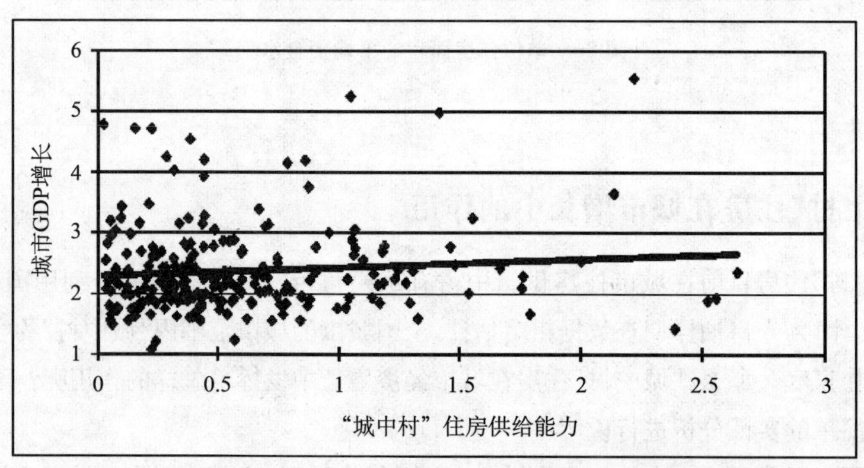

图 9b "城中村"住房供给与城市 GDP 增长

在城市产业结构由劳动密集型向技术密集型升级的过程中,产业对劳动力人力资本水平的需求增加,"城中村"住房"数量"上的供给对城市经济增长的边际贡献将会下降(郑思齐等,2009)。"城中村"住房的"数量"供给在城市化初期能够有效地吸引农村劳动力进城务工,这种低成本劳动力的供给为城市经济增长做出重要贡献。但该类住房的供给对城市经济增长的贡献程度随着城市产业结构的升级而不断衰减(图10)。随着城市从业者人力资本水平的提高(即由低技能城市转向高技能城市),"城中村"住房的供给能力对城市劳动力增长和GDP增长的积极贡献减小,并有可能转变成负面影响(图10a)。可见,随着产业对高技能劳动力人力资本水平需求的日益增加,单单通过增加劳动力数量已经不能满足经济增长的需要,如何促进劳动力的人力资本提升成为推动经济增长的关键。

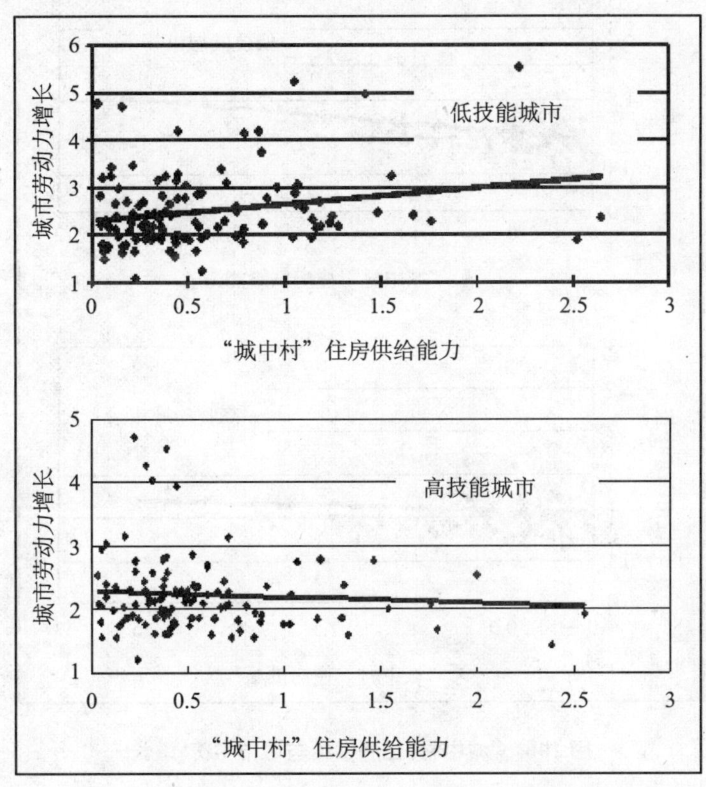

图10a "城中村"住房供给与城市劳动力增长

5 "城中村"改造的政策建议

中国正在经历快速的城市化,大规模的农村移民对城市住房产生巨大需求。"城中村"住房在解决城市化进程中外来务工人员的住房问题方面发挥了重要作用,是城市住房供给结构中的重要组成部分。作为较为自由化的非正式住房市场,"城中村"也为正式住房市场形成了一个有力的补充,填补了正式住房市场上开发商追逐高额利润所忽略的低价位住房供给,"城中村"住房无疑是解决外来务工者以及其他城市低收入群体住房问题的重要途径。

此外，“城中村”为外来务工者提供了一个从农村生活向城市生活过渡的场所，帮助他们融入城市劳动力市场、融入城市生活以及提升个人劳动技能。因此，“城中村”在我国快速城市化过程中推动城市社会经济方面扮演着重要角色。

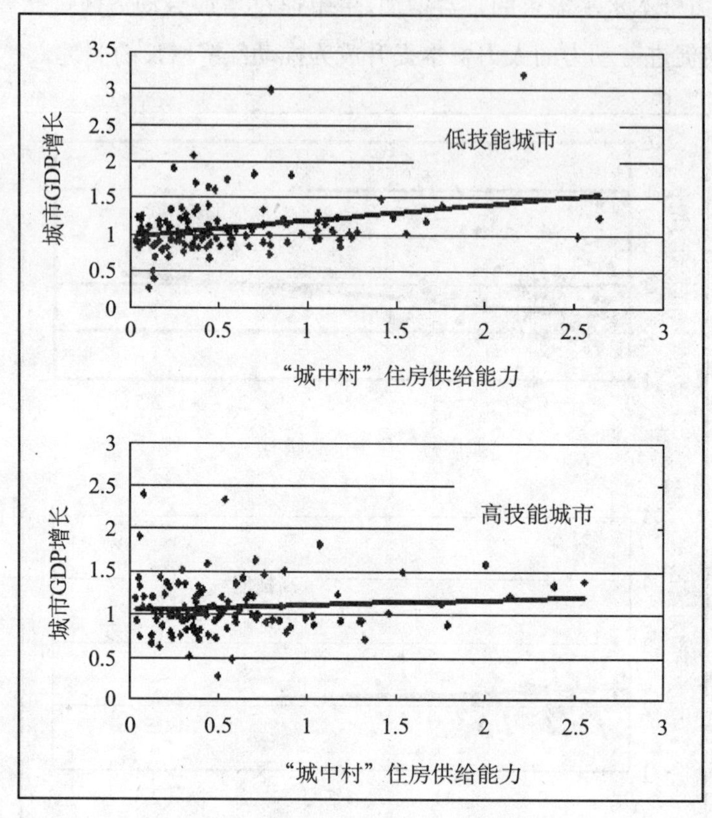

图 10b　“城中村”住房供给与城市 GDP 增长

但是，目前我国的城市化在很大程度上仅是空间上的——农民从农村转移至城市，城市人口比重不断提高。社会意义上的城市化——消除农村居民在就业、住房等基本公共服务和社会保障等各方面所受到的不公正待遇并实现原城市居民与新移民的社会融合，还远远没有达到。本文所关注的“城中村”住房问题，是城市内部社会分割的重要表现形式。城市一方面需要这些住房所容纳的大量廉价劳动力，另一方面又被这些社区杂乱的建筑、糟糕的环境和高发的犯罪率所困扰。拆除“城中村”的政策往往是从城市原有居民利益出发的决策结果，以牺牲农民工的利益为代价，无法真正实现城市中的“二元社会”的融合。而已有文献（如 UN-HABITAT，2003）和国际经验表明，直接拆除贫民区的方式不如逐步改善其居住环境并为其提供基础设施和公共服务的渐进方式效果好。

本文研究表明，“城中村”容纳了大量廉价的低技能劳动力，为城市工业化进程提供了大规模的低成本劳动力供给,其在城市经济增长过程中发挥的作用不容忽视。一味地以脏乱差、管理难的名义取缔"城中村"并不是明智的选择。政府有必要重新考量"城中村"的社会时代定位,保障其在适当的监管下维持运行,从而给外来务工者以及其他低收入群体提供最基本的住房保障。但是,随着出口导向型的制造业对中国经济驱动力的逐步下降,沿海城市和大城市的经济开始向高技术产业转型。产业对劳动力人力资本水平的需求增加,"城中村"住房"数量"上的供给对城市经济增长的边际贡献将会下降。在这样的大背景下,城市政府应致力于"城中村"居住环境的改良(upgrading),如对现有"城中村"的市政基础设施进行更新改造,并提供治安等公共服务,推进其逐步向普通住房过渡;或者由政府兴建符合农民工需求的具有基础配套设施和公共服务的廉租房等政策性住房等。这样的公共政策不仅有利于可持续的经济增长,而且有助于实现社会和谐。

参 考 文 献

[1] United Nations Center for Human Settlements (HABITAT) (2003) *The Challenge of Slums: Global Report on Human Settlements*.

[2] 刘琳等 (2008)"我国城镇住房保障制度研究",国家发改委宏观经济研究院 2008 年度重点课题报告。

[3] 郑思齐,任荣荣,曹洋 (2009)"农民工住房政策与经济增长:一个劳动力市场和住房市场的理论模型",清华大学工作论文。

“城中村”会被城市吸收吗?

宋 彦

1 引言

自从20世纪70年代末中国开始实施经济改革和改革开放政策以来,中国的城市发展就持续保持着繁荣景象。中国正在经历经济增长及农村人口向城市流动所引发的城市化进程。中国的城市化水平由1980年的19.6%增长到了2007年的42.2%,预计在2050年以前便可达到与发达地区相似的城市化水平(70%左右)。因此,中国城市的形态发生了巨大的改变,充斥着摩天大楼和宽阔街道的现代化城市正在兴起。

在现代城市形态中,经常会出现这样一种密集的地区:建筑形式统一,均为五到七层楼高,街道通常较为狭小。这些密集的地区以前是农村村落,所以被称为“城中村”(后面会交替用到与之同义的“城市化的村庄”一词)。

在大部分快速发展的中国城市中,当扩张的现代城市地区侵蚀了农村地区时,这些“城中村”便形成了。例如,深圳正式人口大约为900万,2000年时其周边便有241个“城中村”,占地约43.9平方公里,拥有近215万的居民(来自作者的调查)。“城中村”的出现和快速发展是中国近年来持续高速的城市化进程和与之相关的农村—城市移民(以下,用“农村移民”来代替)以及中国土地政策的产物。自从20世纪70年代末以来,中国的城市化促使大量农村居民向城市迁移。根据官方统计,截至2000年年底,大约有7 000万的农村城市移民在城市地区工作和生活,这些人大都在“城中村”居住。中国的土地政策使得“城中村”的本土农民能够建造便宜的房子,然后出租给农村移民。通过建造和出租多余的房屋(Mobrand, 2006),“城中村”中的本土农民变成了富裕的房东,而那些被排斥在昂贵城市住房体系之外的农村移民也得以寻求了一处容身之所。

目前已经有很多关注中国“城中村”的研究与文章,这些文章主要着眼于解读“城中村”和评价“城中村”的再开发政策(Zhang *et al.*, 2003),或者探讨农村移民选择居住在“城中村”的原因(Wu 2002;Wu 2004; Song *et al.*, 2008)。“城中村”的建设围绕城市住宅区及商业发展区,逐渐被编织进现代城市形态中,这就引发了一个有趣的问题:这些“城中村”是否会被城市所吸收呢？本文通过考察城市居民如何评价"城中村"来尝试回答这个问题。

本文主要包括如下几个部分：第二部分整体回顾了"城中村"的形成过程；第三部分详细分析了"城中村"再发展过程的不同阶段；第四部分以深圳为案例，利用实地调研数据，采用Hedonic住房价格模型，评估"城中村"对周边住房价格的影响；第五部分是结论。

2 "城中村"是如何形成的

2.1 "城中村"是中国城市化的产物

"城中村"可以被看作是中国近年来快速城市化和农村移民的产物。自20世纪70年代末，伴随着中国的经济改革，城市化和与之相联的农村移民是对中国农村与城市环境影响最为深远的社会因素。

中国的城市化水平在1978～2002年从17.9%上升到了39.1%，年增长率比同期世界平均水平高出两倍。统计数据还指出，截至2002年年底，中国有660个城市和20 600个城镇，涵盖了共计5.02亿的人口。由于城市扩张超越了原有的行政区域范围，附近的农村地区不断被城市发展区包围和吸收。许多村庄已经被城市扩张所侵占，因此形成了"城中村"。

自从20世纪70年代末以来，中国的城市化进程导致了大规模的农村—城市移民。根据官方统计，截至2000年年底，有7 000万农村人口在城市工作和生活。其中，大约有63%的农村移民受雇于工业、建筑业和城市地区的服务部门，他们中的大多数人都是个体经营或被私营企业所雇用的(Chan *et al.*，1999)。20世纪70年代末以来出现的大规模农村移民现象大体上可以归于以下两个原因：一方面，1978年实施的一系列农村改革项目促使农村地区向外释放剩余劳动力，这是造成农村移民现象的推力；另一方面，城市地区基于快速的工业化发展以及由此引发的城乡居民收入差距的扩大也拉动了农村移民的风潮(Zhao，1999)，可以认为是这个现象的一个拉力。

大规模农村移民导致的一个必然结果就是农村移民对于廉价城市住房的大量需求。虽然自70年代末起就减少了对农村劳动力流动的限制，而且近期对农村移民的制度安排也得到了改善，但农村移民在获得城市户口和永久性居住身份方面仍然遇到了很多困难。由于城市社会服务体系的改革不够彻底，几乎所有的农村移民在城市中被视作为暂时性居住，因此无法享用城市福利设施。

由此造成的后果就是，农村移民很难获得城市住房(Wu 2002；Wu 2004；Song *et al.*，2008)。农村移民住房困难的主要原因有以下几点：第一，城市住房市场朝着私有化和商业化的方向改革。也就是说，新近开发的商业房本质上是为了使房地产开发商能够从中获利。这些住房通常十分昂贵，收入较低的农村移民难以支付。第二，由城市住房供应体系提供的城市低收入住房,通常需要本地户口,但农村移民没有本地户口,因此也无法通过这种渠道获得住房。所以,学者普遍认为,最近出台的城市住房供应体系的改革措施忽视了农村移民对于城市住房的需求。

2.2 "城中村"是中国土地政策的产物

如果不提及中国的土地政策,就无法深刻理解和认识作为农村移民居住地的"城中村"现象。中国主要有两种土地所有权形式:一种是城市土地的国家所有制形式,其使用权可以有偿转让和租赁;另一种是农村土地的集体所有的形式,所有的农村居民平均享有集体所有土地的权利,都能够无限制地长期拥有各自分得的土地(Ding and Song, 2005)。从功能上来说,农村土地可分为耕地和宅基地两种形式。在大部分情况下,随着现代城市的扩张,政府通常只向农村集体征收耕地,这样就可以避免给农民支付高额的安置补偿。土地被征收以后,农民对剩余的土地仍然拥有所有权,只要他们拥有农村户口就可以一直使用这些土地。

上文提到的中国土地所有权体系从以下几方面导致了"城中村"的形成:第一,土地集体所有制形式使农民能够免费或者以低廉的价格获得土地,使其能以比城市开发商更低的成本进行房地产开发项目。第二,市政府通常不会征收宅基地,以此来避免对农民住房和再安置进行高额补偿。因此,农民除了他们自己的住房需求以外,仍有机会利用空余的住房用地进行开发和建设,然后通过把这些住房出租给农村移民来增加收入(Tang and Chung, 2002)。第三,当政府征收耕地时,农民能够获得进行房地产开发项目的必要资金,开发廉价住房以满足农村移民的住房需求。农民的资金主要来源于征收农村土地的补贴、农业外收入和从亲戚朋友那里借来的钱。

2.3 "城中村"是城乡管理体系差距的产物

正如前面所提到的,"城中村"是按照农村的管理体系进行管理的。因此,建筑物的设计和建造以及周边地区的规划都不受城市地区应用、审查和批准程序的约束,例如建筑高度、容积率、走廊宽度、楼梯和出口、公共空间的比例和基于公共安全的建筑物之间的距离等。通过利用城乡土地管理体系之间的差异,农民得以通过建造低标准的住房和额外的楼面来使他们的利润最大化。

3 "城中村"的再开发政策

正如前面所说,"城中村"中建筑物的设计和建造以及周边地区的规划都不受城市地区应用、审查和批准程序的约束。因此,"城中村"的居住环境通常都十分糟糕:建筑物过于拥挤;建筑物内的公共楼梯和道路极其狭窄;公共设施缺乏并且没有得到适当的维护;公共道路无法达到最基本的交通需求和防火标准;建筑物之间的距离远低于标准,同样无法满足防火要求;垃圾随处可见,卫生状况恶劣。城市基础设施的不足和高密度的人口及住房共同导致居住拥挤、环境污染和废物处置等方面的问题(Zhang *et al.*, 2003)。此外,"城中村"的土地使用也相当没有组织。

因此在较早的时期,政府普遍认为"城中村"是城市的污点,应当被彻底清理。政府对"城中村"实施的政策主要是拆除"城中村"并将其重新开发成商业化的城市住宅区。但是这些政策却没有收到很好的效果,主要基于以下几点原因:第一,农村移民对廉价住房的需求十分巨大;第二,"城中村"再开发以后,当地政府缺乏重新安置农村居民的资源;第三,也是最重要的一点,当地农民所拥有的土地所有权使他们在谈判过程中占据很大的优势,导致许多"城中村"的再开发过程障碍重重。通常,当地农民会索求大量的补偿(例如,在再开发后能够拥有一定数量的新住房),这使得许多地方规划局批准的再开发项目变得无利可图。以一农村的再开发项目为例,大约有40%的住房是用来补偿当地农民的。为了让房地产开发商盈利,规划部门不得不将容积率上升为原来的两倍。

不仅如此,当地政府也逐步意识到了"城中村"在解决农村移民住房问题上的贡献。Song *et al.* (2008) 论证了影响农村移民选择在"城中村"居住的因素。研究发现,农村移民的居住问题与中国土地政策和住房供给的城乡二元结构密切相关。农村移民在城市中寻找住房时受以下因素的限制:第一,大部分农村移民在城市中都从事低收入的工作,限制了他们对商品住房的消费能力。正如Solinger(1999)指出,"农村移民大多从事城市居民不愿接触的3D工作(脏活、累活和危险活)"。尽管他们的工作时间长,但农村移民的收入低于城市居民(如1999年农村移民的收入要低18%左右)①(Liu *et al.*, 2003)。第二,因为户口制度的限制,农村移民被城市住房市场排除在外。尽管70年代末以来出台了许多减少农村劳动力流动性限制的政策,目前对农村移民的制度安排也得到了改善,但农村移民仍然难以获得永久的城市居住身份。由于中国城乡二元结构的土地政策和住房供应体系,缺乏城市户口极大限制了农村移民在城市住房供应系统中获得住房的可能性。Quercia and Song (2008)指出,中国的城市住房供应体系主要包括三种类型的可支付住房项目:经济适用房、廉租房和公积金住房。他们认为,经济适用房项目有歧视那些没有本地户口农村移民之嫌;廉租房虽然对于农村移民来说在其支付能力之内同时也是能够获得的,但是由于其数量匮

① Chan *et al.* (1999) 和 Cai (2003) 指出,城市劳动力市场是隔离的,农村移民没有城市户口,导致他们不能从事很多工作,通常只能从事工作环境恶劣、报酬低且不安全的工作。

乏,无法完全满足农村移民对住房的需求;公积金是以雇佣为基础的住房信贷体系,但许多农村移民都是个体经营或是被一些没有住房公积金项目的小企业雇佣,因此对农村移民来说,公积金的效用也十分有限。上述研究表明,“城中村”在为低收入人群提供住房中扮演着十分重要的角色,这些人由于制度上或者经济上的限制,通常无法获得其他类型的城市住房。

认识到“城中村”的贡献之后,深圳 2020 计划将“城中村”的全面再开发作为深圳市的主要发展目标之一,号召针对不同类型的城中村实施不同的再开发策略。对于结构极其破烂、存在严重公共安全危害的“城中村”,政府计划对其进行全面的再改造。对于环境状况尚可的“城中村”,政府则计划实施补充性的再开发措施,如添加更多的公共设施和服务等。

4 城市居民如何评价“城中村”

“城中村”已经存在了超过十年之久,目前深圳市“城中村”的再开发策略也已经持续了差不多十年左右。这就引发了一个有趣的问题:这些“城中村”是否被城市所吸收了?换言之,我们对城市居民如何评价“城中村”十分感兴趣。

本文使用深圳的数据来进行分析。深圳是中国经济改革的直接产物。中国于 1980 年在深圳建立经济特区,吸引外资、科技和管理技术。截至 2001 年,深圳的总人口超过 900 万,人均 GDP 和城市居民的人均可支配收入居全国第一,总出口额也是全国最高。深圳吸引了来自全国各地的农村移民,他们期待去深圳能有更高的收入(Bruton *et al*., 2005)。

4.1 “城中村”对自有住房价格的影响

本文使用 Hedonic 价格模型来评估深圳南山区的“城中村”对于住房价格的影响。数据来源于深圳市国土与住房管理局的交易记录,研究区内包含了 940 个住房交易记录。

本文使用标准的 Hedonic 价格模型,将交易价格的对数作为因变量。

$$\log(P_i) = \beta_0 + \beta_i X_i + e$$

其中,$\log(P_i)$是因变量(LOGPRICE),β_0 是常数,$\beta_i(i=14)$是系数,$X_i(i=14)$是表 1 列出的所有自变量。本文采用到最近“城中村”的距离(VILLAGE)来评价“城中村”对住房价格的影响。其他类型的控制变量包括住房的物理属性、公共服务、区位、舒适度(参考表 1 的定义)。表 1 给出了自变量和所有因变量的统计数据。

表 1 "城中村"和住房价格

变量名称(变量描述)	单位	平均数	标准差	最小值	最大值
因变量					
LOGPRICE(住房单位总价的对数)	元(=$0.15)	4.70	0.62	2.71	6.68
自变量					
(1)住房的物理属性					
FLOORSPACE(建筑面积)	平方米	106.69	43.68	20.00	278.00
AGE(楼龄)	年	9.58	13.66	1.00	28.00
FLOOR(所在楼层)	NA	8.51	6.29	1.00	32.00
FAR(容积率)	比率	3.53	1.89	0.60	16.30
(2)公共服务					
HOSPITAL(到最近的医院的距离)	米	923.61	477.09	16.59	2 397.29
SCHOOL(到最近的学校的距离)	米	472.83	226.93	15.46	1 334.02
COLLEGE(到最近的大学的距离)	米	2 521.76	1 402.14	115.96	6 613.03
(3)区位					
INDUSTRY(到最近的工业区的距离)	米	1 182.68	711.16	38.84	3 518.18
SCIPARK(到最近的科技园的距离)	米	1 289.58	735.77	81.50	4 099.66
COMMERCIAL(到最近的商业中心的距离)	米	682.50	795.22	36.54	5 406.62
SUBWAY(到最近的地铁站的距离)	米	974.21	842.73	48.13	6 183.61
(4)舒适度					
PUBLIC(公共开放空间的可达性)	NA	534.47	135.78	306.22	872.46
ONMAJRD(到主要公路的距离是否小于 100 米)	二进制	0.20	0.40	0.00	1.00
(5)"城中村"					
VILLAGE(到最近的"城中村"距离)	米	439.13	494.78	0.00	2 663.47

表 2 给出了统计分析结果，包括 t 值和每个变量的系数。R^2 表示变量解释了 84%的交易价格的变化。大部分变量的系数与我们的预期相符。我们最感兴趣的是评估"城中村"对住房价值的影响。VILLAGE 的系数呈正值，表示距离"城中村"越远，住房价格越高。对于原始售价为 136 万元(所有样本的平均价格)的住房单元，我们保持其他所有变量不变，衡量某一自变量的单位变化对住房单元价值(涨或跌)的影响，结果见表 2 的最后两列。结果显示，当其他变量保持不变时，深圳南山地区的住房每接近"城中村"1 米，其价格就会下跌 155.86 元。

表 2 "城中村"和城市住房价格回归结果

变量	参数估计	标准差	t 值	Pr>t	e^{β}	溢价(基价为136万元)
截距	3.776 12	0.114 52	32.97	0.000 0		
(1)住房的物理属性						
FLOORSPACE(建筑面积)	0.011 26	0.000 32	35.01	0.000 0	1.011 325	15 401.65
AGE(楼龄)	−0.034 84	0.004 90	−7.11	0.000 0	0.965 761	−46 564.66
FLOOR(单元所在楼层)	0.005 49	0.002 19	2.52	0.013 0	1.005 505	7 486.52
FAR(容积率)	−0.011 37	0.007 38	−2.54	0.012 4	0.988 693	−15 377.51
(2)公共服务						
HOSPITAL(到最近的医院的距离)	−0.000 01	0.000 03	−1.96	0.050 0	0.999 995	−6.90
SCHOOL(到最近的学校的距离)	−0.000 01	0.000 06	−0.22	0.826 0	NA	NA
COLLEGE(到最近的大学的距离)	−0.000 03	0.000 01	−2.39	0.017 0	0.999 974	−35.36
(3)区位测度						
INDUSTRY(到最近的工业区的距离)	0.000 10	0.000 03	3.59	0.000 0	1.000 101	136.82
SCIPARK(到最近的科技园的距离)	−0.000 02	0.000 02	−1.00	0.320 0	NA	NA
COMMERCIAL(到最近的商业区的距离)	−0.000 07	0.000 03	−2.35	0.019 0	0.999 934	−89.21
SUBWAY(到最近的地铁站的距离)	−0.000 05	0.000 03	−2.37	0.018 0	0.999 949	−69.36
(4)公共服务设施						
PUBLIC(公共开放空间的可达性)	0.000 01	0.000 00	6.72	0.000 0	1.000 152	206.87
ONMAJRD(到主要公路的距离是否小于100米)	−0.021 29	0.036 40	−1.97	0.050 0	0.978 94	−28 641.70
(5)"城中村"						
VILLAGE(到最近的"城中村"的距离)	0.000 11	0.000 03	3.83	0.000 0	1.000 115	155.86
总样本= 951						
R^2 = 0.84						

4.2 城市居民的调查

为了进一步了解住房价格下跌的原因,我们随机抽取了 305 名在南山区拥有住房的城市居民进行调查,这些居民都选自上文回归分析所使用的随机样本。

我们通过面对面的访谈收集个人数据,总计回收 238 份有效问卷,回收率为 79%。在调查问卷中,我们询问了城市居民对"城中村"的评价。调查显示,接近 69%的回答者认为"城中村"弊大于利,21%的人支持"城中村"并且相信"城中村"利大于弊,7%的人认为"城中村"的利弊相等,剩下的人则没有发表意见。我们同时询问访谈对象支持或反对附近"城中村"的原因,并让其对这些原因进行排序。调查结果表明,支持"城中村"的最重要的三个原因是:购买日常消费品方便,"城中村"的商品和服务较便宜,以及"城中村"社会交往的程度较深。另一方面,反对"城中村"的主要原因为:周边环境脏乱,犯罪率高,噪声污染以及流动人口的存在。

5 讨论和结论

本研究探讨了"城中村"对城市住房市场的影响。研究表明,大多数在"城中村"周边拥有住房的城市居民认为,"城中村"是一个令人感到不适的地区。这种不适感来源于恶劣的周边环境、高犯罪率、噪声公害和流动人口的存在。因此本研究认为,"城中村"并没有被城市吸收容纳。

更重要的是,本研究发现,虽然政府已经努力改善"城中村"的居住环境,"城中村"仍然被认为是令人感到不适的地区,特别是对已经拥有住房的城市居民而言(Liu and Liang, 1997)。因此我们相信,尽管在短期内"城中村"是为农村移民提供可支付住房的现实且有效的途径,但是从长期来看,"城中村"农村移民的集聚,特别是低收入的农村移民聚集,很可能会成为中国城市地区居住隔离的新形式。我们认为,旨在为农村移民服务的策略应该是促进贫困人群的分散居住,而不是鼓励这些群体在小范围里集聚。对于决策者而言,"城中村"造成了一个进退两难的处境:一方面,那些旨在消除"城中村"并改善"城中村"居住环境的项目很可能无法达到目的,并且还会危害中国经济的发展。如果没有充分考虑"城中村"的农村移民的安置问题,"城中村"的再开发无疑会成为一个以牺牲农村移民为代价的计划。在我们看来,忽视城市地区的农村移民会造成社会的动荡不安。另一方面,农村移民和城市贫民的聚集会在城市景观中形成一个令人感到不适的地区。我们认为,一个有效的改善现有居住环境的再开发策略应当将社区发展和经济发展战略全面地结合在一起(Fan, 2001)。

参 考 文 献

[1] Bruton, M. J., S. G. Bruton and Y. Li (2005) Shenzhen: Coping with Uncertainties in Planning. *Habitat International*, 29(2): 227-243.

[2] Chan, K. W., T. Liu and Y. Yang (1999) Hukou and Non-hukou Migrations in China: Comparisons and Contrasts. *International Journal of Population Geography*, 5: 425-448.

[3] Ding, C. and Y. Song (eds.) (2005) *Emerging Land and Housing Markets in China*. Cambridge, MA: Lincoln Institute of Land Policy.

[4] Fan, C. C. (2001) Migration and Labor-market Returns in Urban China: Results from a Recent Survey in Guangzhou. *Environment and Planning A*, 33(3): 479-508.

[5] Liu, X. and W. Liang (1997) Zhejiangcun: Social and Spatial Implications of Informal Urbanization on the Periphery of Beijing. *Cities*, 14(2): 95-108.

[6] Mobrand, E. (2006) Politics of Cityward Migration: An Overview of China in Comparative Perspective. *Habitat International*, 30(2): 261-274.

[7] Song, Y. and C. Ding (eds.) (2007) *Urbanization in China: Critical Issues in an Era of Rapid Growth*. Cambridge, MA: Lincoln Institute of Land Policy.

[8] Song, Y., Y. Zenou and C. Ding (2008) Let's Not Throw the Baby Out with the Bath Water: The Role of Urban Villages in Housing Rural Migrants in China. *Urban Studies*, 45(2): 313-330.

[9] Tang, W. S. and H. Chung (2002) Rural-urban Transition in China: Illegal Land Use and Construction. *Asia Pacific Viewpoint*, 43(1): 43-62.

[10] Wu, W. (2002) Migrant Housing in Urban China: Choices and Constraints. *Urban Affairs Review*, 38(1): 90-119.

[11] Wu, W. (2004) Sources of Migrant Housing Disadvantage in Urban China. *Environment and Planning A*, 36: 1285-1304.

[12] Zhang, L., S. X. B. Zhao and J. P. Tian (2003) Self-help in Housing and Chengzhongcun in China's Urbanization. *International Journal of Urban and Regional Research*, 27(4): 912-937.

[13] Zhao, Y. (1999) Leaving the Countryside: Rural-To-Urban Migration Decisions in China. *The American Economic Review*, 89(2): 281-286.

第三部分
国际经验借鉴

香港的公共房屋政策可转移吗?

赵丽霞

1 背景

虽然被誉为自由市场经济的最后一个堡垒,但中国香港的公共房屋系统,却是全世界最大之一。从1954年作为安置疗屋区大火灾民的权宜之计,到今天,全香港有29.7%的市民(2 053 590人)住在738 000套出租公屋内,17%(1 248 848人)住在393 000套出售公屋内(Hong Kong Housing Authority,2010)。在20世纪50年代及60年代初期,公共房屋的发展主要是为了支持香港以制造业为主的经济发展。但在60年代中,香港经历了社会及政治的动荡,自此公共房屋政策便加入了政治及稳定社会的目的,特别在1997年回归的前后期。而改善居民的生活条件,也逐渐成为了公屋政策的最重要目标之一(Chiu,2003,2007)。

无论房屋政策背后有什么目的,它公布的其中一项必然是政府希望保障低收入家庭的基本居住条件(Chiu,2003)。这是一般政府都会订立的目标。但为什么只有少数政府,特别是亚洲国家政府,会像香港般以大规模提供公屋的方法来解决房屋问题?这可能是由于缺乏所需的自然及财政资源及制度上的支持,但也可能是由于这资助方法在意识形态、政治、经济、社会等各方面都有不理想的后果。

所以,本文的目的是深入分析及评估香港公共房屋发展的政策环境及其状况,并对其可转移性作出评估。由是,此文章首先分析供应、财政及管治等政策环境因素。然后,再对其政策的效果作定量及定性的分析及评估。最后,本文将从香港公屋政策的可复制性,及直接供应公屋的住房资助模式的自有强弱特点来仔细审视香港公屋政策的可转移性。

2 政策环境

2.1 土地产权及土地规管

Chiu(2007)及Chiu *et al*.(2009)指出,香港政府拥有所有土地的产权及对土地发展权的驭驾,这是它能够提供土地来支持庞大的公屋计划的原因。在成立之初,香港殖民地政府便宣布所有土地皆为官地(除了一块很小的教堂用地外),只会以租约形式准予他人使用。所有以开山或填海等形式平整的土地,均属政府所有。但是,政府拥有所有土地,并不意味兴建公屋的土地供应是无限的。这主要原因有三:第一,政府尽量避免回购已租出的土地,因这涉及使用财政资源。第二,凡已租出的土地,租约到期时,一向的政策是可再缴地价,续约租用。第三,因土地出让金是政府主要的收入来源之一,所以,位置较适中及方便的土地,都尽量留作出售予发展商盖建市场房。所以,公共房屋的土地,大部分都是城市边缘的疗屋区清拆地,或于河口或海边填海而建的新市镇土地。

正如 Chiu(2007)指出,在香港的城市规划过程,政府对于土地发展权及发展密度的决定,有显著的影响。这也有利于调配公共房屋发展所需用地。政府对土地发展权的影响有几方面。第一,虽然土地利用的法定大纲图,都是由以非官方委员为主的城市规划委员会制定,但最后需由特区首长(1997 年前则港督)暨行政会议核准。而且,在审批过程中,各政府部门的意见均被详细考虑。第二,城市规划委员会的主席乃政府官员。而且,土地规划大纲图的草案,包括土地发展密度,都是由规划署基于各政府部门对基础设施及交通容量、环境影响等评估而制定的。第三,由于基础设施的投资直接影响生地及熟地的可发展性,政府发展基础设施的决心及优先次序直接影响了住宅用地的供给及发展潜力,这包括了公共房屋用地。最后,公屋用地的划拨其实是需要经过代表不同利益的政府部门磋商、谈判及协议。当中最关键的是个别住宅用地应该出售增加公共财政收入,还是留作兴建公屋,尽快解决低收入家庭的住屋需要。而日趋严重的是越来越多的地区都不欢迎在它们的范围内建筑公屋。即使拆卸旧的公屋屋邨后,在原地重建新公屋,也受到强烈反对。所以,即使政府拥有土地利用及发展密度的主要决策权,发展公共房屋的土地得来并不容易——其他公共利益的竞争、地区的反对、基础设施的容量等都是需要处理的障碍。

2.2 财政

自从 1987 年政府一笔过拨放计息永久资本 164 亿元予香港房屋委员会(香港主要公营房屋营运的法定机构)后,香港的公营房屋(包括含资助的出租及出售房屋)便一直自负盈亏。当年,香港政府除了宣布香港首份长远房屋策略,及鼓励自置物业和善用房屋市场的资源来增加中低收入家庭的置业机会外,还展开了和香港房屋委员会新的财政关系。自此,房委会的现金流转、入息及支出需自负盈亏,但政府会继续提供免费土地予房委会兴建出租公屋,但出售的房屋的土地则以成本价出让予房委会。政府当年注入的永久资本,房委会也需每年付予利息。由于政府也无偿划拨了土地予房委会来提供零售服务予公屋居民,所以房委会需和政府对分这些商业营运的利润。

在房委会 2001 年搁置"居者有其屋计划"和"私人参与居屋计划"(统称"居屋",相当于内地的“经济适用住房”），及在2002年11月终止所有出售房屋计划之前，其财政来源共有三项：出售房屋计划的收益，零售商业营运的利润及公屋租金收入。虽然出租公屋的营运补贴达到每一单位每月230元（Housing Branch，Government Secretariat，1997），但因为出售居屋的可观利润，房委会的整体收入足以应付整体开支有余。出售“居屋”利润可观，是因为房价是以市场价格及市民负担能力同时作为定价因素，以免“居屋”价格与市场房屋价格相差太远，造成不公平问题。由于市场房屋的整体价格在过去几十年不断上升，所以“居屋”的售价与建屋成本的差距也越来越大。

但自从2002年11月终止所有出售房屋项目以后，房委会便失去了一项重要收入来源，政府与房委会的财政关系也需要重整。最后决定房委会出售大部分的零售及停车场资产予为此而开设的一间新上市公司，并订明此公司必须继续营运这些零售设施，使房委会能符合房屋条例的规定，提供设施满足市民的日常需要。房委会2005年11月出售商业设施的收益为338.92亿元（Hong Kong Housing Authority，2006a）。有鉴于这笔资金将会作保本投资，而投资入息将用以补助公屋的运作，所以政府同意房委会无须为变卖零售资产引致政府失去分红机会而需与政府摊分变卖的收益。此外，房委会也进行了精简人手的工程，推出自愿离职计划，大幅减少房屋署人手约三成，节省开支。以上的两项计划，都令房委会能持续自负盈亏。

但是，必须强调的是，房委会在现金运转上，能自给自足，主要原因之一是由于政府无偿或以成本价划拨土地，使建筑成本大幅减低。所以，政府拥有土地是香港能营运庞大公屋系统的一个关键因素。另一个重要因素是原为满足居民日常所需而建盖的零售设施，经多年来的积聚，发展成为房委会的一项庞大资产。出售这些资产，原本预算所得现金只能短期舒缓房委会的现金流转问题。但由于投资收益理想，及精简人手计划成功，房委会预算将可长期自负盈亏。

2.3 管治模式

管治模式对于房屋政策的制定及成效至关重要。图1显示了现时香港公营房屋的管治架构。自从1951年根据房屋条例成立以来，除了1987～2002年推行私有化政策及提高自置居所政策期间外，房委会的主席都是由官员担任。其实，由非官员担任主席期间，管辖权脉络并不清晰。根据房屋条例规定，房委会作为一个制定及执行公共房屋政策的法定组织并不属于任何一个政府部门管辖，包括房屋局。而房委会主席是直接向港督/特首负责。但它的执行机构即房屋署却是政府部门。这个管辖权不清的问题，在亚洲金融风暴之后，房屋政策受到不断冲击而需调整，却又未能依据权责适时更改政策时，显得尤为严重。最后，当政府于2002年推出主要官员责任制及重整政府架构时，房委会主席再由政府官员即房屋局局长担任，理顺了房委会的管辖权问题。

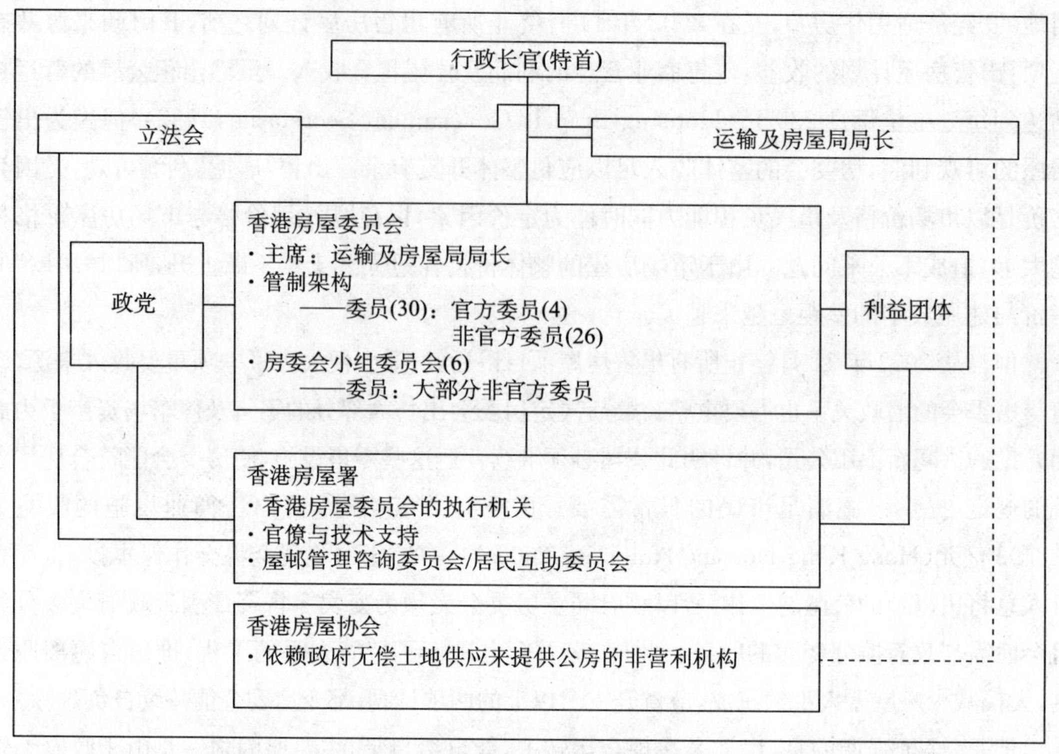

图1　香港公营房屋的管治架构

图1所显示的管治模式,最关键之处是哪一持份者最能影响公共房屋政策的制定及执行——是政府官员,还是从政者,专业精英,利益团体?而另一关注点是,这管治模式能否有效率地满足低收入家庭的住屋需要?从房委会的制度来说,公共房屋政策应由房委会及其小组委员会制定及通过,然后由各有关小组委员会监督房屋署执行。但事实上,房屋政策的草案都是由房屋署的官员草拟,及和各有关人士、政党、团体甚至房委会个别委员讨论、磋商、讨价还价之后,经多番修改再呈交房委会正式审批及通过。因为草案都是平衡了多方的利益诉求及压力而最终提交的,所以在议会期间,便很难因委员提出异议而修改或推翻,最多只是收回提案,由房屋署官员修订,再呈交房委会审批。由此看来,在公共房屋政策的制定过程中,平衡利益的工作主要是由房屋署的官员来担任,并非房委会委员。

可是,这样谨慎的房屋政策制定过程可能是必需的。原因有二:第一,公营房屋政策直接影响全港一半市民的直接利益,而且对经济、社会安定有很重要的间接影响。推行了主要官员责任制之后,负责房屋事务的局长,同时兼任房委会主席,更要对房屋政策负上政治责任,房屋政策更不容有失了。第二,因为住在公营房屋的人口庞大,公屋居民形成了一股强大的选票来源,公共屋邨自是政党必争之地,因而各政党也尽量替公屋居民争取福利。在房委会的组成中,大约有1/3的委员来自主要政党及利益团体,而当中有不少是身兼监察政府工作(包括房屋事务)的立法会议员。所以房屋政策的制定过程,必须谨慎平衡各政党的政治力量与政治利益。房委会委员中没有政治背景的委员,主要是专业人员及学者,他们的参与,使房屋政策除了政治考虑外,也加入了专业及学术的角度。由是,在现行的管治架构下,房委会主要是扮演最后监督的角色,而真正的政策倡议者和平衡者则是房屋署的官员。但政策的策动者,则非处处为选民特别是公屋居民争取利益的政党及政客莫属了。

在房屋署执行房屋政策或公屋屋邨管理工作时,包括有民选议员的区议会及居民组织,尤其是屋邨管理咨询委员会及居民互助委员会,都可有效地传递居民的意见及利益。特别值得一提的是,虽然屋邨管理咨询委员会只是咨询性质,其主席也是由屋邨经理而非居民担任,但从笔者参与其会议时观察所得,在房屋署"以客为本"的政策下,该组织对于屋邨的安全、清洁、小型维修及屋邨改善工程等,都起了主要的作用。

综合以上所论,香港公营房屋的管治模式是属于哪一种呢？我认为可归纳为"经理模式"(Managerial Mode)。这种模式的特征是追求效率及效果,其最终目的是满足顾客的需求。其短处是政策决定的好坏通常狭隘地以"顾客"满意为准则(Wan,2005)。香港公营房屋政策虽由房屋署官员牵头拟定及修改,但其过程却不能理解为官员带动,这是因为在政策制定过程中,政客及利益团体都非常积极介入,为低收入家庭尽量争取利益。实行主要官员负责制度后,政府更不能不听取他们的声音。当然,房屋署的官员也不能不顾及其他市民的意见及需要。而房委会的大部分委员都是专业背景,可减少政策的过分倾斜,不过,他们并无政治筹码,而房屋政策正如其他政策一样,总带有浓厚的政治色彩,专业背景的委员的影响力便总不及有政治实力的政客委员。所以,总的来说,香港的公营房屋政策的最主要目的是以最高效率满足"顾客",即公屋居民或低收入家庭的需求,其他如房屋政策重新分布家庭收入的功能,促进社会公平及公义等便鲜有提及。

上面论及的三项主要政策环境因素自然直接影响政策的成果。以下将从公屋的可获性、可达性、可负担性及质素四方面详细分析香港公营房屋政策的成果。

3 政策成果

3.1 可获性

公屋可获性的最佳指示器是公屋轮候时间。虽然在2007～2008年年度末,轮候公屋的住户有11.2万户,平均的轮候时间却由1997年的6.6年大幅下降至2003年后的2.1年以下,低于政策目标的3年轮候时间。如果是长者家庭或申请人不介意搬往新市镇,轮候的时间更短。但这显著的改善其实并非全是政策的设计使然,而是由于2002年停售"居屋"以后,一部分在兴建中的"居屋"转为公屋,而预留发展"居屋"的住宅用地也改为发展公屋,由是公屋的供应便大大增加。但最近几年,每年只有大约 17 000 套新建公屋单位供应,另约有16 000套单位是原住客搬走的翻新单位(Hong Kong Housing Authority,2009a)。每年的总供应量中,大约有六成是编配与轮候的申请家庭,其余是分配予其他申请人,如初级公务员等。另外,公屋居民也可因应家庭状况改变而申请调迁,这样的流动率达 0.5%(2008~2009 年度)至 1.3%(2006~2007 年度)(Hong Kong Housing Authority,2007,2009b)。

3.2 可及性

出租公屋的申请资格准则直接影响公屋的可及性。房委会厘定的准则包括两方面:家庭入息的上限及居港年期。入息上限是根据家庭的必需住屋与非住屋开支来订定。计算方法是把与公屋编配面积标准相若的市场房的租金,加上全港住在市场房的下一半消费组别的平均消费值,然后再根据物价指数来调整(Hong Kong Housing Authority,2006b)。这方法沿用多年,没什么大的争议,只需不时作一些微调。居港年期的准则规限了新来港的家庭,必须有一半或以上的家庭成员已居港七年以上或是永久居民,才有资格获编配公屋。随着近年公屋供需矛盾的缓和,即使在内地出生的儿童,若其父亲或母亲是香港永久居民,也被算为永久居民,增加新移民家庭获编配公屋的机会。在有限的房屋资源下,居港年期限制可被视为订立优先资助次序的行政手段之一。

3.3 可负担性

当房委会考虑新落成屋邨的租金及现有屋邨租金的增减幅度时,主要的因素是租户的可负担能力及屋邨的比较物业价值(以地点为比较因素)(Hong Kong Housing Authority,2006c)。在厘定新租金时,房委会的内部指引是,以每人编配面积标准(7.7 平方米)推算出来的租金,不可超出入息的 18.5%。这比率较国际标准低。Chiu(2006)的研究也指出,香港的公屋户一般可负担房委会订定的租金,但成员较多的住户,因获编配较大的单位,往往需要收紧非住屋开支来支付租金。不过,自 1992 年以来,房委会推出了"租金援助计划"。若租户的租金与入息比率超出某一水平,便可申请援助。虽然在执行细节上,受到不少批评,但该计划毕竟为公屋户在构架上提供了一个安全网。另外,现有屋邨加租的幅度,也受制于房屋条例所订立的 10%。

3.4 质素

公屋的编配面积从 20 世纪 50 年代的每人 2.2 平方米室内面积提升到现时的每人 7.7~10 平方米。2002 年终止"居屋计划",部分兴建中的出售房屋转为出租公屋。因为前者的住宅单位较大，再加上原有公屋的住户人数下降，所以现时的人均居住面积达到 12 平方米（Hong Kong Housing Authority，2008）。这样的居住面积水平还是低于国际水平。但香港整体的人均居住面积也只是 15 平方米左右，低于其他已发展经济体系的城市。

虽然居住面积偏低，但近年香港公屋的设计采用了“以人为本”的原则及可持续发展的概念，以有限的资源及在“实而不华”的大前提下，提供优质的居住环境予低收入家庭。除了根据适用全港的规划标准及准则来提供生活配套设施外，公屋设计的考虑还包括了舒适度（如采光及空气流通）、方便、不同居民组别（如残疾人士及长者）的无障碍通达、安全、增进邻里关系的社交空间、建立屋邨形象的重点设施（如购物商场）或大型的绿化设计、不受天气影响的行人通道、微气候状况及住宅单位的景观质素等。

以上的规划及设计因素，有些只是近期采用，也未必所有新屋邨项目都适用，特别是较小型的项目。但自从 1999 年实施了可持续发展策略以后，房委会对于以上各方面的质素，也越来越关注。Zhu（2009）的研究也发现，公屋居民受重建影响而搬进 1999 年以后规划及兴建的公共屋邨，有过半数认为新屋邨的质素、环境及配套设施都比原本居住的屋邨优胜。这项研究也同时发现，噪声及屋邨垃圾站附近的空气质素是香港公屋居住环境的主要质素问题。还有必须指出的是，专业的物业管理及维修对于香港公屋的居住质素，也是不可或缺的。自从 20 世纪 60 年代末开始，房委会便已从英国引入专业的房屋管理政策及模式，确保屋邨的清洁及治安，并促进业主租客关系及执行租务工作等。

最后，屋邨的地点也影响住屋质素。正如前所述，地点较佳的土地，往往留作发展市场房。不过，由于香港的公屋在 20 世纪 50 年代已开始兴建，原本建在城市边陲地方的，现今也已属于市区的一部分，无须长途跋涉的上下班。现时虽有大约 70%的公屋坐落于新市镇及城市边缘地区，其中只有 27%是在偏远地点。但值得留意的是，虽然所有新市镇都有铁路连系，但有不少公共屋邨都不坐落于铁路网上，需倚靠巴士等其他交通工具接驳铁路。这些接驳服务也不一定高效率和无缝。而过长的通勤时间及过高的交通费用也影响家庭生活及加重经济负担。为了舒缓这些问题，特区政府于 2009 年 2 月开始发放交通津贴予偏远新市镇的低收入居民。

4 结论——香港公屋政策的可转移性

从以上的分析，我们可得出，除了刚移民来港的家庭，香港的公营房屋对于低收入家庭来说，是不难获得及可负担的，香港拥有足够的房屋资源提供出租公屋予三成人口。质素方面则比较复杂。虽然居住面积较小，但生活配套甚为周全，而且管理及维修都达专业水平。此外，在规划、设计及管理方面，都强调安全、方便、舒适、整洁、共融及无障碍的准则。虽然这些准则由于历史及地理因素不一定常达到，但整体来说，香港的公屋不单是提供栖身之所予低收入家庭,而是旨在建立"以人为本"的居住环境。毋庸置疑,这样的房屋政策对社会稳定及经济发展有很大的帮助。值得探讨的是:香港的房屋政策可以转移到内地及其他亚洲城市吗?

第一个基本要考虑的因素是政策环境的可复制性。正如以上分析,香港公屋政策环境的重要一环是政府拥有土地产权及可控制土地发展权。即使一个政府拥有同样的权利,也要视乎它是否有决心解决低收入家庭的住屋问题。一般来说,如果解决房屋问题的政策能同时带来显著的经济、社会及政治利益,而且如果房屋政策比其他社会政策(如教育或公共卫生)能更有效益产生这些利益,政府才会愿意优先解决房屋问题。

另外重要的一环是财政资源。香港的公营房屋能够自负盈亏,主要是因为政府提供免费或低价土地。政府可以这样做不单是因为它拥有土地,还因为香港的地理形势容许政府填海制造新土地,而不用以高昂的价格来回购土地。毋庸置疑,公营房屋的管治架构也很重要。它的构成及政策制定过程让市民及居民不单有足够表达意见及需求的机会,也直接间接影响政策的决定,及催使公营房屋不断改善,使其更能满足市民的需要。另外有两个历史偶发因素也很重要。其一是由于1984年的中英联合声明限制了每年的土地供应,及由于港元自1983年后与美元挂钩,以致香港虽然经济蓬勃,也需要跟随美国调低利率,这便造成楼价不断攀升。由于房委会的"居屋"价格也大致跟随私营房屋价格浮动,房委会赚取了丰厚利润,可用来补贴出租公屋。另外一个历史偶发的因素是1972年的十年房屋计划订定了公屋供应不单只提供居所,还要提供日常所需的设施,包括零售服务,无意中让房委会日后积聚了庞大资产,成为现时的重要财政来源。

由是,香港公营房屋政策的可转移性决定于政策环境的可复制性,其中关键的因素包括不属于房屋范畴的经济社会及政治环境因素,政府是否拥有土地产权以及它能否控制土地供应及土地的发展。公营房屋的管治架构也不容易复制,因这牵涉整个社会的管治文化及政治制度。一些偶然影响日后公营房屋发展的历史决定,自然不好复制,也不易计划。但因参考历史的经验而转化为刻意的政策(如公屋提供零售购物设施),也未尝不可,但效果便会因时因地不同而有异了。

最后,当考虑到香港公营房屋的可转移性时,必须检视此类直接提供公屋的资助模式的长处与短处。正如Howenstine(1986)与Chiu(2003)指出,此种补贴模式很有利于短期内解决严重的房屋短缺问题,因为它不需要倚赖流动性高的私营住宅市场。但它很容易引致过度补贴的后遗症,因为要强迫入息已超越可资助水平的公屋租户搬出,在政治上是不容易办到,特别是当公屋的人口越来越扩张的时候。香港也有推行所谓"富户"缴交额外租金或要搬离公屋的政策,但这些政策偏于宽松,没有彻底解决过度补贴的情况。这主要是因为前述的管治模式的影响。一项根据香港2006年人口普查资料来分析住房消费的研究指出,16%的中高收入家庭、43%的中收入家庭及51%的中低收入家庭是住在出租公屋(Chiu *et* al.,2003)。而且,公共屋邨内的长者人口也越来越高,因为成长了的儿女虽因收入提高或结婚而搬出,却留下他们的父母继续住在屋邨,享用房屋补贴。这情况并不限于收入微薄的家庭。所以,总的来说,公共房屋政策的可转移性不单只是比较政策环境,也涉及资助模式所带来的社会利益与弊端的衡量。

参考文献

[1] Chiu,R. L. H. (2003) Analysis of Policy Trends. In: Yeung, Y. M. and K. Y. T. Wong(eds.), *Fifty Years of Public Housing in Hong Kong: A Golden Jubilee Review and Appraisal*, Hong Kong: The Chinese University Press, 235-258.

[2] Chiu,R. L. H., M. H. C. Ho, G. Siu, D. Cheung, and C. Chan(2003) Projection of Housing Needs and Demands of the Elderly. In: *Comprehensive Study on the Housing Needs of the Elderly in Hong Kong*, Hong Kong: Hong Kong Housing Society and The University of Hong Kong, 77-92.

[3] Chiu,R. L. H. (2004) Socio-cultural Sustainability of Housing: A Conceptual Exploration. *Housing Theory and Society*, 21(2): 65-76.

[4] Chiu,R. L. H. (2007) Planning, Land and Affordable Housing in Hong Kong. *Housing Studies*, 22(1): 63-81.

[5] Chiu,R. L. H., S. Tsenkova, B. Turner and C. Whitehead(2009a) Land Use Regulation: Transferring Lessons from Developed Economies. In: Lall, S. V., M. Freire, B. R. Yuen, J. J. R. & Helluin(eds.)*Urban Land markets: Improving Land for Successful Urbanization*, Springer. (Forthcoming)

[6] Chiu,R. L. H. (2009b) *Residential Compounds or Communities-Is There a Socially Sustainable Model?* Town and Gown Symposium on Hong Kong as a Sustainable World City: Planning, Housing and Design, 10 January 2009, Hong Kong: The University of Hong Kong.

[7] Hong Kong Housing Authority(2006a) *Annual Report 2005/2006*, Hong Kong: Housing Authority.

[8] Hong Kong Housing Authority(2006b) *Subsidized Housing Committee Documents SHC 17/2006*, Hong Kong: Hong Kong Housing Authority.

[9] Hong Kong Housing Authority(2006c) *Review of Domestic Rent Policy Consultation Paper*, Hong Kong: Government Logistics Department.

[10] Hong Kong Housing Authority(2007) *Annual Report 2006/2007*, Hong Kong: Housing Authority.

[11] Hong Kong Housing Authority(2010) *Housing Statistics* (online), (accessed 2s November 2010). http://www.housingauthority.gov.hk/en/aboutus/resources/figure/0,00.html.

[12] Hong Kong Housing Authority(2009a) *Building Committee Documents BC 6/2009*, Hong Kong: Hong Kong Housing Authority.

[13] Hong Kong Housing Authority(2009b) *Subsidized Housing Committee Documents SHC 24/2009*, Hong Kong: Hong Kong Housing Authority.

[14] Housing Branch, Government Secretariat, *Hong Kong Government (1997), Homes for Hong Kong people: The Way Forward-Long Term Housing Strategy Review Consultative Document*, Hong Kong: Government Printer.

[15] Howenstine, E. J. (1986) The Consumer Housing Subsidy Approach Versus Producer Housing Subsidies: International Experience, *Cities*, 3(1): 24-40.

[16] Hui, E. C. M. and F. Wong(2003) Financial Arrangement, in: Yeung, Y. M. and K. Y. T. Wong(eds.), *Fifty Years of Public Housing in Hong Kong: A Golden Jubilee Review and Appraisal*, Hong Kong: The Chinese University Press, 155-178.

[17] Wan, Y. K. P. (2005) *Governance of Residential Land Use Planning in Hong Kong*, Unpublished Ph. D. Dissertation, Hong Kong: The University of Hong Kong.

[18] Zhu, W. (2009) *Planning, Design and Environmentally Sustainable Housing in a Compact Environment: Public Rental Housing in Hong Kong*, Unpublished Ph. D. Dissertation, Hong Kong: The University of Hong Kong.

注:此文的研究工作乃是由香港特别行政区研究资助局赞助(Project no. HKU742307H)。本文内容的详细理论分析见于: *International Journal of Housing Policy*, Vol. 10, No. 3, pp. 301-323。

低收入住房的供给方补贴政策
——国际经验及对中国的启示

刘志林

1 引言

住房补贴是各国政府推动可支付住房的重要政策工具。低收入住房补贴政策通常被分为两种大的类型——供给方补贴(Supply-side Subsidy)和需求方补贴(Demand-side Subsidy)(Green and Malpazzi,2003)。需求方补贴,通常称为"补人头",主要是通过向中低收入家庭直接发放不同形式的租房补贴,以提高其在市场上获取适当住房的经济能力。需求方补贴手段在不同国家名称和性质不同,如美国的租房券政策(Housing Voucher),荷兰、英国等国家的住房津贴(Housing Benefits)项目。供给方补贴政策,通常称为"补砖头",主要是通过各种税收、金融和补贴政策,激励建设、修缮或管理可支付住房,从而降低向中低收入者供应住宅的价格或租金。供给方补贴下提供的住房可能由私营、营利性或非营利性机构,或者公共住房部门来开发和管理。但其中受政府资助的私营低收入住房通常只是在一定的期限内接受资助并在低于市场价格水平上向中低收入家庭出售或者出租。

需求方补贴和供给方补贴手段之间孰优孰劣一直以来是低收入住房政策的争论焦点之一(Galster,1997)。"二战"以来的西方国家(如美国、英国等)基本经历了以供给方补贴为主的低收入住房政策向以消费者补贴为主的低收入住房政策的转型(Green and Malpazzi,2003;李文斌,2007;宋博通,2002)。"二战"以来,政府积极地介入到住房领域,实施公共租赁住房项目,直接干预住房的供应。这反映了"大萧条"以来凯恩斯主义在公共政策领域的主导地位。从20世纪70年代开始,住房政策开始逐步转型为直接向低收入者提供租金补贴(如租房券),或通过税收等手段(如低收入住房税收补贴),积极发挥非公共部门在低收入住房供应方面的作用。

中国学者也对供给方补贴和需求方补贴哪一个更适合中国国情发生过激烈的争论(孙冰等,2005;李辉婕,2009;文林峰,2005;刘志林,2009)。总的来说,我国目前仍然实行的是以直接或间接的供给方补贴为主的保障性住房政策(邓卫,2008)。其中,经济适用住房是由政府提供土地划拨和税费减免等间接补贴、房地产商参与建设和供给的特殊商品房。廉租住房政策则包括实物配租、租金核减和租金补贴等形式,最新的政策则要求各地方不少于70%的廉租住房财政投入用于新增廉租房建设。有学者认为,中国的经济适用住房政策和廉租房政策,未能为真正需要的家庭提供足够的住房(Wang and Murie,2000);经济适用住房并没能很好地实现其作为住房保障手段的目标,其实施过程出现了有违政策初衷的情形(姜万军等,2006;Liu,2007);因此应当取消经济适用住房,变"补砖头"为"补人头"(邓卫,2009)。然而,目前我国处于高速城市化时期,城市住房短缺问题严重,新增城市人口对可支付住房的需求量巨大。针对中国目前的国情,供给方补贴在提供可支付住房方面发挥着什么样的作用,又该如何有效地制定、落实供给方补贴政策,仍然是有待研究和探讨的问题。发达国家在应对战后重建和城市化热潮中积累了大量对住房进行供给方补贴的经验,学习和借鉴发达国家的历史经验教训,对制定适合我国国情的保障性住房政策具有重要意义。本章将依次回顾评述主要国家采用的面向低收入家庭的供给方补贴政策,并总结其对中国的借鉴意义。

2　直接补贴:公共住房政策

公共租赁住房通常指政府资助下的,力图通过鼓励公共部门或私营开发商进行住宅建设或更新,来增加面向中低收入家庭住房供应的租赁补贴项目(Katz,2003)。某种程度上,公共住房政策是政府对低收入住房进行直接补贴的典型形式,可以被认为是供给方补贴的一种特殊类型,也是"二战"后美国和西欧等资本主义国家供应低收入住房的主要政策手段。在美国称为公共租赁住房项目(Public Rental Housing),在英国主要是由各个地方政府管理的政府公共住房(Council Housing),在中国香港则成为公屋或者廉租屋。总的来说,美国的公共住房规模比欧洲国家小,通常被认为是低收入家庭获得住房的"最后手段"(Housing of Last Resort)。而欧洲国家由于"二战"结束后面临大规模的住房短缺,因此,公共住房是其短时期内增加住房供应的主要手段(Popkins *et al.*,2002)。

2.1　公共住房的基本模式

美国1937年《国家住房法案》正式确立了公共租赁住房作为一项独立且长期的联邦住房政策的地位。美国公共住房政策的基本融资模式是:联邦政府负担住房建设的资本投入,而地方政府通过收取租户的租金来支付运营成本。建设资金早期由地方发行长期免税债券来筹集,联邦政府对债券进行担保并偿付本息;近年来联邦政府资助存量公共住房的修缮更新,主要通过一般性国债筹集基金并向地方政府直接提供补助基金。然而,随着公共住房老化,维修成本增加,以及贫困家庭集中化等原因,联邦政府不仅对公共住房修缮更新提供资本补贴,也必须对极低收入家庭发放额外的租金补贴。几乎所有的公共租赁住房的设计、建造和管理均由地方公共住房管理局(PHAs)负责和监督。就项目设计而言,公共住房的目标对象是低收入家庭。但是,随着时间的推移,公共住房居民变得越来越贫困。极低收入住户的集中被认为是公共住房很多可怕问题的根源(施瓦茨,2008)。

英国政府参与建设可支付住房,始于1919年《住房与城镇规划法案》,其中明确了地方政府实施公共住房的职责和中央政府的财政投入职责。"二战"后严重的房荒使得迅速提升住房供应成为当时英国住房政策的中心议题,1945～1974年的30年也是英国大规模进行公共住房建设的时期。总的来说,英国政府公共住房(Council Housing)的基本模式是:由中央政府提供补贴;地方政府负责规划、投资和管理公共住房,主要负责部门是地方政府下属的地方住房管理局(Local Housing Authority);公共住房的实际建设主要由私营的建筑公司完成。英国公共住房的供应对象不像美国只是面向低收入阶层,实际上"二战"上台的后工党政府专门取消了有关公共住房只能面向工人阶级的限制性规定,以解决当时普遍存在的住房短缺问题。英国的政府公共住房采取打分制(Point System)进行分配,依据"合理偏好"(Reasonable Preference)原则优先分配给最需要的人群,如无家可归者、住房条件差或过于拥挤者等。但各地方政府在实际操作中通常考虑申请者的居住区域、经济状况、是否具有良好租房记录以及轮候时间等指标。

与其他国家和地区类似,香港地区正式开始建立可支付住房政策也始于"二战"后的公共住房计划。有几个背景促成了政府开始干预住房供给:香港在"二战"后面临着与上述欧美国家相似的住房短缺问题,香港地少人多的特点加剧了住房供给压力;1953年圣诞节大火导致许多家庭无家可归,促使政府开始建造符合最低标准的住房以满足低收入家庭的基本住房需求(Lau,2006)。1954年,香港屋宇建设委员会成立,后来就成为香港房屋委员会,是香港住房政策的决策机构。自此,香港政府开始大规模推行公共房屋计划,为中低收入居民提供适当房屋,也推动了对棚户区的拆建(王坤等,2006)。

在建设公屋的初期,香港政府通过直接注资或提供土地的方式,资助公屋的发展。1973年,新的房委会成立后,政府转以免费拨地及贷款的形式提供资助。香港的租赁公屋分配采取轮候制,由房委会下属的执行机关——房屋署负责接受申请、排定次序并办理轮候手续。为确保只是有真正需要的家庭获得租住公屋,政府实施全面的收入和资格审查。申请资格要求包括:居民年龄及身份(居留权、在港居住年限)、家庭结构、家庭收入与财产要求以及是否已享受政府其他住房资助项目等。

2.2 公共住房的发展趋势

在欧美国家,政府直接投资兴建的公共住房项目到20世纪70～80年代基本走向终点,政府不再直接投资新建公共住房,中央政府的公共住房财政投入主要针对存量公共住房进行维护和更新,并在促进公共住房居民收入多元化方面采取了相应措施。以美国为例,对公共住房工程的大规模改造源于1993年国会批准的希望六号(HOPE VI)计划,其目的是对衰败的、高层高密度的和居住隔离化的公共住房社区进行改造和再开发,而由小规模的低密度和收入融合的居住社区所代替(施瓦茨,2008)。

1980年英国撒切尔政府开始大规划调整公共住房政策,1988年的《住房法》则进一步推动了英国公共住房政策向社会住房模式的转型,同时对公共住房进行私有化和社会化改革(Varady,1996),主要包括以下方面:

① 购买权(Right-to-buy)政策:允许在公共住房居住三年以上(后调整为两年)的租户以折扣价购买自己已经租住两年以上的住房。这让许多家庭获得了以极优越条件将所租住房转为自有的机会。公共住房社区产权结构向混合型转变,有助于这些社区保留原有的社会网络关系和混合式的社会结构。

② 公共住房的产权和管理向住房协会(Housing Association)转移:1980年以后住房协会被视为拥有和管理公共住房的主要机构。地方政府基于减少财政压力等的原因,通过“自愿大规模产权转移”(Large-Scale Voluntary Transfer),主动将自己拥有的公共住房转移给地方住房协会,实现公共住房管理的社会化(Holmans,2005)。

1987年以后,香港的公共住房政策随整体住房政策而发生调整,以规范和保证公共住房资源的有效合理分配。主要特点是:考虑到租住公屋资源的稀缺性,鼓励富裕的租户腾出公屋,这突出体现在“维护公屋资源合理分配政策”;开始采用全面的资格审查制度,要求新的公屋租户实行收入和资产方面的全面审核,限制受拆迁影响但经济条件较好的家庭进入;开始采用需求方补贴政策对有需要的家庭进行租金援助,如住房补贴政策(HSP);开始公共租赁住房的私有化并鼓励流转,实施“租者置其屋”计划。

可以看出,20世纪80年代以来国际上公共住房政策的基本趋势是从注重住房数量到注重质量,鼓励社会融合与社区协调发展,鼓励住房私有化,给予居民更大的自由选择权。表1总结了美国、英国和香港地区在公共住房政策上的异同。

表 1 美国、英国与中国香港公共住房对比

	美国	英国	中国香港
总体特点	由地方住房管理机构负责建设和管理,联邦政府支付资金成本和补贴部分运营成本、地方政府收取租金支付运营和维护成本的租赁住房	中央财政补贴资助、由地方住房管理机构规划、投资和管理,并以政府控制的租金水平出租给目标家庭的租赁住房	香港政府通过直接注资或提供土地的方式资助,使租金维持在较低水平,香港房屋委员会是决策机构,负责建造
发展历史	20 世纪 60 年代以前唯一的联邦低收入住房项目;1980 年以后逐渐停止	"二战"后租赁住房的主要来源;1980 年以后逐渐被社会住房取代	始于"二战"后的公共住房计划;1980 年以后政策调整,保障合理分配
中央政府	提供资金成本、运营补贴	地方政府向中央申请公共住房基金	提供土地、资金
资金来源	地方住房部门发行地方免税债券支付建设成本,债券本息由联邦政府支付	中央财政补贴(中央公共住房基金)	香港政府直接注资;或主要通过政府免费拨地和提供贷款等形式
地方政府	负责设计、建造和管理;负责建成后的运营成本(租金支付)	负责规划、投资和管理公共租赁住房(实际建造由建筑商完成)	负责建造、管理和分配、资格审查
目标群体与分配机制	早期强调面向极低收入家庭;后期强调收入多样性	打分制(居住工作地点、经济状况、良好的租房记录、申请等候时间)	轮候制、严格的资格审查、对违反规定的租户的申请资格做出限制、分配依据家庭规模需求
20 世纪 80 年代以后的转型	HOPE VI 计划对公共租赁住房项目的改造与重建	私有化:"购买权"计划 社会化:政府向住房协会让渡产权和管理权,公共住房转型为社会住房	全面资格审查制度 鼓励富裕租户腾出私有化,鼓励流转

3 间接补贴:私营低收入租赁住房的开发贷款补贴

从 20 世纪 70 年代中期以来,欧美国家的供给方补贴政策逐渐转为向私营租房部门提供补贴以刺激非公共部门建设和供应面向低收入人群的出租房。与政府直接投资建设公共住房不同,这种间接补贴政策是政府通过对税收、利率等的控制与调整,为私人部门投资低收入出租房提供激励。这里以美国政府的间接补贴手段为例进行介绍,其中主要的项目包括低收入住房税收补贴和开发贷款利率补贴。表 2 对这些项目的资助方式、租金水平、目标群体及存在问题进行了总结。

3.1 开发贷款利率补贴

1968 年的《住房与城市发展法》标志着美国联邦政府直接投资公共住房建设向补贴私

营可支付住房建设正式转型，其目的是鼓励私营资本参与可支付住房建设。其基本模式是：开发商向银行或其他金融机构获得开发贷款；政府对贷款进行担保，并通过补贴使贷款利率低于市场水平，从而降低开发贷款成本以鼓励低收入住房的私营供应；这类项目允许开发商营利，但利润水平不能高于政府规定的水平；中低收入家庭作为租户缴纳的租金用来支付维护运营成本、开发贷款还款以及一定比例的开发利润。

表 2　1960～1980 年美国采取的一些刺激私营可支付住房供应的政策项目

	第 221(d)(3)条款（低于市场利率计划）	第 236 条款（开发贷款利率补贴）	第 515 条款（乡村出租住房开发资助）	第 8 条款（新建和重大修缮项目）
起止年份	1961～1968	1968～1973	1968 年至今	1974～1983
受益开发商	非营利或低营利	营利	乡村出租房开发	非营利或低营利
资助方式	向开发商提供联邦政府保险的、低于市场利率的住房开发贷款	联邦政府每年支付市场利率下还款额与利率为 1%时的还款额之间的差值	基本资助框架与第 236 条款类似；为开发商提供为期 50 年、1%利率的贷款	补贴“公平市场房租”与租户支付能力的差值；联邦所得税减免（加速折旧津贴）
目标收入群体	中等收入家庭——不超过地区收入中位数	低收入家庭——收入不高于地区收入中位数的 80%	低收入家庭——收入不超过地区收入中位数的 80%	低收入家庭——收入不超过地区收入中位数的 80%
租金水平	由工程预算决定——3%的抵押贷款还款额；运营支出和房产所有者 6%的利润	基本房租——1%利率的抵押贷款还款额、运营费用和房产所有者 6%的利润；或租户收入的 25%（后上升为 30%）之间的较大值；	房租水平由运营费用、1%利率下的抵押贷款还款额等决定	公平市场房租——能够支付贷款和运营支出，甚至能提供部分盈利；租户只是支付收入的 25%或 30%
开发单元	18.4 万套	54.4 万套	52.6 万套	超过 85 万套
对租户的额外深度补贴	无	对于收入更低的住户，联邦政府提供房租补贴（相当于其收入 25%和基本房租之间的差额）	只有不超过地区收入中位数 50%的极低收入家庭能够获得房租补贴	无
存在的问题	对开发商激励不足，租金水平常常只有中等收入家庭能够支付			开发商没有动力控制成本；政府财政压力重

资料来源：作者根据 Green and Malpezzi(2003)，施瓦茨(2008)和 Wallace(1995)整理。

美国在 1960～1980 年，尝试了一系列的开发贷款利率补贴计划，为营利性开发商和私人投资者提供优惠政策从而鼓励他们为低收入家庭开发廉价房。如 1961 年开始试验性实施的第 221(d)(3)条款的低于市场利率计划，以及 1968 年实施的第 236 条款开发贷款利率补贴项目、第 515 条款乡村可支付住房开发贷款利率补贴项目等。第 221(d)(3)条款是联邦政府通过房利美(Fannie Mae)向私营贷款机构提供房贷保险，使得营利和非营利性开发商能够获得低于市场利率(通常设定为3%)的开发贷款(施瓦茨，2008)。该项目于1961年开始实施，1968年停止，期间共开发了18.4万套住宅。后二者则是开发商在获得联邦政府保险的商业开发贷款后，由联邦政府每年向开发商补助每年市场利率下还款额与利率为1%时的还款额之间的差值，通过这种"降息支付"来减少开发商的还款压力，并要求开发商降低房租。第236条款在1974年被停止实施，共资助了54.4万套住宅。

这些开发贷款利率补贴项目的基本特点包括：

① 这些项目都属于浅度补贴，政府资助包括两种形式：一是联邦政府为私营开发商提供开发贷款保险；二是联邦政府对开发贷款的利息提供补贴，使得非营利或者低营利性的开发商或租赁商能够获得低于市场利率的开发贷款。

② 接受联邦资助的开发项目需要以低于市场租金水平的租金向中低收入家庭出租。

③ 中低收入家庭通常被界定为收入不高于地区家庭收入中位数(中等收入)或不高于中位数的80%(低收入)。

④ 租金水平一般基于工程建设的成本预算、运营支出、贷款利息(3%或者1%的利率)、一定利润水平(6%)等要素后得出基本房租。

⑤ 接受联邦政府利率补贴的开发项目通常被要求在20年内保持低租金。

开发贷款利率补贴政策在实施中出现各种问题，最突出的是作为一种浅度补贴，对开发商的激励作用不大，其资助下建设的住房租金水平对于低收入家庭来说仍然过高。例如第221(d)(3)条款尽管资助建设了18.4万套住房，但实际结果是只有中等收入人群中比较富裕的家庭才能够负担得起房租(表2)。

为此美国联邦政府在1974年《住房与城市发展法案》中，取消了专门的利率补贴计划，而转由联邦政府对私营可支付住房进行直接的深度补贴计划，即第8条款新建和重大修缮项目。第8条款的原则是，联邦政府不补贴建设工程的贷款利息，而是对向低收入家庭出租可支付住房的项目，政府补贴公平市场租金(Fair Market Rent)[①]和租户支付能力之间的差

① 公平市场租金的概念是在1974年美国开始实施第8条款的住房补贴项目时引入的，作为测算政府对项目或者家庭的补贴额度时的租金标准，其基本理念是政府补贴额度应当是当地住房市场的公平市场租金与家庭支付能力(即其月收入的30%)之间的差额。公平市场租金的定义是：当地住房市场中，典型的、标准出租房屋单元的毛租金的40百分位(the 40th percentile of gross rents for typical，non-substandard rental units occupied by recent movers in a local housing market)，即相当于当地市场租金中值的80%。总租金(gross rent)包括租户交纳的房租以及水电煤气等费用。对于第8条款中的新建和重大修缮项目，政府要求出租单元的租金不应超过当地的公平市场租金，并出租给低收入家庭。对于第8条款中的租房券项目，居民可以租住较高租金的房屋，但超过公平市场租金部分的房租将全部由家庭负担，而不会得到联邦政府的补贴(详见HUD网站)。

额(施瓦茨,2008)。租户支付能力最早被确定为家庭收入的25%,后来提高到30%。对于每个家庭来说,实际支付的租金只是其收入的30%,因此不同收入的家庭的实际支付租金是不同的。但是对于租赁机构或业主来说,租金收益维持在公平市场租金的水平,而政府支付其差值。

第8条款的直接补贴计划极大提升了对开发商供应可支付住房的激励。公平市场租金允许开发商获利,而房租的设计使得低收入家庭只需支付其能够承受的部分,这实际上是政府对可支付住房供应提供了深度的财政补贴。但问题在于,由于对于每个家庭来说,实付租金维持在其收入的30%,而超过部分均由政府财政补贴来承担。因此,开发商并没有动力来控制成本,这往往导致受政府资助的租赁住房的房租甚至高于周边没有接受政府资助的住房,这也加大了政府的财政负担(表2)。

3.2 低收入住房税收补贴

低收入住房税收补贴是目前美国最大的资助可支付租赁住房供给的联邦项目(Wallace,1995)。该项目由1986年《税制改革法》设立,旨在为面向低收入家庭的租赁住房建设、修缮或购买等提供预算资助,由州和地方的低收入住房税收补贴主管机构负责发放和管理[①]。其基本模式是:开发商或租赁机构通过自有资金或开发贷款建设或修缮租赁住房,在满足低收入租户比例和租金等要求下,可以享受十年内联邦政府税收减免,以抵偿其开发成本。这一税收减免方式,由于是一种间接的补贴,而不涉及政府发放直接贷款利率补贴,政策执行成本更低,因此被认为是一种更好的激励私营可支付住房供应的补贴模式(Wallace,1995)。

到2003年为止,该项目共资助开发了约120万户住户,占同时期多家庭住宅开发量的28%(Malpezzi and Vandell,2002)。目前HUD的数据库显示,在1987～2005年共资助了27 410个住房项目,向低收入家庭提供了约153万个住房单元[②]。1995～2005年,共资助了15 096个住宅项目,每年资助项目数约在1 200～1 450个,提供约10万套住宅单元,其中新建住宅项目约占2/3,而有约1/3的项目属于对存量住宅的重大修缮项目。从低收入住房供应的空间分布看,约有45%的税收补贴资助项目和50%的住宅单元位于大都市区的内城(表3)[③]。

① US HUD网站:Low-Income Housing Tax Credit,http://www.huduser.org/datasets/lihtc.html。

② US HUD网站 http://www.huduser.org/datasets/lihtc.html。

③ 具体数据参见 Abt Asssociates,Inc.(2007)。

表 3 美国低收入住房税收补贴资助项目与住房的分布(1995～2005 年)

	1995	1996	1997	1998	1999	2000	2001	2002	2003	2004	2005	1995～2005
项目数	**1 268**	**1 215**	**1 242**	**1 204**	**1 345**	**1 244**	**1 265**	**1 206**	**1 371**	**1 332**	**1 223**	**13 915**
中心城区	43.3%	43.2%	44.1%	43.1%	42.2%	41.2%	43.5%	47.8%	45.1%	45.4%	44.9%	44.0%
郊区	27.5%	29.6%	29.6%	32.1%	32.9%	34.4%	29.9%	31.2%	33.3%	31.3%	32.4%	31.3%
非都市区	29.2%	27.2%	26.3%	24.8%	25.0%	24.4%	26.6%	21.1%	21.6%	23.4%	22.7%	24.7%
住房套数	**77 047**	**78 190**	**83 958**	**86 874**	**102 403**	**92 774**	**94 768**	**98 064**	**115 635**	**112 992**	**99 217**	**1 041 922**
中心城区	50.6%	49.4%	50.9%	48.0%	47.5%	46.1%	46.9%	46.9%	51.1%	49.9%	51.3%	49.3%
郊区	33.8%	36.8%	34.9%	39.6%	39.8%	40.1%	39.3%	39.3%	38.2%	38.1%	36.3%	37.8%
非都市区	15.6%	13.8%	14.2%	12.6%	12.6%	13.8%	13.8%	10.7%	10.7%	11.2%	12.5%	12.9%

资料来源:Abt Asssociates,Inc. ,2007。

低收入住房税收补贴是一项联邦预算,但是由各州负责执行和管理,开发商直接向州住房金融管理局申请。各州可以获得的预算资助额度由各州人口数决定。最初各州可以获得的税收补贴额标准为每人 1.25 美元,到 2002 年后提高到 1.75 美元,并且规定此后每年随通胀率调整,2004 年的补贴额度则为 1.8 美元(HUD 网站)。

申请税收补贴的住房项目必须满足以下条件:项目中至少有 40%的单元为收入不超过都市区收入中位数 60%的低收入家庭居住,或者至少有 20%的单元为收入不超过都市区收入中位数 50%的家庭居住。补贴额度的计算一般参照项目总开发费用减去土地成本、运营成本、非居住部分建设成本等费用后的合格成本基数、低收入租户占全部住户的比例等指标,按照联邦政府规定的公式进行计算(施瓦茨,2008)。当然,低收入住宅单元的比例与开发商或房东能够获得的租金补贴额度直接相关。低收入租户比例越高,获得的资格系数越大,补贴额度也就越大。此外,如果项目位于"困难开发区"或"合格人口普查区",则可以获得一个"基数扩大系数",从而获得更大的补贴额度。

凡是接受补贴的项目必须符合最高租金的限制要求。补贴项目的最高房租一般设定为当地家庭收入中位数的 30%(或地区平均收入 60 百分位的 30%),即中等收入家庭能够靠自身能力支付该项目的租赁住房。当然这可能意味着,收入极低的租户(即低于地区平均收入)的家庭所支付的房租可能超过其实际收入的 30%。对于房东或租房机构来说,政府补贴是通过税收补贴的形式返还给房东。

施瓦茨(2008)总结了低收入住房税收补贴项目在政策设计和实施上的缺陷。首先,对于极低收入家庭,房租很可能超过其实际收入的 30%,即超过其支付能力,因此极低收入家庭很可能无法承受税收补贴项目的房租。

其次，政策设计中开发项目能够获得的税收补贴额度，与项目中的低收入住宅比例成正比，因此开发商或房东有更大的动力将项目的绝大部分或全部住宅单元设定为低收入住宅，从而无法为促进居住融合、消除贫困集聚现象等政府目标提供激励。

此外，需要注意的是，私营可支付住房供应的补贴政策，通常只要求私营开发商将所开发住房的低租金水平保持一定年限，如利率补贴项目通常要求 20 年，低收入住房税收补贴项目最初要求 15 年，后延长至 30 年。超过廉价期后，税收补贴项目可以收取市场价位的租金，并可以将住宅出租给任何家庭。因此 20 世纪 80 年代开始，出现了如何防止这类租赁住房从可支付住房供应体系中退出的问题。为了稳定市场上低收入住宅供应量，联邦和州政府都必须出台新的政策或给予新的税收补贴，从而增加了低收入住房持续供应的政策成本。

4 欧洲的社会住房模式

与美国等国家不同，欧洲国家普遍采用社会住房模式，主要是通过政府财政、金融资助，着重发挥非营利性的开发或租赁机构（即英国所谓的“第三部门”）在可支付住房供应和管理上的作用。

广义上说，所有旨在为有住房需求的低收入家庭提供的经济上可以负担的住房都被认为是社会住房，既包括地方政府管理的住房，也包括有私营或第三部门（如英国的住房协会）提供和管理的住房①。例如，德国的社会住房主要是通过政府的财政补贴实现，但私营租赁住房是社会住房的主体。英国的社会住房主要由非营利性的住房协会（或称注册社会业主，Registered Social Landlords）管理，但也有部分的政府公共住房；中央政府通过社会住房基金对住房协会进行资助，也通过相应规制手段约束其行为，并对政府公共住房的资金来源和管理模式进行约束，以保证公共和社会租赁住房公平竞争。

但从租赁住房的存量供应来看，社会住房是目前欧洲可支付租赁住房的主要供应形式。如表 4 所示，截至 1996 年，欧盟主要国家中，荷兰的社会住房比例最高，占全部存量住房的 41%，北欧的丹麦社会住房比例为 27%，南欧国家的社会住房比例相对更低。英国社会住房占全部住房存量的 1/4，但可以看到“购买权”计划等政策手段促进了英国的住房自有率，到 1996 年约 2/3 的住房为自有住房。相对比，德国的租赁住房中，私人机构供应的租赁住房比例达到了 42%。但需要注意的是，德国的私营租赁住房通常也得到政府的大量财政补贴，因此与社会住房的性质类似。

---

① “What is Social Housing?”Shelter：The Housing and Homelessness Charity Website：http://england. shelter. org. uk/housing_issues/Improving_social_housing/what_is_social_housing.

表4 1996年欧盟国家存量住房的产权结构与资金来源结构 单位:%

	自有住房		租赁住房		免租金住房
	没有住房贷款	有住房贷款	社会	私营[a]	
西欧和中欧					
荷兰	8	44	41	7	1
比利时	37	29	9	22	3
德国	22	19	13	42	4
法国	30	26	16	23	5
爱尔兰	44	37	12	5	2
卢森堡	36	35	3	23	4
奥地利	30	20	21	23	7
英国	24	42	25	7	2
北欧					
丹麦	7	46	27	19	1
南欧					
希腊	69	7	0	22	3
意大利	66	11	5	12	6
葡萄牙	52	14	4	21	9
西班牙	63	18	1	12	6
总体[b]	36	24	14	21	5

注:a包含由雇主提供住房;b已经除以每个国家的家庭户数作为权重。

资料来源:欧盟统计(欧洲共同体家庭调查,1996),由SCP摘录(SCP,2000);转引自Priemus and Dieleman,2002,p.192。

4.1 社会住房的供应主体

社会住房的供应主体一般是各种类型的社会业主,多是非商业组织,他们拥有、供应并管理社会住房(Smith and Oxley,1997)。但社会业主的类型在欧盟各国各有不同,可以是城市政府、住房协会以及其他类型的非营利组织和商业性公司(Priemus and Boelhouwer,1999)。

比较欧洲各国的社会住房供应结构,瑞典的社会住房基本由地方政府管理;而德国的社会住房的供应主体是允许营利的私营业主(包括大型租赁机构和个人),私营业主也可以获得政府资助,但必须遵照社会住房的相关规范,以"社会租金"向低收入家庭供应。绝大多数欧洲国家的社会住房供应主体结构都处在这两个国家之间。英国和荷兰的社会住房供应主体均包括住房协会和城市政府,后者主要是管理早期建设的存量政府公共住房,且占社会住房比例逐渐下降(Priemus and Boelhouwer,1999)。英国的住房协会,也称注册社会业主(Registered Social Landlords),是独立的、非营利性组织,利用其一切收入盈余帮助维持现有存量住房并资助开发新建住宅。荷兰的住房协会也是一种非营利性组织,需要获得中央政府的资格认证与授权,并且按照政策规定,住房协会的利润必须被用于住房再投资。其他欧洲国家中,私营的非营利性租赁机构的比例较高。法国的社会住房既包括租赁住房也包括自有住房,可以由公共或私营部门供应和管理。

4.2 社会住房的资金保障机制

社会住房资金保障模式的特点是,社会业主能够自由通过市场手段进行融资,但通常都接受政府某种形式的补贴。政府可以通过设立专项基金来专门资助社会住房的建设或运营;也可以向社会住房机构提供财政补贴。中央政府一般都会设立专门的机构来进行投资管理。

以英国为例,1974～1988年,通过住房公司(Housing Corporation)发放的社会住房基金和贷款是住房协会的主要融资渠道,资金来源由政府财政负担,但住房公司需要遵从"公平租金"原则(Fair Rent)。1988年《住房法案》对此做出了重大变革,允许住房协会作为一种非公共部门从资本市场上进行融资(Holmans,2005)。这样,住房协会可以通过公共财政和私营资本市场两种渠道进行融资(Lomax,1995)。一方面,住房协会可以申请住房公司提供的住房协会基金(Housing Association Grant;1996年后,改为社会住房基金,Social Housing Grant)。另一方面,住房协会通过银行或建筑协会进行融资,同时住房法案取消了对住房协会的社会住房租金限制的要求。最早政府希望住房协会在公共资助和私营融资上的比例为50∶50,但由于住房建设和维护成本的提升,实际上住房协会有更大的意愿获得更高比例的公共资助(Holmans,2005)。

德国的社会住房建设主要通过联邦政府向私营业主直接提供贷款或补贴,具体补贴手段包括:通过低利率贷款提供资本金补贴、运营成本补贴以及运营成本贷款。通常,社会租赁住房机构需要自己提供至少15%的资金。除政府补贴的贷款外,也可以从资本市场上获得资助。政府补贴一般包括三种类型:

① 资助面向特定人群的社会住房建设的政府补贴,这类住宅的建设通常需要满足最低质量标准,但也不能超过最高质量标准,以保证其廉价性;

② 资助面向收入较高但无法支付市场租金的家庭的社会住房建设;

③ 此外,一些州能够在联邦政府补贴之外,为社会住房建设提供额外补贴;这种补贴常常是短期性的,并且主要是基于州政府与开发商之间的协议,在租金标准和分配方式上更为灵活。

从1985年以后,德国社会住房补贴政策也发生变革,主要特点是联邦政府逐渐退出了对社会住房的直接资金资助。这一方面是由于社会住房建设的需求和紧迫性下降;另一方面是对政府在住房中的角色的重新思考。受其影响,州和城市政府逐渐承担主要的社会住房建设补贴的职责。但联邦政府资助从1989年开始被恢复。

荷兰社会住房的一大特色是不仅面向低收入家庭。也面向中等收入家庭。社会住房在全部住房存量供应中比例较高,建设质量较高,并且政府通过补贴和干预以提供足够的激励并保证租金的低水平。但这一模式在过去20年也发生变革。1988年以前,荷兰社会住房的主要资金来源是中央政府贷款,接受贷款资助的住房协会或城市政府管理部门必须按规定将租金保持在政府指定的租金范围内。由于这一补贴政策的巨大财政成本,政府从1988年开始逐渐停止对新建社会住房的贷款,1995年以后为进一步减少政府对住房的干预,荷兰的可支付住房政策逐渐转向面向低收入家庭的住房津贴体系。这意味着住房协会需要依靠金融市场来获取资金。在这一背景下,目前社会住房的主要资金保障体系包括:

① 1984年设立的社会租赁住房保证基金(Social Rented Sector Guarantee Fund,WSW),由住房协会共同提供其部分资金组成一个市场贷款保险机构,中央政府和城市政府共同担保,以确保商业贷款机构能够以低利率向住房协会提供100%的贷款。

② 1987年设立的社会住房中央基金(Central Social Housing Fund,CFV),主要是向有资金困难的住房协会提供帮助。住房协会根据其规模和预算状况向CFV贡献资金。对处于资金困难的住房协会,CFV会考察其资金和运营状况,向能够在三年内实现有效运营的住房协会提供零利率贷款。

4.3 社会住房的分配与监管机制

分配机制:与营利性的私营出租房不同,社会住房的分配不是基于房东或租户的自由选择,而是基于需要。当然,每一个社会业主都遵照各自的分配政策,但一般提前申明有限的社会住房资源的优先分配原则和考核因素。其分配政策必须具有法定的、合理的优先选择标准。

租金管理:社会住房部门一般受到严格规定的住房租金控制体系指导,以确保租金的可支付性。以德国为例,联邦政府每年确定社会住房的补贴额度,并且决定其租金。社会住房必须以“成本租金”(Cost Rent)水平出租。

管理体制:社会住房的建设、分配和管理都受到严格的政府监管。例如,英国的中央监管机构是社区与地方政府部(DCLG),对地方政府住房政策实施有直接监管权。2008年以前,住房公司是住房协会的主要资助机构和监管机构(Housing Corporation,2004;转引自

Lund,2006)。2008 年 12 月,根据新的《住房与更新法》,住房协会被撤销,其职能纳入社区与地方政府部统一管辖,并设立租户服务管理局(Tenant Services Authority,TSA)对社会住房的管理和分配监管,而同时设立的房屋与社区署(Homes and Community Agency)则统一负责可支付住房的资助职能①。

5 供给方补贴的发展趋势及中国借鉴

5.1 供给方补贴政策的国际趋势

可以看出,20 世纪 80 年代起西方国家的供给方补贴政策发生了重大变化。其中包括政策目标的变化:从鼓励公共租赁住房转变为鼓励自有住房,鼓励居民选择与市场竞争;从注重住房供应的数量到注重质量,住房的发展与促进社区融合、改善低收入家庭就业和受教育机会、提高低收入家庭经济自立能力等城市政策和福利改革等目标相结合。如上文所介绍的美国 HOPE VI 计划,英国的购买权政策以及香港的"租者置其屋"计划,都体现了这种政策目标的转变。在管理体制方面,中央政府和地方政府的权利和责任被重新划分,地方政府开始承担越来越大的财政投入职责。此外,私营机构、非营利性机构的作用在增强:如欧洲的私营机构和非营利机构在社会住房的供应和管理上发挥着重要作用;美国也利用间接干预手段来鼓励私营机构和非营利机构提供可支付住宅。在补贴手段上,从政府直接干预的单一手段转变为补贴、税收、金融等多手段并举。

此外,由供给方补贴向需求方补贴转型已成为总体趋势。如英国在 1975 年 80%的住房补贴以促进可支付住房供应为目标,2000 年超过 85%的住房补贴是旨在降低低收入家庭住房成本的需求方补贴;而美国针对需求方补贴的租房券是目前最大的低收入住房资助项目。但是供给方补贴的作用仍不可低估,很少有哪个国家是只依靠某一种可支付住房政策解决其可支付住房问题。供给方补贴与需求方补贴互为补充是目前国际上的基本模式(刘志林,2009)。

5.2 供给方补贴的国际经验对中国的借鉴意义

通过回顾国际经验看出,发达国家的住房政策曾不约而同地选择了供给方补贴。有研究通过比较国际经验得出,"二战"之后发达国家经历住房严重短缺时,供给方补贴占主要地位;当住房供需慢慢趋近平衡,政策逐渐向需求方补贴转变(卫欣等,2008)。徐虹(2008)认

① 英国房屋与社区署网站:http://www.homesandcommunities.co.uk/aboutus。

为在大量人口从农村流向城市的时期,容易产生城市住房供应短缺的情况,因而应采用供给方补贴,加大普通住房的供应,一方面保障低收入家庭的居住问题,另一方面也可以缓解住房供求矛盾。我国正处于高速城市化时期,面临着严重的城市住房短缺问题,而供给方补贴政策可以在短时间内提供大量住房。因此我国应借鉴对可支付住房供给方补贴的国际经验,从如下几方面改进补贴方式,提高补贴效率。

(1) 可支付住房供应和管理主体多元化

计划经济时代,我国住房的建设和分配全部由政府包揽,由此造成了政府巨大的财政负担,效率低下。而经过多年房改之后,政府将建设住房的任务完全交由企业运行,住房的分配靠市场机制调节,又产生了新的问题。企业的目标是追逐利润,建设廉价房的动力不足,造成我国可支付住房供给的严重不足。反观可支付住房供给的国际经验,可以看到在英美等国家的住房供应和管理主体不仅是中央政府和开发商,地方政府和非营利机构也在其中占有重要地位。在公共住房供给方面,政府应发挥主导作用,以保证向低收入家庭提供廉价住房。但非营利机构也可以成为可支付住房的供应主体,以减小政府的财政负担。在管理方面,中国内地和香港实行的是地方政府直接管理,美国由私营开发商或租赁机构进行管理,而欧洲主要依靠社会部门,如英国的住房协会即为受地方政府管理、中央政府财政激励手段引导的社会性组织。多元化的管理主体可降低政府负担,提高管理效率。

(2) 可支付住房补贴手段多样化

对可支付住房供给的补贴,除政府直接出资供地进行建设之外,应结合税收、金融、规划等手段,用多元化的方法达到政策目标。中国廉价房建设的数量远远无法满足居民的需要,原因是没有给地方政府和私营部门提供足够的激励去建设针对低收入者的住房。借鉴美国的间接干预手段,可以采取税收补贴、贷款利率补贴等形式,设定一定的标准,对廉价房的建设提供政策优惠,以降低私营机构或社会组织建设住房的成本,鼓励其以低于市场价格的租金将住房出租给低收入家庭。同时应注重规划手段的运用,以美国公共住房的衰败为戒,避免贫困居民大规模集中而导致的居住隔离、犯罪集中等社会问题。要合理安排社区中不同收入、不同民族、不同职业居民的比例,以促进社会融合以及民族融合,确保社区的协调发展。

(3) 供给方补贴政策的组织保障

在落实可支付住房供给方补贴政策时,中央—地方的分工与合作尤为重要。从国际经验可以看出,中央政府要负责政策制定及主要的财政投入,并通过财政补贴手段引导地方进行住房建设。地方政府要负责政策的实施,这要求地方政府积极参与,对当地的住房需求进行科学预测与合理规划。此外,地方政府应与私营机构和社会部门紧密合作,对其给予支持并进行监管。私营机构(包括营利性机构和非营利性机构)可以提供专业高效的队伍来负责规划、管理、审查，其参与对改进和完善保障性住房政策具有重要作用，可逐渐成为落实国家可支付住房政策的重要实施主体。中央政府、地方政府以及私营部门、社会部门的相互配合是落实供给补贴政策的重要保障。

参考文献

[1] Abt Asssociates, Inc. (2007) *HUD National Low Income Housing Tax Credit (LIHTC) database: Project Placed in Service Through* 2005. http://www. huduser. org/Datasets/lihtc/tables9505. pdf.

[2] Galster, G. (1997) Comparing Demand-side and Supply-side Housing Policies: Sub-market and Spatial Perspectives. *Housing Studies*, 12(4): 561-577.

[3] Green, R. K., and S. Malpezzi (2003) *A Primer on U. S. Housing Markets and Housing Policy*. Washington D. C.: The Urban Institute Press.

[4] Holmans, A. E (2005) *Housing and Housing Policy in England 1975-2002: Chronology and Commentary*. Report for the Office of the Deputy Prime Minister. Cambridge: Centre for Housing and Planning Research, January.

[5] Katz, B., M. A. Turner, K. D. Brown, M. Cunningham and N. Sawyer (2003) *Rethinking Local Affordable Housing Strategies: Lessons from 70 Years of Policy and Practice*. A Discussion Paper Prepared by the Brookings Institution Center on Urban and Metropolitan Policy and the Urban Institute. Washington D. C., December.

[6] Liu, Z. (2007) *Affordable Housing Policy in an Emerging Market Economy: The Case of Transitional Urban China from a New Institutional Perspective*. Ph. D. Dissertation, Cornell University. August.

[7] Lau, K. Y. (2006) The State-managed System in Hong Kong. In: Groves, R., A. Murie and C. Watson (eds.) *Housing and the New Welfare State: Examples from East Asia and Europe*. Aldershot, Burlington, Singapore, and Sydney: Ashgate.

[8] Lomax, G. (1995) Financing Social Housing in the United Kingdom. *Housing Policy Debate*, 6(4): 849-865.

[9] Lund, B. (2006) *Understanding Housing Policy*. Bristol, UK: The Policy Press and the Social Policy Association.

[10] Malpezzi, S. and K. Vandell (2002) *Does the Low Income Housing Tax Credit Increase the Supply of Housing?* Madison, WI: Center for Urban Land Economics Research, School of Business, University of Wisconsin at Madison. http://www. bus. wisc. edu/realestate/pdf/pdf/LIHTC%20Note%20Malpezzi%20Vandell%20as%20of%20October%2011%202002. pdf.

[11] Popkin, S. J., M. K. Cunningham and M. Burt (2005) Public Housing Transformation and the Hard-to-house. *Housing Policy Debate*, 16(1): 1-24.

[12] Priemus, H. and F. Dieleman (2002) Social Housing Policy in the European Union: Past, Present, and Perspectives. *Urban Studies*, 39(2): 191-200.

[13] Priemus, H. and P. Boelhouwer (1999) Social Housing Finance in Europe: Trends and Opportunities. *Urban Studies*, 36(4): 633-645.

[14] Smith, J., and M. Oxley (1997) Housing Investment and Social Housing: European Comparisons. *Housing Studies*, 12(4): 489-507.

[15] US Department of Housing and Urban Development, Office of Policy Development and Research. *US Housing Market Conditions Summary: Fair Market Rent*, accessed October 14, 2009, from http://www. huduser. org/periodicals/USHMC/winter98/summary-2. html.

[16] Varady, D. P. (1996) Local Housing Plans: Learning from Great Britain. *Housing Policy Debate*, (2): 253-292.

[17] Wallace, J. E. (1995) Financing Affordable Housing in the United States. *Housing Policy Debate*, 6(4): 785-814.

[18] Wang, Y. P. and A. Murie (2000) Social and Spatial Implications of Housing Reform in China. *International Journal of Urban and Regional Research*, (2): 397-417.

[19] 邓卫(2009)“我国低收入住房政策评析”,《城市与区域规划研究》,(2):12-28。

[20] 姜万军,喻志军(2006)“经济适用住房政策:问题与出路”,《中国软科学》,(9):23-29。

[21] 李辉婕(2009)“保障住房的政府干预”,《城市问题》,(5):68-73。

[22] 李文斌(2007)“美国不同时期的住房补贴政策:实施效果的评价及启发”,《城市发展研究》,(3):77-81。

[23] 刘志林(2009)“低收入住房政策模式选择的中央—地方差异——基于网络分析法(ANP)的决策模型分析”,《城市与区域规划研究》,(2):48-67。

[24] 阿列克斯·施瓦茨著,黄瑛译(2008)《美国住房政策》,北京:中信出版社。
[25] 宋博通(2002)"从公共住房到租金优惠券——美国低收入阶层住房政策演化解析",《城市规划汇刊》,(4)。
[26] 孙冰,刘洪玉,卢玉玲(2005)"中低收入家庭住房补贴的形式与效率",《经济体制改革》,(4):20-24。
[27] 卫欣,刘碧寒(2008)"国外住房保障制度比较研究",《城市问题》,(4):92-95。
[28] 文林峰(2005)"完善住房保障体系的若干政策思路",《中国房地产》,(3):51-54。
[29] 徐虹(2008)"保障性住房政策的选择运用",《中央财经大学学报》,(6):13-18。

低收入住房政策的国际经验借鉴:需求方补贴

景　娟　刘志林

在世界上主要的工业化国家,随着国家住房保障制度的发展,自20世纪70年代以来,对住房进行需求方补贴已变得越来越重要。近年来关于西方住房政策的研究已公认,无论从理论上还是实践效果上来看,需求方补贴的相关政策及执行均对近年来实现住房保障、促进社会公平方面起到了极为积极的作用;同时,随着近年来西方国家社会经济结构的转变,需求方补贴与传统的供给方补贴方式相比,负面影响更少,而补贴的效力和效率更高。这些国际经验对于中国城市在继续完善住房保障制度方面有着极高的参考价值。本文旨在对低收入住房需求方补贴的相关国际经验进行概括总结,并探讨其对中国住房保障制度发展的借鉴意义。

1　从供给方补贴到需求方补贴

自20世纪上半叶起,世界各主要工业国家针对快速城市化后产生的城市住房严重短缺的问题,均开始建立住房保障制度,相继出台了一系列政策,旨在推动廉价、非营利住房的快速发展。在早期的住房政策中,主要的举措是利用公共财政,对住房供给方进行强力补贴,进行大规模的严格限制租赁的公共租赁住房建设。这一举措的执行有力地促进了住房存量的快速增长。然而自60年代以来,许多学者和政府官员逐步认识到,这种简单化的强力供给方补贴对城市住房的长期发展也带来了许多负面影响,主要体现在以下几个方面(Irving,1973;Balchin,1996;Donnison,1967;Hills,1991)。

第一,过强的政府干预行为扭曲了住房市场。在"二战"以后西方主要国家纷纷经历了快速公共住房建设、住房数量性短缺已逐步消失的情况下,继续执行严格的租金限制和大量低成本住宅的存在严重抑制了住房市场的健康发展。由于难以获得理想的利润,私人企业在较高质量的住房投资和发展上的潜能被大大遏制,这使得总体住房质量的提高和改善进展缓慢。非营利性住房在住房总量上一直保持较高的比例,但由于公共财政投入的限制,大量住房的维护和管理水平只能维持在极低的水准。

第二,由于接受供给方补贴的住房总是集中在一些特定区域,因此低收入住户在住房上难有自主选择的余地,妨碍了就业流动。这也进而影响了公共住房区及其租户的形象。由于这些租户常常因为就业困难无法获得努力工作改善生活状况的机会,因此不得不陷入长期、永久甚至数代贫困,导致社会地位低下,无法得到他人的尊重。许多公共住房社区逐步形成了少数族裔等弱势群体的聚居区,并常成为犯罪多发地。

第三,供给方补贴的覆盖面及受益人群有限,许多住房供应的补贴倾向于新建的出租住宅或自有住宅,这些住房往往只有中等收入甚至中高收入的住户才能够支付,而真正的最低收入住户反而常常无法获益。

第四,供给方补贴给政府带来的财政负担越来越重,这也是促使政府反思供给方补贴政策的重要原因。由于缺乏市场机制的作用,许多国家住房供给方补贴的经济效益较为低下,提高总体住房可支付性程度有限,给公共财政的压力也越来越大,政府已逐步无力支付。

鉴于此,20 世纪 70 年代末以来各国政府逐渐改变政策思路,由公共财政直接向部分无法在市场上取得理想住房的住户(需求方)提供补助。供给方补贴的缩减和需求方补贴的增加已成为欧洲和北美许多国家社会住房体系改革中的核心内容之一。特别在西欧和北欧,需求方补贴目前已成为许多国家住房补贴的主要支出方式(表 1)。这一转变过程一般被称为"从补砖头到补人头"(Hills *et al.*,1990)。

表 1　2003 年欧洲各国政府住房补贴支出的构成

	供给方直接补贴			需求方直接补贴		
	补贴额	补贴经费来源构成(%)		补贴额	补贴经费来源构成(%)	
	百万欧元	中央	地方	百万欧元	中央	地方
奥地利	87.1(2001 年)	0	100	—	0	100
比利时	460.7	0	100	139.1	0	100
丹　麦	592.1	77.3	22.7	1 318.9	69.1	30.9
芬　兰	107.0	100	0	924.0	100	0
法　国	1 800.0	100	—	19 300.0	100	0
爱尔兰	112.6	86.6	13.4	3.8	100	0
卢森堡	15.5	100	0	69.0	—	—
荷　兰	1 062.0	100	0	1 658.1	100	0
葡萄牙	1 779(2002 年)	100	0	467.8(2002 年)	100	0
西班牙	—	—	—	480.7	100	—
瑞　典	194.9	100	0	1 592.4	100	0

资料来源:龚辉文,2008,有改动。

2 需求方补贴产生的理论基础

需求方补贴政策旨在根据不同住户的收入水平和实际需要来决定补贴力度和补贴方式,以提高其在市场上获取适当住房的经济能力,保障中低收入和弱势群体获得体面的住宅而不必承受过重的经济负担(Galster,1997)。需求方补贴给予了住户自主选择住房的权力,可以选择(条件较好的)市场性租赁房屋或自有住房,并接受(与收入水平相关联的)高低不等的财政补助。然后,政府或住房协会根据实际情况逐步拆除或改建无人愿意继续居住的低质量社会住房,从而提高现有住房存量的总体条件和质量。

需求方补贴政策的出台主要基于两方面的理论基础。首先,从经济学角度来看,政府应当尽可能减少对住房市场的干预,充分发挥市场的自我调节作用。一般认为,在住房供需矛盾相对缓和且市场调节机制较为成熟的情况下,政府减少对住房市场的直接干预并放松对新开发项目的管制,更有利于增加市场上优质、非昂贵住房的供给量(Angel,2000;Weicher,1990)。需求方补贴项目的实施一方面减少了政府对住房市场的扭曲,另一方面将更多的资源集中到对住房分配的干预,以期更好地实现社会公平。对于住户而言,活跃的住房市场提供了更多的理想住房的选择,避免低收入家庭的聚居。研究证明,需求方补贴的运用可有力地提高住户的流动性及促进社区融合(Social Cohesion)(Barton,1996;Rosenbaum,1995;Williams,1995;McClure,2004)。

其次,从社会福利理论来看,需求方补贴被认为能够更有效地提高政府福利支出的效力(Effectiveness)和效率(Efficiency),用有限的公共财政实现社会效益的最大化(Priemus,Kemp and Varady,2005)。大量实证研究表明,为实现同等水平的住房保障效果,运用需求方补贴的经济效益大大高于供给方补贴(Bradbury and Downs,1981;Dolbeare,1983;Downs,1991)。另一方面,需求方补贴的运用也可以更好地实现社会公平,可以对更大范围的人群给予帮助。一般的公共租赁住房项目中,目标群体仅针对有限的最低收入家庭,而收入稍高一些的家庭则必须在市场上购买或租赁房屋,这对他们是不公平的:他们的努力工作没有得到回报,反而增加了自身的经济负担。运用需求方补贴则可以对更大范围的人群给予帮助。以荷兰为例,约有80%的家庭接受各种形式的住房补贴,补贴的力度根据家庭特征、经济水平有所不同,更好地实现了"补贴最需要帮助的人"。

3 需求方补贴的方式

需求方补贴有多种不同的方式,包括弥补固定比例家庭收入与市场房租之间的差额的住房津贴或租金补贴、给予第一次购房者的一次性补贴、贷款利息税收减免、首要住所出售的资本利得豁免等等。针对低收入住房而言,最主要的形式就是住房补贴,如美国第 8 条款(Section 8)的租赁认证项目(Rental Certificate Program)和租房券项目(Rental Voucher Program)、英国的住房救济计划(Housing Benefit Scheme)、荷兰的住房津贴(Housing Allowance)。

3.1 美国:第 8 条款项目

美国联邦政府在全国范围内实施需求方补贴的主要项目由 1974 年通过的《住房与社区发展法案》中的第 8 条款所规定。第 8 条款项目分为两类——租赁认证项目和租房券项目,均由联邦政府住房与城市发展部(HUD)通过地方公共住房管理机构(PHA)来执行(Schwartz,2006)。相比传统的公共住房建设项目,两类需求方补贴的实施虽然相对复杂,但为更多的低收入和弱势群体家庭提供了帮助,同时为他们提供了更多的住房选择。截至 2005 年,项目参与者已经从最初的 30 000 户增加到 210 万户(Sard,Lwarence and Fischer,2005;Priemus,Kemp and Varady,2005)。

参加上述两个项目的低收入家庭和其他需要公共财政援助的住户可以在市场上自行选择私人租赁住房,同时向地方公共住房管理机构申请获得财政资助。参加租赁认证项目的租户只需支付其校正收入(即扣除必需的基本生活消费以外的纯收入)的 30%或全部收入的 10%作为租金,不足部分由地方公共住房管理机构直接支付给房主,但要求租户选择的住房的租金不得高于 HUD 规定的本县或都市区的公平市场租金①。地方公共住房管理机构可以根据情况确定当地的租金标准,通常基于 HUD 确定的各地公平市场租金来计算,一般为当地房租的 40%。参加租房券项目的租户,公共财政援助一般只补足其校正收入的 30%或全部收入的 10%与 PHA 决定的“支付标准”(一般为本地公平市场租金的 80%~100%)的差额部分,但住户可以选择任意价格的房屋并自行承担超额部分的租金。值得注意的是,住户申请加入租赁认证项目或租房券项目后,必须在 60~120 天内在市场上寻找到合适的住房,否则其租金援助可能被取消(Steele,2001)。

比较而言,两种资助方式各有优势。租赁认证项目获得的资助力度更大,而租房券项目则给予住户更大的选择余地,尤其在住房需求较旺盛的地区,私人租赁房屋的价格往往都高于本地公平市场租金,租房券项目成为几乎唯一能够有效执行的住房需求方补贴项目。在两个项目的执行过程中,地方公共住房管理机构都要对加入该项目的私人租赁住房的质量

---

① 公平市场租金反映了特定的住房市场中,一套典型的、非高档住房的租金和水电费用(计算中经过面积调整)。

进行严格的监督,以确保其达到 HUD 制定的安全、体面的基本居住标准。在实际操作中,住户可以选择在两个项目中相互转换。

地方公共住房管理机构对申请住户的年收入和家庭规模进行审查,以决定其是否符合受资助者的资格。有资格在这两个项目中获得援助的住户包括:由 1937 年美国住房法案所定义的最低收入和其他需要援助者;以及家庭收入在本地收入中位数 80%以下的住户。HUD 每年都会公布各地区的收入中位数标准。近年来,HUD 用于以这两个项目为代表的各类需求方补贴项目的财政支出不断上升。为了应对这一局面,目前 HUD 已停止接受新的普通申请,只接受原有申请的更新续期和一些特殊目的的申请。

Grigsby and Steven(2004)认为,第 8 条款项目至少部分地实现了三个重要目的:以较为合理的公共财政支出帮助了为数众多的家庭(用于单位家庭的财政援助较低);延缓了旧社区的居住衰败;以及为接受住房补助的住户提供了更多的居住区位选择。但是,该项目在实践中也存在明显的缺陷。第一,补贴的覆盖面缺乏横向公平,截至 1999 年仅有 29%和 15%的极低和低收入住户享受了来自联邦、州或者地方政府提供的住房补贴,且各地区差异较大。第二,许多住户无法在政策规定的 60～120 天内找到价格合适且满足质量要求的私人租赁住房,从而导致申请补助的高失败率。第三,该项目要求接受资助的家庭必须将其收入的 30%用于房屋租金和水电费,因而可能导致住在低劣住房并支付少量租金的最贫困住户增加房租支出,减少了可用于非住房需求的收入。第四,不必要和低效率的住房质量审查增加了大量工作成本,且对住房质量提高也有限。

近年来,HUD 用于以上两个项目的财政补贴不断上升,2004 年仅用于租房券项目的补贴已经占住房与城市发展部预算的 54%(HUD,2004)。布什政府在 2005 财政年度的预算中曾经提出了针对该计划的改革措施,期望通过引入一项新的弹性券计划(Flexible Voucher Program),将住房补贴与并不精确的公平市场租金(FMR)脱钩,并给予地方政府在发放补贴方面更大的自主权,从而控制和逐步缩减中央政府对需求方补贴的资金支持。但是该计划遭到了低收入住房支持者的批评,未能在 2004 财年获得参众两院的支持而最终未能付诸实施。

3.2 英国:住房救济计划

1972 年,英国颁布了《住房金融法案》(*Housing Finance Act*),强调住房政策的核心应当是"补贴人民,而不是补贴房产",标志着英国的住房政策由对供给方直接补贴和干预逐步转向需求方补贴。在随后的发展中,历届英国政府曾经采取过多种需求方补贴政策手段,包括强调"公平租金"概念的房租减免计划、全国性房租减免(Rent Rebate)和房租津贴(Rent Allowance)等。这些政策被逐渐整合为综合性的住房救济项目(Housing Benefit Programme)。1982～1989 年,住房救济项目逐步从中央政府的社会保障部(Department of Work and Pensions,DWP)转为由各地方政府来管理和操作,以期根据各地不同的住房市场发展状况,更有效地实现住房保障。目前每年用于该项目的资金占全英国 GDP 的 1.2%,远高于大多数其他国家(Kemp,1997;Stephens,Burns and MacKay,2003)。截至 2005 年,参与这一项目的住户达到了 400 万(Lund,2006)。

按照政策设计,该项目的目标是总收入和资产低于一定水平的所有租房住户均有资格申请获得租金补贴,但全职学生、寻求庇护者(Asylum Seeker)及未获英国合法居留权者除外。申请者需要向地方管理机构递交申请表格,以及收入、租金等证明材料,并接受经济情况审查(Means-tested)。地方政府被要求在 14 天之内完成审查,但事实上这种审查往往需要更长的时间。

英国住房救济计划的支付方式有两种。对居住在公共住房(即地方住房机构管理的可支付住房)中的家庭,地方政府直接向其租房账户发放租金退款;对住在私人出租或非盈利性住房协会的出租住房的家庭,可以直接获得津贴,也可以由政府直接将补贴支付给指定的房东。实际上,60%的租金津贴是直接支付给房东的。

目前,该项目采用剩余收入法设定租金补贴的额度,即受资助家庭在支付合理租金(Eligible Rent)后,其剩余收入不会低于社会救济津贴标准(Social Assistance Benefit Rates)(Hills,1991)。对于家庭收入不高于社会救济津贴标准,或享受社会救济的家庭,住房救济额度等于合理租金;对于收入高于社会救济津贴标准的家庭,住房救济津贴额度为合理租金扣除家庭收入与社会救济津贴标准的差值的 65%,即:$HB=R-0.65*(Y-SA)$(HB 为住房救济津贴,R 为合理租金,Y 为家庭收入,SA 为社会救济金)。

英国当前住房救济计划的接受率(Take-up Rate)在 87%到 95%之间,好于大多数需要经济情况审查的补贴计划。但是,由于英国的住房救济计划有着严格的资格标准,并将学生等特殊群体排除在外,因此该计划更像是一个为困难住户提供基本住房的安全网,而不是一项旨在提高普遍房租可支付性的措施。除此之外,在实施过程中这一计划还面临其他一系列的问题。工党的住房绿皮书对这些问题进行了总结(DETR,2000b;Lund,2006),主要包括:补贴规则和申请过程过于复杂、混乱和耗时,申请人通常不知道可以获得什么支持,而申请时通常要填多份申请表及跑多个办公室;不同地方当局在该计划执行的力度上也不一致;在审查住户资格中错误和欺诈现象十分频繁且难以避免;由于管理松散以及补贴的收入递减率(65%)过高,计划参与者受到了寻找工作的反向激励;政府直接向参加该计划的住户直接提供资助,使被资助人不再承担任何责任,因而实质上鼓励了接受救济的租户租住超过其基本需求的住房,或房东向低收入住户居住的劣质住房肆无忌惮的征收过高的租金(DWP,2002;Priemus,Kemp and Varady 2005;Kemp,1992)。

工党政府已经意识到了这些问题的存在,并开始相关的改革。1996 年政府开始实施“预租决定(Pre-tenancy Determinations)”政策。根据该政策,潜在租户在住房救济计划的资格被确认之前就可以知道自己所能得到的房租补贴金额。随后政府又启动了新的要求经济情况审查的住房救济计划,并在部分地区进行试点。根据该计划,补贴金额依据由地方政府针对特定规模的房产制定的标准而定,直接拨付给租户,租户可以保留所获补贴和实际租金之间的差额。政府希望新计划能够激励租户租住更便宜的房产,并且主动与房东谈判以降低租金。根据试点情况,该计划将被扩展到全国私人住房部门。Lund(2006)认为,这些实验性措施如果在全国实施,申请将变得更加简单和便捷。同时,租户也将承担起责任,自觉节省租金,住房市场的租金增长也将更加透明。但是,该计划依然无助于缓解贫困陷阱的问题。

3.3 荷兰:住房津贴项目

荷兰在 1970 年引入住房津贴项目(Housing Allowance Program),并在 1975 年推广成为全民享有的国家福利项目(General Entitlement Program)。1984 年的《住房津贴法案》(*Housing Allowance Act*)对此进行了部分修正,最终以法律形式确认了该政策的地位。2006 年约有 98.5 万住户接受住房津贴,占全国所有租房住户的 30.3%(MVROM,2007)。住房津贴资助补贴随着租金水平、家庭收入和家庭规模而变化,并对低收入和无收入群体、老年人、独居者、残疾人和其他弱势群体给予特殊照顾。近年来,符合条件的租户获得实际资助的比例估计在 70%左右。许多研究已经达成共识,荷兰的住房津贴计划在帮助低收入家庭取得体面的可支付住房方面是极为成功的(Pommer and Jonker,2003;Priemus,Kemp and Varady,2005)。

荷兰住房津贴项目的补助对象是租金收入比高于一定水平且符合其他条件的所有租户。直至 2006 年荷兰全国仍有高达约 36%的住户居住在租赁住房中,因此住房津贴在国家住房保障体系中的作用显得极为重要。经过多年的发展,荷兰对接受住房津贴补助的住户资格的规定十分详细,主要包括:

① 申请者必须满 18 岁、拥有荷兰国籍;出于计算津贴额度的需要,只有在市政登记处登记为居住在该地址的人才能被认定为住户成员;

② 租户必须居住在由住房部认定的住宅建筑中的独套住房单元(或是符合法律要求的移动式住房),该住房必须是申请者的长期住宅并签订了长期租房合约;

③ 租户的家庭收入和资产有一定的限制,并根据家庭成员的数量、年龄等有所调整(具体参见 Priemus,Kemp and Varady,2005);

④ 租住的住房单元也必须通过(经济)适用性评估(Financial Suitability),租金不应高于某一规定的额度。在2004～2005年,荷兰住房、空间规划与环境部规定,对1～2人的家庭,租金上限为466.48欧元/月;对2人以上家庭,租金上限为499.92欧元/月;

⑤ 租户支付的实际租金不应高于补贴租房部门规定的法定最高租金标准;租金上限是在基本租金基础上考虑其他可能费用后得出的,任何超出该计算租金的实际租金都不能享受住房津贴。

满足上述所有条件的租户均可从政府领取一定数额的住房津贴。由于荷兰国家规模较小,住房和经济水平的地方差异较小,因此政府对不同家庭状况的住户发放的津贴数额有极为详细的规定。一般而言,补助数额较多从"按需分配"的原则出发,由家庭成员数及年龄、收入水准、房租水平等多个因素决定,实现了"累进制",同时对的确需要帮助的住户给予更大的帮助,较好地避免了对住户努力工作的反向激励。

经过多年的发展和调整,荷兰被公认为是欧洲实施需求方补贴政策最成功的国家。然而近年来,由于住房政策不断倾向于市场化,特别是实行了租金自由化(Rent Liberalization)以来,租金分异和租金上涨的现象十分明显。这将可能致使该津贴政策需要更多的公共财政支出,给荷兰政府带来巨大的财政负担。

4 需求方补贴的国际经验总结

需求方补贴自20世纪70年代在各西方主要国家兴起以来,已迅速得到极大的发展。美国、英国和荷兰的相关政策与实践表明,以美国为代表的自由市场经济主导国家和欧洲社会民主主义国家在住房补贴的范围和实施方式上存在显著的不同。美国模式对需求方补贴的使用相对谨慎,主要采用间接资助的形式,政府并不直接向家庭发放租金补助,而是通过签订三方协议,家庭仅将收入的30%用于支付房租,而政府——即地方公共住房管理局(Local Public Housing Authority)——向房东支付剩余房租。此外,第8条款规定的各类需求方补贴实质上并非全民福利,政府仅保证向该项目提供有限的资金,申请该项目援助的居民必须排队等候。在多数欧洲国家以及新西兰、澳大利亚等,住房需求方补贴的力度相对更大,且多采用更为直接的住房津贴(Housing Allowance)的形式,直接向经过收入核定的家庭直接提供现金资助。在这些国家,需求方补贴是全民享有的福利项目的一部分,受益家庭的比例远高于自由市场经济国家。表2对比了美国、英国和荷兰三个国家各项相关政策和实践中的要素。

表 2　美国、英国和荷兰的需求方补贴政策比较

	美国	英国	荷兰
计划名称	第 8 条款租赁认证项目(Rental Certificate Program)和租房券项目(Rental Voucher Program)	住房津贴(Housing Benefit)	住房津贴(Housing Allowance)
计划规模			
参与户数	210 万	400 万	98.5 万(约占所有租户的 30.3%)
成本	147 亿美元	236 亿美元	21.7 亿美元(2004～2005)
计划特征			
计算补贴金额	校正收入 30%或总收入 10%与公平市场租金或制定水平之间的差额	合理租金与超过一定限额的收入部分的 65%之间的差额(该限额根据家庭的规模和类型加以调整)	补贴随着租金水平、家庭收入和家庭规模而变化,对老年人和残疾人有特别条款
住房质量	住房必须通过 HUD 的住房质量标准审查	没有最低住房质量标准,但有关于防止受资助家庭居住在过于庞大和昂贵的住房中的规定	没有最低住房质量标准,受资助者只需居住在独立住房单元中
住房选择	受资助者有 60～120 天寻找到适当住房(失败率约30%～50%)	必须在找到住房后再申请住房津贴	必须在找到住房后再申请住房津贴
公平性考量	被视为住房可支付性问题的直接解决方案;覆盖面有限且缺乏横向公平	被视为提高低收入家庭住房可支付性的重要手段。所有符合条件的申请者都可以享受该补贴。实际上符合条件的租户参与率在 80%以上	被视为确保出租住房对低收入家庭的可支付性的手段。所有符合条件的申请者都可以享受该补贴。符合条件的租户参与率在 70%左右
贫困陷阱	长期存在着相关补贴计划是否反向激励人们努力工作的大量争论	较明显地存在该计划对工作激励的潜在负面影响的担忧	正在出现该计划对工作激励和节省住房开支的潜在负面影响的担忧
道德风险			
合理租金	一些房东向住房券持有者索要高于市场正常水平的租金	设计了相关审查以确保租金不高于市场正常水平或者无理由地偏高	多数情况租金低于市场水平,租金被要求处于甚至低于合理的水平
收入	所有家庭必须每年向地方 PHA 重新确认其收入;关于瞒报的情况知之甚少	存在确认收入状况的审查,受资助者需要报告收入状况的变动,实际瞒报和错误情况较为普遍	存在确认收入状况的审查,受资助者需要报告收入状况的变动。据估计,有 10%的家庭所报信息与真实情况不符

续表

	美国	英国	荷兰
控制公共预算的方法	PHAs可以决定不100%支付福利标准并转而支付90%或者更少;PHAs可以决定限制向搬入低贫困社区的家庭支付高额补贴	住房津贴是一项需求导向型项目,因而并不受到年度预算的限制	住房津贴是一项需求导向型计划,因而并不受到年度预算的限制。但住房大臣被要求削减住房预算中其他部分的支出以弥补该计划的超额开支
管理	地方公共住房管理部门PHAs	大约400个地方当局负责管理,中央政府制定相应的管理规定	住房津贴由住房协会和地方当局负责管理,但将被转交至税务部门
改革计划	布什政府曾提议一项弹性租房券项目(Flexible Voucher Program),可能导致住房补贴预算资金的大幅削减未获国会支持,未能实施	新的地方住房津贴项目(Local Housing Allowance)正在试点。新计划的补贴金额根据每个住房市场区域的特定标准来计算,并仅根据家庭类型和规模进行调整。支付标准将被设定在当地租金的近似平均水平。如果补贴额超过了实际租金,该家庭可以保留剩余部分	短期内,该计划将进行调整以减少公共支出。如果实行租金自由化,住房协会将愿意每年向政府支付2.5亿欧元,用于住房津贴的额外支出

资料来源:Priemus,Kemp and Varady,2005,有所修改。

尽管各国需求方补贴项目的具体操作、实施手段等存在差异,但各国政府均越来越重视住房需求方补贴的政策与实践。相对于传统的供给方补贴,需求方补贴有如下优势,基本实现了需求方补贴的理论预期。第一,需求方补贴对住房市场的干扰有限,既实现对社会公平的基本保障,又较大限度地发挥了市场机制在住房资源配置方面的作用。第二,给予低收入住户更多的住房选择自由,更好地满足了各类弱势群体日益多元化的需求,一定程度上避免了贫困和弱势群体的过度聚集而形成长期、永久贫困和社会隔离的情况。第三,需求方补贴的公共财政支出的成本效率高于供给方补贴。

但是,需求方补贴政策也有一定的局限性和缺陷,尽管许多学者所担心的由于租金补贴引起的租房市场价格上涨的现象在主要国家几乎都没有发生(Schwartz,2006;Khadduri,2002),但其他的担心却在实践中成为了现实。第一,需求方补贴仅仅涉及对住房分配的干预,因此对住房本身的数量型增长和质量型提高难以产生影响(Yates,1994;Weicher,1990)。在住房总量紧张的地区,需求方补贴的运用不能对低收入和特殊弱势群体住户给予有效的帮助。只有在基本解决住房数量型短缺的地区,需求方补贴才能发挥更大的作用。第二,需求方补贴的运用往往容易造成"贫困陷阱",对鼓励住户努力工作提高收入方面存在一定程度的潜在负面影响和“反向刺激”。特别在补贴标准制定较为粗糙的情况下,可能有相当多的人在努力工作提高收入水平后反而要承担更重的住房负担(Best,1996)。第三,市场变化较快时,需求方补贴的总体预算往往难以预测和计算,因此容易造成花费的失控性上涨,给公共财政带来越来越沉重的负担。第四,需求方补贴不能从根本上解决贫困和弱势群体聚集的现象,促进种族融合,反而有可能造成贫困再集中(Husock,2004;Schwartz,2006)。接受需求方补贴的家庭一方面不愿意离开他们熟悉的社区,另一方面他们在住房市场上还面临歧视。第五,由于需求方补贴的发放依赖于对住户进行经济情况审查,因此不可避免会产生操作和管理的繁复,以及不甚理想的参与率。

因此,在实际操作中,需求方补贴和传统的供给方补贴常常相互结合共同使用,一方面通过供给方补贴解决住房的数量型短缺,另一方面通过需求方补贴给予居民更多的住房选择自由。比如在住房市场极度低迷的地区,政府常提供财政援助或税收优惠来鼓励私营开发商或住房协会建设新住房或维修现有住房,同时也对居住在其中的低收入住户给予财政援助(Barton,1996)。两者的相互结合能更好地发挥作用,为居民提供体面且可支付的住房。

5 对中国的启示

快速城市化为中国的城市住房带来了巨大压力。过去几十年西方工业化国家住房政策发展的经验与教训,对建立和完善中国的住房保障制度具有不可估量的参考价值。结合当下中国住房保障制度发展的实际情况,以及世界各国实施需求方补贴的优势与缺陷,中国在制定低收入住房政策时应该考虑和重视如下的建议和意见:

第一,必须意识到住房保障是一个综合的、多方面的系统工程,增加并完善各种形式的需求方补贴项目。供给方补贴与需求方补贴互为补充是目前各国住房补贴的基本模式,但是我国的低收入住房政策过于注重供给方补贴,而忽略了另一种重要的补贴方式——需求方补贴。住房政策应及时强化需求方补贴的作用,作为对供给方补贴的有效补充。我国一些城市已经开始某些有益的尝试,如低收入住户的租金补贴、减免等,但目前上述手段均普遍缺乏统一的标准和操作程序,亟待早日制度化。

第二,实施需求方补贴需要首先要解决住房紧缺的问题,为住户提供自由选择住房的可能。这是由需求方补贴的特性决定的,各国经验也都显示需求方补贴在已经基本解决住房数量性短缺的地区才能更好地发挥作用。中国可以选取若干基本解决住房数量短缺的中小城市作为试点,开展需求方补贴政策的制定、操作和改进,为以后在北京、上海等大城市乃至全国范围内实施需求方补贴政策积累中国特色的经验和教训。

第三,灵活选择需求方补贴的形式。根据不同的实施对象(不同地区、住房紧缺程度、住户社会结构特点等)灵活采用补贴方式,确定合适的人群得到合适的补贴,努力避免出现"贫困陷阱",并使有限的公共资源尽可能多地向极低收入家庭和各类弱势群体(特殊类型家庭)倾斜。

第四,提高需求方补贴的效率。在受益群体资格审查、补贴计算与发放等各环节均应建立严格完善的管理机制,努力防止错误、欺诈等情况的发生。

总之,需求方补贴和供给方补贴都是低收入住房政策的重要组成部分,中国应当重视并实施各种形式的需求方补贴,在借鉴各国经验、充分发挥需求方补贴优势的同时,因地制宜,力争避免或解决需求方补贴的缺陷。简单来说,我们的目标就是实施有效而严格的管理,确定合适的人群、合适的方式,使其得到合适的需求方补贴。

参考文献

[1] Angel, S. (2000) *Housing Policy Matters: A Global Analysis*. Oxford and New York: Oxford University Press.

[2] Apgar, W. C. Jr. (1989) Which Housing Policy is Best? *Housing Policy Debate*, 1(1): 1-32.

[3] Barton, S. E. (1996) Social Housing Versus Housing Allowances: Choosing Between Two Forms of Housing Subsidy at the Local Level. *Journal of the American Planning Association*, 62(1): 108-119.

[4] Best, R. (1996) Successes, Failures and Prospects for Public Housing Policy in the United Kingdom. *Housing Policy Debate*, 7(3): 535-562.

[5] Bradbury, K. L. and A. Downs (1981) *Do Housing Allowances Work?* Washington, D. C. : The Brookings Institution.

[6] Dolbeare, C. N. (1983) *The Low-Income Housing Crisis, In America's Housing Crisis: What Is To Be Done?* edited by Chester Hartman. Boston: Routledge & Kegan Paul, 29-75.

[7] Downs, A. (1991) The Advisory Commission on Regulatory Barriers to Affordable Housing: Its Behavior and Accomplishments. *Housing Policy Debate*, 2(4): 1095-1138.

[8] Galster, G. (1997) Comparing Demand-side and Supply-side Housing Policies: Sub-market and Spatial Perspectives, *Housing Studies*, 12(4): 561-577.

[9] Grigsby, W. and S. Bourassa (2004) Section 8: The Time for Fundamental Program Change? *Housing Policy Debate*, 15(4): 805-834.

[10] Hartman, C. (1975) *Housing and Social Policy*. Englewood Cliffs, NJ: Prentice Hall.

[11] Hills, J. (1991) *Unraveling Housing Finance: Subsidies, Benefits, and Taxation*. Oxford, England: Clarendon.

[12] Hills, J., F. Hubert, H. Tomann and C. Whitehead (1990) Shifting Subsidy from Bricks and Mortar to People: Experiences in Britain and West German. *Housing Studies*, 5(3): 147-167.

[13] HUD(U. S. Department of Housing and Urban Development) (2004) *The Flexible Voucher Program: Why a New Approach to Housing Subsidy is Needed*. Washington, D. C., Http://www. hud. gov/offices/pih/programs/hcv/fvp/wponfvp. pdf.

[14] Irving, W. (1973) *America's Housing Problem*. American Enterprise for Public Policy Research.

[15] Kemp, P. (2004) *Private Renting in Transition*. Coventry, England: Chartered Institute of Housing.

[16] Lund, B. (2006) *Understanding Housing Policy*. Bristol, UK: The Policy Press.

[17] McClure, K. (2004) Section 8 and the Movement to Job Opportunity: Experience after Welfare Reform in Kansas City. *Housing Policy Debate*, 15(1): 99-131.

[18] MVROM (2007) *Cijfers over Wonen 2006. Feiten over mensen, wensen, wonen.* Den Haag.

[19] Priemus, H., P. Kemp and D. Varady (2005) Housing Vouchers in the United States, Great Britain, and the Netherlands: Current Issues and Future Perspectives. *Housing Policy Debate*, 16(3-4): 575-609.

[20] Rosenbaum, J. (1995) Changing the Geography of Opportunity by Expanding Residential Choice: Lessons from the

Gautreaux Program. *Housing Policy Debate*, 6(1): 231-269.

[21] Sard, B., P. Lawrence and W. Fischer(2005)*Appropriations Shortfall Cuts Funding for 80,000 Housing Vouchers This Year*. Center on Budget and Policy Priorities. http://www.cbpp.org/2-11-05hous.htm.

[22] Schwartz, A. (2006)*Housing Policy in the United States: An Introduction*. New York: Routledge.

[23] Steele, M. (2001)Housing Allowances in the US under Section 8 and in Other Countries: A Canadian Perspective. *Urban Studies*, 38(1): 81-103.

[24] Stephens, M., N. Burns, and L. MacKay(2003)The Limits of Housing Reform: British Social Rented Housing in a European Context. *Urban Studies*, 40(4): 767-789.

[25] U. S. Department of Housing and Urban Development, Office of Policy Development and Research(1994)Residential Mobility Programs. *Urban Policy Brief 1*(September): 1-6.

[26] Weicher, J. C. (1989)Housing Quality: Measurement and Progress. In: Rosenberry, S. and C. Hartman(eds.) *Housing policy of the 1990s*. New York: Praeger.

[27] Weicher, J. C. (1990)The Voucher/Production Debate. In: Denise, D. and C. K. Langley(eds.)*Building Foundations: Housing and Federal Policy*, Philadelphia: University of Pennsylvania Press, 263-291.

[28] Williams, K. (1995)Neighborhood Choice: A Way Out for the Poor. *Shelterforce*, 17(1): 12-4.

[29] 龚辉文(2008)"西欧国家的住房政策及对中国的启示",载于谢伏瞻,Ingram, G. K. (eds.)《土地制度与住房政策》,北京:中国大地出版社。

第四部分
中国低收入住房的政策设计

中国住房保障发展现状

文林峰

全球各个国家都面临着人类住区的挑战。1996 年，伊斯坦布尔人居宣言“保证人人享有适当的住房和使人类住区更安全、更健康、更舒适、更公平、更持久，也更具效率”是每一个国家对住房发展持久不懈的追求。

20 世纪 80 年代初，邓小平同志就住房问题发表了重要观点：“关于住宅问题，要考虑城市建筑住宅、分配房屋和一系列政策。城镇居民个人可以购买房屋，也可以自己盖。不但新房子可以出售，老房子也可以出售。住宅出售后，房租恐怕要调整，要联系房价调整房租，使人觉得买房合算。将来房租提高了，对低工资的职工给予补贴。”小平同志的谈话全面系统地阐述了住房制度改革的总体设想，谈话内容成为住房制度改革和住房政策的重要指导思想。

如今，旧的住房分配格局已经彻底打破，新的制度框架已经逐步建立。但是，在住房市场化、商品化快速发展进程中，对低收入家庭的住房保障制度建设却严重滞后，住房公共政策的缺位已成为影响住宅产业持续健康发展的关键“瓶颈”。

在 2008 年的政府工作报告中，温家宝总理强调指出要抓紧建立住房保障体系，提出要“健全廉租住房制度，加快廉租住房建设，增加房源供给，加强经济适用住房的建设和管理，积极解决城市低收入群众住房困难”等具体举措。廉租住房保障资金来源问题首次写入政府工作报告。从 20 世纪末提出的“居者有其屋”，到“十七大”报告中提出的“住有所居”，表明中央和各级政府越来越重视人民群众的住房问题，出台的一系列政策措施越来越符合实际情况，促进了各地住房保障工作的蓬勃发展。

从总体看，中国住房保障建设近几年步伐较大、成就明显，各项制度正在逐步完善中。

1 中国住房保障发展历程与政策制度

1.1 中国住房福利分配制度

在改革开放前，我国是实行低水平、广覆盖的住房保障制度。在“人民公社”的“一大二公”体制下,依然保留了农民的“宅基地”政策。在计划经济年代,我国曾长期实行“福利分房”。广义地说,“宅基地”、“福利分房”都是住房保障制度的一种具体形式,也是低生产力水平下保障“人人有房住”的制度。“宅基地”政策迄今仍是保障占2/3人口的农民住房需求的基本制度。

1.2 起步于20世纪90年代的经济适用房

始于20世纪80年代末期的住房制度改革,以实物分配向货币化发展为标志,房地产市场伴随着社会主义市场体制的建立,开始走向商品化、市场化。为了与过去旧有体制相衔接,1991年12月31日,国务院颁发了《关于全面推进城镇住房制度改革的意见》,首次提出了建设经济和适用房的新思路,并以集资合作建房方式为主,这对于促进住房制度改革、解决广大城镇职工购买较低价格的住房发挥了重大作用。特别是一些大型工矿企业、机关事业单位为解决长期的历史欠账、缓解职工住房困难方面成效明显。

1993年8月10日,由原建设部、国家土地管理局、国家工商行政管理局、国家税务总局联合发布的《关于加强房地产市场宏观管理,促进房地产业健康持续发展》文件中,再次重申:“要实行集资建房、合作建房等多种形式加快经济适用房的建设,保持住宅建设稳定增长。”1994年,国发43号文《关于深化城镇住房制度改革的决定》,再次提出此概念,这时的经济适用住房并不是现在特指的一种房屋形式,而是一个综合概念,即为老百姓建设经济和适用的住房,房屋建设形式以单位的集资合作建房和社会化的安居工程为主,整个90年代中前期,在房地产市场未真正起步时,与实物分房并行推进的商品化住房都是以这两种住房供应形式为主。

1995年发布的《国务院关于深化城镇住房制度改革的决定》,全面阐述了我国城镇住房制度改革的总体思路;其可概括为“三改四建”。“三改”即改变计划经济体制下的福利性的旧体制,包括:改变住房建设投资由国家、单位统包的体制为国家、单位、个人三者合理负担的体制;改变各单位建房、分房和维修、管理住房的体制为社会化、专业化运行的体制;改变住房实物福利分配的方式为以按劳分配为主的货币工资分配方式。“四建”即建立与社会主义市场经济体制相适应的新的住房制度,包括:建立以中低收入家庭为对象、具有社会保障性质的经济适用住房供应体系和以高收入家庭为对象的商品房供应体系;建立住房公积金制度;发展住房金融和住房保险,建立政策性和商业性并存的住房信贷体系;建立规范化的房地产交易市场和房屋维修、管理市场。从而逐步实现住房资金投入产出的良性循环,促进房地产业和相关产业的发展。按“房改”决定规定,国家保障的部分,主要体现于国家支持的社会保障商品住房体系,包括国家实施的“安居工程”。即根据城镇小康居住目标,对于中低收入者和住房困难户,提供适应其承受能力的社会保障商品住房。这类住房的用地靠国家无偿划拨，住房价格相当于成本或略低于成本，当地财政予以补贴。经济适用住房开发建设实行政事分开，不以盈利为目的。当时的政策目标是要切实探索一条社会保障在住房领域得以实现的新路子，最终实现“居者有其屋”的目标。

集资合作建房是转轨时期改善职工住房条件的重要手段。集资合作建房体现了由过去职工住房由单位承包转向国家、单位、个人三者共同负担的原则，其目的一是推进住房制度改革，二是把企业从办社会的负担中解脱出来，三是尽快改善广大城镇职工的住房条件。三方共负的具体体现为：国家提供划拨土地，没有土地出让金，单位则提供一定程度的建房补贴，职工则按成本价（或优惠价）购房。这种建房方式在相当长的时期内，成为中小城市、工矿企业、机关事业单位解决职工住房困难的主渠道。

1.3 1998年正式确定住房保障供应方式

1998年，国务院《关于深化城镇住房制度改革，加快住宅建设的通知》，第一次明确提出了构建新的住房供应体系，即为最低收入家庭提供廉租住房，为中低收入家庭提供经济适用住房，为中高收入家庭提供商品房。从此以后，经济适用住房成为一个专有名词，并代替了安居房、解困房等，成为中低收入家庭住房供应的主要方式。同时，廉租住房开始取代过去名目繁多的各种保障性住房，对最低收入家庭开始加大住房救济的力度。

从1998年开始，全国经济适用住房建设发展迅速，按照政策要求，凡是房价收入比在6倍以下的城市均应建设经济适用住房。1999年、2000年、2001年，经济适用住房建设投资占商品住宅投资的比重分别达到17%、16%和14%，处于历史最高峰。有些城市，经济适用住房占到建设规模的一半以上，为解决低收入家庭的住房困难发挥了重大作用。北京市已累计建设超过2 000万平方米的经济适用住房，不仅极大地改善了城镇居民住房条件，还对稳定住房价格、调整消费结构、促进住房消费起到了间接引导作用。

1999年，建设部以第70号令颁发了《城镇廉租住房管理办法》，指导全国廉租住房制度建设。廉租住房从实物配租开始起步，并从东部向中西部发展。在廉租住房的发展过程中，一些城市在实践中不断总结经验，相继探索出租金补贴、租金核减以及房屋置换等多种形式。到2004年，建设部在总结经验的基础上，修订了管理办法，颁布了《城镇最低收入家庭廉租住房管理办法》。随后，住房保障制度建设进入较快发展阶段。修改后的办法与原来规定相比最大的进步主要体现在两个方面，一是分配方式，由过去的实物配租为主，转向租金补贴为主，实物配租、租金核减为辅，这种转变有利于建立准入和退出机制；二是资金来源上，首次明确了财政预算安排为主，多种渠道筹措的原则。

住房公积金开始建立并在解决中低收入家庭住房方面发挥了重要作用。为配合住房制度改革，增强广大职工进入住房市场化后的购房支付能力，1999年4月3日国务院发布第

262 号令,即《住房公积金管理条例》。为加强对住房公积金的管理,维护住房公积金所有者的合法权益,促进城镇住房建设,提高城镇居民的居住水平,国务院于 2002 年 3 月 24 日对该条例进行了第一次修改。

住房公积金是社会受益面最大的住房保障制度,是一项帮助普通工薪阶层弥补购买力不足,能够较早、较快实现购房目标的保障制度。这个制度包括雇主与雇员共同缴付、对公积金部分免征个人所得税、在购房时除个人账户累积部分外还可利用公积金贷款购房以及公积金贷款实行优惠利率等多个优惠组成部分。这是一项强制与鼓励相结合的制度。住房公积金为改善职工住房条件、完善住房保障体系发挥了重要作用。

廉租住房、经济适用住房与住房公积金共同构成了住房制度改革后的新型住房保障政策体系。

1.4 住房保障的快速发展阶段

2007 年,国务院颁布的《关于解决城市低收入家庭住房困难的若干意见》(24 号文),标志着我国住房制度改革的关注重心开始转向城镇低收入群体,此后,各级政府一直以改善城镇中低收入家庭住房条件为重点推进住房体制机制建设。

2008 年以来,各部委相继出台了《经济适用住房开发贷款管理办法》、《关于廉租住房、经济适用住房和住房租赁有关税收政策的通知》、《关于加强廉租住房质量管理的通知》、《2008 年廉租住房工作计划》等,要求各地到 2008 年年底前,所有县城及以上城市对低保家庭中的住房困难户做到应保尽保,有条件的地区要逐步扩大保障范围。

2008 年 11 月 12 日,住房和城乡建设部副部长齐骥表示,今后三年内要新增 200 万套廉租房、400 万套经济适用房,并完成 100 多万户林业、农垦和矿区的棚户区改造工程,总投资将达到 9 000 亿元,平均每年 3 000 亿元。

确立廉租住房三年保障规划。2009 年 6 月 1 日,住房和城乡建设部、发展改革委、财政部联合发布《2009～2011 年廉租住房保障规划》,2009～2011 年,用三年时间,基本解决 747 万户现有城市低收入住房困难家庭的住房问题。其中,2008 年第四季度已开工建设廉租住房 38 万套,三年内再新增廉租住房 518 万套、新增发放租赁补贴 191 万户。其中:2009 年,解决 260 万户城市低收入住房困难家庭的住房问题。其中,新增廉租住房房源 177 万套,新增发放租赁补贴 83 万户。2010 年,解决 245 万户城市低收入住房困难家庭的住房问题。其中,新增廉租住房房源 180 万套,新增发放租赁补贴 65 万户。2011 年,解决 204 万户城市低收入住房困难家庭的住房问题。其中,新增廉租住房房源 161 万套,新增发放租赁补贴 43 万户。

主要通过新建、购置和改造等方式筹集房源,同时继续实施租赁补贴制度,多渠道、多方式解决城市低收入住房困难家庭的住房问题。新建廉租住房采用统一集中建设和在经济适用住房、普通商品住房、棚户区改造项目中配建两种方式，以配建方式为主。

廉租住房保障标准控制在人均住房建筑面积13平方米左右，套型建筑面积50平方米以内，保证基本的居住功能。租赁补贴额根据当地平均市场租金、家庭住房支付能力合理确定。

表1　2009～2011年廉租住房保障规划

年份	新增廉租住房	新增发租住房补贴	合计
2008	38万套		38万户
2009	177万套	83万户	260万户
2010	180万套	65万户	245万户
2011	161万套	43万户	204万户
三年新增	518万套	191万户	
总计	747万套		747万户

2　中国住房保障发展成就与实施效果

中国政府历来重视对贫困家庭的社会保障工作，住房保障作为社会保障体系的重要组成部分，极大地解决了广大中低收入家庭的住房问题，为促进社会和谐与稳定发挥了重要作用。

2.1　中国住房保障发展成就

2008年，城镇居民人均住宅建筑面积约29平方米，比2000年增加了9平方米，这是在城市化快速发展、城镇人口大幅度提高的同时，依然保持了每年每人增加超过1平方米建筑面积的水平。农村居民人均住宅建筑面积超过32平方米，比2000年增加8平方米。新建住宅功能质量、工程质量、环境质量和规划设计水平明显提高，住宅综合品质有了较大提升。

(1) 经济适用住房建设情况

近几年来，经济适用住房发展状况很不平稳，忽高忽低(表2)。但进入2008年以来，在中央政府出台的各项政策刺激下，各地保障性住房建设速度加快。经济适用住房投资大幅增加，2009年，新开工经济适用住房5 354万平方米，完成投资总额1 134亿元，同比增长16.8%。

表 2 2003～2008 年经济适用住房建设情况

单位:亿元,万平方米,套

年份	完成投资	新开工面积	施工面积	竣工面积	竣工套数
2003	621.98	5 330.6	10 139.54	4 538.51	447 678
2004	606.39	4 257.5	8 987.08	3 325.69	497 501
2005	519.18	3 513.46	8 115.72	3 212.79	287 311
2006	696.84	4 379.03	—	—	338 040
2007	834.11	—	—	—	—
2008	982.64	9 000.0		6 000.0	

(2) 廉租房建设情况

2006 年以前,各地廉租住房建设普遍进展较慢,投入不足。2006 年以前,中央财政累计投入资金仅为 70 亿元左右。到了 2007 年,一年投入超过过去投入累计之和,达到 80 多亿元。2008 年以来,各地加快了廉租住房的建设步伐。全年各地计划安排的廉租住房资金达到了 354 亿元,是 2007 年投入资金的 3.7 倍。其中实物廉租房建设投入 286 亿元,发放租赁补贴 68 亿元。开工建设、购买廉租住房 63 万套,发放租赁补贴 249 万户,可使共 312 万户城市低收入家庭解决住房困难问题,基本对住房困难的低保家庭实现了"应保尽保"。

2008 年第四季度,为应对全球金融危机,党中央国务院作出扩大内需促进经济增长的战略决策,并追加了中央廉租住房建设补助资金 75 亿元。此外,2007 年,中央财政还对中西部困难地区给予了 20 亿元的廉租住房资金支持。

(3) 住房公积金存贷款发展情况

住房公积金归集扩面效果明显,缴存余额持续稳定增长。截至 2008 年年末,全国住房公积金缴存总额为 20 699.78 亿元,同比增长 27.54%;缴存余额为 12 116.24 亿元,新增余额 2 511.13 亿元,增幅为 26.14%。全国住房公积金提取总额为 8 583.54 亿元,占住房公积金缴存总额的 41.47%。

住房公积金个人贷款增速明显放缓,个贷率有所回落。截至 2008 年年末,累计为 961.17 万户职工家庭发放个人住房贷款 10 601.83 亿元,同比增长 23.77%,个人贷款余额为6 094.16 亿元,新增余额 1 019.83 亿元,增幅为 20.10%,个人贷款余额与商业性个人住房贷款余额比例由 2007 年年末的 18.77%上升为 2008 年年末的 20.43%。

住房公积金个人贷款与房地产市场景气情况密切相关,2007 年四季度以来,由于房地产市场表现低迷,个人贷款发放呈下降趋势,2008 年三、四季度个贷发放额同比分别减少 18.34%、14.95%,全年同比减少 165.64 亿元,降幅为 7.52%。2008 年年末,全国个贷率(个人贷款余额/缴存余额)为 50.30%,同比减少 2.53%。

公积金增值收益明显，成为廉租住房资金来源的主渠道。到 2008 年年末，住房公积金贷款风险准备金余额为 285.67 亿元，占贷款余额的 4.68%；2008 年年末城市廉租住房建设补充资金总额为 191.93 亿元，各地建设廉租住房、给低保户发租房补贴的资金绝大部分来源于公积金增值收益。

2.2 中国住房保障实施效果

中国的住房保障政策实施效果相当显著，十几年来，廉租住房、经济适用住房等各类保障性住房不仅解决了上千万户家庭的住房困难，还对平抑地区房价、刺激消费、拉动经济增长发挥了重要作用。特别是 2007 年以来，各省市都纷纷出台保障性住房的建设规划，积极探索适合本地的住房保障制度，并进行大规模的保障性住房建设。从各地公布的 2008 年住房建设计划中可以看出，住房保障及供应结构调整，成为各大城市住房市场发展的主要着力点。

2008 年成为住房保障政策执行年，政府出台的一系列政策措施，在这一年逐步落实，这可以从各地对住房保障的建设规划看出。在保障性住房比例上，各地并不相同。兰州保障性住房比例相对较高，廉租房、经济适用房占总量的 38.74%。根据北京市公布的住房建设计划，北京 2010 年全市计划新建住房 2 750 万平方米，其中廉租住房 50 万平方米，经济适用房 300 万平方米，限价商品住房 450 万平方米，保障性住房占计划新建住房总量的四成左右。杭州在住房建设规划中写明，两年内，杭州市具备开工条件的保障性住房建筑面积约 418.8 万平方米，约 7 万套，两年内初步建立起住房保障体系。

还有一些城市对保障性住房的资金来源作出了表述。重庆计划在 2010～2012 年，三年建设公租房 3 000 万平方米，用于解决全社会低收入群体的住房。同样，乌鲁木齐市政府计划从 2008 年开始，每年拿出 1.03 亿元，三年内计划共建廉租住房 6 000 套，经济适用房 2 万套，基本解决乌鲁木齐市低保、低收入家庭住房困难问题。广东省则在规划中将解决城市低收入家庭住房困难纳入公共财政的覆盖范围，多渠道筹集和安排廉租住房保障资金。在住房保障资金投入方面，深圳总量较高。按照《深圳市住房保障 2008 年度计划》，2008 年深圳市保障性住房建设计划投入资金 77.94 亿元，全年将建设保障性住房 45 800 套，以进一步解决中低收入家庭的住房问题。

同时，尤其值得一提的是厦门市，未来几年内厦门市财政将陆续投入约 120 亿元用于保障房建设。2007 年厦门市投入 15 亿元，占土地出让净收益的 40.8%，比国家规定的最低投入比例 10%高出 30 个百分点。2008 年厦门市委市政府确定投资 20 亿元，继续推进保障性住房建设以及完善公共交通基础设施和社会福利事业项目，投资总额大大超过往年。

3 住房保障在各地的实践与效果

3.1 租金补贴为主:以上海、广州为代表

1999 年 9 月,上海市房地局廉租住房办公室成立,并着手对全市 18 万户困难家庭的住房情况进行调查摸底。2000 年 10 月,闸北区、长宁区先行进行廉租住房试点工作;至 2001 年 12 月,上海市 19 个区县全面推开廉租住房工作,由政府托底,为这部分百姓提供住房保障;在全国率先初步建立了廉租住房保障制度。截至 2005 年年底,全市已有 21 000 户廉租家庭落实租赁到合适的房源。2008 年,上海市廉租住房保障对象准入标准放宽,住房保障覆盖面进一步扩大。年内新增廉租房受益家庭 1.4 万户,累计达到 4.4 万户。

但是,随着上海房价的迅速上涨,廉租住房房源不足的问题日益突出。上海市发布《关于印发 2009 年上海市住房建设计划的通知》,计划 2009 年新建、配建经济适用住房和廉租住房新开工面积为 400 万平方米,配套商品房 400 万平方米,二者合计约占新开工住房面积的 45%。同时,根据《上海市解决城市低收入家庭住房困难发展规划(2008～2012 年)》,2009 年将新增廉租住房受益家庭 2 万户,累计受益家庭达到 7 万户,2009 年住宅用地供应约 1 000～1 200 公顷,其中经济适用住房和廉租住房用地不低于 25%。到 2012 年年底,廉租住房受益家庭共新增不少于 10 万户,累计廉租受益家庭达到 13 万户,实物配租比例逐步扩大到 20%～30%;累计建设廉租和经济适用住房 30 万套。

根据《上海市住房建设规划(2008～2012 年)》,2008～2012 年上海市新开工住房建筑面积约 9 300 万平方米。新开工面积中,新建、配建经济适用住房和廉租住房 2 000 万平方米,配套商品房近 2 000 万平方米。规划期内,竣工住房面积约 1 亿平方米,其中,经济适用住房、廉租住房以及配套商品房等保障性住房近 3 500 万平方米。此规划中,上海明确经济适用住房单套面积控制在 60 平方米左右。选址方面,经济适用住房和廉租住房建设项目用地,优先在交通便利、基础设施和公建配套设施比较完善的区域安排供地,主要集中在轨道交通沿线、中环线和外环线附近建设。结合市重大工程配套商品房基地已建成的市政、公建配套设施,将部分基地转化为经济适用住房和廉租住房,并在基地周边再新建一部分;结合中心城区产业调整,积极利用“退二进三”、停产闲置以及旧区改造等用地,安排部分经济适用住房和廉租住房建设;结合新城、新市镇的建设,安排部分经济适用住房和廉租住房建设;结合存量土地消化和闲置土地处置安排部分经济适用住房和廉租住房建设。

为了解决“双特困家庭”的住房问题,广州市政府自 1998 年实施推出廉租住房政策,每年投入数千万元建设廉租住房,并通过抽签的方案分配给有需要的家庭,已先后推出了 7 期

廉租住房，共解决 1 041 户“双特困”家庭的住房问题。但是由于资金有限，通过这种政府廉租住房每年只能提供几百套，对于全市 5 000 多户“双特困”家庭来说无疑是杯水车薪。而有关部门预计，全市住房困难户更达到 2 万户以上。而仅靠造房为主的办法来解决，显然政府肩上的担子过重。2005 年，广州市改变提供廉租住房的方式，通过广州市民政局向全市在册符合资格的 5 000 多户“双特困”家庭发放补贴，让其可以在市场上租房子，这样就可以解决大批市民的住房问题。

廉租住房的租金标准按公房租金标准执行，并与公房租金同步调整（目前为 3.5 元/平方米使用面积）。人均收入低于广州市最低生活保障标线（300 元）的家庭，按规定凭社会救济证或特困职工优惠证申请减租（1 元/平方米使用面积）；家庭人均收入高于最低生活保障线的，不享受减租。

实践初步证明，通过市场化解决困难户的住房问题是一举两得的有效策略。一是使受惠面扩大的同时，照顾了不同人的需求。二是对于已经相当活跃的广州市二手房产市场来说，可以更充分地利用市场上的存量住房资源。

3.2 实物配租为主：以昆明为代表

政府财政补贴建设廉租住房。昆明市城镇最低收入家庭人均住房保障面积为 13 平方米，低于这个标准的均属于廉租住房保障对象。按照昆明市政府“统一规划、合理布局、分散建设”的要求，廉租住房选址以现有的住宅小区为依托，相对靠近配套齐全的市政设施，功能相对完善，交通、生活便利的区域，具体工作由市规划局和四城区（五华、盘龙、西山、官渡）政府负责。其用地采取行政划拨的方式提供。实物配租的廉租住房除了集中新建以外，也可以收购四城区二环路周边面积在 35～60 平方米的小户型新房或二手房、腾空的公有住房等作为房屋来源。廉租住房的租金主要由房屋的维修费、管理费两项因素构成。经过测算，四城区廉租住房租金标准为 0.83 元每平方米。其他县（市）区的廉租住房租金标准由当地政府据实际测算确定。

廉租住房资金来源以县（市）区财政公共预算安排为主，市级财政补助。新建购建资金主要包括住房公积金增值收益，按规定提取的城市廉租住房补充资金，省市财政补助的建设资金等。另外还有市级补助：盘龙、五华、西山、官渡四个区由市补助 700 元每平方米，东川区和其他县（市）廉租住房市补助标准为 500 元每平方米。

3.3 住房保障与危改、拆迁等多种政策并进：以北京为代表

北京市除大量建设经济适用住房外，还结合城市建设、旧城和危旧房改造，推出了配套

商品房、定向安置房、限价商品房、政策性租赁房(计划中)等。廉租住房以发放租金补贴为主,实物配租为辅。

北京市住房保障资金来源稳定,市政府不断加大保障力度。2001 年,北京市出台了《北京市城镇廉租住房管理试行办法》,经过多年的实践,北京市初步形成了具有北京特色的行之有效的最低收入家庭住房保障体制。第一,建立了以公共财政为主的稳定的资金来源渠道;第二,初步搭建起市、区、街道三级管理,房管、民政、财政、街道办事处各部门配合实施的多层次管理构架;第三,制定了规范严谨的准入、审核、公示、摇号、配租、退出等管理程序;第四,针对廉租家庭不同困难需求,形成了租金补贴、租金减免、租金补贴还贷购房和实物配租四种方式并行的实施方式。在具体实施方式上,以租金补贴为主,租金减免和实物配租为辅。其中,实物配租主要针对烈属、孤老、重残等特殊家庭,而住房面积达到标准的廉租对象则免交新增租金。实物配租的租金标准由政府按家庭收入 5%的标准定价。

2007 年以来,北京政府加快了保障性住房的开发建设,2007 年整年保障性住房供应套数和面积达到 8 238 套和 87.90 万平方米,分别占住宅供应的 7.33%和 6.61%。2008 年保障性住房开发力度进一步加大,尤其是下半年以来,商品住宅市场持续低迷,为扩大内需,加大和加快保障性住房的建设。2008 年 1～11 月保障性住房供应套数和面积分别为 41 029 套、333.93 万平方米,占比分别为 31.26%和 23.97%,市场供应较 2007 年提高了将近四倍。

2008 年,北京市保障性住房用地供应力度加大。北京共推出保障性住房用地 19 宗,约占住宅类地块宗数的 29%,推出地块面积 182 万平方米,占住宅类地块面积的 30%。2008 年,北京政策性住房销售套数约占三成。

表 3 2008 年 1～11 月北京市保障性住房供销情况 单位:套,万平方米

	上市套数	占比%	上市面积	占比%	销售套数	占比%	销售面积	占比%	供销比
商品住宅	131 250	100	1 393.1	100	74 366	100	779.1	100	1.79
保障性住房	41 029	31.26	333.9	23.97	21 631	29.09	173.7	22.30	1.92
经济适用房	13 804	10.52	102.7	7.37	11 964	16.09	91.6	11.75	1.12
两限房	27 225	20.74	231.3	16.60	9 667	13.00	82.2	10.55	2.81

3.4 新兴的公共租赁住房:以深圳为代表

近几年,深圳市加大了住房保障力度。2006 年,开工、筹集保障性住房 1.64 万套;2007 年,开工、筹集保障性住房 2.82 万套;2008 年,开工、筹集保障性住房 4.58 万套。2007 年

度,深圳市向全市低收入家庭提供了 6 006 套保障性住房,共受理了 8 844 户家庭的申请。经初审、复审、终审后,通过严密审查,层层把关,最终审定的终审合格家庭有 6 471 户。

2008 年,深圳市面向社会低收入家庭提供的保障性住房共 2 726 套。其中经济适用住房 2 209 套,公共租赁住房 517 套。

截至 2009 年 5 月,深圳市已投入使用的市财政安排投资的政策性保障性住房共 7.06 万套,建筑面积约 580 万平方米。其中,由市国土房产局(含原市住宅局)建设的住房共 5.23 万套,建筑面积约 430 万平方米。

公共租赁住房是深圳市的创新之举,主要面向低收入住房困难群体、产业配套工人和机关事业单位初级工作人员等。截至 2009 年 5 月出租的市本级政策性和保障性住房约 1.13 万套,建筑面积为 54.8 万平方米,租金低于全市发布的租金指导价,特区内每平方米在 13～18 元,特区外则在每平方米 3～12 元。

根据《深圳市住房建设规划 2009 年度实施计划》,2009 年深圳将安排建设保障性住房 3.38 万套,建筑面积 171.9 万平方米。其中经济适用房 0.58 万套,建筑面积 31.9 万平方米;公共租赁住房(含廉租住房)2.8 万套,建筑面积 140 万平方米。另外,保障性住房用地供应量为 0.3 平方公里。

《深圳市住房保障发展规划》提出,2008～2010 年计划安排建设保障性住房 9.73 万套(2008 年将新建保障性住房 4.58 万套,2009 年将建 3.38 万套,2010 年将建 1.76 万套),建筑面积 490 万平方米。其中,经济适用住房 1.71 万套,建筑面积 89 万平方米;公共租赁住房(含廉租房)8.02 万套,建筑面积 401 万平方米。在这三年中,除主要为深圳户籍人士提供住房保障外,预计还可将 2.12 万户非户籍家庭纳入深圳住房保障范围。在新建保障性住房的同时,政府仍将继续对部分住房困难家庭发放廉租房补贴。2008～2010 年,计划平均每年对 2 722 户住房困难家庭进行租赁补贴,计划完成 8 167 户,租赁补贴 0.92 亿元。补贴标准为人均配租面积 15 平方米,居民家庭最高配租面积原则上不超过 45 平方米。

3.5 面向非低收入家庭的全覆盖模式:以厦门为代表

厦门市的保障性商品房不设收入和资产限制,面向非低收入无住房人群,为他们提供在价格、面积、使用和处置权等方面有一定限制的保障性住房。符合申请的条件是:申请户首先必须是无房户,家庭成员中至少有两人具有本市户籍,且其中至少一人取得本市户籍满三年,此外申请不受收入和资产的限制,另外还规定了满 35 周岁的单身居民,可以以个人名义申请。但限定建筑面积为 60 平方米的小户型房源,初定岛内售价每平方米 7 000 元以内、岛外 5 000 元以内,可以在五年后上市交易。保障性商品房属于有限产权,规定五年内不得转让,五年后可上市交易转让,增值收益的 60%应交给政府、个人得 40%。

非低收入家庭的保障性商品房可租可买。与售价相比，租金标准较低，大部分家庭选择了租赁方式解决住房紧张问题。社会保障性租赁住房租金按市场租金标准计租，并按家庭收入（资产）情况实行分档租金补助，不同收入家庭缴纳不同标准的房租（表4），个人支付比例只占房租的10%～30%，政府补贴总额达到70%～90%。

表4 厦门市保障性租赁房租金参考标准

户型	建筑面积（平方米）	租金标准（元/平方米）	政府补贴比例（%）	个人支付比例（%）	个人支付金额（元/月*套）
一房型	45	17.6	90	10	79.20
			80	20	158.40
			70	30	237.60
二房型	60	17.6	90	10	105.60
			80	20	211.20
			70	30	316.80
三房型	75	17.6	90	10	132.00
			80	20	264.00
			70	30	396.00

各地在住房保障实践中，还结合本地实际情况，因地制宜创造了很多有效措施，如北京、长春的租金减免制度，即在调整公房租金时，对于低收入家庭依然实行低租金标准，把这部分家庭自有住宅纳入住房保障范围，政府投入少，解决范围较广。还有北京、上海针对一些特殊群体给予保障，如对于住房困难、收入较低的一些劳动模范、战斗英雄、“三八红旗手”等，体现政府对这部分群体的关爱，有利于弘扬良好的社会道德风范。

4 住房保障中存在的主要问题

目前，我国基本上已经建立起住房公积金、经济适用房、廉租房组成的住房保障政策体系。但是，在具体运作中还缺乏科学合理的目标和长远规划、保障性住房供应量严重不足、保障对象覆盖面过于狭窄、资金来源渠道单一、运作不规范等诸多问题。同时，住房法律缺位、住房档案不健全、没有建立收入征信系统等根本性问题仍然没有得到实质性突破，另外，机构、人员不足也是重要制约因素。

4.1 公共财政支出严重缺位

从国外的经验看，在各国政府的公共财政支出中都有社会保障住房一项。英国是世界上第一个福利国家，也是社会福利私有化的发源地。在撒切尔夫人倡导的私有化的浪潮中，政府出售了150多万套公房，使英国住宅私有化的比率从55%上升至67%，但是，与此同时，英国政府扶持非营利组织兴建的普通住宅和对低收入者的租金补贴，一般根据政府财政能力和住房发展的不同阶段，调整公共财政对住房的补贴额度，但一般都保持在占GDP的2%以上，占政府公共财政支出的5%左右。

根据保障住房建设资金来源的相关规定：一是住房公积金增值收益，二是土地出让净收益，三是市县财政预算安排用于廉租住房保障的资金，四是市财政预算安排的廉租住房保障补助资金，五是中央预算内投资中安排的补助资金，六是中央财政安排的廉租住房保障专项补助资金，七是社会捐赠的廉租住房保障资金，八是其他资金。

目前，在我国公共财政支出中，只有廉租住房制度明确要以公共财政资金为主，其他涉及住房保障的支出并未纳入财政预算中。即使是廉租住房的资金来源，各地也以公积金增值收益为主，财政资金所占比例微乎其微，只有上海、北京等个别城市列入财政预算支出。与发达国家不断扩大对住房保障的投入相比，差距较大。因此，随着国民经济快速增长，国家财政收入的不断增加，公共财政在城镇低收入家庭住房保障方面的预算应逐步增长。

4.2 保障手段比较单一

国外政府在住房保障方面一般采用立法、财政、金融和税收等多种手段和措施给予支持。以日本为例，为解决低收入家庭住房问题，除了颁布《住宅建设规划法》、《公营住宅法》、《地方住宅供给公社法》等法律，明确中央政府和地方政府在住宅供应方面的责任外，还综合运用财政和金融手段发放低息贷款，贴息由财政部门承担。此外，还包括税收优惠政策，对居民购建符合国家政策及技术规范要求的住宅，在还贷期内还款的数额可在个人所得中扣除，个人住宅取得的定期收益免征所得税。

与此比较，我国住房保障手段比较单一。当前在住房保障方面主要以公积金制度、经济适用住房制度和廉租住房制度为主，其他金融、财政和税收上的系统配套支持政策严重不足。

一些城市为帮助低收入家庭解决住房问题进行了一些有益的探索，如上海随着居民可支配收入的增长和房价的上涨，不断调整对低收入家庭的购房贴息办法，使补贴制度真正发挥作用。

4.3 保障范围较窄

为适应建立住房新体制的要求,《国务院关于进一步深化城镇住房制度改革,加快住宅建设的通知》(国发【1998】23 号文件)提出,建立以经济适用住房为主的住房供应体系,最低收入家庭承租廉租住房,中低收入家庭购买经济适用住房,其他较高收入家庭购买或租赁商品住房。这种以"三条线"为特征的住房供应体系,目的是建立与居民家庭支付结构相适应的社会化的住房供应机制,妥善解决不同收入家庭的住房问题,实现社会资源的优化配置,促进市场健康发展,维护社会安定。"三条线"的供应体系对于保证住房分配体制的顺利转轨、调整市场供应结构和形成合理的住房价格体系起到了历史性作用。

2003 年,《国务院关于促进房地产市场持续健康发展的通知》(国发【2003】18 号文件)提出,各地要根据城镇住房制度改革进程、居民住房状况和收入水平的变化,完善住房供应政策,调整住房供应结构,逐步实现多数家庭购买或承租普通商品住房;同时,根据当地情况,合理确定经济适用住房和廉租住房供应对象的具体收入线标准和范围,并做好其住房供应保障工作。18 号文在 23 号文的基础上,保持了"三条线"供应体系的基本框架。

建立健全住房供应体系,不仅要对能买得起房的中低收入家庭提供诸如经济适用住房、公积金贷款、住房补贴以及各种贴息贷款、税收优惠等政策,更应关注买不起住房的低收入家庭的住房问题。完善的城镇住房供应体系应能解决所有中低收入家庭的住房问题,即:需要政府救助的特困群体、可以依靠优惠政策买得起经济适用住房的中低收入家庭、买不起经济适用住房的"夹心层"以及城镇流动人口(含进城务工人员)和"城中村"改造后的居民等。当前,在中低收入家庭供应体系中,后三者还是严重缺位的。

廉租住房属于救济范畴,资金来源主要依靠财政,受财政能力的限制,保障面不可能过大,保障水平不可能过高。经济适用住房属于保障范畴,其针对的是具有一定的支付能力,在政府帮助下,可以买得起经济适用住房的城镇中低收入家庭。在经济适用住房与廉租住房之间,存在着一部分既无权享用廉租住房保障政策,又买不起经济适用住房的"夹心层"。这个群体的住房问题需要通过新的供应渠道来解决,如政府加大贴息补助政策,加大对购房能力的支持力度;通过提供可支付租赁住房或公租房等,满足这部分群体的住房需求。

4.4 缺乏收入征信基础和住房档案信息化管理

住房保障收入线是住房保障体系建立的一个重要环节,如何科学地划分收入线标准,对建立公平的社会保障制度有着十分重要的现实意义。当前,还没有哪一个系统、哪个部门牵头建立收入征信系统建设，导致收入审核流于形式，政策效果受到很大影响。随着经济增长，享受廉租房、经济适用房的家庭收入标准也需要不断动态调整，因此，尽快建立收入征信系统并依据各地具体情况，合理制定保障收入线已日益紧迫。

同时，全国城市住房档案联网系统不健全，信息化管理水平滞后，各城市低收入家庭住房底数不清，不仅严重制约了住房保障规划制定的科学性和严肃性，也直接影响到公开、公正、透明的审核工作。

4.5 住房公积金对中低收入家庭购房支持能力偏弱

住房贷款体系是由商业性住房贷款和政策性住房贷款组成的，我国的政策性住房贷款主要是住房公积金贷款，目的是帮助中低收入居民解决住房融资问题。2008 年，住房公积金资金使用效率走低，住房公积金使用方向集中于发放个人住房贷款，受房地产市场景气状况影响，个人住房贷款增幅趋缓，而缴存余额稳定增长，自 2007 年四季度起，住房公积金资金使用率和资金运用率呈双降趋势，专户存款资金继续增加。

2008 年年末，住房公积金使用率（个人提取总额、个人贷款余额与购买国债余额之和占缴存总额的比例）为 72.81%，同比降低 1.78 个百分点。住房公积金运用率（个人贷款余额与购买国债余额之和占缴存余额的比例）为 53.54%，同比降低 3.51 个百分点。住房公积金使用效率的降低是和中国经济受国际经济危机影响分不开的。

贷款优势减弱，效率与服务水平与商业银行相比差距较大。对于购买第一套住房和改善型第二套住房，商业银行一直执行基准利率的七折优惠利率，与现行公积金贷款利率相比仅为 0.2 个百分点之差。公积金贷款利率高，贷款总额受限等因素都会影响到公积金的有效使用。住房公积金并没有发挥出政策性住房金融的优势作用。

4.6 法律缺位，住房保障机构与人员不足的问题日益突出

我国至今还没有一部住房法，住房保障条例只是正在研究制定中，对住房保障工作缺乏较高层次的立法规范，全国和各地一直是以管理办法为主，立法层次不高，缺乏权威性和制度化，影响了住房保障的工作的进展。另外，全国住房保障机构相当薄弱，人员稀少与住房保障的发展规模相比，矛盾日益突出。据 2007 年建设部对全国住房保障从业人员调查显示，全国从事住房保障管理工作的只有 3 000 人左右，去掉兼职从事住房制度改革的人员，全职从事住房保障的人员只有 1 000 多人。而我国香港地区，虽然只有 600 多万人口，但房屋署工作人员最多时达到万人，常规状态下还有 8 000 多人。

5 完善住房保障制度的对策措施

我国房地产业发展虽然历程较短,但在宏观经济迅速发展和城市化进程加快的背景下,已经历了十余年的上升期。目前,全行业正处于较大的调整时期,这与国内外经济形势的大环境密切相关,也同房地产业自身的发展规律密不可分。当前,针对住房保障发展过程中存在的缺失与问题,应在完善制度和法律法规方面作为工作重点,引导住房保障工作的健康有序可持续发展。

我国城市化率已从18%提高到46%,到2020年预计将提高到55%~60%,农村贫困人口、进城务工人员将成为未来保障重点;城镇居民住房短缺问题依然严峻,特别是大城市的高房价导致中低收入家庭购房能力减弱,未来住房保障任重道远,将是一项长期的艰巨任务。

5.1 建立健全法律制度

在以市场经济为主导的西方发达国家,同样把同民生相关的公共住房建设等作为政府法律法规的重要组成部分,非常重视规划的引导作用,这些法律和规划不但能指导政府公共政策的实施,同样能够引导行业发展和市场的规范化运作。因此,一个行业的发展应基于完善的法律制度和政策框架下。我国虽然从20世纪80年代末就开始关注研究住宅法,但至今还没有列入立法规划,距离法律的问世更是遥遥无期。对于房地产这样一个与国民经济各个行业以及资源环境都密切相关的产业,特别涉及相关的土地、财政、税收、金融等一系列配套政策的支持,法律滞后于行业发展以及带来的一系列相应问题,已严重影响了房地产业的规范发展和住房公共政策实施的严肃性与可持续性。

从1998年开始,各级政府面对国内外经济形势的变化和房地产市场的波动出台了一系列旨在促进房地产业持续发展的调控政策,但是,由于这些措施大部分都为短期措施,有些还由于各部门、各系统从自身的目的出发,存在着各项政策目标的不一致性甚至矛盾性。房地产业一直缺乏强制的、权威的基本法律作为行业发展的依据和指引。

按照有限政府的理论以及政府体制改革的目标,政府的主要职能应该是维护宏观经济运行的平稳,制定经济发展的规划,维护公共安全以及设计经济运行的制度安排等。在房地产业管理上,政府职能应当从对于房地产企业微观管理中撤出来,重点放在对于房地产业发展和市场行为的监管方面,在管理的方式上应当以制定法律制度和相关的规则为主,注重对于房地产业管理的长效性。

5.2 制定科学合理的发展规划

目前，国家已公布了住房保障发展规划，各个地方已经或正在积极编制本地的发展规划。但是，当前面临的最大的问题是编制规划的基础，即城镇中低收入家庭住房和收入状况并不清晰。从全国来看，只有青岛市完成了住房普查工作，并且是人、房、收入三者相结合，而其他大部分城市只是调查了房屋的物理属性，并没有调查各种收入人群的住房状况。如果一个城市的住房资源底数不清，编制的规划只能以简单估算为依据，这势必导致规划脱离实际，要么早早地提前完成规划目标，要么根本不可能按计划完成目标。

日本的住房发展规划值得世界各国学习。日本是每五年编制一次住房发展规划，包括各类收入阶层在五年内住房水平应达到的新目标。日本的规划编制基础是每五年进行的一次全国住房调查，即在规划编制的前一年，先进行住房调查，再根据住房调查的翔实数据和国力、资源配备和财政支持能力等，制定五年发展规划，日本的住房发展规划具有法律效力，从第七个五年计划开始已更名为住房规划法。不论社会经济出现多大的震动和不稳定，凡是列入计划中的项目都要不折不扣地实施，因此，日本的住房发展规划完成的准确率一般在99%左右。日本也正是基于科学严谨的住房发展规划和一整套支持措施，使得日本居民在人多地少、资源短缺甚至经济泡沫的背景下，住房水平仍保持逐年稳步提高。

因此，我国当前发展公共住房的最迫切任务是要尽快进行全国性的住房普查工作，摸清家底，包括中低收入家庭的住房状况和收入水平，无房户和住房困难户的数量和支付能力，存量住房资源中的空置房状况等。只有这些基本情况搞清楚了，在此基础上编制的住房发展规划才具有可操作性和实际指导意义。否则，凭空想象编造的规划只能墙上挂挂，检查翻翻，没有一点作用。

5.3 逐步建立个人收入征信和住房档案管理系统

任何一个国家的住房公共政策基础都源自于完善的个人收入征信系统，这是核定准入和退出的关键。而我国的住房保障制度建设已走过了十年，但从收入征信系统建设来说，依然处于空白阶段。由于国家没有明确的职责分工，导致至今没有一个部门发起建立征信系统。

随着住房保障范围的逐步扩大，单纯依靠民政部门低保证来核定准入标准已远远不能满足需求，如廉租住房上浮收入线后的界定与审核，公共租赁住房准入的审核，各种保障性住房退出制度的有效实施等，都需要完备的收入征信系统。没有收入征信系统，只能建立在居民的自觉意识和道德水准上，复杂而有时又无效率的各级审核制度大部分是形同虚设。

因此,与庞大的住房保障规划相适应,必须建立全社会完备的收入征信系统。当前已有一定的基础建设(如税务部门的纳税登记系统,金融部门的信用卡、房贷、车贷信用记录等),关键是需要一个部门来进行整合和完善。没有征信系统的住房保障制度几乎无法做到公平、公开、公正和科学、准确、完善。

同时,各地要尽快进行住房普查工作,摸清底数,根据不同收入家庭的住房状况、支付能力以及对保障方式、区位和空间的要求,科学合理的编制住房保障发展规划。

5.4 逐步建立健全城乡统筹的住房保障供应体系

随着城市化进程的加快,城乡一体化的快速发展,住房保障工作不能仅限于城镇居民,应尽快建立全国城乡统筹的住房保障供应体系,即把住房保障的惠民政策覆盖到全体国民。根据中国的国情和住房困难的轻重缓急,宜采取分步走的发展战略,即第一步重点解决城镇住房困难群体、“夹心层”家庭和棚户区、危改区,同时,有重点地解决农村住房困难户;第二步则把制度重心和保障重点放在进城务工人员和城市边缘地带的中低收入家庭。

5.5 完善相关配套制度

结合我国经济发展和财政能力不断增强的现实国情,逐步建立以财政支持为主,辅以金融支持的住房保障支持体系。保障住房属于公共财政责任,应尽快改变目前资金来源不稳定、无保障的状况,在各级政府预算中安排一定数量的住房保障资金,形成以财政预算资金为主的保障房资金主渠道。建立中央对省、自治区,以及省、自治区对市、县的财政专项转移支付制度,加大对财政困难地区的支持。增强对低收入家庭住房消费的财政扶持力度,如通过贴租、贴息和发放购房补贴等。

稳定房地产税收政策。税收的根本目的,一是为了社会公共目的筹集资金,二是调整社会收入分配。但在房地产领域,长期以来,已把房地产税收作为一项重要的调控手段,经常变来变去,导致税收的随意性较大,缺乏严肃性和长远性。因此,应在法律的基础上,根据住房发展目标,明确税收的主导方向(是支持还是限制行业发展),制定长远的可持续性的房地产税收制度。包括根据国家资源环境发展规划,对不同户型进行差别化的税收政策;对自住和改善型住房实行低税制等产业支持政策;简化税种,合并减费降税,适时推出物业税等。当然,实施物业税的基础依然是完善的住房档案、收入征信系统和评估制度。

建立政策性住房金融。把住房公积金制度与担保制度相结合,形成政策性住房金融,支持中低收入家庭购买或租赁住房。尽快建立跨区域的政策性住房贷款担保制度,规范发展以政府信用为基础、以防范住房公积金贷款风险为目的、以支持中低收入以下家庭购房为宗旨的政策性住房贷款担保体系。对中低收入家庭实行优惠利率、贴息、政策性担保、降低首付款比例、延长贷款期限等政策。合理放宽住房公积金提取使用条件，符合条件的家庭，可申请提取住房公积金用于交房租，也可以提取住房公积金用于相关住房消费。探索拓展住房公积金的贷款方向，可通过住房公积金向经营住房租赁的机构提供长期低息贷款。

用地优先保障的支持政策。新加坡的国民住宅遍布全国，申请人可根据自己的工作、学习地点，就近选择保障性住房。我国各大城市的保障性住房普遍位置偏远，交通不便，与广大中低收入家庭要求甚远，以致出现了低收入家庭申请到保障性住房后，又把房屋出租，继续在原居住地租房居住的问题。因此，各城市在制定土地利用规划和供地计划中，应重点考虑广大中低收入家庭的实际需求，合理选址，并向社会公开保障性住房供地规划，接受社会监督。既有利于保障供地计划的实施，避免被不确定性因素挤占；又有利于通过人民群众的及时反馈，不断调整供地计划，保证惠民政策真正让人民满意。

我国保障性住房的体系设计

林家彬

1 世界各国实施住房保障的基本经验

在世界大多数国家，住房保障都已经成为社会政策的重要内容，政府对低收入阶层的居住问题一般都实行某种方式的援助措施。本文在此从保障主体、实施方式、覆盖范围等几个角度出发对世界各国的主要做法进行整理。

1.1 保障主体

一般而言，政府的住房保障责任都是由中央政府和地方政府共同承担的。在英国，1919年制定的《住房和城镇计划法》，将为“劳动阶层”提供住房作为地方政府的法定责任，由地方政府建造公营住宅并以“合理租金”(Reasonable Rent)出租，对于支付租金有困难的家庭给予房租补贴。同时，由中央财政对地方政府的财力不足进行补贴，补贴的最高比例可达所需资金总额的75%。在日本，1951年制定的《公营住宅法》将住房保障作为中央与地方政府的共同责任，在具体操作方式上是以地方政府作为公营住宅的提供主体，中央政府对地方政府提供资金补贴，补贴标准依公营住宅的种类分为1/2和2/3两种(林家彬，2006)。在德国，1949年前西德成立了住宅部，1950年发布了《住宅建设法》，该法把促进住宅建设作为各级政府的共同责任。该法推出了“社会住房计划”，政府对纳入社会住房计划的项目提供投资补贴，在土地供应、贷款、税收等方面给予优惠，把社会住房的租金控制在低收入家庭的负担能力之内。

1.2 实施方式

各国在保障性住房的制度设计上各有千秋，并随着时代的发展而有所改变。

美国的住房保障制度主要采用住房补贴的形式。住房补贴又分为：以项目为基础的补贴(Project-based Housing Subsidy)和以租户为基础的补贴(Tenant-based Housing Subsidy)。以项目为基础的补贴分对公共住房补贴和对私有住房补贴两种。公共住房补贴制度始于1937年,具体由联邦政府负责拨付建造、维修和管理营运公共住房所需的资金,地方政府(或州政府)设置的财政归中央的住房局负责监督公共住房的建造、分配和管理,产权归地方政府住房局。到1997年,公共住房有140多万套。对私有住房的补贴始于1961年,包括两种形式:一是政府帮助低收入者购买住房;二是政府帮助低收入者租赁指定的私有住房。前一种形式下,购房者需通过抵押贷款获得住房,并拥有住房的所有权,政府对抵押贷款提供部分补贴。后一种形式是由政府选择一部分合格的私人住房提供给贫困者。被选中的住房房主可以得到政府提供的抵押贷款担保和获得稳定的租金收入。此外,联邦政府还为这些住房提供部分营运和维修资金。1997年,这类住房共有170多万套。以租户为基础的补贴分为住房证和住房券两种形式。联邦政府按照住房市场一般租金水平确定补助金额,地方政府住房局确认租约后直接以住房证或住房券的方式向房主支付一部分租金。政府补贴的标准是租户按家庭收入的25%支付房租,其余部分由政府给房主补齐。住房证和住房券略有区别。住房证补贴始于1974年,90年代末约有110万户居民享受此种补贴。住房券始于1983年,受惠户约40万。享受住房证的住户不能承租房租高于联邦政府确定的租金水平的住房,而享受住房券的住户虽无此限制但需承担租金差价。

日本的住房保障主要采用公营廉租住宅的形式。地方政府设立住宅供给公社,建造公营住宅后以低廉的租金出租给低收入阶层。公营住宅的房租是根据承租人每年申报的收入以及公营住宅所处的位置、面积、建成年限以及其他条件决定的。另外,为了对低收入阶层中的特困阶层加以特别对待,《公营住宅法》中还规定了"第一种公营住宅"和"第二种公营住宅"的区分。第二种公营住宅面向特困阶层,租金更为低廉,在房屋的面积、结构、材料等方面也相应地降低标准。对于入住之后收入水平超过上限标准的承租人,公营住宅法规定其必须在三年之内搬出公营住宅,在搬出之前对其租金水平按规定进行上调,以体现公营住宅的政策目标。

韩国解决低收入家庭住房问题最基本的政策,是由政府出资或资助建设的,并以低廉价格出租给低收入家庭的公租房,这一点与日本比较类似。根据建设资金来源、租赁者资格条件及租金水平,韩国的公租房分成两大类。第一类是由政府资金支持建设的永久性公租房,开始于20世纪90年代初期,政府投资占房屋建筑成本的85%。此类公租房是永久性出租房屋,不能出售。第二类是由韩国国民住宅基金提供低息贷款支持建设的可出售公租房。此类公租房由公营的韩国住房公社开发建设,由韩国国民住宅基金提供占总建筑成本40%～50%的低息贷款。其租赁营业期最低为五年。租住此类公租房的低收入家庭可以在租期内进行住房储蓄,在租期结束时依靠住房储蓄和其他政府的金融支持购买公租房的产权。因此,此类公租房实际上也是政府为低收入阶层提供的"低价房"。

近年来,随着住房短缺问题的缓解,韩国政府逐步减少了新建公租房,转而通过租金补贴、低息贷款、减免税收等方式向低收入阶层提供支持,以保障低收入家庭也能够达到合理的居住标准,并逐步拥有住房(王微,2006)。

总体上看,在不同的发展阶段,政府住房保障的方式也有所不同。在住房严重短缺时期,政府一般采取比较直接的干预方式,直接参与和控制住房建造、分配的所有过程。当住房短缺基本解决,居民收入水平大幅提高以后,政府的干预方式转为间接干预为主,取消租金控制,补贴也逐步从广泛地对建房的补贴转为部分地对住户的补贴,并主要集中在对最低收入群体的援助方面。

1.3 覆盖范围

在英国,直到20世纪90年代末撒切尔内阁上台为止,其公共住房政策是以政府直接大量建造公共住宅并对其进行管理为特征的。虽然没有明确的关于住房保障制度的覆盖范围的规定,但我们还是可以从政府所保有的公营廉租住宅占全部住宅的比重来查其端倪。表1显示了从1938年到1980年的这一比重的变化情况。1979年撒切尔内阁上台以后,开始大力推行将公营住宅出售给居住者的政策,因此1979年是公营廉租住宅的比重达到高峰的年份。按户数计,当年公营廉租住宅的比重达到了32.1%。可见英国的住房保障制度的覆盖范围曾经是非常广的。目前,英国的住房消费格局为70%的居民拥有自有住房产权,10%的居民租住私人房屋,20%的居民居住在公营廉租住宅里,因此成为政府住房保障对象的低收入家庭占总人口的20%①。

表1 英国按所有者类型区分的住宅存量比重 单位:%

年份	1938	1960	1970	1975	1979
私人自有住宅	32.5	42.0	49.9	52.9	54.5
公营廉租住宅	9.6	26.5	30.5	31.4	32.1
民间租赁住宅	57.9	31.6	19.7	15.7	13.4

资料来源:五井一雄,丸尾直美(1984)。

在日本,其公营住宅以社会低收入阶层为保障对象,对承租人有明确的收入上限规定,其保障对象群体是收入水平处于最低的25%的阶层。

在韩国,其由政府资金支持建设的永久性公租房,主要供给占人口10%的最低收入家庭租用。

① 国外公共住房政策比较研究课题组,《英国住房保障制度》,住房与城乡建设部住房保障司提供。

纵观以上这些国家在住房保障方面的做法可以发现，住房保障制度在不同国家之间，在同一个国家的不同的发展阶段都会有很大的不同。住房保障制度的覆盖范围的大小，主要受到以下这样一些因素的影响。

(1) 政府的政策取向

如崇尚“福利国家”理念的瑞典，大约半数左右的家庭都可以享受政府的住房补贴。再如英国，工党与保守党两大政党的政策理念不同，造成工党执政时期就大量建造公营廉租住宅并实行严格的租金管制，而保守党执政时期就削减公营住宅建造计划并放松租金管制。

(2) 政府的财政能力

住房保障制度不论采取何种保障手段，实际上都是以公共资金的投入作为根本保障的。所以财政能力的充裕与否，直接影响到住房保障覆盖范围的宽窄。

(3) 保障标准

在财政投入一定的情况下，保障标准越高，所能覆盖的人群就越少，降低保障标准则可以扩大覆盖的范围。

(4) 住房紧缺程度

当住房紧缺程度严重时，住房问题就成为全社会关注的重大社会问题，需要政府投入较大的力量加以解决，此时住房保障制度的覆盖范围相对较宽。而当普遍的住房短缺基本解决之后，住宅政策在公共政策体系中的重要性相对下降，另一方面居民从市场上获取住宅的能力也有所提高，此时住房保障制度的覆盖范围可以适当缩小。但由于“福利刚性”的存在，对政府而言缩小保障制度要冒一定程度的政治风险，因此实际上保障制度的覆盖范围一旦确定就较难更改。

2 中国保障性住房的体系设计

2.1 体系设计的依据

政府之所以需要有一个保障性住房的制度体系，主要有以下三方面的理由。

第一，在一定范围之内，住宅是生活必需品。居住条件是人的基本生存条件的重要组成部分，居住需求属于人类的基本需求。因此，居住权也构成基本人权的组成部分。

同时，住宅也是最昂贵的生活必需品。很多国家居民居住消费支出占其消费总支出的比重都在20%上下。因此，低收入阶层一般是难以依靠自身力量解决其住房问题的。当房地产市场的价格水平相对于其他商品处于高位时，就连中等收入水平的居民也会在维持居住水平方面遇到一定的困难。如果无家可归或居住条件恶化的人群达到一定的规模，就会造成社会的不稳定以及公共卫生状况的恶化，住房问题就会演变成社会问题。这是任何理性的执政者都不希望看到的结果。这是政府实施住房保障的基本背景。

第二,住宅具有外部性,具有一定的准公共品的性质。虽然住宅不具有消费的非竞争性和非排他性,总体上属于私人产品,但是贫民窟、棚户区等的存在会使区域的环境和卫生状况恶化,也不利于社会的稳定。合理的公共政策选择,是对低收入阶层的居住问题给予某种形式的援助,使其居住条件和居住环境得到改善。

第三,住宅政策是社会政策的重要组成部分,已于20世纪中期以来得到国际公认。历史地看,住宅问题发端于资本主义早期阶段,恩格斯在其不朽名著《英国工人阶级状况》和《住宅问题》中对当时英国工人阶级恶劣的、"不足以维持劳动力的健全再生产"的居住状况作了深刻的揭示。

1948年通过的《世界人权宣言》指出,拥有适当住房是享有适当生活标准这一权利的一个组成部分。1960年6月,国际劳工组织发布"关于工人住宅的劝告",提出"为了确保向所有工人及其家属提供充分、适度的住宅及适当的生活环境,应当把在住宅政策的范畴内促进住宅及相关共同设施的建设作为国家的政策目标"。这个文件是以202票赞成、1票反对的压倒多数获得通过的(本间义人,1983)。这说明,把住宅政策作为社会保障政策的组成部分,在当时已经成为广泛的共识。1981年4月在伦敦召开的"城市住宅问题国际研讨会"上通过的《住宅人权宣言》指出,拥有一个环境良好、适宜于人的住所是所有居民的基本人权。而1996年6月召开的联合国第二次人类住区大会通过的伊斯坦布尔宣言更是承诺:"人人有适当的住宅。"

经过改革开放以来30年经济的快速发展,中国城镇居民的居住水平已经有了很大的改善,城镇居民人均住房面积已经从改革开放初期的7.2平方米提高到了27平方米以上。但截至2006年年底,全国人均住房面积在10平方米以下的低保家庭仍有400万户,如果扩大到低收入家庭,总共有988万户。由于这两年的努力,到2008年年底为止,已经以实物方式解决了其中250多万户的住房困难,目前我国仍存在近740万户的低收入住房困难家庭。

但更为重要的是,我国正处于城市化快速发展的时期,每年有大约1 000万的农村人口进入城市。仅此每年的增量,就与城市现存低保家庭中的住房困难人口数量相近。到目前为止,各地城市政府基本上还没有将这部分人的住房问题纳入议事日程,他们大多居住于工棚、"城中村"、地下室等居住条件比较恶劣的居所。这部分人的安居问题不解决,既不利于社会公平的实现,也不利于城市化的健康发展,同时也有悖于现代公共住房政策的初衷。另外,由于近年来商品房市场价格的攀升,使得相当一部分新参加工作的群体等不属于低收入阶层的社会成员也难以在市场上有效地解决自身的居住问题。因此,尽快建立保障型住房制度体系,对于贯彻落实以人为本的科学发展观、构建社会主义和谐社会、保持社会的稳定有序发展都具有很高的紧迫性和重大的现实意义。

2.2 体系设计的基本原则

在设计中国的保障性住房制度体系时，应当遵循以下一些基本原则。

(1) 保障基本居住需求

“拥有一个环境良好、适宜于人的住所是所有居民的基本人权”，住房保障制度所应保障的就是居民的基本居住需求。换句话说，现有的居住水平处于社会公认的基本居住需求之下的居民都应当成为保障对象。应当指出的是，“社会公认的基本居住需求”并不是一成不变的，而是随着社会平均居住水平的提高也会有相应的提高。另一方面，要防止保障型住房的标准过高而超出基本居住需求的需要，从而使保障性住房制度不堪重负。

(2) 注重社会公平

住房保障制度属于社会政策的范畴，是实现社会公平的重要手段之一，因此在制度本身的设计上必须充分注重公平原则。如果仍然仅仅把城市户籍人口作为保障对象，而把为城市创造财富的农民工及其家属排除在外，就显然违背了公平原则。另一方面，对于所谓“夹心层”也应有适当的考虑，以避免出现“福利倒挂”的问题。

(3) 量力而行，循序渐进

住房保障制度的覆盖范围和保障标准要和政府的财政能力与行政能力相匹配。因此，初始的时候可以将覆盖范围定得略小一些，待能力提高之后再逐渐扩大。同样地，对于保障标准也应作如此考虑，首先尽快解决“有房住”的问题，待“有房住”的问题基本上得到解决之后则可以考虑适当提高保障标准。

2.3 保障性住房的体系设计

在充分借鉴国际经验和考虑中国现实情况的基础上，我们对保障性住房作如下的体系设计：将保障性住房分为基本保障型住房和延伸保障型住房两大类，前者由政府补贴租金、面向低收入住房困难家庭，后者以成本价出租，面向中等收入以下住房困难家庭。具体设想详述如下。

基本保障型住房大体上相当于目前所说的廉租房，对承租人的家庭收入水平设定明确的上限标准，将入住者限定在城镇低收入住房困难家庭及城市非户籍常住人口中的低收入阶层(关于覆盖范围将在下一节中作进一步论述)。租金水平控制在低收入家庭平均收入的20%左右，以避免影响低收入家庭其他方面的基本生活需求。也可以借鉴厦门市的做法，在实行市场租金的基础上，改“暗补”为“明补”，对低收入家庭按不同收入水平给予不同的补助比例。管理部门对承租户的入住资格实行定期复审制度，如果承租户收入水平发生变化，不再符合基本保障型住房的入住标准，应在一定期限内退出。对于暂时无法退出的住户，将取消租金补助，收取市场租金。

对于那些房屋租赁市场上房源比较充足的城市，可以不采取新建廉租房的办法，而直接给符合标准的家庭发放租金补贴。

延伸保障型住房以政府或政府授权的相关机构为开发建设主体，建成之后以成本价（建造成本＋管理成本）向符合标准的家庭和个人出租。主要目标群体是城市中低收入阶层中不符合基本保障型住房的入住标准而又住房困难的家庭和个人，户型以中小户型为主。对承租人的资格审核应当对收入水平既有上限要求又有下限要求，以保证承租人有必要的租金支付能力。承租人在租赁一定期限（比如说五年）之后可以申请购买该套房屋，但将来若转让时管理机构有优先回购权。

我们建议，当前规划和建设中的经济适用房，都应当转为延伸保障型住房。或者保留经济适用房之名，而将其运作机制改变为上述的内容，以规避迄今为止的经济适用房的诸多弊端。

对于延伸保障型住房的建设规模，城市政府可以根据当地房地产市场的情况进行调节。当房地产市场的价格上涨过快时，就适当加大建设和投放规模，而当房地产市场低迷时则减小建设规模和放缓投放。这样就使得城市政府对于本地的房地产市场有了一个强有力的调控手段，有利于保持房地产市场的健康平稳发展。

3 中国保障性住房的覆盖范围

在探讨中国保障性住房的覆盖范围时，实际上最主要的问题就是社会现实需求与政府财政能力之间的平衡。从需求方面看，根据本文前面的分析我们可以得出这样的基本判断：仅就城镇户籍人口而言，大面积的住房短缺已不存在；基本住房需求方面的压力主要来自于城市化，即主要来自于城镇常住人口中的非户籍人口。从政府财政能力方面看，应当说政府的财政能力是相对充裕的。2008 年，中国 GDP 总量超过了 30 万亿元，财政收入超过 6 万亿元。从国际经验看，不少国家用于住房保障的支出都达到了占 GDP 总量 1%左右的水平。30 万亿的 1%就是 3 000 亿元，0.5%也有 1 500 亿元。但是到 2006 年年底为止，全国累计用于廉租房制度的资金仅有 70.8 亿元。虽然我国仍处于工业化和城市化快速发展阶段，来自各方面对财政资金的需求都将长期维持较高的水平，但加大对住房保障的投入还是有很大的潜力的。

由于延伸保障型住房是按照保本的原则来运营的，从长期看对政府财政不构成额外的负担，而且其规模也根据房地产市场的供求状况来进行调节，因此以下仅对基本保障型住房的覆盖范围进行探讨。

根据以上所述的原则和背景，我们对中国住房保障制度的覆盖范围作如下的构想。

首先，按照2009年3月国务院在政府工作报告中所提出的目标，在三年之内，即2011年年底之前实现对城镇户籍人口中低收入住房困难户的全面覆盖。平均到每年，需要解决的户数约为250万户。即使全部采用实物配租的方式加以解决，按照每户平均建筑面积50平方米、每平方米成本1 600元①估算，总成本应在2 000亿元以下，以2008年GDP计算，占GDP比重为0.67%。

其次，从2012年开始，将城市非户籍常住人口中的住房困难家庭逐步纳入住房保障对象。采取循序渐进、逐步扩大保障范围的方法，开始时可将保障对象限定在有稳定的工作岗位、用人单位可为其出具在职证明及提供责任担保、有未成年子女的范围内，以后时机成熟后再相应扩大覆盖范围。首先作一个粗略的静态估算。我国现有1.47亿城市流动人口②，假设其中需要成为住房保障对象的占40%约6 000万人，折合2 000万户。每年解决其中的20%约400万户，即使按全部新建廉租房计算，总成本约为3 200亿元，按2008年规模计算占GDP比重为1.06%。其次再考虑若干动态变化因素。假设在中期时段之内我国将大体维持目前的城市化速率，每年城市中约新增1 000万人左右。仍旧按照静态估算所使用的假设，其中需要成为住房保障对象的占40%约400万人，折合133万户。每年解决其中的20%约27万户，即使按全部新建廉租房计算，总成本约为216亿元。加上静态估算的总成本3 200亿元，合计为3 416亿元，按2008年规模计算占GDP比重为1.13%。由于实际上会有相当一部分的保障对象可以采用租金补贴的方式加以解决，实际所需资金量将会小于上述估算，住房保障的资金投入应当可以控制在占GDP比重1%的范围以内。而且，由于经过数年之后部分廉租房的住户将由于收入水平提高而开始退出，到那时对于新增的城市人口而言可能就不再需要新建廉租房来容纳，或者只需建很少量的廉租房。虽然以上只是一个非常粗略的估算，但还是可以说明，我们未来完全可以在政府财力可负担的范围内，将城市中非户籍常住人口的住房保障问题加以解决。

4 中国保障性住房的实现途径

4.1 政府的基本责任和作用

住房问题是重要的民生问题，因此建立健全保障性住房制度是政府履行公共服务职能

① 根据我们在厦门市的调研，该市的廉租房建造总成本为每平方米1 480元左右。

② 数据来自《2006年人口与劳动绿皮书》。

的一项重要任务。对于政府在这方面所应担负的责任和作用,我们有如下的认识。

(1) 应当把住房保障作为中央与地方政府的共同责任

由于住宅是基本生活需求的组成部分,并具有准公共产品的性质,因此政府从社会保障和收入分配的角度出发必须进行干预。由于社会保障和收入分配主要是中央政府的职责,因此住房保障首先是中央政府的责任。但是同时,由于住宅是不动产,不具有空间上的流动性,因此其作为准公共产品的属性体现为区域性的准公共产品,从这个角度上看地方政府也对其负有当然的责任。从世界各国的做法来看,实际上也都是把住房保障作为中央和地方政府的共同责任。应当通过立法途径,在法律上明确各级政府在保障公民居住权利方面各自应当承担的责任和义务。

(2) 为保障性住房提供规范且稳定的资金来源

在明确了住房保障属于政府责任的理念之后,将保障性住房支出纳入公共财政支出范畴、为其提供规范而稳定的资金来源就是理所当然的选择。目前,中国的保障性住房的资金来源主要依靠土地出让金的净收益、住房公积金增值收益等缺乏规范性和稳定性的渠道,这是难以实现住房保障的政策目标的。应当在政府财政预算中为保障性住房设立专门的支出科目,使其获得稳定而有保证的资金来源。

(3) 选择适当的保障方式

在明确了各级政府在住房保障上的责任的前提下,具体选择何种保障方式,是实物配租还是发放住房补贴,应当允许地方政府根据当地实际情况进行因地制宜的自主选择。一般而言,在住房总量供需缺口较大、住房价格水平较高的地区,由政府直接提供廉租住宅更加有效,而在供求关系基本平衡、住房价格水平较低的地区,采用货币补贴的方式更有利于满足居民自主选择的需求,同时有利于降低行政成本。

(4) 制定科学的保障标准

要在统筹考虑满足基本居住需求、当地平均居住水平和财政承受能力等因素的基础上,合理制定各地方的保障标准。对于采用租金补贴方式的场合,要与实物配租标准、市场租金水平相协调,使享受廉租住房租金补贴的住房困难家庭能够租到与廉租住房保障面积标准大体相当的住房。

4.2 实现保障性住房体系所需的基本要件

建立和完善保障性住房体系是一项复杂的系统工程,需要一系列的相关配套制度以及基础性工作的支撑。以下的两个方面就是实现保障性住房体系所不可或缺的基本要件。

(1) 建立完善的个人征信管理体系

保障性住房制度的有效实施,有赖于个人征信管理体系的建立和完善。政策当局必须能够准确地掌握廉租住房保障对象的收入水平、资产保有水平及其变化情况，才能够使面向穷人的政策真正惠及穷人。目前，我国的个人征信数据极端分散，公安、工商、税务、劳动保障、人事、建设等多个政府部门以及商业银行、公用事业、邮政、电信、移动通信、保险等商业机构各自保有部分个人信息，而且处于相互屏蔽的状态，没有形成完整的个人征信管理体系。应当通过立法、行政等多方面的手段促进个人征信管理体系的形成和发展。这不仅对有效的住房保障制度而言是非常重要的，而且对现代社会管理的方方面面也是不可或缺的制度基础。

(2) 建立专门的负责机构

保障性住房制度的实施需要大量具体的日常工作，包括制定发展规划、对廉租住房的建设和运营进行管理、申请的受理和审核，等等。日本的做法是各地方政府均成立公营的住宅供给公社，对廉租住房实行统一和专业化的管理，收到了较好的成效。厦门市的做法是在政府办公厅内设立了住房保障办公室，以便于对相关政府部门进行协调。各地方可根据自身的实际情况选择适合自身特点的机构模式。

参考文献

[1] 本间义人 (1983)《现代都市住宅政策》，日本：三省堂。

[2] 林家彬 (2006)“日本公共住宅供给政策及其启示”，国务院发展研究中心调查研究报告，第 214 号。

[3] 王微 (2006)“韩国住房政策的演变及解决低收入家庭住房问题的经验与启示”，国务院发展研究中心调查研究报告，第 278 号。

[4] 五井一雄，丸尾直美 (1984)《都市与住宅》，日本：三岭书房。

[5] 国外公共住房政策比较研究课题组，《英国住房保障制度》，住宅与城乡建设部住房保障司。

保障性住房的供给

倪红日

保障性住房的供给涉及两个层面的问题:一是在保障性住房的提供上,政府与市场的关系;二是政府在提供保障性住房的前提下,各级政府的职责划分问题。

本部分首先对保障性住房的供给进行一些理论性分析,然后在假定保障性住房主要由政府负责供给的前提下,具体研究以下一些问题:保障性住房主要由哪一级政府供给?各级政府在保障性住房供给和管理的职责如何划分?保障性住房的土地如何供给?保障性住房的财政补贴方式。

1　保障性住房供给的理论分析——政府提供保障性住房的职责

1.1　保障性住房的公共品性质分析

简单地讲,由政府来供给保障性住房似乎是在理论上没有争议的问题。但是深入地研究可以看出,保障性住房并不是一种纯粹的公共物品①,因为作为保障性住房居住者的消费是完全可分割的,其非排他性也比较明显,所以最多只能讲,保障性住房只是一种"准公共品"。所以,从这个角度看,无论是从理论上讲,还是从实践上看,政府就是应该作为保障性住房的供给者并不是无可非议的。

换一个角度看,政府作为保障性住房的提供者,或者说保障性住房是一种"准公共品"的另一个考虑是社会的安定问题。无家可归者会对社会安定和安全产生负的社会效应,为了避免这种负的社会效应,政府应该出面为这些社会阶层的人群提供基本的住房保障。从这个意义上讲,政府提供保障性住房以换取社会的安定和安全。社会安定和安全是一种集体的消费品,它具有公共物品的典型属性,即"消费上的不可分性"(Indivisibility in Consumption)和共同消费性(Common Consumption)。

---

① 保罗·萨缪尔森(Paul Samuelson)对公共物品的定义:"公共物品(他称为"集体消费物品")是指增加一个人对该物品的消费,并不同时减少其他人对该物消费的那类物品。"

正是由于可以从上述两个角度来看保障性住房的公共品性质，而且两个角度的分析结论是有差异的，所以使得保障性住房的供给主体和供给方式等问题显的并不是那么简单。保障性住房本身可以说就具有两种属性，或者是两种属性的结合，从消费者角度看，保障性住房有私人消费品的属性；从社会角度看，保障性住房有公共消费品属性。两者的结合，我们把保障性住房看作一种有别于纯公共品的"准公共品"。

在现实中，准公共品的类别和数量远远多于纯公共品。随着经济发展和社会进步，人类财富增加，准公共品的类别和数量也越来越多，其供给的重要性与私人消费品不相上下。教育、卫生、养老保障、失业救济等都是"准公共品"。这样就形成了在纯粹私人物品和纯粹公共物品之间存在的大量的"准公共品"或者是"准私人品"的物品谱系。由于这些"准公共品"的公共性和私人性的特质是有区别的，所以它们的供给方式和供给机制也是各异。这个问题的研究在经济学理论上还是一个没有开垦好的"处女地"，因为传统的经济理论大多是研究纯粹私人品的市场供给机制，或者是研究纯粹公共品的政府供给机制。对于准物品的供给机制，市场与政府供给的结合机制，仍然是一个未解的世界性难题。

下面给出的是纯粹私人物品、准公共物品和纯粹公共物品的一个部分的列举物品谱系。

表 1　物品谱系

纯粹私人物品	准公共物品	纯粹公共物品
个人生活消费品	高等教育	国防
商品住宅	收费道路	警察
私人车辆	保障性住房	义务教育
珠宝首饰	养老保险	公共卫生
等	医疗卫生	等
	等	

列举这个物品谱系的作用是进一步探讨各类不同物品的供给机制。简单地讲，纯粹私人物品的供给机制是市场；纯粹公共物品的供给机制是政府财政税收—公共支出系统；准公共物品的供给机制相对比较复杂，它们依据不同物品的特点，以政府与市场供给机制相结合为特征，或者说是一种混合供给机制。正因为如此，准公共物品的供给机制更为复杂和多样。

在住房消费物品上也存在着物品性质上的上述区分，根据我国目前的实际情况，纯粹私人物品是指完全按照市场价格，由个人购买并拥有产权的商品住房；而保障性住房基本属于准公共品，因为这类物品的支付是由政府和个人共同承担或者提供的。保障性住房其中还可以细分为两类：一类是更为接近纯粹私人物品的经济适用房或者是限价房，另一类是更为接近纯粹公共物品的廉租房。

1.2 公共品的供给机制:政府与市场的分工与结合

正如上面所说,纯粹公共品的供给机制相对比较简单,而准公共品的供给机制是政府与市场供给机制的组合,而两种机制的组合又会因为准公共品的多样化,组合的方式也呈现多种类型。

政府与市场在生产公共物品方面的分工是如何确定的?布坎南—塔洛克关于人类活动的组织理论给出了一个分析框架(马珺,2008),这个分析框架将人类活动的组织勾画出一个谱系(图1)。这个谱系的一端,是自愿的私人独立行动(a),另一端是带有强制性的集体行动(g),其他的组织形式则依其自愿性(或强制性)程度的高低而排列其间①。

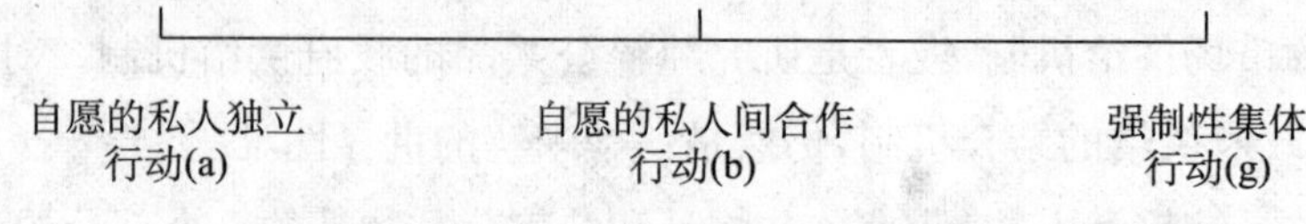

图1 布坎南—塔洛克关于人类活动组织理论的分析框架

这一分析框架通过对各种组织形式的成本进行分析后,得出的结论是:把公共物品的最优供给量的决策以及它的融资和分配权力交给个人,而不是社会福利函数或政府。社会成员根据他自己的利益决定何种物品由个人或集体消费。这也就是布坎南的公共选择理论。这一理论在现实中与国际上20世纪70年代的公共管理运动似乎有着某种联系,但是公共选择的理论如何转变为现实,还有不小的距离。

对于公共物品的供给机制,由政府供给什么?还是由市场供给哪些?无论在理论上还是在实践中更是一个没有完全解决的问题。布坎南的研究也就是给出了以下的定义:人们观察到有些商品和服务通过市场制度实现需求与供给,而另一些商品与服务则通过政治制度实现需求与供给,前者被称为私人物品,后者则称为公共物品。至于准公共品的供给机制,在布坎南—塔洛克的分析框架中还是一个空白领域。

理论之树往往是灰色的,而实践之树则是常青的。在各国的实践中,非政府、非营利组织从事的社会事业往往就是提供大量的准公共品供给。从理论上如何分析和概括这些供给机制,一些国家的研究成果目前引入到中国的相对比较少,国内的研究也比较滞后。

① 布坎南—塔洛克关于人类活动的组织理论中,并没有出现"非营利自愿部门"、"非营利组织"、"第三部门"、"市民社会"以及其他同类术语。

以国际视野看，在保障性住房和住房市场问题上，成功的经验不是没有，但是更加引人瞩目的是一些惨痛的教训。美国的次贷危机就是在低收入群体住房问题上，过度地引入市场机制的结果。政府出面用担保方式支撑房地产的金融衍生工具，鼓励低收入群体购买住房，这种做法看来是不可行的。

上述分析的意义在于，政府在提供保障性住房的职责上应该谨慎地对待，把握好“尺度”，既不能“缺位”，也要防止“越位”。目前，在缺乏清晰的理论指导的情况下，政府与市场的关系只能通过实践的探索把握好。国际上可借鉴的经验和教训，仅仅是为我国探索解决保障性住房的供给方式提供了正反两方面的信息，我们的选择只能是，结合中国的特有国情，在把握一些基本原理和原则的基础上，通过实践，总结经验，探索和创新具有中国特色的保障性住房的供给机制与理论。

2 我国各级政府提供保障性住房的职责划分

在肯定市场在提供保障性住房方面存在市场失灵，而政府对提供保障性住房方面具有不可推卸的责任的前提下，进一步需要讨论的是不同级别的政府在提供保障性住房的职责如何划分。

2.1 对目前在政府公共服务职责划分上的各种观点和做法的评析

最流行的观点是各级政府的事权划分。这一观点延续了我国计划经济时期关于财政管理体制的“事权与财权相统一”的理论。认为各级政府的事权应该明确。这一观点的局限在于，应用于目前已经变化了的财政管理体制，对于一项公共服务，笼统的事权很难在各级政府之间划分清楚；换言之，以保障性住房为例，按照事权划分，究竟是中央政府的事权呢？还是地方政府的事权？如果全部作为中央政府的事权，地方政府实际上也要承担一定的提供保障性住房的责任，显然并不能将全部事权归于中央政府。如果将保障性住房的事权全部归于地方政府，显然中央政府在制定保障性住房的基本规划和规则方面，以及补贴资金支出方面是承担着事权的，所以，笼统地按照事权划分各级政府的职责是说不清楚的。

按照上述的说法难以讲清楚各级政府的事权，目前又出现了一个比较普遍的观点和做法：中央政府与地方政府共担职责，尤其是在政府公共服务的支出责任上，采取中央财政与地方财政支出责任分项共同分担的办法。分项共担支出责任的做法开始在农村义务教育经费保障机制的改革上最先使用，继而又在医疗卫生、政法经费保障等公共服务项目上使用。

分项共担支出责任做法的特点：一是以明确中央财政和地方财政共同承担同一项公共

服务的全部支出责任为前提;二是将该项公共服务的经费分类,一般按照人员经费、公用经费、设备支出、基本建设费用等划分;三是按照东、中、西部地区进行划分;四是针对不同类别的经费和不同地区,分别确定中央财政和地方财政承担各个类别经费的比例。中央财政对东部地区承担的经费比例最低,或者不承担经费补助的支出责任,对中部和西部地区的部分经费支出责任中央财政承担的比例比较大。

分项共担支出责任的做法,缓解了由于1994年分税制改革不到位形成的分税制与"分灶吃饭"混合体制所带来的矛盾,以及支出责任不明确对中西部地区造成的财政困难,尤其是基层财政困难。但是,也应该指出,这种分项共担支出责任的做法,总体上有其制度上的合理性,但同时它仍是一种权宜性解决矛盾的机制,存在着新的矛盾和问题。

这些矛盾和问题随着支出责任的上划,中央各部门的决策权力得到强化,同时地方政府的支出决策权力在弱化。中央的一些决策被强化和细化后,一些决策完全脱离了地方的实际需要,造成资金使用上的浪费;地方政府的支出决策被弱化后,地方政府必须向中央进行"寻租",不仅增加了支出成本,而且造成新的腐败。地方政府公共服务的成本增加,而效益降低。

所以,目前采取的分项共担支出责任的做法还必须进行深化改革。确定我国各级政府的财政职责划分,使用"事权"的划分和共担职责的方法都是无法说清楚的,所以需要建立一个新的分析框架。

2.2 新分析框架的说明

我们还是从大家常用的事权概念出发进行分析。事权包括三个具体的要素:决策权、支出责任和执行管理(图2)。

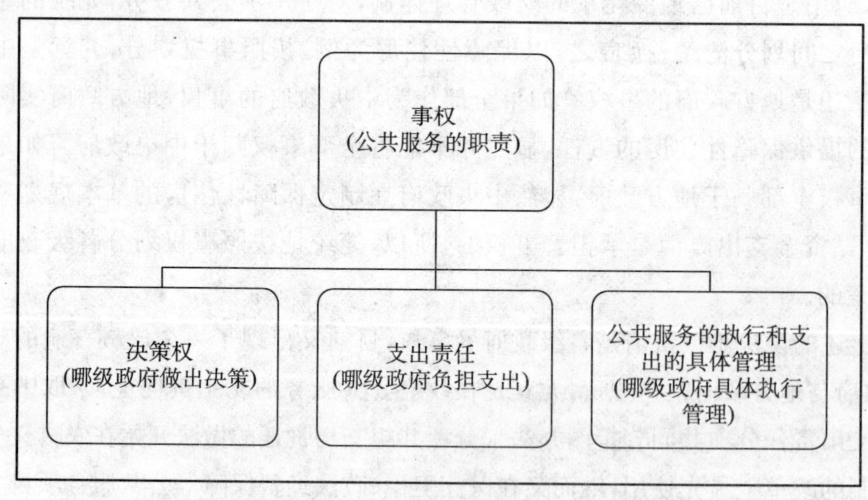

图2 事权划分框架

事权的决策是指决定某项公共服务的实行、标准和要求，一般是以国家的法律文件方式，或者更大量的是以行政法规和政府文件方式下达的与公共服务事项有关的决定。事权的支出责任是指由哪级政府承担履行这项公共服务的财力支出。事权的执行是指公共服务的具体执行和落实，以及支出的具体管理。

在实际中，事权的三个要素的组合大致分为两种情况：一是事权的决策、支出责任和执行是统一由一级政府承担的；二是事权的决策、支出责任和执行是相互分离的，分别由两级政府承担，或者由多级政府承担。下面两个图示从两个角度反映了这样的两种情况：

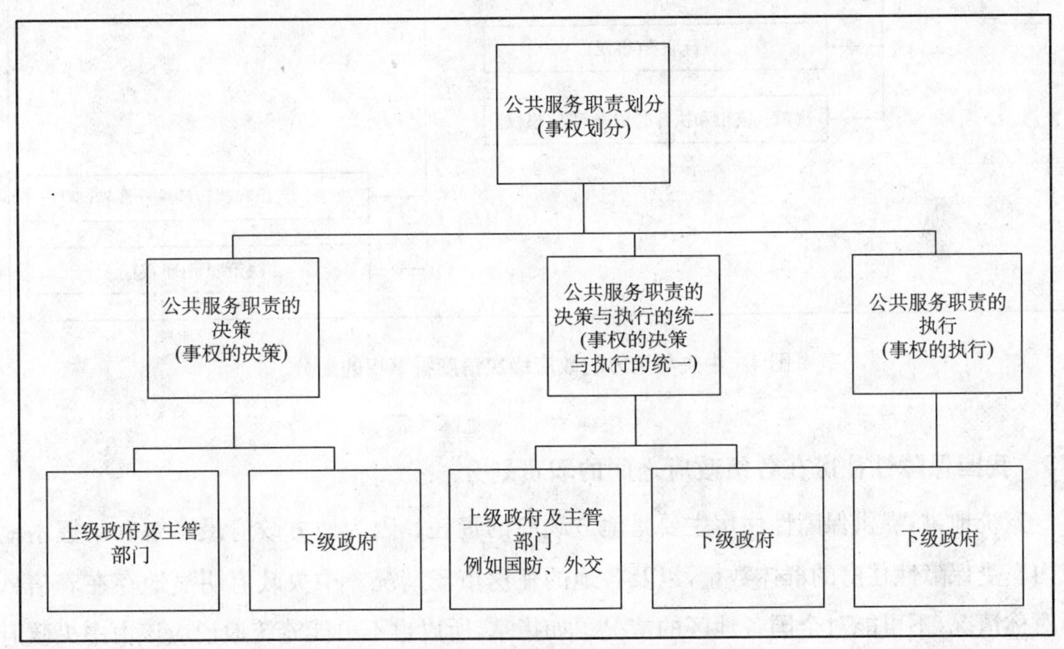

图3　公共服务职责划分框架

中央政府承担了一部分决策、支出责任和执行三者统一的事权，如国防、外交。一般来讲，中国现实的情况是，事权的决策是由上级政府进行的，表现为上级政府的各个主管部门做出事权的决策、指示，由下级政府执行和落实。这样的公共服务职责的划分似乎是一种常态，是大量存在的现象。

下级政府，尤其是基层政府的公共服务执行和落实是接受和承担上级政府的事权的决策。常言形象地比喻为“上面千条线，下面一根针”，一个小小的针眼要穿千条线，其难度是可以想象的。

换一个角度分析，从中央与地方的政府级次角度看事权的划分：

在我国的现实中，中央政府主要承担着两种职责（或者说承担职责的两种情况）：一是决策的事权；二是一部分决策、支出与执行统一的事权。与中央政府不同的是，地方政府（尤其是基层政府)基本上只有事权的执行职责,几乎很难有事权的决策;决策、支出和执行统一的情况几乎很少。

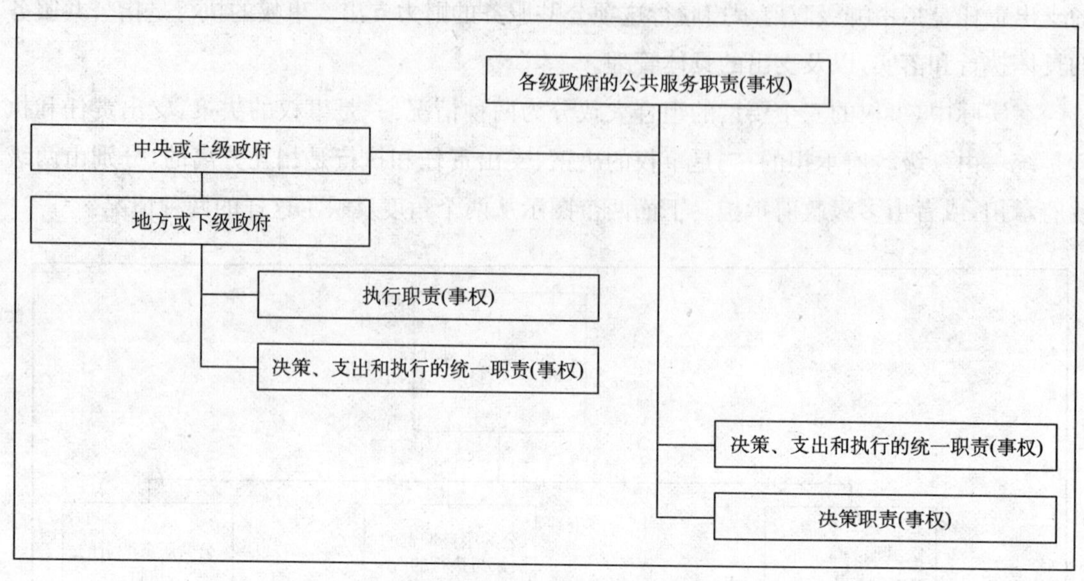

图 4 中央与地方的政府级次角度看事权的划分

2.3 我国保障性住房在各级政府之间的职责划分

笼统地讲,提供保障性住房主要是地方政府的责任。因为地方政府最了解和掌握本地域内享受保障性住房的群体数量,以及各地的住房市场情况。中央政府明显地存在着信息不对称情况,不可能对全国各地区的情况了如指掌,所以也不可能笼统地说应该由中央政府承担提供保障性住房的责任。显然笼统地将保障性住房的责任归于中央政府或者是地方政府都难以说明清楚。

2007 年,国务院发展研究中心《住房市场与住房政策》课题组曾经提出:从国际通行的做法来看,解决低收入家庭的住房问题,需要各层次政府的共同参与,有关的住房开支多采用中央政府、省或州政府以及城市政府共同分担的方式①。但是这项研究并没有对各级政府在保障性住房共担职责的具体划分提出意见。

我们按照上述的新分析框架,对保障性住房在各级政府之间的职责划分进行一下分析。

(1) 关于保障性住房政策的决策权在各级政府之间的划分

中央政府应该承担中国保障性住房的基本政策和全国性规划的职责,制定全国性的基

① 国务院发展研究中心《择要》:“政府应在低收入居民住房问题上发挥重要作用”2007 年第 44 号。

本方向和政策原则，根据经济和社会发展的阶段性，提出保障性住房的规划目标，以及相应的法律法规。这些方向性、目标性的决策应该是中央政府的事权。

与此同时，应该将如何具体实施的决策权下放给地方政府，由地方政府根据本地区的经济、社会、人口收入状况自行决定实行保障性住房的规模、标准、目标实现的步骤等，全国不采取统一模式。

(2) 保障性住房的支出责任划分

中央财政和地方财政共担保障性住房的公共支出责任，这只是一种笼统的表述。如果在我国已经建立起了比较规范的分税制和转移支付制度的话，地方政府在接受了中央财政转移支付财力后，保障性住房的支出责任应该主要由地方政府承担。由于目前中国的分税制和转移支付制度改革尚没有到位，地方政府的支出责任还是以“分灶吃饭”为主要特征，所以，一些经济落后地区的财政在很大程度上依赖于中央政府的专项转移支付。

从现实来看，保障性住房的支出责任分地区情况比较明显。东部经济发达地区的保障性住房的支出责任主要是由地方政府承担。中西部地区的保障性住房支出责任由地方政府承担为主，中央政府专项转移支付补助为辅。

随着分税制和中央转移支付制度的不断完善，各个地区的标准收入和标准支出之间的差距能够有较大的比例由中央财政一般性转移支付补足，那么各个地区的保障性住房的支出责任应该主要由地方政府承担和负责安排，中央政府承担的保障性住房专项转移支付应该只作为辅助的部分(在只考虑本地的户籍居民的保障性住房的前提下)。中央财政的主要支出责任应该是在全国范围内提供基本公共服务的均等化，包括保障性住房在全国范围内，各个地区的住房保障标准不应有过大的差距。

目前政府间财政体制尚处于不完善的状况，中央财政用于保障性住房的专项转移支付在整个保障性住房资金供给中的作用就显得更为重要。

(3) 地方政府完全承担保障性住房的具体提供和管理职责，中央财政的职责在于督导和协调

值得说明的是，在2007年8月7日发布的《国务院关于解决城市低收入家庭住房困难的若干意见》(国发【2007】24号)文件中，对于保障性住房的各级政府的职责划分上的规定是:统一政策——由中央政府承担;因地制宜——省级政府负总责，市县抓落实。在支出责任的划分上，国发24号文的规定是主要由地方各级政府落实保障性住房的各项资金。中央对中西部财政困难，通过中央预算内投资补助和中央财政廉租住房专项补助资金等方式给予支持。

上述文件精神与本文的分析结论表面上看是一致的。但本文与文件不同的主张是，应该加大中央财政对地方的一般性转移支付，同时将保障性住房的具体决策权下放给地方政府，而不是由中央提出过于具体的决策意见，如24号文件中规定的建立健全城市廉租住房制度的严格的时间规定和明确的没有弹性的面积规定;专项转移支付往往采取要由地方财政配套的要求,由于信息的不对称,中央过于统一的政策要求会与地方政府的财力状况产生矛盾。而且,中央各个部委工作都采取这样的管理模式,对地方政府必然造成巨大的支出责任压力。具体到一个地方政府,是否需要同时解决中央各种文件要求的工作,各地的情况可能有千差万别,应该将具体的决策权下放给地方政府,解决问题和提供公共服务的优先排序权也应该交给地方政府。同时,中央政府应该通过一般性转移支付,补充以及达到地方财政的标准收入与标准支出之间的差距,将支出的使用权力也交给地方政府,由地方政府根据当地居民的需要,决定公共服务支出的内容和规模。

对于目前这种管理体制下存在的地方支出责任和公共服务的落实职责过大,与财力过小之间的矛盾,解决问题的主流看法,一是要求中央财政下放财力;二是要求中央政府承担更多的支出责任。这两种看法都是片面的。

如果沿着第一种看法进行体制调整,就可能改变 1994 年分税制改革的方向,将中央控制的财权削弱,这样是不利于中央对地方的控制和实行基本公共服务均等化的调控的。如果沿着第二种看法进行调整(实际上目前正在明显出现这样的倾向),很可能出现决策权和支出责任向中央各个部委集中,同时逐步强化中央各个部委的专项资金的支配规模和权力,相应地,地方政府的决策权和资金支配权力越来越小。这样的结果是,公共资金和服务越来越远离公众,地方政府的职责和财力的矛盾越来越突出,财政资金的使用效益也会越来越差。

所以,本文提出解决矛盾的基本思路是:对中央政府的决策权做“减法”,即调整目前中央各个部委的决策方式——中央政府不宜管的过细。对地方政府的决策权做“加法”,即给予地方政府具体执行中央决策的因地制宜的选择权。在转移支付方式上,也要做“加减法”,对中央财政的一般性转移支付做“加法”,对专项转移支付做“减法”。扩大地方政府自主支配财力的规模。另外,尽快推进基本公共服务均等化进程,缩小各个地区的标准收入与标准支出之间的差距。上述措施如果能够协调推进,将会明显缓解地方政府的财政矛盾,提高整个政府公共服务的质量。

上述的分析和观点,是建立在不考虑流动人口的保障性住房这一现实情况基础上的,如果将城市化进程中,进入城市的流动人口的保障性住房问题考虑在内,上述的观点要做一定的调整,中央财政的专项转移支付补助地方政府专门用于保障性住房的资金作用应该相应有所加强。

3 保障性住房的土地供给

3.1 中国土地产权制度与住房土地供给的特点

《中华人民共和国宪法》规定了中国土地实行公有制。土地公有制采取国有和集体两种所有制形式。由于土地公有制的特点,国家对土地资源实行高度集中和严格的管制。

中国土地制度的特征是城市土地和农村土地的产权主体不同。城市土地属于国家所有,农村土地属于农民集体所有。由于国家拥有高度集中分配土地资源的权力,国家规定和管制城乡土地的用途,建设用地绝大部分只能用国有土地,集体和个人不可以购买国有土地,国家可以强制征收集体土地(林家彬, 刘毅,2008)。

中国的土地用于非农建设的供给制度,在计划经济时期,城市土地基本实行的是行政划拨供应制度。改革开放以后,城市土地的行政划拨供给制度才逐步转向有偿、有期限、能流动的土地使用权转让制度。经历了由协议有偿转让的改革,目前正朝着"招标、拍卖或者挂牌"的市场方式改革。

在现行的法律框架内,农民的集体土地产权是不完全的。集体经济组织只有土地占有权、使用权和收益权,而没有土地的处分权(林家彬, 刘毅,2008)。农村集体土地只能通过国家的征收才能改变农业用地的性质,进而才能进入土地转让市场。

住房的土地供给分为商品房土地供给和保障性住房土地供给两种情况。完全市场化的商品住房的土地供给,自然是由土地市场提供住房的土地供给。

3.2 保障性住房的土地供给

保障性住房的土地供给在国务院 2007 年 24 号文件中明确规定:廉租住房和经济适用住房建设用地实行行政划拨方式供应。在实际中,各地政府也主要是这样实行的。以湖北省武汉市为例,2005 年全年的土地供应总量 308.1 公顷,其中经济适用房用地 17.04 公顷,全部采取的是行政划拨方式(中南财经政法大学,2007)。

这里值得讨论的是,保障性住房的用地供给方式与住房补贴方式有没有关系?如果有关系,又是什么关系?住房补贴方式总体上分为两类:直接补贴和间接补贴。直接补贴又称为明补,在保障性住房上又称为补"人头",即货币性补贴,直接补贴给需求方;间接补贴又称为暗补,在保障性住房上又称为补"砖头",即实物性补贴,政府补贴给供给方。

保障性住房的土地供给方式在实行间接补贴时,土地基本上采取的是行政划拨办法,政府通过土地的无偿使用,暗补了保障性住房。上面提到的国务院 2007 年 24 号文件中规定的进一步建立健全城市廉租住房制度和改进规范经济适用住房制度,基本上都是采取的财政间接补贴方式,所以土地供给都是规定实行行政划拨方式。

如果保障性住房采取的直接补贴方式,财政直接用货币方式补贴给低收入群体,那么保障性住房的土地供给是否采取行政划拨就不一定了。土地可以采取市场价格,由房地产开发商建设,按照市场价格出售或者出租,政府财政直接补贴给低收入群体。所以,保障性住房的土地供给方式与保障性住房的补贴方式是有关系的,根据保障性住房不同的补贴方式,土地供给的方式也是不同的。

4 保障性住房的补贴方式

上面已经将保障性住房的补贴方式的两大类进行了介绍。无论从国际做法和国内做法看,补贴方式的运用是多种多样的,各国没有统一的模式。

4.1 国际上使用的补贴方式及发展趋势

根据近年来国内的研究成果,目前国际上比较普遍的做法是将直接补贴方式与间接补贴方式结合使用(王微,2007)。由于各国的经济和社会发展阶段不同,各国所使用的补贴方式也有很大差别。但是相对比较有规律的情况是:经济发达国家在20世纪80年代中期以前,住房补贴的方式是以间接补贴为主,直接补贴为辅;20世纪80年代后期至今,发达国家的补贴方式转向了以直接补贴为主(王微,2007)。发展中国家由于经济和社会发展水平还不高,大多还是比较注重间接补贴方式。

4.2 我国目前使用的补贴方式

我国目前对保障性住房的补贴方式基本上以间接补贴为主,但是有些地方政府在经济适用房制度上采取了直接补贴方式,如山东日照市、江苏南通市、上海等地,将政府对经济适用房建设的各种优惠量化为货币补贴,直接发放给符合补贴条件的家庭,采取"补人头"的办法(李剑阁,任兴洲,林家彬,2007)。

4.3 补贴方式的效率比较

从理论上分析,直接补贴方式比间接补贴方式更有效率。李扬(1990)在20世纪90年代的博士论文中,对财政补贴进行了深入的经济分析。以下的几个结论还是很有道理的。

第一,直接补贴比间接补贴更有利于节省政府资金。其分析的结论是:在消费者的需求函数既定的情况下,为使消费者的满足程度有某一确定的提高,实行现金补贴所支付的资金比实行无限制实物补贴所支付的资金要少。换言之,政府为了实现某一政策目标而提供财政补贴,选择现金补贴比选择实物补贴的效率高(李扬,1990)。

第二,实物补贴会产生扩张需求效应,并派生出涨价压力。李扬的分析认为,财政补贴,特别是实物补贴,是一种扩张需求政策工具。理由是,由于财政补贴割裂了微观经济主体的需求同其支付能力的联系,使得它们的需求超出其支付能力而有所扩张。这样,在供给不变的情况下,需求扩张会给市场带来涨价的压力。另一方面,这样的财政补贴也会弱化微观经济主体的预算约束(李扬,1990)。

第三,政府运用财政补贴应该有一定的限度。财政补贴具有一定的刚性特点,建立和增加补贴会得到社会的欢迎,但是取消和减少补贴往往难度就比较大。如果保障性住房等社会公益事业对财政补贴的依赖性过大,将会对政府的财政带来巨大的拖累,反过来还会影响社会和经济的正常运转。所以财政补贴的运用需要十分慎重。

5 几点建议

5.1 实行廉租房建设以政府为主体,经济适用房等延伸型保障性住房以政府为主导的供给制度

对保障性住房进行分类,区别不同类别的保障性住房,实行不同的政府供给机制。对于基本保障型的廉租房,政府应该起到主体供给的作用。对于延伸型的保障性住房,如经济适用房、两限房等,政府只通过政策引导方式发挥主导性作用,而不宜大包大揽地直接从事这类保障性住房的建设、分配和管理的全过程。

我们在研究过程中,考察了厦门市的保障性住房工作。该市的保障性住房工作特点是以地方政府为主体的保障性住房体制,政府直接介入了保障性住房的筹资、建设、管理的全过程,这在厦门市目前的社会发展阶段可能是需要的,但是我们认为这样的体制不宜在全国推广,就是在本地区这样的体制是否可以持续,还有待观察。

对于延伸型保障性住房,政府应该主导保障性住房的政策制定、建设和管理,但同时要利用市场机制,动员社会资源,采取政府购买公共服务、适度地利用金融市场等方式,解决城市中等收入居民中特定人群的保障性住房问题。

5.2 将政府财政补贴方式的选择权交给地方政府,中央政府不宜做统一的规定

由于中国的国土辽阔,各个地区的经济和社会发展差别很大,各个地区城市发展进程也不相同。采取什么样的保障性住房规划,应该在中央政府主管部门的原则指导下,由各个地方政府对当地的保障性住房保障范围、标准、方式和进展程度,因地制宜地进行具体决策。中央政府主管部门不宜发布过于具体的指导意见或者规划。尤其是保障性住房的财政补贴

方式,在全国不宜做统一规定,应由各个地方政府自行进行选择。中央政府的主管部门可以对各个地方政府的保障性住房的提供方式进行考察和研究,比较各种方式的效率情况,对各个地区的保障性住房建设进行政策上的引导。

5.3 在对保障性住房实行专项转移支付的同时,中央财政应该加大对地方政府的一般性转移支付

这是保证地方政府担负保障性住房公共职责的重要前提。专项转移支付的使用应该限定在廉租房范围内①。对于经济适用住房的补贴,主要通过中央财政的一般性转移支付,由各地方政府负责统筹解决。

5.4 保障性住房建设的范围和规模要阶段性地扩大

最近五年,政府应该将保障低收入群体的廉租房建设作为保障性住房首要解决的问题。对于经济适用房,或者是限价房的建设,应该逐步扩大规模。

5.5 抓紧研究制定农民工在城镇中的住房政策

目前城镇的保障性住房,还基本上是针对城镇居民的,对于一些流动人口比较集中的城镇,如何解决这些群体的住房问题,建议专门进行研究,结合户籍制度改革,城市发展规划建设等问题统一进行研究,制定另外一套政策办法。

参 考 文 献

[1] 李剑阁,任兴洲,林家彬 (2007)"对完善住房保障制度的认识与思路",国务院发展研究中心《择要》,2007 年第 12 号。

[2] 李扬 (1990)《财政补贴经济分析》,上海:三联书店出版社。

[3] 林家彬,刘毅 (2008)"中国土地制度的特征及其对住宅市场的影响",载于谢伏瞻(主编)《土地制度与住房政策》,北京:中国大地出版社。

[4] 马珺 (2008)"政法公共职责经费保障的理论研究",内部课题报告。

[5] 王微(2007)"解决低收入居民住房问题要(补砖头)与(补人头)相结合",国务院发展研究中心《择要》,2007 年第 45 号。

[6] 中南财经政法大学 (2007)《中国地方财政发展研究报告》,北京:中国财政经济出版社。

① 国务院 2007 年 24 号文件也是这样规定的。

如何为保障性住房融资

陈晓云

1 保障性住房种类及存在的问题

改革以来,我国逐步建立起以经济适用住房制度(包括集资合作建房)、廉租房制度、住房公积金制度三项制度为主要内容的住房保障制度基本框架,其中经济适用住房制度和廉租房制度构成了住房保障供应体系的主体。

1.1 通过经济适用住房解决有一定支付能力的低收入家庭的住房问题

国务院一直重视通过经济适用住房来解决中低收入家庭的住房问题。从 1994 年《国务院关于深化城镇住房制度改革的决定》(国发【1994】43 号)提出的"建立以中低收入家庭为对象、具有社会保障性质的经济适用住房供应体系",到后来的《国务院关于深化城镇住房制度改革,加快住房建设的通知》(国发【1998】23 号)、《国务院关于促进房地产市场持续健康发展的通知》(国发【2003】18 号),再到 2006 年《国务院办公厅转发建设部等部门关于调整住房供应结构稳定住房价格意见的通知》(国办发【2006】37 号)等,都对经济适用住房建设开发提出了明确的要求。如国办发【2006】37 号明确规定,各地要继续抓好经济适用住房建设,进一步完善经济适用住房制度,解决建设和销售中存在的问题,真正解决低收入家庭的住房需要。严格执行经济适用住房管理的各项政策,加大监管力度,制止违规购买、谋取不正当利益的行为。严格规范集资合作建房,制止部分单位利用职权以集资合作建房名义,变相进行住房实物福利分配的违规行为。经济适用住房(或单位集资合作建房)虽然是没有财政直接支出,但经济适用住房建设的土地是无偿划拨的,同时国家减免了部分建设和交易税费,土地出让金和税费本应是财政的收入,减免了土地出让金和税费,实际也就是财政给予了经济适用住房建设的资金支持。一般来说,除了国家提供的免费土地和一些税金的减免外,经济适用住房通过出售可以在较短时间内收回投资,资金压力较小,投资方一般都是企业,政府主要是提供土地和融资的支持。

1.2 通过廉租住房制度解决最低收入家庭困难户的住房问题

《国务院关于深化城镇住房制度改革，加快住房建设的通知》指出，对不同收入家庭实行不同的住房供应政策。最低收入家庭租赁由政府或单位提供的廉租住房。2006 年国办发 37 号文件也明确提出，要落实廉租住房资金筹措渠道，城市人民政府要将土地出让净收益的一定比例用于廉租住房建设，各级财政也要加大支持力度。2006 年年底前，各地都要安排一定规模的廉租住房开工建设。因此，廉租住房建设主要是由中央财政和地方各级财政直接投资建设的。目前，我国廉租住房保障资金来源于以下渠道：

(1) 住房公积金增值收益扣除计提贷款风险准备金和管理费用后的全部余额；

(2) 从土地出让净收益中按照不低于 10%的比例安排用于廉租住房保障的资金；

(3) 市县财政预算安排用于廉租住房保障的资金；

(4) 省级财政预算安排的廉租住房保障补助资金；

(5) 中央预算内投资中安排的补助资金；

(6) 中央财政安排的廉租住房保障专项补助资金；

(7) 社会捐赠的廉租住房保障资金；

(8) 其他资金。

廉租住房承租者实际以极低的成本获得住房的居住权，基本可以看作是无偿提供的，投资方根本不可能收回成本，所以其投资方只能是国家各级政府，来源只能是财政性资金，限定的对象是最低收入家庭。

1.3 逐步推进政策性租赁住房制度，解决“夹心层”的住房问题

按照我国原有住房消费体系设置，低收入家庭可以承租廉租房和购买经济适用房，中等及中低收入家庭可以购买限价商品房，高收入家庭可购买商品房。但住不上廉租房又买不起经济适用房的家庭形成了住房消费中的“夹心层”家庭，如一些新参加工作的年轻人。对此，国家开始鼓励各地试点政策性租赁住房的建设和发展，即主要通过国家或社会投资建设一批政策性租赁住房，按照成本租金或略高于成本的租金为“夹心层”提供政策性租赁住房，租金水平明显要低于社会租金水平，通过长期租金收入(至少是 30 年以上)逐步收回成本的一种保障性住房政策。其投资方可能是各级政府，也可能是企业。政策性租赁住房制度还在探索阶段，各地有着不同的实施方式。如厦门，其保障性租赁住房的核心是，由政府统一出资建设社会保障性住房，并通过出租方式为中低收入家庭提供住房，对承租社会保障性租赁房实行租金补助制度，家庭收入为中低收入家庭收入标准上限 0.5 倍及以上的，补助房屋

租金的 70%;家庭收入为中低收入家庭收入标准上限 0.5 倍以下的,补助房屋租金的 80%。其中属于最低生活保障对象的,补助房屋租金的 90%。

1.4 存在的问题

经过多年发展,我国保障性住房建设应该说取得了一定成绩,但仍然存在着一些不足。主要表现在:

(1) 覆盖面偏低,农民工没有被纳入国家城市住房保障体系

一方面,近年来,低收入群体人数呈上升趋势。一些地方特别是小城市的地方国有(营)、集体企业大都按照"民营化"要求,破产或改制为民营企业,形成大批下岗失业职工,成为低收入和最低收入群体的主体;中小城市为了提升城市品位,提高城市形象,实施大规模旧城改造和房地产开发,许多被拆迁户加入到低收入群体;低收入人群的扩大,而住房保障制度,特别是对最低收入家庭的廉租住房制度尚在起步阶段,建成数量较少,远远不能满足需要,覆盖面偏低。另一方面,在城市化进程中,大批农民因进城务工而在城市定居,形成特有的农民工群体。这部分农民工群体相当部分不会再回农村定居,而其在城市的收入根本没有能力购买商品住房,按照大多数地区规定,其既不能购买经济适用住房,也不享受廉租住房制度,形成城市新的住房困难家庭。

(2) 财政资金在支持保障性住房方面比例偏低,支出缺乏法律规章刚性规定

部分地方政府在"经营城市"的理念下,土地可以卖钱,商品房可以收税,所以,都热衷于旧城改造和房地产开发,而经济适用房和廉租房不仅没有经济效益,还要划拨建设用地和减免相关税费,因此,一般都不优先考虑或者就不考虑;而廉租房对最低收入家庭无论是实物配租(建设廉租房)还是租赁补贴(发给租金补贴)都需要政府投入大量资金,而资金来源除中央财政专项资金外,无论是地方财政专项预算资金、不少于 10%的土地出让金还是扣除风险准备金和管理费用后的住房公积金增值收益等,都是地方政府的"腰包"。因此,在实际操作中,即使在保障性住房覆盖面偏低的情况下,财政资金对保障性住房的建设支持都是偏低的,导致了住房保障资金紧张。到 2006 年年底为止,全国累计用于廉租房建设的资金仅有 70.8 亿元。

(3) 政策性住房金融业务滞后

20 世纪 80 年代末期,我国曾在烟台和蚌埠成立过专业的住房储蓄银行,但由于当时住房市场化并不充分,住房资金来源与需求都非常有限,这些专业的住房储蓄银行实际逐渐转变为普通的地方性商业银行,在业务的受理范围、经营特点等与普通商业银行没有任何差别。从 1992 年开始,中国成立的住房公积金制度,作为封闭运作、支持住房建设和住房消费的制度,成为中国目前最主要的政策性的住房金融体制。由于历史原因,目前只能通过委托贷款支持住房消费,而不能支持住房生产,在一定程度上影响了其政策性住房金融业务的发展。另外,由于其性质定位至今没有明确,对其资金的使用方向、收益的归属等存在争议,也影响了住房公积金的长远规划和发展。

2 财政政策对保障性住房的支持

我国目前正处在经济社会的快速发展时期,需要政府投入的领域很多,同时,我国又处于城市化的快速发展阶段,政府的住房保障能力和保障需求之间存在着极大的不平衡性,单纯依靠政府的财政资金无法完全解决低收入家庭的住房保障问题。对比国外政府住房保障的一般做法,我国住房保障手段单一,以建设为主,其他财政、金融、税收等配套保障手段滞后。政府在住房保障上应充分发挥政策手段的作用,应该通过立法、税收减免、财政补贴、发行专项债券等配套政策,引导、拉动更多的社会资源参与保障性住房的供给。

2.1 公共财政和住房保障的关系

市场经济是一种依靠市场机制组织和调控资源配置和经济运行的经济制度。由于受市场竞争的不完全性、市场功能的局限性、市场自身的不完善和市场外部环境的限制等因素的影响,市场本身存在着固有的缺陷,常常表现为资源配置失效、收入分配不公、经济波动等问题。在这种情况下,需要政府这只“看得见的手”来弥补市场缺陷,调节市场失灵,实行政府干预。

公共财政是建立在公共产品理论和市场失灵理论基础之上。一般认为,公共财政是以国家为主体,通过政府的收支活动,集中一部分社会资源,用于履行政府职能和满足公共需要的经济活动,其实质是为了满足社会公共需求,弥补市场机制在提供公共产品、维持宏观经济稳定和促进社会财富公平分配方面的失灵。

社会保障作为社会安全网和经济稳定器,构成了政府职能的重要内容,也是公共财政的重要作用领域,社会保障一般定义为国家和社会依据一定的法律和规定,通过国民收入的再分配,对社会成员的基本生活权利予以物质保障的一系列社会安全制度。依靠社会保障制度,通过以政府为主体实施社会财富的再分配,以解决市场经济条件下,初次分配造成的社会分配不公平,保证全体社会成员的基本生活权利,满足社会弱势群体的基本生活需要,使全体社会成员能够共享经济发展的成果。因此,完善的社会保障制度,是国家政治的稳定器,是经济发展的助推器。由此可以看出,社会保障和公共财政的主体都是国家;分配对象主要都是剩余产品;分配特征都包括强制性和无偿性;两者的作用目标都是为了弥补完全市场的缺陷。因此,社会保障的本质是一种财政分配关系。住房保障制度作为社会保障制度的一环，必然也离不开公共财政资金的支持。

一般来说，现代社会保障制度的逐步建立和健全，与国家财政政策的制定和实施有着直接的关联，社会保障是国家财政资金运用和现代公共财政的一个重要方面。西方国家社会保障支出是公共财政支出的重要部分，美国、德国等国家社会保障支出一般占到了财政支出的20%左右，北欧一些国家的比例会更高。一般来说，在解决最低收入家庭住房时，即解决基本保障型住房阶段，无论是政府直接建设廉租房提供给最低收入家庭还是提供租房补贴，往往需要政府直接的资金的投入，这种资金的投入包含着显性和隐性两部分，如政府直接投资建设或购买廉租住房、直接提供租金补贴等，都是显性的财政资金投入。而免费提供土地、提供税收抵扣等，则是隐性的财政资金投入。在一些发达国家，隐性财政资金的投入往往超过了显性财政资金的投入，而且影响的范围更广。以美国为例，2003年受益于政府住房资助的低收入租房者不到700万，而确有1.5亿购房者因为从联邦个人所得税中抵免了抵押贷款利息而获益。2004年美国联邦政府直接用于住房资助的支出不到329亿美元，而用于住房抵押贷款利息减免和其他针对有房户的税收优惠政策让利超过了1 000亿美元。即使是直接支出，西方一些发达国家财政支出中用于公共住房支出的比例也较高。如以1999年的数据为例，美国、英国、加拿大、澳大利亚中央财政中用于住房项目和社区环境的比例分别是2.88%、2.24%、1.57%和1.22%。

中国在经济转轨前，由于财政体制和社会保障体制的原因，公共财政支出中基本没有社会保障支出。近年来，随着市场经济体制的建立和社会保障方式的变化，社会保障支出在公共财政中所占的比例也逐步提高。2000年李岚清副总理就提到，要加快建立适合我国国情的公共财政，进一步调整和优化财政收支结构，将财力主要用于社会公共需要和社会保障方面。2007年财政部副部长王军指出，国家财政支出用于社会保障的比例，已经从1998年的5.52%提高到2006年的11.05%。由于历史原因，中国住房保障近几年才逐步纳入社会保障的内容，其支出所占公共财政的比例更小。而随着2005～2007年全国房价的飞涨，购房贵、老百姓买不起住房成为社会关注的重点，为中低收入家庭提供保障性住房也逐步成为国家关心的重点工作。

2.2 通过财政政策支持保障性住房发展

(1) 从法律的层面将住房保障纳入公共财政体系

目前国内出现的住房保障资金问题，一方面是政府在住房保障中的作用或责任在法律上没有明确，特别是中央政府和地方政府在住房保障方面的事权和财权也没有明确划分，另一方面是政府并没有把住房保障清晰纳入公共财政体系，在预算中没有明确的住房保障科目支出，使其缺乏稳定的资金渠道。

一些比较成功的西方发达国家对保障性住房的立法都是比较完善的,如日本在公共住宅方面的立法多达40多部,如《住房金融公库法》、《公营住宅法》等,涉及住宅规划、融资、公共住宅受益对象、管理、住宅产业的技术、标准等方面,美国也有《国民住宅法》、《开发住房法案》等,这些法律对保障性住房的管理、各级政府相应的责权等都有明确的规定。以意大利为例,对在公共住房管理中中央政府、大区政府、城市政府和各职能部门承担的责任有明确的划分。中央政府要提供财政税收方面的支持,制定租住房屋方面的法规,并且提供带有补贴的住房基金。大区政府(省级)提供财政税收方面的支持,地方政府提供土地、确定公共住房的购买者或承租人的资格和审查、公共住房的建设和管理等。出租的公共住房建设资金除部分由中央政府提供外,绝大部分由大区政府和本地政府提供,其主要来源是税收和公共住房的租金收入,住房所有权归地方政府所有。

因此,建议一方面加快住房保障的立法步伐,将住房保障定位为政府的重要职能,从法律层面对政府在住房保障中的责权予以明确。从目前的财政分配体制看,把住房保障作为中央与地方政府的共同责任,投入由中央和地方政府共同承担是比较合适的;另一方面政府要建立稳定的财政资金渠道。必须明确住房保障作为政府的职能,中央和地方财政部门都要设立专门的保障性住房收支科目,各级政府必须安排一定规模的专项财政预算资金,用于保障性住房。

(2) 通过税收减免优惠政策

税收政策是政府进行宏观调控的重要措施之一,通过政府的税收政策变动可以反映出政府对经济发展的引导。社会资本投入保障性住房建设(包括经济适用住房和政策性租赁住房)需要必要的收益率来实现增值的目标,而保障性住房的性质则限制了其利润空间。政府可以通过税收减免的财政手段对参与保障性住房建设的社会资本提供优惠以吸引其进入。

目前房地产开发建设涉及土地使用税、营业税、土地增值税和印花税等方面,这些税收是房地产开发企业需要缴纳的第一个层面的税收,即盖房子要交的税;除此之外,房地产开发企业在销售时还需缴纳营业税、城建税、教育等各项附加和企业所得税等各项税收,即卖房子要交的税。另外,推进政策性租赁住房后,其房租收入也面临着各种税费。总的来说,各个层面的税收都是影响资本回报率的重要方面,是社会资金是否进入及进入程度如何的重要考虑方面。政府对于纳入保障性住房体系的房地产开发、销售、租赁和出租收入等各个方面的税收情况进行适当调整,可以直接减轻社会资本进入保障性住房体系投资的成本,进而直接提高其资本回报率,对引导社会资本进入保障性住房的建设具有很强的促进作用。

另外,对保障性住房建造商发行债券提供免税、对金融企业发放保障性住房贷款提供税收优惠、对个人购买或承租保障性住房予以抵扣个人所得税等,都能对保障性住房的融资起到积极作用。需要强调的一点是，税收的减免主要是对经济适用住房和政策性租赁住房有较强的推动作用。

(3) 以财政资助或补贴的方式吸引社会资本建设经济适用住房和政策性租赁住房

政府对社会资本的补贴直接降低了社会资金的成本，提高了其预期收益率，对增强社会资本的积极性具有立竿见影的效果，对购买者或承租人的补贴，可以推进保障性住房的需求，也有利于投资商资金的回笼，对推动经济适用住房建设和政策性租赁住房有明显效果。

政府通过补贴的方式吸引社会资本的进入，可以发挥较大的杠杆作用，补贴的具体对象可以是建造商，也可以是中低收入家庭租户。如美国，1974 年的第 8 条款，即鼓励私人建造住房并向中低收入家庭出租，政府支付给房东公平市场房租与租户收入 25%(后来提高到 30%)之间的差额，同时允许这些房屋的投资商或建造商使用加速折旧法，获得税收的优惠，这是对租户的补贴。此外美国还有对建造商或投资商的补贴，如其 1961 年第 221 条款，对面向中低收入家庭的住房建造商需要贷款时，由联邦住房管理局提供担保，从私人放贷商手中获得低于市场利率的住房抵押贷款，这些房贷商随后立即将贷款卖给“房利美”。其实质是政府向房屋建造商或投资商提供了含有政府补贴的贷款。截止到 2003 年，接受联邦资助的私人住房总量为 160 万户。

通过这种方式吸引社会资本进入经济适用住房和政策性租赁住房领域，可以避免经济适用住房和政策性租赁住房建造成本对政府财政资金的巨大挤占压力，减少政府风险。政府补贴给社会资金一定的比率后由社会资本进行房地产开发建设和以优惠价格向中低收入阶层的出售或出租，实际占用的是社会资本，可以看作社会资本进行商业性房地产开发后政府补贴帮助中低收入阶层进行购买，大部分建设和开发工作无须占用太多的政府资金，可大大减少政府财政压力。

(4) 通过专门税种筹集资金

通过专门税种为保障性住房筹集资金是部分西方发达国家解决保障性住房资金不足的重要措施之一。如以意大利托斯卡那大区为例，大区政府通过了一些地方性税收法律，明确规定了一些税收中的一定比例是用来建立公共住房基金，专向用于建设租赁公共住房和发放租房补贴的，如 2000 年通过的对征收的个人所得税中一部分必须用于公共住房和住房补贴支出。设立的专门税种，既可以是中央政府统一设立的，也可以是地方政府设立的。从我国目前实际情况看，保障性住房资金不能到位，主要是地方财政资金不到位，这与我国 1994 年财政分配体制改革是有关系的。到目前为止，只有民族自治区、海南省有权制定有关税收的地方性法规。据统计数据显示，“2001～2005 年地方政府预算收入占全国各级政府预算收入的比重大约在 45.1%～47.7%，而地方财政支出占全国各级政府总支出的比重大约在 69.5%～74.1%”。导致地方政府无法利用现有的财权去完成相应的事权，造成了一个巨大的资金缺口,给经济发展带来很大的压力和阻力,保障性住房地方财政资金投入也面临同样问题。对此,在资金紧张情况下可以考虑设立全国性或地方性专门税种,可以是长期的,也可以规定征收起止日,为保障性住房建设筹集资金。

(5) 发行专项国债或地方政府债券为保障性住房融资

国债是国家信用的主要形式。中央政府发行国债的目的除了弥补国家财政赤字外,也会为一些特殊用途发行国债,如为一些耗资巨大的建设项目、某些特殊经济政策乃至为战争筹措资金。地方政府债券也是主要为了保障地方财政支出而发行的。而在我国,地方政府不能出现财政赤字,历史上一些地方政府也发行过债券,但由于对地方政府承付的兑现能力有所怀疑,1993年地方政府发行债券这一行为被彻底禁止,并在《中华人民共和国预算法》中规定,"除法律和国务院另有规定外,地方政府不得发行地方政府债券"。但在这次应对金融危机中,为应对特殊情况,地方政府债券又重新开闸,因此,在操作上发行地方政府债券是可行的,关键是要控制好规模和风险。通过发行专项国债或地方政府专项债券,可以为保障性住房融资,缓解当期财政保障性住房支出压力。如厦门市,在最近几年由财政大规模投入资金建设保障性住房,通过租金减免的方式提供给中低收入家庭。由于今年的经济危机影响,财政收入受到很大影响,一些项目面临资金不足而停工的窘境,若能通过发行国债,可以在短期缓解资金压力,待财政收入好转后再予以归还。但需要注意的是国债或地方政府债券都是要偿还的,其期限、额度都要与财政的承受能力相适应。

3 金融政策对保障性住房的支持

金融市场的基本功能就是调剂资金余缺,实现资金的融通,现代社会经济的发展离不开金融市场,而保障性住房的融资也可以通过金融市场来实现。

3.1 金融市场和住房保障的关系

解决中低收入家庭住房问题,一方面就是要为其提供近似免费(对最低收入家庭)或较低价格(中低收入家庭)的住房,另一方面就是要提高其住房消费能力。因此,金融市场对解决居民的住房融资支持分为两部分:对住房建设和开发的支持,即对住房建造商或投资商提供融资支持;另一部分是对住房消费提供支持,即对个人购买住房提供融资支持。对住房建设的支持,主要体现在提供便捷、低利率、较长时间的间接融资或直接融资,低成本的资金对降低住房建设成本作用不可忽视。而在解决延伸型保障住房方面,如政策性租赁住房,更加需要长期信贷金融政策的支持。提高中低收入家庭住房消费能力,在家庭收入既定的情况下,延长支付期对提高中低收入家庭住房消费能力有着不可忽视的作用。延长支付期,一方面需要为个人提供长期的信贷支持，另一方面必然意味着住房投资者成本回收期的延长，这也需要金融市场为其提供长期稳定的资金来源。从西方一些发达国家看，都会存在政府直接或间接参与住房金融市场的运行，通过一些政策或制度的设立，支持中低收入家庭住房的建设和消费，其资金支持一般包括建设融资和消费融资两方面。例如，美国"二战"后住房拥有率显著提高，很大程度上归功于联邦政府对住房金融体系的调控，最大的成果就是制定了30年固定利率住房按揭贷款、政府贷款保险和二级贷款市场。另外为增加住房供给，联邦政府曾制定了以提高开发商融资能力为目的的金融政策。60～70年代初期，美国开始全面实施都市更新计划，同时在全国范围内开展了大规模的拆迁运动。由于拆迁、建设费用大，安置住房数量不足，引发了许多争议。1975年政府颁布实施《美国住宅抵押贷款条例》，1977年又颁布实施《美国城市社区重建投资管理条例》来鼓励金融机构积极放贷；同时成立专门机构——"住宅区重建投资公司"，以加大投资力度。

3.2 国外典型的住房金融模式

(1) 美国模式

以市场为基础，私人资本和政府调控高度融合的住房金融体制。在美国，办理住房金融业务的多是私营机构，如商业银行、互助储蓄银行、储蓄贷款协会等，而政府主要通过一些配套措施来保证住房金融体制的运转，并解决中低收入家庭住房问题。一是成立个人抵押贷款一级市场的担保机构，包括联邦住宅管理局、退伍军人管理局，为个人购房提供担保；二是成立联邦住房贷款银行系统，是联邦政府管理调节住房金融市场的重要工具，要求所有在联邦注册的储蓄贷款协会都必须认股参加联邦贷款银行，联邦贷款银行通过贴现、贷款等方式为会员提供资金；三是发展全国贷款抵押二级市场，并组建专门机构为二级市场的流通服务，如房利美(Fannie Mae)、吉利美(Ginnie Mae)、房地美(Freddie Mae)等，通过收购私营企业发放的住房贷款并将其证券化后在二级市场上流通，大大增加了住房资金的来源。

(2) 德国住房储蓄银行模式

住房储蓄银行模式也是在政府主导下的，通过互助方式解决住房问题。住房储蓄银行资金实行封闭运作，专款专用，不能经营其他业务。办理住房储蓄业务的可以是专门的住房储蓄银行，也可以是商业银行设立的子银行。其基本运行原理是互助式。方式是客户与经办银行签订住房储蓄合同，在存满一定金额或达到一定年限后，可以从经办银行获得一笔配贷资金，用于购买或建造住房，参加住房储蓄银行的存贷款利率都低于市场利率，而且两者的利差一般是固定的，在2%左右。政府主要对参加住房储蓄银行的客户实行奖励来调节住房需求市场，即每年按照储蓄余额的一定比例提供政府奖励，总的来说奖励系数呈现下降趋势，住房储蓄银行对德国住房金融市场的影响也在下降。在初期德国政府的奖励系数曾高达到40%。随着住房供给的增加和住房条件的改善,1952年的奖励系数是25%～35%,同时没有收入限制,到了70年代,西德的住房问题基本得到解决,人均住房面积达30平方米,国家奖励系数为18%,1975年规定,只有家庭年收入不超过48 000马克可获得政府奖金,1982年国家奖励系数降低为14%,使储蓄合同净增长额急剧下降,1980年为147.7亿马克,1985年为26.7亿马克,到了90年代,国家的奖励系数进一步降低到10%,且能得到奖励的年收入上限为每人5万马克。

(3) 日本公营为主、私营为辅的住房金融模式

日本是典型的主要通过发展官方金融机构来为住房建设和消费进行融资的国家,政府经营的住宅金融公库是全国最大的单一性住房贷款机构,其资金来源除了资本金外,有财政借款、财政拨款,通过财政筹集的邮政存款、保险年金等长期低息资金,还有政府担保发行的公库住宅债券。主要使用方向是提供住房建设贷款和个人消费贷款,特别是面对中低收入家庭提供长期低息贷款,而且对不同贷款人利率不同,收入越低,购买房屋面积越小,利率越低,体现出了明显的政策性。同时,日本住宅金融市场上还有商业银行、互助储蓄银行、邮政银行等私营机构办理与住房金融有关的业务。

(4) 新加坡公积金模式

新加坡从1950年开始实行公积金制度,逐步发展成为覆盖全社会,具有提供住房、养老、医疗、投资和教育的综合社会保障制度。住房公积金一般有雇主和雇员共同缴纳,每个雇员有三个公积金账户,即普通账户、医疗账户和特别账户,其中普通账户可以用于购房、投资等,其普通账户内资金除可以用于支付购房首付款外,还能用于归还住房贷款。新加坡公积金的管理部门是住房公积金局,其独立于财政之外,它和新加坡建房发展局共同配合,为解决新加坡居民住房问题发挥了积极作用。新加坡建房发展局是公积金的主要使用者,对于雇员缴纳沉淀的公积金,公积金局通过购买政府债券,由政府通过投资局贷给住房发展局用于政府投资建造的社会住宅,再按优惠价格出售给中低收入家庭,解决居民住房问题。

3.3 通过金融政策支持保障性住房发展

(1) 完善金融环境,健全社会化风险管理体系

购买经济适用住房的中低收入阶层由于其自身收入的相对不稳定性,在一定程度上增加了社会资金进入保障性房地产开发后对后续资金回收顺畅与否的顾虑,减缓了社会资金的进入速度。而由于我国目前仍然尚未建立健全完善的社会化风险管理体系,住房抵押贷款风险仍然较大,特别是在房价波动剧烈的时期,在增加银行经营管理风险的同时,也增加了社会资本的资金成本。由于尚缺乏完善的居民住房抵押贷款担保机制、抵押物的强制处置和流通等一整套机制,尤其是缺乏个人信用制度的支持和信用保险的参与,个人住房抵押

贷款的风险在过分集中于贷款机构，增加了社会资本的资金成本，降低了社会资本参与的积极性和投入程度。

因此，着力完善金融环境中存在的制度和外部缺陷，进一步建立健全社会化的风险管理体系，包括建立健全个人征信体系、完善除抵押之外的担保方式和基本型住房保障体制，为社会资本规避风险提供健全完善的管理和规避、转移机制，对于降低社会资本进入的成本，提高积极性具有很强的刺激作用。

(2) 创新金融产品和投资方式，提高资本流动性

降低社会资本进入保障性住房领域投资的成本，提高社会资本流动性，吸引更多的社会资本进入，离不开金融市场上的相关产品和投资方式的创新。增加社会资本从保障性住房体系中退出的方式和途径，对于吸引社会化资本的进入具有重要的作用。

由于购买经济适用房的中低收入阶层收入的不稳定性，在贷款偿还上相对商业性住房的按揭贷款偿还可能存在更大的风险，因此对于参与其中的社会资本和与之相关的金融体系面临着更大的潜在风险。通过以贷款证券化为代表的金融产品创新，一方面可以增加资本流动性，有利于促进社会资本的流入；另一方面也可以增强社会资本和相关金融体系对经济适用房按揭贷款风险的承受和分担能力，对扩大中低收入阶层按揭贷款规模和比例具有很大的促进作用。

住房按揭贷款的证券化需要在各个方面进行相应的建设和创新。在相应的资信评级技术和机构培育、证券化金融产品设计、产品销售和后续回收管理等方面都需要配套建设和完善。如何准确设定适合保障性住房自身特点的证券化产品特征、对于保障性住房贷款证券化产品在抵押价值主体、担保机构等方面如何准确的界定，对于政府因素在住房抵押贷款证券化产品设计中的作用权重(如是否增加政府主导的担保)等方面进行进一步的界定和规范都是需要着重考虑的。另外银行等金融机构在进行贷款证券化产品管理时如何与其他形式证券化产品如普通商业住房按揭贷款证券化产品进行融合和统一管理也需要进一步创新和认定。

(3) 推进保障性住房开发建设主体的直接融资，为企业通过股票或债券等直接融资方式创造更加规范和便利的条件

充足的资金投入是进行保障性住房体系建设的基础，需要不断扩展各种形式的资金来源。除了政府自身的资金和通过各项优惠措施吸引进入的已有的社会资本外，政府通过各种制度和服务方面的便利措施协助社会资本从更加广泛的范围内筹措资金进一步投入到保障性住房体系开发和建设中来，具有显而易见的重要意义。目前我国社会资本主体进一步筹措资金，扩大自身规模的途径一种是通过企业上市融资的方式；一种是通过发行企业债券融资的方式。

相对于国内的企业债券发行和流通环境,我国股票市场相对更加成熟和完善,各项制度和措施相对比较齐全,是有意向进入保障性住房体系投资的房地产资本进行融资的重要方式。而作为企业主体另一种重要融资方式的债券市场的发展却严重不足,与股票市场相比,在数量、规模、融资能力、市场影响、投资者认可度等方面相差甚远。主要表现在政府干预过多、产业支持倾向不明显、发债主体单一、市场流动性不足、企业积极性不高、信用评级体系不完善等,通过发行债券方式进行融资的企业数量很少,融资额度很低,与国外水平相比存在很大的差距和不足,远没有充分发挥债券市场在企业融资需求中应有的作用。

通过完善目前我国企业债券发行和流通市场制度方面的不足,健全更加全面和规范的政府管理和行业自律措施,鼓励或支持保障性住房开发企业进行债券融资,为企业债券发行提供更多的便利服务和指导。例如对于有意向进入保障性住房领域的房地产企业,相关部门可以通过提供专门的企业债券发行辅导和进行及时的债券产品合规检查;缩短审批时间,提高工作效率;对发行企业债券的社会资本主体进行后续跟踪服务,保障资金流转顺畅的同时增加政府对企业发债运作的规范管理,并积极推动企业债券二级市场的发展。除此之外,还可以通过对发债主体减免或递延相应税款征收等直接的优惠措施减少企业债券发行成本。从制度完善和具体优惠措施等各个方面为企业债券融资提供便利和保障。

(4) 进一步发挥政府主导下的担保手段作用

政府在保障性住房融资方面除了直接或间接的资金补贴方式外,政府还可以通过发挥政府主导下的担保,为企业筹融资等提供担保服务。通过这种方式可以避免政府直接的资金支出和占压,降低保障性住房开发建设企业的融资成本,吸引更多的融资款项。

① 对于房地产金融机构的贷款抵押证券化运作,可能由于企业自身的相关标准存在差距还无法获得相关审批或吸引力有限,通过政府主导的专业担保企业提供担保的方式,可以增强企业信誉,减少相应方面存在的障碍,增强对投资者的吸引力。

② 在企业债券发行方面,政府主导的专业担保企业的担保对于企业来说是极其宝贵的资源优势。保障性住房开发建设企业债券通过政府主导的专业企业的担保,可以提高企业债券的评级,有利于企业债券的上市,增强企业债券的流动性,还可以降低企业发行债券的成本。

③ 对需要长期资金的政策性租赁住房企业,通过政府主导的专业担保企业担保,更容易从商业银行获得长期贷款资金支持。

④ 对于中低收入家庭购买住房,由政府主导的担保企业为其提供担保,可以提高个人住房消费能力,也可以为资产证券化打下基础。

(5) 发展房地产信托投资基金,用于政策性租赁住房建设

信托投资基金实质上是物业证券化的产物,通常采用股票或者收益凭证的形式,赋予物业很强的流动性，同时还便于投资者参与或退出投资。政策性租赁住房或经济适用住房的运行特点，同样适合信托投资基金，其产权的稳定和国家的高度参与很容易证券化，能增强其流动性，降低整个房地产贷款的组合风险，也容易获得群众的支持。另外其只租不售的特点，使经营租赁、委托租赁成为比较可行的租赁方式，若采用“租赁”+“信托”模式将其由产权所有者与信托公司合作，将房租应收款打包升级，设计成为信托产品而向社会发行，无疑会集合更多社会上的游资参与到政策性租赁住房的开发建设中来。当然，关键需要注意的是收益问题，社会资本都是以追逐利益最大化为目标的，保障性住房微利的特点，注定其需要政府提供税收减免或补贴等措施，或向特定的机构发行，才能保证保障性住房信托产品的顺利发行。

(6) 充分发挥税收、监管制度等对保障性住房间接融资的支持

如对商业银行提供保障性住房支持在税收方面予以适当减免，在监管方面，在符合条件的情况下，给予适当宽松的政策等，都能推进商业信贷资金积极进入保障性住房资金市场。

4 以住房公积金制度为基础，建立我国政策性住房金融体系

除了完善金融环境，支持商业银行资金和社会普通资金进入保障性住房领域外，西方发达国家在住房金融领域的成功实践也得益于建立专业性住房金融机构，如美国的房利美、加拿大的抵押和住房公司、日本的住宅金融公库、德国的住房储蓄银行等。这些专业住房金融机构在解决普通居民住房方面发挥了重要作用，无论是提供住房建设贷款，为个人住房消费提供贷款还是提供担保，都体现出了明确的政策性。一方面这些机构或有政府的背景，体现了政府的信用和资金的支持，另一方面这些机构都是专业从事住房金融业务的，多能提供长达 30 年的个人住房消费贷款或是提供担保，解决了普通住房消费者的长期贷款需求。

我国目前住房金融体系由两部分组成，一部分是商业银行，另一部分就是住房公积金制度。目前商业银行能够提供住房建设贷款和住房消费贷款，住房公积金只能提供住房消费贷款。商业银行住房建设贷款利率比照普通企业贷款利率执行，期限一般为中短期贷款，住房消费贷款执行中国人民银行规定，低于住房建设贷款，最长期限也可以达到 30 年。住房公积金住房消费贷款也是执行中国人民银行规定，利率低于商业银行，期限同样可达到 30 年。

我国从 20 世纪 90 年代建立住房公积金制度，住房公积金制度经历了由最初的在上海设立，到全国大面积推广，再到 1999 年的立法，2002 年立法的修改，住房公积金制度在中国随着经济的发展和情况的变化，逐步向规范化、法制化推进，其使用方向也由支持住房建设和消费并重转为单一支持住房消费，即其运作除了购买国债外，仅能发放个人住房消费贷

款。随着中国经济的发展和住房保障体系建设的不断深入，住房公积金制度也面临着前所未有的挑战，特别是一些深层次理论问题尚未彻底解决，影响了住房公积金制度前进的步伐，也影响了住房公积金制度对保障性住房的支持。

4.1 住房公积金制度目前存在的问题

(1) 住房公积金产权定位缺失

即住房公积金到底是什么性质的资金，其使用应该由谁来决策，其收益应该归谁等没有明确的界定。

(2) 保障性质定位并不明确，保障作用并不突出

住房公积金制度最初在上海设立，主要是为了建房筹集资金。随着国家住房制度改革的进行，福利分房制度的终结，大量社会资金涌入住房建设和开发市场，住房建设资金来源不再是问题。另外，由于管理的不规范，在住房公积金制度运转前期的一些住房建设开发贷款出现了坏账，这些都导致了在1999年住房公积金制度立法时将住房公积金的使用方向定为只能用于发放个人住房消费贷款，使其缺乏了对住房建设的支持。另外，实际操作中，住房公积金和商业银行存在着同质化倾向，存在较强竞争。如何定位住房公积金保障职能，形成住房公积金与商业贷款的良性配合体系，是需要研究解决的问题。

(3) 住房公积金制度的一些政策限制了住房公积金的收益，反过来影响了对保障性住房建设的支持

按照住房公积金制度的规定，住房公积金运作形成的增值收益，扣除贷款风险准备金和管理费用外，剩余的为城市廉租住房补充资金。所以说，住房公积金增值收益越大，对保障性住房的支持力度就越大。但从实际运转来说，一方面住房公积金只能用于发放个人住房消费贷款，在一定程度上影响了住房公积金的使用效率，另一方面不能支持住房建设，住房公积金政策优势也未能完全显现出来。在计息方面，住房公积金在银行沉淀资金由原来的比照金融机构同业存款利率计息调整为按照普通企业存款计息，大部分都是按照活期存款利率计息，对于社保或保险等长期资金可以采取协议存款的方式，而住房公积金则不能，这些实际是在规则的制定中明显偏向于商业银行的利益，影响了住房公积金的增值收益，进而影响到城市保障性住房的发展。

4.2 解决问题的办法

确定以住房公积金制度为基础，建立完善我国政策性住房金融体系的目标。

(1) 明确住房公积金产权制度

按照法律规定，个人和单位为职工缴存的住房公积金计入个人账户，归职工个人所有。

从这条规定来看，住房公积金好像等同于个人私有财产，其使用支配权应全部归个人来决定。但从实际来说，住房公积金是凭借国家强制力归集的，其来源是单位和职工个人各缴一半，而且国家在税收方面也给予了优惠，即个人缴存的住房公积金部分是免征个人所得税的，企业为职工缴存的住房公积金是在税前列支的。而且法律也明确规定了个人只有在特定情况下才能支取个人账户内的住房公积金。因此住房公积金私有产权应该定义为受到一定限制的私有产权。因此，住房公积金管理中心在运作住房公积金时，比如发放个人贷款、开发贷款或购买国债、企业债等，除了留足备用支付金外，在保证安全和符合国家法律法规的前提下，可以用于规定用途而不需要征得个人的同意。对于增值收益，由于对缴存沉淀的住房公积金已经支付了确定的利率，公积金管理中心收益应归国家支配，用于保障性住房建设是完全可以的。

(2) 明确住房公积金的政策性住房金融性质，为解决基本住房提供服务

① 在发放个人住房消费贷款时，必须有明确的贷款对象、房屋性质或贷款金额的限制，应以解决居民基本住房问题为目标。

② 考虑差别化贷款利率，即对不同的收入阶层采取不同的贷款利率，更好地体现住房公积金政策性特点。

③ 允许住房公积金支持保障性住房特别是政策性租赁住房建设。最低收入家庭承租廉租住房几乎是无偿的，廉租住房的投入是不可能收回投资的。而住房公积金的运作必须保证资金最终的回收。因此，住房公积金通过委托贷款运作，只能用于经济适用住房和政策性租赁住房的建设，而且住房公积金由于其长期、稳定的特点，特别适宜于支持政策性租赁住房的建设。这样一方面支持了保障性住房的建设，另一方面又可以提高住房公积金使用效率，增加住房公积金增值收益。

④ 明确住房公积金增值收益管理方式，进一步支持保障性住房建设，特别是廉租住房建设。

⑤ 建立全国统一的住房公积金资金拆借市场，实行封闭运作和管理，允许住房公积金管理中心之间拆借资金，弥补地区之间资金供求的差异，更好地发挥住房公积金支持住房保障的作用。

(3)适当调整住房公积金计息运作规则，提高住房公积金增值收益。即提高住房公积金在银行沉淀资金计息利率，并允许住房公积金管理中心办理协议存款。

廉租房:实物配租与租金补贴的比较研究

隆国强

1 导言

经过逐年完善,目前我国已经形成了多层次的住房保障体系。对于最低收入住房困难家庭,政府提供廉租住房,其保障方式包括实物配租、货币补贴和租金核减。对经济能力较差的中低收入家庭,政府提供保障性租赁房,政府给予一定的租金补贴。对有一定经济能力的中低收入家庭,政府提供用于出售的经济适用住房。对于有一定经济能力但无房的家庭,有的城市还提供保障性商品房,按建造成本、基准地价和相关税费组成的价格出售。

发达国家在建设和完善廉租房制度的过程中,形成了实物配租和租金补贴两种主要保障方式。实物配租是指政府出资集中建设较低标准和质量的住房,通过相应的机构以低廉的租金配租给符合条件的低收入群体或住房困难者;租金配租则是政府对符合要求的低收入群体和住房困难者提供租金补贴,由其自行到租赁市场上租赁住房。国内有人形象地将前者称为“补砖头”,将后者称为“补人头”。

1999 年,建设部发布《城镇廉租住房管理办法》。当时,廉租房保障采用了实物配租的方式,廉租房的房源大部分来自腾退的原有公有住房、政府和单位兴建或购置的用于廉租的住房。2003 年,《城镇最低收入家庭廉租住房管理办法》出台,规定“廉租住房保障方式应当以发放租赁住房补贴为主,实物配租、租金核减为辅”,并且规定实物配租的廉租住房来源应当以收购现有旧住房为主,限制集中兴建廉租住房。《国务院关于解决城市低收入家庭住房困难的若干意见》(国发【2007】24 号)提出:“城市廉租住房制度是解决低收入家庭住房困难的主要途径。”并且再次规定“城市廉租住房保障实行货币补贴和实物配租等方式相结合,主要通过发放租赁补贴,增强低收入家庭在市场上承租住房的能力”。

为应对全球金融危机的冲击,中国政府出台了 4 万亿元的投资刺激计划,其中用于廉租住房、棚户区改造等保障性住房建设的资金为 4 千亿元,占比 10%。中央加大对财政困难地区廉租住房保障补助力度,制定了三种补偿标准:西部地区 400 元/平方米,中部地区 300 元/平方米,辽宁、山东、福建的财政困难地区 200 元/平方米。2009 年 6 月 1 日,住房和城乡建设部、发展改革委、财政部联合发布“2009～2011 年廉租住房保障规划”,称 2009～2011 年间,我国将新建廉租住房 518 万套、新增发放租赁补贴 191 万户,加上 2008 年第四季度已开工建设的 38 万套廉租住房,基本解决 747 万户现有城市低收入住房困难家庭的住房问题。实际上将实物配租作为了当前的主要方式。

由此可以看出,自从廉租住房政策出台以来,到底是以实物配租为主,还是以租赁补贴为主,政策一直处于摇摆之中。那么,不同的配租方式各自需要什么样的条件,各有何优缺点? 本文将对两种方式进行比较研究,为确定廉租住房方式提供决策依据。

本报告由五个部分组成:导言之后,首先介绍廉租房提供方式的国际经验,然后比较两种配租方式优缺点,接下来分析中国廉租房制度面临的问题,基于此,为完善中国的廉租房制度提出政策建议。

2 廉租住房提供方式的国际经验

纵观发达国家廉租房的发展历程,普遍经历了从实物配租向租金补贴方式演变的过程。

2.1 实物配租的国际经验

在住房短缺时代,实物配租是主要方式。美国早在 1937 年就通过了《低租住房法》,该法案规定,联邦政府有义务向地方政府提供财政补贴,资助其为低收入者建造一定标准的公共住房,符合条件的申请者只需向地方公共住房管理机构交纳低廉的租金就可以住进政府兴建的公共住房。在法案的实施过程中,联邦政府通过住房局向各地方政府提供的公共住房的开发和建设费用补贴,一般可以占到开发费用的 90%甚至 100%,而各地方政府也可以通过减税的形式予以额外补贴。截至 1941 年,美国住房局已经为年收入不足 1 000 美元的家庭提供了 16 万套的廉租房。1949 年的住房法案进一步扩大了公共住房的建设规模,要求建设 80 万套公共住房供各地住房机构出租。类似的公共住房建设计划一直持续到 20 世纪 60 年代。

日本政府于 1951 年制定了《公营住宅法》。该法案规定,中央与地方政府合作建设满足健康文明生活要求的公营住宅,并以低廉的租金提供给居住困难的低收入者。公营住宅由地方政府负责建设,中央对地方政府提供资金补贴。中央补贴分两种,一种是对建设和收购费用的补贴,另一种是对房租差额的补贴。公营住宅的租金实行政府管制的方式,由政府根据承租者每年申报的收入以及公营住宅的位置、面积、结构、房龄等因素确定。公营住宅的保障对象是收入最低的 25%的阶层,而且对于住房特别困难的低收入者,低收入的老人、单亲家庭、残疾人家庭等给予特别照顾。到 2000 年年底,日本政府共建造了 217 万套公营住宅。

从美国与日本在廉租房建设的经验可以看出,实物配租的保障模式可以简单概括为"政府建房、居民租房"。其最大好处在于政府能够在短时期内利用公共财政,通过政府直接介入的方式,解决住房短缺问题,满足了低收入家庭不能通过市场来解决的住房需求。无一例外,美国和日本在兴建廉租房时面临的共同问题都是国内或区内的住房短缺。公共财政的直接或间接补贴能够提供大量的开发和建设资金,从而为大规模建设廉租房奠定物质基础。因而在住房供给短缺时期,实物配租是一种合适和有效的保障方式。另外,实物配租还能以政府直接支出的方式,促进建筑业的发展,并带动一大批相关产业,刺激经济社会发展。

但是实物配租存在先天性的缺陷。第一,实物配租使政府承担着巨大的财政压力,在实物配租方式下,政府必须每年从财政中支出一大笔资金用于廉租房的开发和建设,低水平的租金满足了低收入者的住房需求,却无法维护廉租房的正常保养与维修,加上一般廉租房在建造时建设标准较标准商品房低,其质量下降在所难免,政府还必须补贴低租金带来的廉租房的保养与维护资金缺口,这些都会使得政府财政承担巨大的压力。如果宏观经济形势发生变化,比如经济持续低迷,将会使廉租房政策很难真正落实。第二,集中建设廉租房在某种程度上是贫民窟的复制。低收入群体的集中居住加深了社会阶层间的隔阂,带来了贫困的再生产,并引发诸多社会问题。集中建设的廉租房,将低收入者集中起来居住,客观上加深了其与社会其他阶层的隔阂。这种隔阂不仅是空间上的,更多的是经济社会、政治权力以及文化品位上的。其后果是容易产生贫困文化的复制和代际传递,社区品质的下降,更为严重的是,某些区域甚至成为犯罪分子的天堂和社会治安事件的多发地段。第三,政府以供给者的身份介入住房供应,干扰了住房市场的正常发展,影响到商品房市场的发展,不利于社会成员住房质量的提高。在短期内,政府以供给者的身份介入住房建设,能够缓一时之急,但是从长远来看,市场终究是配置社会资源的基础,政府可以有所作为,但不能代替市场。

2.2 租金补贴方式的国际经验

在经历了一段政府出资集中建设廉租房的时期后,大多数发达国家开始实行以政府发放租金补贴为主的保障方式。从根源上看,这与当时的住房供求关系密切相关。由于政府投资,集中建设廉租房的规模一般都比较大,经过若干年的建设,已经很好地解决了房源短缺问题,住房短缺已经不是主要矛盾。以英国为例,1951年,英国大约缺少80万套住房,而1976年则多出50万套,此外,从成本收益角度看,政府出资或补贴建房所花费的资金成本、行政成本比较高,很多政府因此背上沉重的经济负担,这就迫使各国政府寻求一种更为经济和有效的保障方式。

从20世纪70年代开始,美国不再面临住宅供给短缺的问题。因而联邦政府逐渐终止了住房建设补贴计划,转而实行更为实际和有效的租金补贴计划。租金补贴有两种方式,一是租金证明(Rent Certificate),二是租金代用券(Rent Voucher)。参与租金证明的家庭可以向地方住房管理机构申请租金证明,到市场上租住住房。政府在租住住房的质量等级、区位、租金等方面有严格的限制。租房合同由房东、房客和当地房管局三方共同签订。房客只需把其月收入的25%作为租金付给房东,不足的部分由房管局直接通过银行划拨到房东的账户上。租金代用券则相对灵活些,如果房客租住房屋的租金没有超过政府规定的市场租金标准,其余下的租金代用券可以保留下来并继续使用,房客也可以租住超过规定标准的住房,不足部分由自己支付。截至20世纪90年代中期,参与上述两项计划的低收入家庭数目已经超过传统公共住房中的家庭数目。克林顿政府上台之后,大力推广租金代用券计划,并开始把享受政府补贴建造住房的房客转移到租金代用券计划中。租金代用券灵活方便,深受地方房屋管理部门和低收入家庭的欢迎,已经成为目前美国低收入家庭住房保障政策的主流。

在中国香港,原先由政府主导的公屋计划也有新的变化。2002年11月,香港特区房屋及规划地政局局长发表了一份有关房屋政策的声明,重新界定了政府的房屋政策,明确表示政府所扮演的角色,是要为有需要的家庭提供租住公屋,并退出作为开发商的角色,停止兴建和停止出售公营房屋,将干预市场的程度减至最低。香港特区政府今后的主要角色应集中于供应土地及提供租住房屋资助两方面,并应尽量退出其他房屋资助计划。房委会已无限期停止兴建及发售资助房屋。至于已经落成或正在兴建中的单元,则会在不与私人市场直接竞争的原则下,改作其他居住用途。

从发达国家和地区廉租住房方式的转变过程可以看出,租金补贴是一种比较合适和有效的保障方式,是一种让政府、社会、市场三方都比较满意的政策选择。第一,租金补贴提高了廉租房保障资金的使用效率,减少了政府的财政压力和行政成本。同样是解决一个低收入家庭的住房问题,在实物配租模式下,政府财政需要补贴建房,而在租金补贴模式下,政府财政只需要对单位面积的市场平均租金与廉租住房租金标准的差额进行补贴。换言之,同样的财政投入可以获得更大的社会效益,在较短时期内能够扩大廉租房的受益范围,让更多的低收入者与住房困难者享受住房福利。保障资金使用效率的提高也意味着政府财政支出压力的减少。此外,在租金补贴模式下,政府只需要定期审核租户的租住资格、租赁合同、租金发放工作、住户收入水平等,无须直接参与廉租房的开发、建设、分配和维修等环节,因而能够大大节约行政成本,提高行政效率。第二,可以促使租户自由选择租住房屋,促进阶层融合,减少因贫困者集中带来的社会问题。租金补贴把租住房屋的选择权赋予租户,租住房屋的质量等级、房屋区位、租金价位由租户自行选择和决定。政府不再提供住房,而由租户到市场上选择合适的住房租住,避免了低收入家庭和住房困难户在居住位置上的集中和与其他社会阶层的隔阂。分散租住能够从根源上防止出现上文提到的贫民窟复制现象:分散租住在客观上促进低收入者与其他社会阶层的融合,使其能够获得向上流动的机会,不至于被主流社会边缘化;分散租住使得贫困文化失去了产生和传播的土壤,避免了贫困的代际复制和再生产;分散租住杜绝了犯罪和社会治安事件多发地段的出现。第三,租金补贴保障方式有助于活跃二手房屋租赁市场和商品房市场,整体提升社会成员的住房质量。租金补贴把政府福利和市场供给结合起来——政府提供补贴,让市场满足租房的需求。显而易见,这种保障方式能够大大活跃并推进二手房屋租赁市场的发展。其关键在于把低收入群体和住房困难户对政府的住房要求转化为有效的市场需求。二手房屋租赁市场的发展客观上也推动了商品房市场的发展。根据发达国家和地区的经验,租金补贴模式利用了淘汰下来的二手房屋,这就意味着二手房屋的所有者会通过市场购买商品房获得新的居所,从而在市场上产生一定规模的商品房需求,推动商品房市场的发展。这样既节约了社会资源,又能够在整体上提升社会成员的住房质量。

发达国家廉租房保障方式的历史经验和现实选择说明,在住房短缺的时代,实物配租能够在短时期内增加住房供给,解决低收入者的住房问题,对于缓解社会矛盾、维护社会的稳定运行有积极的作用;而在住房供给相对充盈的时期,租金补贴是一种让政府、社会、市场三方都比较满意的政策选择。可见,实物配租和租金补贴各有优缺点,采用哪种保障方式则取决于多种因素:住房供给状况、政府的财政压力、住房市场的发展、与之相关的社会问题等等。

3 我国两种配租方式的比较

自实行保障性住房以来,我国各城市进行了不少探索,大部分城市是实物配租与租金补贴两种方式并存,但不同城市各有侧重。福建厦门市是保障性住房建设较为成功的典范,课题组为此专门赴厦门进行了调研,因此,以厦门为例进行分析。

3.1 经济层面的比较

(1) 财政成本的比较

实物配租在当期需要较大的一次性财政支出。按照有关资料,2006～2008年,厦门市用于保障性住房建设的财政总投资分别为6.06亿元、11.05亿元和17.87亿元。前两年投资完全由土地出让金支付,但2007年已经超过了国家要求的土地出让金净收入10%的比例。受到经济形势波动的影响,土地出让金收入出现波动,有的年份出现下降,但廉租房建设正处于高潮阶段,因此,部分年份用于廉租房建设的财政投入较大,如何融资是一个突出问题。

首先可以比较实物配租与租金补贴的月成本。一般而言,廉租房的建设成本有直接成本和间接成本两部分。

直接成本:征地成本+建安成本+对廉租家庭的租金补助+物业费补贴

间接成本:(出地出让金—征地成本)+税费损失

① 征地与建安成本折月值

2006 年厦门市建设廉租房项目中,征地成本加上建安成本为 2 500 元每平方米,即 40 亿元建设 160 万平方米的廉租房。按保有期 50 年、贴现率 8%计算,年金现值系数为 12.233 5。每平方米建设成本(征地加建安成本)为 2 500 元/12 个月/12.233 5,即成本为每月每平方米 17.03 元。

② 实物配租的租金补贴

岭兜小区的租金为每月每平方米 16.83 元,实际租金标准每月每平方米 16.8 元。

表 1 岭兜小区政府补贴和家庭支付的比较

项目	个人支付 80%	个人支付 30%	个人支付 20%	个人支付 10%
家庭支付	13.44	5.04	3.36	1.68
政府补贴	3.36	11.76	13.44	15.12

③ 实物配租的物业费补贴

财政对物业费补贴为 0～80%。按每月每平方米为 0.5 元计,则政府的物业费补贴为每月每平方米 0～0.4 元。

因此,实物配租方式政府支出成本为每月每平方米 20.39～32.55 元。折成居住面积,为每月每平方米 27.12～43.29 元。而厦门所建廉租房面积为 50～70 平方米,即对一人、二人户补贴为 1 019.5～1 627.5 元/月。

④ 租金补贴的成本

按照《厦门市城镇廉租住房租金补助安置暂行办法》规定:"按人均 10 平方米居住面积给予安置,一人户每人每月每平方米居住面积补助 20 元,二人户 18 元,三人及以上户 15 元。每户每月租金补助金额最高不超过 900 元。"对一个家庭的补贴分别为 266 元/月(一人户)、480 元/月(二人户)、600 元/月(三人户)。

基于此,我们可以得出结论,实物配租不仅在当期需要财政支出大笔资金,而且按贴现计算,实物配租的直接财政成本也远高于租金补贴方式。这还不包含间接成本。

(2) 受补贴家庭支出的比较

以 3 人户家庭租住 50 平方米住房计算:在租金补贴条件下,可获租金补贴每月 600 元/月,市场租金为 841.6 元(岭兜小区的租金为每月每平方米 16.83 元),家庭需自己支出为每月 241.6 元。

在实物配租下,如果家庭支付 30%的租金,则需要支付 252 元,同样支付 30%的物业费,则为 25 元,合计为 277 元。

由此观之,实物配租与租金补贴相比,对于受补贴家庭而言,也未必合算。

(3) 对房地产市场的影响

① 对租赁市场的影响

实物配租由于政府新建一定量的廉租住房,会增加一个城市租赁市场的供给,因此,相对减少租赁市场的需求。

租金补贴可以增加租赁市场的有效需求,促进住房租赁市场的活跃。实行租金配租能够与房地产市场机制有效结合,提高低收入阶层的住房支付能力,有效地提高住房消费水平;实行租金配租,能够充分利用旧房,节约了社会资源;实行租金配租,提高了低等级住房的租金水平,使房东可以拿出一部分钱维护住房,在一定程度上避免了弃置现象。但是,如果一个城市小户型住房的存量不足,可能出现租不到合适住房的问题。

要从每个城市的实际情况出发,来决定是否需要新建小户型住房。对于需要新建小户型住房的城市,有两种增加供给的思路,一种是政府投资兴建廉租住房,另一种是充分发挥市场机制的引导作用。实行租金配租,直接增加了对小户型房源的需求,由于市场机制的作用,引导社会增加对小户型房屋的投资开发。但是,在房地产过热的形势下,如果大户型住宅可能获取超额利润,房地产开发商可能对建设小户型住宅兴趣不大,这就需要政府一定的规制与引导。

② 对商品房市场的影响

廉租房建设对商品房市场的影响是中性的。有一种观点认为,廉租住房建设,会增加住房市场的供给,从而对商品住宅市场形成向下的压力。但要看到,廉租住房是只租不售,而且其解决对象是低收入住房困难家庭,他们根本没有能力购买商品住房,因此,廉租房建设不会减少对商品房的需求。

租金补贴会有利于增加对商品房的需求。由于租金补贴会增加租赁市场的需求,推动一些有支付能力的家庭将原有的旧房或小户型住房出租,转而购买更好的商品住宅,改善居住条件,因此,租金补贴方式有利于增加对商品住宅的需求。

③ 对房地产投资的影响

房地产投资占我国固定资产约 24%,对于总需求具有相当大的影响。廉租房建设是房地产投资的一部分,租金补贴导致的住房需求也会引致房地产投资,二者均对增加房地产投资具有正面影响。

廉租房建设要把握好时机,可以起到公共投资熨平经济周期的作用。在房地产市场过热的形势下,房地产投资规模已经过大,这时,政府应该减少廉租房建设。当经济回落,房地产投资减速时,可以适当扩大廉租房建设的规模,一方面建筑材料、人工等成本相对较低,有利于降低廉租住房的建设成本,另一方面,可以适当扩大房地产投资,有利于增加总需求。相形之下,租金补贴则难以发挥反周期的作用,尽管同样会推动房地产投资。如果按照市场租金的提高而适时提高租金补贴标准,那么,租金补贴可能对房地产投资起到"顺周期"推动的作用。

3.2 社会层面的比较

(1) 是否会形成低收入者集中居住区

实物配租往往需要单独建设成片的廉租住房,这在很多城市都是如此。以厦门市为例,全市规模建设保障性住房项目 20 个,总用地面积约 155 万平方米,总建筑面积约 425 万平方米,住宅约 4.5 万套。这些集中成片的廉租住房,将形成低收入家庭集聚区。从西方国家和一些发展中国家的经验教训看,集中成片的低收入家庭居住区,会形成所谓"贫民窟",出现社会治安等方面的问题。

租金补贴方式可以有效避免出现成片的低收入家庭集中居住区,但是,不同收入家庭特别是收入差距很大的家庭居住在同一小区甚至同一楼中,会否由于邻里间的差距过大而引发一系列的社会问题?会否导致一些高收入家庭不愿与低收入家庭混居而退房?高、低收入家庭在邻里关系如何相处?都是值得关注的问题。

(2) 对城市交通的压力

实物配租令低收入家庭不能自由地选择自由的居住地点,只能在政府规划建设的廉租房小区中作有限的选择,有时由于排号的原因,甚至不能作任何选择。这样,会导致居住在政府廉租屋的家庭面临出行距离过大,交通费用大幅上升的问题,也会无谓地增加城市公共交通的压力。相形之下,租金补贴方式下,享受补贴的家庭可以在贴近工作地或学习地较近的地方租住,这可以减少低收入家庭的交通支出,也相应减少城市公共交通的压力。

(3) 对居民心理的影响

实物配租方式下,低收入家庭集中居住在廉租房小区中,会被打上"贫民"的标签,在就业、就学、婚嫁等问题上受到歧视,从而导致住户心理上的扭曲。

相对而言,租金补贴方式可以避免集中居住带来的心理压力。但是,邻里收入差距过大、生活习惯反差大,也可能在子女教育等方面形成对低收入家庭的压力。

3.3 管理层面的比较

(1) 管理机构问题

采取实物配租的方式,政府提供建设大量的廉租房后,对这些住房的管理问题就会浮出水面。从理论上讲,廉租房的管理可以外包出去,由私人企业来承担。但是,即使在香港,也是由政府所属的住房委员会来负责管理。国内很多城市无一例外地成立了相应的管理机构。通常国土房管局是行政主管部门,所属事业单位公房管理中心承担保障性住房使用的具体监督、管理工作。保障性住房所在行政区组建国有的物业管理公司,负责保障性住房小区的物业管理。

租金补贴方式,则避免成立新的管理机构,管理成本更低。

(2) 退出问题

保障性住房是由政府提供给低收入、住房困难家庭,因此,是有准入的标准的。低收入家庭入住廉租房后,收入水平可能提高(这也是政府希望的),廉租户的收入或其他资质变动之后廉租房的腾退问题。目前,虽然各地均规定不符合保障条件的承租户在收到当地住房办取消住房保障资格起,在一定期限内要腾退廉租住房,超过期限仍没有搬出廉租住房的由当地房管局依法申请人民法院执行并处以罚款。但是实际操作起来较为困难,一是承租家庭收入普遍较低,就是家庭人均收入连续一年以上超出本市廉租住房政策规定的收入标准,但不足以交纳市场住房租金,更别说自己买房;二是承租家庭收入比较低,不可能缴纳罚款;三是当前不完善的社会保障制度给强制执行带来了难度。

实行租金配租可以根据廉租户的收入变动情况及时进行调整,一旦原廉租对象的收入超过最低标准,可以立刻停发补贴,避免实物配租中此类情况出现时的廉租房的腾退困难问题,有利于退出机制的建立。而且,实行租金配租,从一开始就可以由同一机构管理,在申请时对其收入及其他资质进行审核,建立完备的信用档案,并由统一的管理机构定期对廉租对象进行检查,根据其收入及其他状况的变动情况进行评定,决定是否继续发放补贴。这种管理机构的统一与机制的建立,一方面精简了管理成本,另一方面提高了工作效率,增强了政府的控制力和管理效率。

4 廉租房制度面临的问题

我国廉租住房保障制度起步较晚,尚在探索之中。在实施过程中,一些问题逐步暴露出来。

第一,覆盖面小,没有真正放在我国城市化进程下来考虑廉租房制。目前,各地保障性住房政策均规定,可以享受保障性住房的必须是本市户籍人口。本地低收入且住房困难的家庭所占比重还是较低的,在沿海很多地方,大量来自外地的农民工创造财富,但不能享受保障性住房的福利,因此,解决城市户籍人口中的低收入住房困难家庭,对于很多沿海发达地区的城市而言,并非难事。即使如此,在已经实施廉租房的城市,其覆盖面仅在1%左右。关键问题在于,着眼于城市户籍人口与着眼于未来城市化进程中大量进城农民工家庭的住房保障制度,其覆盖人口是完全不可同日而语的,而中国真正面临的挑战,是如何解决未来20年可能增加的几亿城市机械移民的居住问题。目前,这一问题尚未真正破题。

第二,实物配租标准过高。正是因为目前的廉租房制度仅着眼于解决现有城市低收入住房困难家庭的住房问题,因此,在实物配租形式下,一些城市的标准较高,明显高于日本、中国香港的水平,这与我国经济发展水平是脱节的,也是难以可持续的。如果考虑未来农民工进城的住房保障制度,目标的廉租房建设标准更是过高。

第三,资金来源不稳定,地方政府没有资金投入的长效机制。《廉租住房保障办法》设定廉租房资金来源包括:①年度财政预算安排的资金;②住房公积金增值收益余额;③土地出让净收益资金;④政府的廉租住房租金收入;⑤社会捐赠与其他方式筹集的资金。其中重要的一块就是土地出让净收益资金,国家规定地方政府应当将土地出让净收益资金的10%用作廉租房建设。目前,只有少数城市建立了制度性财政资金供应计划,多数城市依靠住房公积金的增值收益和公房售房款的余额部分作为其资金来源的主渠道。这部分资金比较灵活,但是后续资金没有保证。土地出让金受经济形势波动的影响较大,经济回落时出让金收入大幅下降,而地方财政刺激经济的支出明显增加,廉租房建设资金难以为继。近三年,中央将4万亿刺激计划中的10%用于建设廉租住房,是大规模建设廉租房的投入期,很多城市政府的配套资金不能落实,为了获得中央财政补贴资金,事后只好将只租不售的廉租房转变成经济适用房。

第四,租金补贴标准过低。租金补贴标准一定多年,没有动态调整的机制。由于近年来各城市房价上涨很猛,租金水平也相应上涨,原定的补贴标准难以满足基本的租房要求。以北京市2006年的廉租房配租标准为例,每人10平方米、每月每平方米25元的补贴标准,那么一个三口之家,每月领到的住房补贴就是750元,再参照一下北京市当前的房屋租赁市场价格,就算在五环周边地区,这样的补贴标准也仅仅只够租住一间普通偏低的民房。

第五,租赁市场发育不足问题。租金补贴方式是一种成本较低又有利于推动城市房地产业发展的保障住房方式,但是,这一方式的有效实施,依赖于一个高效的住房租赁市场。目前来看,由于租赁市场规制不合理,房主被赋予过多本应由政府承担的责任,如北京市居然要求出租房屋承担一定的社会治安责任。在这样一个收益与成本不对称的规制环境下,尽管1998年以前各个城市均建有相当数量的小户型住宅,这些住宅适合出租给低收入家庭,但是,很多房主出租房屋的意愿不强,宁愿闲置也不出租,造成极大的社会资源浪费。一方面,租金水平居高不下,低收入家庭即使取得政府的租金补贴,也租不到合适的住房,另一方面,在私人住宅空置的同时,政府又不得不投巨资兴建廉租住房小区。另外,租赁市场秩序混乱、中介不诚实、房东不愿租给低收入家庭等,也是影响租金补贴方式大力推行的重要因素。

5 完善廉租房制度的政策建议

我国的廉租房建设起步较晚,应借鉴国外已经取得的成功经验,从我国的国情出发,设计具有中国特色的廉租住房制度。以尽可能低的成本,顺利推进城市化,建设和谐社会,实现"住有所居"的目标。

(1) 按我国有序推进城市化的要求来设计城市廉租住房制度

当前城镇的廉租对象一般都是民政部门所确定的"低保"、优抚家庭中的住房困难者。我国已经进入了城市化快速推进的时期,数亿农村人口进入城镇并定居下来,是未来我国保障性住房制度的基本目标,也是最大的挑战。必须从城市化的高度来设计廉租住房制度,合理确定廉租住房的标准、成本、准入条件、融资、推进进度等。

(2) 从各地实情出发,选择廉租住房的有效方式

从本报告前面的比较分析可以看到,实物配租与租金补贴两种方式,各有优缺点,因此,各个城市要根据本市的基本情况,两种方式并举,有所偏重。对于小户型住宅存量较多、城镇人口增长较慢的城镇,要通过培育租赁市场来满足消费者的住房需求,宜采用租金补贴为主的方式,合理确定租金补贴标准,大力培育权责对称的住宅租赁市场。对于城市化速度较快而小户型住宅存量有限的城市,宜采取实物配租方式,按照保障人口增长的预测,制定新建廉租住房的计划,并有序实施。

(3) 充分发挥社会力量在保障性住房中的作用

为低收入家庭提供保障性住房,是政府义不容辞的责任。但应该充分发挥市场的作用,以降低财政成本,提高资源配置效率。一是可以探索由社会投资者出资兴建廉租房,政府进行长期反租、财政贴租满足住房困难家庭的需求。对于政府来讲,无须本金就可以成规模地建设廉租房,政策性投入的资金可以起到"四两拨千斤"的作用。对投资者来说,不仅可以获得稳定且高于银行利息的租金收益,而且还可以有土地升值的收益预期。在政府优惠政策尚未出台的情况下,有些企业已经瞄准了这块蛋糕。2006 年万科首先介入廉租房建设,租金以政府指导价和"城中村"的租金作参考,面向暂时性的中低收入者,以及长期性的中低收入者。投资回报期为 20 年。如果有政府的优惠政策支持,将会有更多的企业加入这一行列,廉租房的建设将会由冷转热。二是探索建设封闭式的企业廉租房,满足特定人群的需求。德国鼓励大型厂矿为本企业职工建造福利住宅。企业可获得75%的政府优惠贷款,并且减免土地税和所得税。福建省从2008年起将推广政府、企业共同补贴建设的工业园区租赁房模式,逐步解决外来务工人员的住房难题。浙江省宁波市也有类似做法,是市场运作的另一形式,可以作为社会廉租房的补充。

(4) 多渠道筹措保障性住房建设资金,形成资金投入的长效机制

无论是廉租房的租金补贴还是实物配租,都需要巨大的资金投入。目前廉租房建设资金来源较单一,不具可持续性。除了强化地方政府在土地出让金中10%用于廉租房建设的要求外,还要探索多渠道融资来源。一是中央财政加大对中西部地区财政困难地方政府的转移支付和专项补贴力度。二是国家开发银行等金融机构提供保障性住房建设贷款。三是在中央代发的地方债中,应重点安排一定比例用于保障性住房建设。四是选择有条件的城市开展公积金累积资金用于廉租房建设的试点。

参考文献

[1] 陈超,黄盛(2008)"我国廉租房制度现状与对策浅析",《消费导刊—经济研究》,(12)。
[2] 陈华,刘国栋(2007)"我国住房保障制度存在的问题及完善措施",《地方财政研究》,(9):23-27。
[3] 杜丽霞"廉租住房实物配租和租金补贴的效用比较分析",《经济纵横》。
[4] 封晴(2008)"廉租房房源浅析",《交流与思考》,(4)。
[5] 葛伶俊(2008)"廉租房保障方式及其比较——历史经验与现实选择",《学习与实践》,(1):119-113。
[6] 郭玉坤,裘丽岚(2007)"国外住房保障制度的共同特征及发展趋势",《城市问题》,(8):85-89。
[7] 韩丹,许宁(2008)"我国廉租房制度的主要矛盾与政策选择",《福建论坛—人文社会科学版》,(11):85-88。
[8] 林家彬(2006)"日本公共住宅供给政策及其启示",国务院发展研究中心,调查研究报告,第214号。
[9] 刘黎辉《我国廉租住房退出机制研究》,湖南省经济学会年会暨科学发展观与湖南经济协调发展研讨会论文集。
[10] 刘黎辉,童中贤(2008)"廉租住房保障退出机制探讨",《广东行政学院学报》,20(3):52-56。
[11] 刘梅(2006)"廉租房准入与退出制度的法律分析",《广西政法管理干部学院学报》,21(6):56-59。
[12] 罗世荣,彭弘(2003)"试论我国的廉租住房供应体系",《高等建筑教育》,12(4):92-94。
[13] 秦丽,赵正佳(2001)"关于廉租房几种房源的优劣分析",《中国房地产》,(7)。
[14] 任兴洲,廖英敏(2009)"亟需解决当前保障性住房建设中出现的新问题",国务院发展研究中心编《择要》,第53号。
[15] 尚教蔚(2006)"我国住房保障制度存在的问题",《城乡建设》,(3):47-48。
[16] 隋琛琛(2008)"国内外廉租房制度的比较与借鉴",《工会论坛》,14(4):21-22。
[17] 文伟(2007)"廉租房:货币化补贴方式更优",《团结》,(2):38-39。
[18] 翁大伟,刘大海,杜文(2001)"建立廉租住房供应体系的另一种思路——实施租金货币化补贴",《蜀都房地产》,(10):19-22。
[19] 易忠(2007)"浅议我国城市廉租房建设存在的问题及对策",《经济问题探索》,(6):113-116。

我国保障性住房管理中的问题和对策

王晓明

随着《国务院关于解决城市低收入家庭住房困难的若干意见》(国发【2007】24 号)的发布,我国保障性住房建设进入加速发展阶段。与之相配套的政策和管理办法也逐步完善,例如,建设部会同民政部制定了《城市低收入家庭资格认定办法》,为保障对象的界定提供了政策依据;《城镇最低收入家庭廉租房管理办法》、《经济适用住房管理办法》也陆续得到修订完善,为保障性住房政策的落实提供了操作办法。但在实际执行过程中依然存在不少管理方面的问题,需要通过完善体制机制,并进一步加强管理加以解决。

1 各级政府职责划分与管理主体设定

1.1 各级政府的职责划分

从国际通行的做法来看,发达国家都有专门的政府部门或机构负责居民的住房保障问题。住房保障制度的落实是一个极其复杂的系统工程,涉及财政、金融、税务、土地、规划、司法等许多政府部门。为了能有效地协调各部门的工作,保证有关政策法令的正确执行,一些国家先后设立了高层次的决策协调机构,负责制定解决住房问题的政策和计划,运筹物资、资金、劳动力等资源的分配,协调住房保障体制的运行。如瑞典设有专门的住房委员会,其主要职责包括:负责协调各政党在住房问题上的意见,审定政府的住房财政报告;批准有关住房的立法;处理各种住房抵押贷款;负责编制住房建设计划、质量控制指标和技术规范方法。在住房委员会下又设有国家住房管理局和 23 个省级住房管理局,并在 284 个区设有国家贷款和补贴的委托办事机构。美国 1965 年将联邦住宅局、联邦全国抵押协会、城市改建处、小区设施管理处合并,成立一个内阁级的住房和都市发展部,全面负责实施住房发展计划。该部下设公众住房局专门负责解决低收入家庭的住房问题。

解决低收入家庭的住房问题,需要中央和地方政府的共同参与。发达国家中央和地方各级政府在住房保障制度中具有明确的职责分工。一般中央政府的主要责任是制定保障目标、实施规划和建立法律,并以中央财政预算形式直接提供住房保障,而地方政府主要负责住房保障制度的实施和落实。在美国,联邦政府主要侧重于土地规划、住房发展目标和对低收入家庭发放住房补贴等职能,州政府和地方政府则侧重于建房,并对出售或出租给低收入家庭的住房进行管理。在英国,中央政府负责制定住房保障的目标和实施计划,中央财政每年都安排公共住房建房预算,综合各个地方政府的建房情况和低收入居民住房需求情况,按年度向地方政府拨款,由地方政府负责进行公房建设和管理。日本政府 1948 年在建设省设立了住宅局,代表政府行使住房建设决策和管理监督的职能,而城市基础整治公团与住宅金融公库则是住房政策的直接操作与管理者。

在我国,中央和地方政府在保障性住房方面也有着明确的职责分工。例如对经济适用房和廉租房的管理办法中就提到国务院建设行政主管部门负责指导和实施监督,县级以上地方人民政府建设或房地产行政主管部负责本行政区域内的管理工作。24 号文进一步明确了中央和地方政府的职责,提出中央政府承担中国保障性住房的基本政策和全国性规划的职责,省级人民政府对本地区解决城市低收入家庭住房困难工作负总责,并要对所属城市人民政府实行目标责任制管理,加强监督指导,而城市人民政府对解决城市低收入家庭的住房问题负重要责任。总体来看,与国外各级政府的职责划分基本一致,既能保证全国性的基本方向,又能在一定程度上消除中央政府在保障性住房管理上存在的信息不对称。

1.2 管理主体的设定

保障性住房管理主体主要有政府下设机构、非营利性机构和商业化机构三种类型。

从国外的发展经验来看,在保障性住房制度发展的早期,保障方式比较单一,建设任务繁重,制度比较粗糙,贯彻执行相对困难,因此需要由政府作为主体成立专门的政策性住房管理机构来负责。政府作为保障性住房的管理主体,可以凭借其自身的地位实行统一规划和集中管理,能使更多的低收入群体享受到保障性住房的好处。例如,新加坡早期的住房发展局和香港的房屋委员会都是以专门成立的政府机构对保障性住房的建设和分配进行直接管理,保证了早期保障性住房制度实施的迅速和高效。

但是完全由地方政府管理保障性住房也会出现很多弊端。例如,保障性住房申请、审批、核实等需要经过多个环节和过程,大幅度增加了政府各部门的工作量,并导致机构趋于繁冗,例如香港房屋委员会到 2005 年有正式编制人员 9 718 人,在数量上是仅次于教师的公务员群体。另外,随着保障性住房制度发展到一定阶段,大量建房的任务已经基本完成,保障的方式更加多样化,对管理主体的专业化要求更高,此时政府作为管理主体,已经不具有效率上的优势。而非营利性机构的出现,是对住房管理主体的一个补充。作为专业性机构,它们在管理水平和素质上更加专业化,能够有效地保证保障性住房政策的稳定和连续性;同时,其独立的财务体系也在一定程度上减轻了政府的财政负担。例如,成立于 1948 年的香港房屋协会，是一个独立的非营利性机构，主要负责策划和兴建一些特定类别的公共房屋，如承担“夹心层住屋计划”。

除了非营利性机构外，在保障性住房制度发展的成熟阶段，欧美等发达国家还引入了商业化机构参与保障性住房的管理。例如，英国和瑞典等国的市政住房公司，以商业化机构作为保障性住房的管理主体，以法人化和公司化的方式进行经营，但限定其营利性目标，对保障性公共住房的建设、出售、出租、维护和整修等活动实行资金的统一管理和项目的区域分散经营，同时设立城市分公司，负责对住房需求申请进行登记和排序，并提供出售、租赁、物业、维修服务。

我国20世纪90年代住房改革启动后，各地区的公共住房管理长期没有专门机构负责，典型的就是由开发商承担部分经济适用房的管理职能，而作为管理主体的政府缺位，结果造成经济适用房的监管失控，经济适用房的保障性功能丧失。近几年，很多城市已经建立了全市统一的住房保障领导机构，各区县也都设立住房保障办公室，专司保障性住房的建设和分配管理。这表明，我国政府在强化保障性住房管理上，跨出了重要一步，政府“缺位”的问题已经部分得到解决。但目前各地住房保障组织机构多设在各市（县）建设主管部门，存在管理主体“职权低配”问题，结果导致责权不对等、统筹不够、力量分散等问题，难以真正承担起实施住房保障制度这一复杂、庞大的系统工程。另一方面，也要注意保障性住房管理主体单一性的问题，在强调政府管理责任的同时，也应鼓励各地区积极探索以非营利性机构为主体的管理模式，由非营利性机构受政府委托负责保障性住房的建设、分配、管理，政府在土地、税收、金融等方面给予支持，并对其建设、管理过程中的各个环节进行监管。

2 保障性住房的申请资格、认证和分配管理

2.1 保障性住房的申请资格

《国务院关于解决城市低收入家庭住房困难的若干意见》中明确提出保障性住房以城市低收入家庭为对象，解决低收入家庭住房困难，满足基本住房需要。其中，第五条规定“廉租住房保障对象的家庭收入标准和住房困难标准，由城市人民政府按照当地统计部门公布的家庭人均可支配收入和人均住房水平的一定比例，结合城市经济发展水平和住房价格水平确定。”而第九条规定：“经济适用住房供应对象为城市低收入住房困难家庭，并与廉租住房保障对象衔接。”此外，2007年国家相关部委发布的《经济适用房管理办法》又明确规定了保障对象的具体界定标准：① 具有当地城镇户口；② 家庭收入符合市、县人民政府划定的低收入家庭收入标准；③ 无房或现住房面积低于市、县人民政府规定的住房困难标准。目前来看，各大城市对保障性住房供给范围的标准各有不同，但大多数都是从户籍、家庭年可支配收入、家庭资产情况及人均现有住房面积四个方面进行界定。

表 1 厦门市保障性住房的申请资格

户籍	申请人和共同申请人的家庭成员均应具有本市城镇户籍,且至少 1 人取得本市户籍满 3 年
住房	人均建筑面积不超过 12 平方米
收入	按照 2005 年城镇居民人均可支配月收入标准(1 376 元)测算出 3 人及以下户家庭年收入不高于 5 万元,4～5 人户不高于 6 万元;6 人以上户不高于 7 万元
资产	申请社会保障性租赁房的申请人家庭资产不高于家庭年收入的 4 倍(申请社会保障性商品房的申请人家庭资产不高于家庭年收入的 6 倍)

收入作为划分依据因为便于操作而广为使用,但也存在明显缺陷和不足,因为我国目前收入透明性较差,收入的准确把握和衡量比较困难和复杂。增加人均住房面积这一标准,其优点同样是操作简单,但缺点是不能真正体现住房困难程度,因为在家庭中有的必需品是可以共享的,在住房中共享的资源更多,如一人的 12 平方米住房和夫妇二人的 24 平方米住房,都属于住房困难户,但夫妇二人的住房条件则明显优于单身一人。因此,应大胆借鉴和使用世界其他国家和地区的科学方法,如我国香港采用按家庭结构确定住房保障的标准则更为科学,即按照单身成年人、夫妇、一个子女、第二个子女等分类,确定不同的标准。

2.2 保障性住房的资格认证管理

合理确定保障性住房的申请资格标准是住房保障政策实施的前提,而在保障性住房制度的实行过程中,除了制定供应对象的标准,更需要严格的登记和审核制度。如果没有对申请人住房状况和收入状况的真实掌握,就无法准确审核保障对象的实际收入和家庭资产,从而会造成保障供给与实际保障对象的错配,影响住房保障政策的有效性和公平性。

保障性住房的资格认证管理主要包括入住社会保障性住房的申请条件、申请和审批程序、受理和审批机构工作程序等。借鉴厦门市的做法,社会保障性住房的申请操作程序主要包括:社会保障性住房申请建立严格的市区联动的“五审、二监督、二公示”的审核制度(即:居委会、街道办、区民政局、公房中心、国土房产局五级审核,监察局和信访局全程监督,由居委会组织在社区、国土房产局组织在全市二次公示),金融、建设、房产、工商、公安等各职能管理部门依职责做好协助调查工作。

随着各地区保障性住房认证管理工作的进行,目前反映出来的主要问题:一是收入状况审查难度大,存在“搭便车”的现象。目前我国居民就业的多样化和居民收入的多元化,居民的隐形收入无法统计,加上我国的个人及家庭收入信息制度还不健全等原因,使得家庭收入的统计审查难以准确。信息上的不对称导致一些居民采取虚报瞒报收入的手段去骗取社会保障性租赁房,出现社会保障性租赁房“搭便车”的现象。二是审核力度不够,监督机制亟待完善。一方面依靠社区审核,使审核机制易流于形式,由于社区、居委会对所在社区、居委会情况比较熟悉,往往依申请对象提供的材料进行审核,缺乏进一步审核把关,使之审核存在不全面和不真实的现象。另一方面房管部门承担着社会保障性租赁房复核、选房配租和监督管理的各项工作,由于人手不足,难以组织力量入户调查,无论是定期还是不定期的抽查都相对缺乏,使得对租赁户的动态调整监管成效低下。

3 保障性住房的退出和流通管理

3.1 保障性住房的退出管理

廉租住房保障是政府为住房弱势群体所提供的社会保障。然而,住房弱势群体的"弱势"会处于一种变动状态,他们可能通过自己的努力或其他方式使自己的收入高于保障标准或获得了超过保障范围的住房。及时地使转化为非弱势群体者退出保障范围,不仅有利于减轻国家的财政负担,而且体现了公平、公正原则。因此,加强廉租住房保障对象退出管理就成为我国住房保障制度建设的重要内容之一。

2005 年建设部、民政部联合发布的《城镇最低收入家庭廉租住房申请、审核及退出管理办法》中,明确规定了住房保障对象退出的条件:① 未如实申报家庭收入、家庭人口及住房状况的保障家庭;② 家庭人均收入连续一年以上超出当地廉租住房确定的收入标准的保障家庭;③ 因家庭人数减少或住房面积增加,人均住房面积超出当地廉租住房政策确定的住房标准的保障家庭;④ 擅自改变房屋用途的保障家庭;⑤ 将承租的廉租住房的转借、转租的保障家庭;⑥ 连续六个月以上未在廉租住房居住的保障家庭。享受保障性住房的家庭存在上述情况之一的,应由房地产行政主管部门做出取消保障资格的决定,收回承租的廉租住房、停止发放租赁补贴或者停止租金核减。从表 2 中我们可以归纳出各大城市参照上述文件制定的廉租房的退出机制,主要包括退出标准、退出方式、罚则三部分。

表 2 目前各大城市廉租房退出标准和方式

	退出标准	退出方式		罚则
		租金补贴	实物配租	
北京	连续一年以上超出北京市城镇居民最低收入标准	停止发放	限期六个月内腾退住房	虚报、隐瞒有关情况或伪造有关证明的,经查实,由申请人户口所在地的廉租房管理部门责令其按配租房屋所在地区市场租金标准补足承租期间的房租

续表

	退出标准	退出方式		罚则
		租金补贴	实物配租	
上海	连续六个月的人均收入超过本市城镇居民最低生活保障标准	停止发放	六个月的过渡期，前三个月享受原租金补贴的80%，后三个月租金补贴减至原标准的50%	如虚报情况，则甲方将取消乙方在三年内申请廉租住房的资格
天津	家庭收入提高后，不再具备配租廉租住房条件	停止发放	接到退出通知后的六个月内腾退住房，对不能按时腾退的，从次月起按届时配租租金的200%收取房租，如在第12个月内仍未腾退的，从次月起按配租租金的300%收取房租，如在第24个月内仍未腾退的，向人民法院提起诉讼	虚报、隐瞒收入、人口、住房情况伪造证明的，一经查实，取消其配租资格，对已经骗租的廉租住房，由市住房保障管理办公室收回，对情节恶劣的，由房地产行政主管部门按照《城镇最低收入家庭廉租住房管理办法》(建设部120号文)的规定，予以处罚
厦门	家庭收入超过当年最低生活保障线标准	停止发放	对不再符合承租条件的承租人超过三个月时间仍未申报退出的，取消其租金补助，并向承租人追缴从不符合条件之日起已补助的租金补助金	对弄虚作假，隐瞒家庭收入、资产、人口和住房情况，骗购、骗租社会保障性住房的，一经查实即取消其申请资格，且五年内不得再申请社会保障性住房

根据各地反映的情况，我国现行廉租房退出管理，主要存在以下几个问题：一是申请人条件发生变化时难以有效监督。在保障性住房的回收和流通管理过程中，由于没有完全建立个人信用制度和个人收入申报制度，当申请人入住社会保障性住房后条件发生变化时，只能依靠社会保障性住户自行申报，房管部门难以有效监督。正是由于政府和申请者的信息不对称问题的存在，在出现诸如家庭成员发生变化，收入发生变化时，保障性住房的回收问题存在很大困难。二是约束体系不健全。各地廉租房强制退出的过程中主要是采取累退租金优惠或者累进缴纳自付比例租金，而廉租户的经济实力本来就有限，对其进行罚款往往达不到制度设计的初衷，因为一旦廉租户由于经济困难拒缴，退出程序必将陷入僵局。三是奖惩力度相对缺乏。一方面，当前对虚报或瞒报家庭人口、收入、住房情况骗租的个人和家庭惩罚的力度不大，最严厉的惩罚也不过是取消其资格，因而出现了一部分人采取弄虚作假的手段，这种现象大量的出现直接加重了保障性住房的回收负担。另一方面，对于该退不退的“钉子户”和未能如期缴纳甚至故意拖欠租金或物业管理费的租赁户，因缺乏有效惩罚机制而未能得到有效的规避，大量该回收的住房也无法实现。

3.2 保障性住房的流通管理

保障性住房分配到申请人后，仍然存在着两种情况，使它重新进入流通环节：第一个是原申请人在满足保障性资格的情况下自愿搬出保障性住房；另一个是申请人不再满足享受保障性住房的资格，在退出机制的作用下强制搬出保障性住房。在上述两种情况下，保障性住房都面临着重新流通带来的问题。一方面，原申请人退回保障性住房时故意隐瞒信息，并不向政府管理主体进行报告或者登记，而是私自将保障性住房拿到市场上进行转让，这样就忽视了政府管理主体的地位，达不到保障性的原则；另一方面，在退出机制发生作用时，由于保障性住房供求信息的不对称，住房的流通存在阻碍，会导致住房资源在某种程度上的浪费。

保障性住房是针对社会特定人群的基本保障居住资源，其保障性的性质就决定了保障性住房的基本用途和功能。围绕着保障性住房的流通问题，有必要明确其在我国住房制度改革中的具体运作流程，以便保证保障性住房制度的有效实施和运转。具体管理措施包括：①经济适用房用户在付清成本价房款办理产权证后入住，禁止未入住空置转手倒卖出租，家庭成员购买第二套住房和出售经济适用房时应交回个人产权以外收益，住户在户口常住地除非家庭经济收入和住房条件发生大的改变一般不安排供应第二套经济适用房。②社会保障性住房不得上市转让、转租或空置，除购房按揭外，也不得进行商业性抵押。对社会保障性住房采取封闭式物业管理，发现申请户擅自将社会保障性住房转让、转租、转借或空置的，将依法收回房屋，并依法追究责任。③保障房租售应实行动态管理，随着经济发展，住房条件改善，廉租房、经济适用房建设标准入住条件应随之改变，保障房流通管理方式应积极适应情况变化与时俱进，积极更新掌握的信息数据，根据不同时期的情况调整管理政策，做到保障性住房流转畅通、有序。

4 完善保障性住房管理制度的对策建议

我国的住房保障制度在改善和解决城市中低收入人群的住房问题上发挥了一定的积极作用，但仍存在着许多管理上的缺陷和漏洞，影响了住房保障制度的实施效果。因此，当前迫切需要构建一个完整、高效、低成本、适合国情且体现社会公平、符合和谐社会要求的保障性住房管理体制。具体建议如下：

一是要加快住房保障法制建设，为住房保障的管理提供法律基础和依据。中国城镇住房保障体系虽然不断改革与发展，但是住房保障领域的立法严重滞后于现实的需要，如经济适用房、廉租房和住房公积金三者在管理制度和财政上都是被分割的，缺乏统一的协调机制，导致政策实施过程中缺乏有效性。实现住房保障体系的有效构建与运转，明确各级政府在住房保障发展过程中的责任，需要建立起统一的住房保障法律体系，为建立新的住房保障管理体系打好制度基础。

二是要进一步明确保障性住房管理主体，落实管理职能。保障性住房管理工作涉及土地、规划、建设、资格认证、分配、退出等多个管理环节，各市、区人民政府应成立专门的管理机构，统筹协调规划、财政、建设、房管、民政、信访等多个部门，落实相关部门的保障住房建设和管理职能，相互配合，按照各自职责，积极做好各项管理和衔接工作，将涉及群众利益的事办好办实。

三是建立保障性住房的申请担保机制和个人信用档案。尝试建立社会保障性住房的申请担保机制，每个申请社会保障性住房的家庭需要有指定的担保人，尤其担保该家庭收入的真实性，一旦政府查出“搭便车”现象，即可处罚该申请家庭及其担保人。申请家庭的个人信用档案从申请之日起开始建立，入住时正式建立，到社会保障性住房退租时结束。然后，为信用评定等级，并在租金及以后社会保障性住房的申购中给予优惠政策，同时也可以将该信用档案作为日后个人信用档案的一部分。

四是建立和完善保障性住房的监管与退出机制。进一步健全廉租房申请审核制度、公示公告制度、网上备查制度，完善一户一档管理制度，实施动态管理。开展专项检查活动，政府租赁房主管部门组织专人在社区居委会和街道办事处的协助下，抽取一定的比例，对申请人进行社区调查和入户调查。同时引入利益传导机制，从政策上、资金上支持租赁户主动退出，租赁户主动退出社会保障性租赁福利后，能得到政策性优惠，比如提供低息购房贷款、优先购买社会保障性商品房、购房税费减免等。

作者简介

Alain Bertaud，世界银行顾问，土地利用及空间开发利用方面的规划专家，在土地市场、土地利用一体化及城市形态的联系方面有非常深入的研究。他开发出了多种指标以用于大都市地区的空间开发利用监管。在多年的城市相关领域咨询工作中，他着力于弥补城市经济与可行性城市规划间的空白。他为全球众多大都市提供土地开发方面的咨询。在加入世界银行之前，他在众多全球大型项目中负责城市投资战略及城市建设规划的前期工作。在世界银行工作期间，他曾担任总规划师一职，并负责俄罗斯、中欧、拉丁美洲、亚洲地区的都市项目及政策制定。他 1999 年从世界银行退休，目前的主要工作是为中国和印度城市提供土地利用方面的独立咨询。

Bertrand Renaud，BRI 协会国际顾问兼主席，主要研究财政发展、房地产融资和城市发展等问题。他曾经去过 30 多个国家，2001 年前他一直担任世界银行财政发展部的顾问，并提出十多年的住房财政计划。他曾被任命为 OECD 城市事务部主任，并关注其工业成员国的调整问题。同时，他还是夏威夷大学的教授，主要关注亚洲发展，一直以来对亚洲问题保持着高度的兴趣。他还曾经在麻省理工大学、首尔国立大学和香港大学任教。Renaud 博士在加利福尼亚大学获得硕士和博士学位，在法国巴黎获得 INA 工程师。

陈杰，复旦大学管理学院产业经济系副教授，复旦大学住房政策研究中心执行主任。2005 年 12 月在瑞典乌普萨拉大学获得经济学博士学位。主要研究领域包括房地产经济学、住房政策、房地产金融等。已在 *Journal of Housing Economics*、*Urban Studies*、*Housing Studies* 等国际 SSCI 学术期刊发表论文 6 篇，其他国际学术期刊 4 篇。在国内权威与核心期刊发表论文 30 多篇。多家国际 SSCI 期刊和国内权威期刊审稿人。出版中英文著作各一部。主持完成 2 项国家自然科学基金、1 项国家社科基金。获得省部级科研奖励 4 项。世界银行咨询专家。

陈晓云，北京住房公积金管理中心大兴管理部主任。

景娟，北京大学一林肯研究院城市发展与土地政策研究中心研究员，北京大学城市与环境学院博士后，北京大学地理学学士，经济学双学位，地理学硕士。她于 2008 年 11 月在英国爱丁堡 Heriot-Watt 大学获得城市规划博士学位。主要研究领域包括城市住房政策、城市规划、土地利用与规划，以及中国与欧洲住房和规划领域的比较研究。

林家彬，国务院发展研究中心社会发展研究部副部长，研究员。1990～1995 年任职于联合国区域发展中心。1995 年 8 月加入国务院发展研究中心，主要研究领域涉及国土规划、地区政策、可持续发展、城市发展等。曾主持参与多项研究项目，发表了数十篇学术论文和著作，多次获得中国发展研究奖一等奖。

刘洪玉，清华大学教授，房地产研究所所长。亚洲房地产学会理事、中国房地产估价师学会副会长、中国房地产业协会理事、中国物业管理协会理事、香港大学荣誉教授、《房地产研究杂志》(*Journal of Real Estate Research*)编委。主要研究方向为房地产经济与管理(包括房地产估价、房地产经济、房地产金融与投资、房地产开发、房地产市场分析、物业管理)和建筑经济与管理(包括建筑经济学、工程经济学和工程项目管理等)。

刘志林，清华大学公共政策和管理学院助理教授，北京大学—林肯研究院城市发展与土地政策研究中心研究员，北京大学城市与区域规划学士学位，人文地理学硕士学位，2002 年赴美国康奈尔大学留学，2007 年获得城市与区域规划博士学位。主要研究领域为城市政策与管理、住房政策和区域经济发展。博士论文引入新制度主义和经济社会学理论，构建了一个制度变迁下城市政策分析的理论框架，并对中国的城市低收入住房制度进行了分析。该研究曾获得康奈尔大学东亚研究中心奖学金资助，2007 年论文被提名为美国 Gill-Chin Lim 最佳国际规划博士论文奖。其中的部分研究成果于 2007 年获得美国地理学家协会中国地理研究小组最佳学生论文奖。

隆国强，国务院发展研究中心对外经济研究部部长，研究员，曾任北京大学分校讲师、美国布鲁金斯学会访问研究员、美国乔治华盛顿大学访问学者。他长期从事中国对外经济政策的研究，在对外贸易、跨国投资、经济合作、特殊经济区、区域经济合作等领域完成多项重大政策研究课题。其研究领域还包括宏观经济、产业政策、粮食经济、汽车工业等。主要著作有:《跨国产业转移与产业结构升级》(主笔)、《加工贸易——工业化的新道路》(主笔)、《大国开放与粮食流通》、《中国服务贸易》(主笔)等，多次获得中国发展研究奖、全国外经贸优秀成果奖、北京市哲学社会科学优秀成果奖。

满燕云，教授，1984 年毕业于北京外国语大学英语系，1993 年获美国约翰·霍普金斯大学经济学博士学位。自 1992 年以来，在美国印第安纳大学公共与环境事务学院任教，获终身教职，并指导博士生研究。同期兼任美国印第安纳大学城市政策与环境研究中心高级研究员，美国税收研究所财产税委员会成员，承担过美国联邦政府，印第安纳州地方政府及印第安纳大学多项研究任务。在美国《城市经济学杂志》、《国家税务杂志》、《城市研究》、《公共预算、会计和金融管理》、《公共财政评论》、《公共管理国际杂志》、《公共预算和财政》等杂志上发表了多篇论文，并担任美国《政策分析与管理杂志》的主编之一。学术著作有《税收增量融资与经济发展：使用、结构和影响》(纽约州立大学出版社，2001 年)。自 2003 年以来被美国林肯土地政策研究院聘请为特约顾问，参与中国土地与财税政策研究和中国政府官员培训项目，并于 2007 年 7 月起出任林肯土地政策研究院资深研究员和中国部主任，主持研究院中国问题的研究工作。2007 年 10 月 10 日，被任命为北京大学—林肯研究院城市发展与土地政策研究中心主任，负责该中心的日常工作。

倪红日，国务院发展研究中心研究员，现任资源与环境政策研究所专家组组长(副局长级)。1998 年至 2006 年 3 月任国务院发展研究中心宏观经济研究部财政金融研究室主任。1988 年毕业于财政部财政科学研究所研究生部，获经济学硕士学位。1992～1994 年曾任首都经济贸易大学财政系主任。1995 年调入国务院发展研究中心工作，主要研究领域为财政税收政策。曾参与“社会主义市场经济条件下的宏观调控体系”、“‘十五’计划期间的宏观政策”、“金融改革与金融安全”、“完善社会主义市场经济体制”等国家重大课题的研究。其代表作有：“扩大国债发行的可行性研究”(1998 年)；“调整财税政策、促进经济增长”(1998 年)；“中国财税体制存在的问题与改革建议”(2003 年)等。在政府债务、财政税收政策、财政税收制度改革等方面提出的政策建议，对政府的宏观决策产生重要影响。

任荣荣，清华大学建设管理系房地产研究所博士，北京大学—林肯研究院城市发展与土地政策研究中心研究员。主要研究领域包括城市空间结构、土地经济与政策、住房政策。博士论文题目为《中国城市土地价格的微观决定机理研究》。2004 年 7 月毕业于大连理工大学，获管理学学士学位；2009 年 1 月毕业于清华大学，获工学博士学位；2006 年 8 月～2007 年 8 月，任新加坡国立大学房地产系研究助理一职。

宋彦，美国北卡罗来纳大学城市与区域规划系副教授，兼任美国马里兰大学城市理性增长国家中心顾问、美国林肯土地政策研究院研究员，北京大学兼职教授，深圳大学城市规划系兼职系主任。研究方向包括城市经济学、城市空间形态、城市土地利用与交通规划、土地利用的经济分析、城市增长政策及法规、地理信息系统技术等。

王晓明，国务院发展研究中心产业经济研究部副研究员。主要从事能源、交通、城市发展与房地产等领域的研究工作。是“中国物业税改革研究”课题组主要执笔人之一。

文林峰，住房和城乡建设部政策研究中心处长，研究员，中国社会科学院研究生院城乡建设经济系教授、硕士生导师。1988 年毕业于中国人民大学后进入建设部工作，长期以来，一直从事住宅与房地产业研究，特别在产业政策制定、市场分析、住房保障以及房地产项目可行性研究方面成果丰富。主持承担了多个国家级、部级重大课题研究，累计发表学术论文 100 余篇。先后出版了《住房公共政策》、《中国人居评价指标》、《中国住房发展报告》、《住房保障手册》、《物业管理面面观》、《房改政策知多少》、《二手房交易》、《百姓购房 365 问》等多部著作。

吴璟，清华大学房地产研究所博士后，2004 年获得清华大学建设管理系学士学位，后在清华大学房地产研究所获得博士学位。主要研究方向是住房价格度量理论与方法、住房价格影响因素研究、住房价格行为研究和房地产经济学。

赵丽霞，香港大学城市规划与设计系教授，专注房屋与城市研究，特别是亚洲房屋政策的相关问题。近期的研究课题包括中国内地和香港的房屋与高密度城市可持续发展问题，及亚洲城市住房政策比较。现任香港房屋委员会，及辖下建筑小组委员会和资助房屋小组委员会委员，同时兼任市区重建上诉委员会成员。之前，她曾是香港特别行政区城市规划委员会成员。她同时也是香港及亚太区域房屋研究网络的创办人兼主席和召集人。

郑思齐，清华大学建设管理系房地产研究所，副系主任，副教授，博士生导师。2004 年 12 月在清华大学获得博士学位，2005～2006 年在哈佛大学设计学院和房地产学术中心做博士后研究。目前是北京大学—林肯研究院城市发展与土地政策研究中心研究员。全球华人不动产学会(GCREC)副秘书长，主要研究领域包括城市经济学和住房经济学。在 *Journal of Economic Geography*，*Journal of Urban Economics*，*Regional Science and Urban Economics* 和 *Journal of Real Estate Finance and Economics* 等国际学术期刊上发表 SSCI 论文 6 篇，在《清华大学学报》、《经济地理》、《城市问题》、《城市发展研究》等学术期刊上发表 50 余篇学术论文，出版专著《住房需求的微观经济分析——理论与实证》。曾获得 Homer Hoyt Institute 的 Post-doc honoree 称号、世界经济学会和产业发展与环境治理研究中心(CIDEG)主办“经济增长的可持续性”青年论文竞赛第一名、2009 中国房地产学术研讨会优秀论文一等奖、清华大学骨干人才资助计划、美国房地产学会最佳论文奖等。